中国工程院重点咨询研究项目

矿产资源强国战略研究丛书

———— 专题卷·II ————

煤炭资源强国战略研究

彭苏萍 等／编著

科学出版社

北京

内 容 简 介

本书是中国工程院咨询项目的课题研究成果，瞄准我国未来 20 年建设煤炭资源强国的切实需求，在厘清当前煤炭工业发展现状、主要成就、重大问题以及发展形势判断的基础上，分析了煤炭资源强国的概念、内涵与主要特征，并从绿色煤炭资源、煤炭工程技术、煤炭人才教育、煤炭企业、"一带一路"煤炭资源和煤炭管理体制机制 6 个方面，辨识了我国建设煤炭资源强国的基础与差距，明确了我国煤炭资源强国战略思路、目标、任务与实施路径，提出了相应的保障措施与政策建议。研究成果将为今后 10～20 年我国煤炭工业发展的顶层设计，以及实现我国从煤炭资源大国向煤炭资源强国转变的战略构想提供决策依据。

本书可供从事煤田地质与勘探、煤炭资源开发利用、能源经济与管理等领域的政府公务人员、高等院校师生、科研人员以及相关工作者阅读参考。

图书在版编目（CIP）数据

煤炭资源强国战略研究 / 彭苏萍等编著. —北京：科学出版社，2018.2
（矿产资源强国战略研究丛书 专题卷·Ⅱ）
ISBN 978-7-03-056019-3

Ⅰ.①煤… Ⅱ.①彭… Ⅲ.①煤炭资源－经济发展战略－研究－中国
Ⅳ.① F426.21

中国版本图书馆 CIP 数据核字（2017）第 312837 号

责任编辑：韩丹岫 耿建业 / 责任校对：桂伟利
责任印制：师艳茹 / 封面设计：黄华斌

科学出版社 出版
北京东黄城根北街 16 号
邮政编码：100717
http://www.sciencep.com

艺堂印刷（天津）有限公司 印刷
科学出版社发行 各地新华书店经销

*

2018 年 2 月第 一 版 开本：787×1092 1/16
2018 年 2 月第一次印刷 印张：24 1/4
字数：550 000
定价：240.00 元
（如有印装质量问题，我社负责调换）

本书编委会

组长

彭苏萍　　　中国矿业大学（北京）　　　　　　中国工程院院士

副组长

王金华　　　中国煤炭科工集团有限公司　　　　研究员

顾大钊　　　神华集团有限责任公司　　　　　　中国工程院院士

康红普　　　中国煤炭科工集团有限公司　　　　中国工程院院士

王　佟　　　中国煤炭地质总局　　　　　　　　教授级高工

顾问

袁　亮　　　张玉卓　　　谢和平　　　张铁岗　　　李晓红

钱鸣高　　　周世宁　　　洪伯潜　　　王国法　　　王双明

成员（按专题顺序排序）

张　博　　　中国矿业大学（北京）　　　　　　副教授

王　佟　　　中国煤炭地质总局　　　　　　　　教授级高工

江　涛　　　中国煤炭地质总局　　　　　　　　高级工程师

张晓团　　　陕西省地质调查院　　　　　　　　高级经济师

王庆伟　　　华北水利水电大学　　　　　　　　副教授

王　猛　　　中国煤炭工业协会　　　　　　　　高级工程师

左明星	中国煤炭地质总局	高级工程师
谢志清	中国煤炭地质总局	高级工程师
刘占勇	中国煤炭地质总局	教授级高工
刘见中	中国煤炭科工集团有限公司	研究员
陈佩佩	中国煤炭科工集团有限公司	研究员
任怀伟	中国煤炭科工集团有限公司	研究员
雷 毅	中国煤炭科工集团有限公司	研究员
申宝宏	中国煤炭科工集团有限公司	研究员
张 群	中国煤炭科工集团有限公司	研究员
刘志强	中国煤炭科工集团有限公司	研究员
吴立新	中国煤炭科工集团有限公司	研究员
贾建称	中国煤炭科工集团有限公司	研究员
张云利	中国煤炭科工集团有限公司	研究员
岳超平	中国煤炭科工集团有限公司	研究员
樊金璐	中国煤炭科工集团有限公司	助理研究员
祝 琨	中国煤炭科工集团有限公司	助理研究员
吴 艳	中国煤炭科工集团有限公司	助理研究员
李丁一	中国煤炭科工集团有限公司	硕士研究生
王家臣	中国矿业大学（北京）	教授
宋 梅	中国矿业大学（北京）	教授
李 杨	中国矿业大学（北京）	副教授
孙春升	煤炭科学研究总院	副研究员、高级经济师
程 蕾	煤炭科学研究总院	副研究员
包 兴	煤炭科学研究总院	副研究员
孙博超	煤炭科学研究总院	助理研究员

李瑞峰	神华科学技术研究院有限责任公司	教授级高工
刘运辉	神华科学技术研究院有限责任公司	高级工程师
朱吉茂	神华科学技术研究院有限责任公司	高级工程师
申　万	神华科学技术研究院有限责任公司	高级工程师
张　帆	神华科学技术研究院有限责任公司	经济师
潘　莹	神华科学技术研究院有限责任公司	经济师
王　雷	神华科学技术研究院有限责任公司	高级工程师
张　宏	中国煤炭工业协会	教授级高工
郭建利	煤炭科学研究总院战略规划研究院	助理研究员
张　鹏	煤炭科学研究总院战略规划研究院	助理研究员
杨　涛	煤炭科学研究总院战略规划研究院	助理研究员
郭中华	中国煤炭工业协会政策研究部	高级工程师
周　波	中国煤炭工业协会政策研究部	高级工程师
杨　玲	中国煤炭工业协会政策研究部	经济师
孙旭东	中国矿业大学（北京）	讲师

序　言

　　我国是全球煤炭生产和消费大国。长期以来，煤炭作为高能量密度和具有经济竞争力的能源资源，为国家能源安全、国民经济和中西部地区的社会发展提供了长期、稳定的基础性保障。全球煤炭消费一半在中国，煤炭生产满足了我国 70% 左右的能源需求。从体现国家意志的角度出发，建设与主体能源地位相称的强大煤炭工业，应成为我国能源发展长期坚持的重大战略任务。

　　"煤炭资源强国战略研究"课题研究认为，煤炭资源强国是指拥有较强的资源保障能力，在煤炭资源勘查、开发、利用各领域保持科技水平先进，能够带动关联产业以及区域社会经济的发展，服务支撑国家能源安全和可持续发展大局，具有煤炭及关联领域全球性竞争实力的国家。实事求是地判断，我国仍然是煤炭资源大国。目前，我国煤炭产量占全球煤炭产量的一半，长期稳居世界第一；煤炭在我国一次能源消费中的比重也基本维持在 60%～70%。然而，由于受到煤炭资源区域分布严重不均、构造地质条件差异较大、勘查开发及利用技术水平总体不高、企业发展水平与经济竞争力参差不齐、管理体制机制不完善、行业人才结构不合理等多重因素制约，我国煤炭行业整体上尚不具有国际综合竞争实力，但在资源、市场、工程技术、人才、企业等领域已经具备全面建设成为全球性煤炭资源强国的条件。

　　在历时两年多的研究过程中，"煤炭资源强国战略研究"课题瞄准我国未来 20 年建设煤炭资源强国的切实需求，在厘清当前煤炭工业发展现状与主要成就、重大问题以及发展形势判断的基础上，分析了煤炭资源强国的概念、内涵与主要特征，并从绿色煤炭资源、煤炭工程技术、煤炭人才教育、煤炭企业、"一带一路"煤炭资源和煤炭管理体制机制 6 个方面，辨识了我国建设煤炭资源强国的基础与差距，明确了我国煤炭资源强国战略思路、目标、任务与实施路径，提出了相应的保障措施与政策建议。

　　值得强调的是，本课题的研究也提出一些新意：首次提出了"绿色煤炭资源"的概念，并评价了我国绿色煤炭资源勘探开发潜力，好的绿色煤炭资源条件可以保障资源优质、开采技术先进和后端利用清洁，并以稳定的资源数量与质量支撑煤炭资源强国；系统评价了我国煤炭工程科技水平，明确了其在世界范围的优势，这就为我国煤炭产业的升级发展、走出国门的产能和技术输出创造了有利条件；全面分析我国煤炭行业人才培养与开发所面临的系列问题；深入剖析了"一带一路"国内外煤炭资源与产业情况，提出了契合实际的"走出去"进行全球煤炭资源、产业与市场布局的建议；论证了当前我国煤炭行业与企业发展的制约因素以及相关管理体制机制等深层次问题，并探讨了相应对策。

　　本书是集体智慧的结晶。"煤炭资源强国战略研究"课题的研究，得到了中国工程院、中国煤炭工业协会、中国矿业大学（北京）、中国煤炭地质总局、中国煤炭科工集团有限公司、神华集团有限责任公司、煤炭资源与安全开采国家重点实验室、陕西省地质调查院等单位领导和专家的大力支持和协助，在此一并致谢！

　　当前，我国煤炭资源发展处于重要的转型期。希望本书的出版可为今后10~20年我国煤炭工业发展的顶层设计、实现从煤炭资源大国向煤炭资源强国转变的战略构想提供决策参考。

2017 年 9 月

前　　言

　　煤炭作为高能量密度和具有经济竞争力的能源资源，长期以来是我国的主体能源，为国家能源安全、工业制造业、国民经济和中西部地区社会发展提供了长期稳定的基础性保障。全球煤炭消费一半在中国，煤炭生产满足了我国70%左右的能源需求。从体现国家意志的角度出发，建设与主体能源地位相称的强大煤炭工业，应成为我国能源发展长期坚持的重大战略任务。

　　"煤炭资源强国战略研究"课题由中国工程院彭苏萍院士任负责人，由国内煤炭及相关领域的数十位院士、40余位专家和8家单位共同参与，历时两年研究，圆满完成项目任务，形成一系列重要的研究成果。袁亮、张玉卓、谢和平、张铁岗、李晓红、钱鸣高、周世宁、洪伯潜等院士作为项目顾问，提出了大量的指导性意见；各位院士、专家深入现场调研，取得了宝贵的一手资料；中国矿业大学（北京）、中国煤炭科工集团有限公司、神华集团有限责任公司、中国煤炭地质总局、陕西省地质调查院等单位，在人力、物力上给予了大力支持，为项目顺利完成奠定了坚实的基础。

　　"煤炭资源强国战略研究"课题瞄准我国未来20年建设煤炭资源强国的切实需求，从煤炭能源发展的基本态势出发，在厘清当前煤炭工业发展现状与主要成就、重大问题以及发展形势判断的基础上，分析了煤炭资源强国的特征、内涵要素与评价指标，界定了建设煤炭资源强国的主要内容，明确了我国煤炭资源强国战略的产业发展思路，提出了我国至2025年、2035年的煤炭强国战略目标，指出了煤炭资源强国战略重点任务与实施路径，提出了符合我国国情的煤炭资源强国战略保障措施与建议。

　　《煤炭资源强国战略研究》由综合篇和6个专题篇组成，内容涵盖了绿色煤炭资源强国战略、煤炭工程技术强国战略、煤炭人才教育强国战略、煤炭企业强国战略、"一带一路"倡议与煤炭资源强国战略和煤炭管理体制机制强国战略。

　　专题篇一绿色煤炭资源强国战略，研究了煤炭在我国能源结构中的基础地位，分析了我国煤炭资源勘查现状、煤炭地质基本特征与煤炭资源空间布局情况，给出了绿色煤炭资源的概念与我国绿色煤炭分布及其资源量，结合对煤炭资源强国战略的认识与分析，提出了我国绿色煤炭资源强国战略的工作建议。

　　专题篇二煤炭工程技术强国战略，对比了国际煤炭工程技术发展的基本态势与我国煤炭工程技术发展现状，分析了我国煤炭工程科技的国际竞争力，提出了我国煤炭工程技术强国战略的战略思路、战略目标、重点任务以及相应的对策建议。

　　专题篇三煤炭人才教育强国战略，分析了我国煤炭行业人力资源现状、问题与人才需求，通过对国外煤炭行业人才培养的现状分析，对我国煤炭行业人才培养得出了几点启示，提出了我国煤炭人才教育强国战略的战略思路、战略目标、实施路径以及相应的对策建议。

专题篇四煤炭企业强国战略，从煤炭产业对经济发展、促进就业等方面论述了煤炭在我国经济发展中的重要地位，分析了我国煤炭企业发展现状与竞争力，在典型煤炭企业先进发展模式的基础上，提出了我国煤炭企业强国战略以及建设煤炭企业强国的政策建议。

专题篇五"一带一路"倡议与煤炭资源强国战略，分析了"一带一路"区域划分与煤炭资源总体情况和海内外区域煤炭资源与产业发展现状，提出了我国"一带一路"倡议下的煤炭资源强国战略目标、思路、布局、实施路径及其相应的措施建议。

专题篇六煤炭管理体制机制强国战略，分3个阶段分析了我国煤炭行业发展的历史沿革，分析了我国煤炭体制机制改革取得的进展与存在的问题，通过借鉴国外煤炭行业管理的成熟经验，指明了我国煤炭体制机制改革的方向，并为改革的顺利开展提出相应的政策建议。

本书是中国工程院及煤炭行业专家集体智慧的结晶，将为构建今后10~20年我国煤炭工业发展的顶层设计、实现我国从煤炭资源大国向煤炭资源强国转变的战略构想提供决策参考。同时，对广大科技工作者、行业管理人员、企业管理人员都具有很好的参考价值。

本书是在"煤炭资源强国战略研究"课题研究成果基础之上编纂而成，受行业发展的复杂性和编写人员水平的限制，书中难免存在疏漏、偏颇之处，请有关专家和读者批评、指正。

目　录

专题篇二　煤炭工程技术强国战略

专题篇三　煤炭人才教育强国战略

专题篇六　煤炭管理体制机制强国战略

综 合 篇

第1章 煤炭工业发展现状与基本态势

1.1 我国煤炭工业发展现状与主要成就

长期以来，特别是改革开放以来，煤炭作为最重要的基础能源和工业原料，为保障国民经济的快速健康发展做出了突出贡献。我国国内生产总值增速呈现出与煤炭生产和消费增速基本相同的变化趋势。作为我国主要的工业产业，煤炭行业提供了大量就业岗位，为劳动力就业做出了贡献。从保障能源安全角度看，煤炭仍然是我国自主能力最强的能源，煤炭的稳定供应在确保国民经济正常运转、保障居民生活质量、维系社会稳定等方面作用显著，将始终在国家社会经济发展全局中具有重要的战略地位。

我国煤炭地质勘查事业经过 70 余年的发展已取得巨大成就，勘查开发技术与装备不断进步，资源勘查水平不断提高，煤炭资源总量获得重大提升。当前，我国煤炭资源总量达 5.82 万亿 t，是我国最丰富、最具资源保障的化石能源，有力支撑了国民经济的快速发展需求。我国探明煤炭资源量达 1.94 万亿 t，不仅支撑了年产 40 亿 t 左右的产量规模，保障了煤炭在一次能源结构中 70% 左右的消费比例，更支撑了诸如兖州、平顶山、六盘水、鄂尔多斯等一批煤炭资源型工业城市的兴起和发展，并为我国大型综合化煤炭基地的布局和建设奠定了稳固的资源基础。

我国煤炭井工开发技术已经达到国际先进水平，在地质保障、建井、安全保障、清洁利用等煤炭工程科技领域取得全面突破。地质探测达到查明 700m 深度断距不小于 3m 断层的勘探精度；凿井、预注浆深度超过 1000m，冻结深度达到 950m，创世界纪录，可实现从 0.6m 到 20m 之间不同厚度煤层的安全高效开采，工作面最高单产由 100 万 t 以内提高到了 1000 万 t 以上。行业平均机械化程度由 2000 年以前不足 40%，提升至目前总体机械化程度达到 78%。建成了神东大柳塔、上湾、陕煤红柳林、黄陵一号矿等一批先进矿井。地下水资源保护技术、地下水库、地表沉陷治理、生态环境采复一体化等资源综合利用和绿色环保技术得到大力推广；煤电污染物超低排放技术、煤直接液化、煤制烯烃等煤炭转化利用技术达到世界领先水平。

煤炭工业是我国少数基本实现市场化的能源产业，煤炭产业布局优化，产业集中度提高，安全生产等指标全面好转，"走出去"步伐不断加快。近十年来，煤炭工业对促进国民经济和社会快速发展做出了巨大贡献，煤炭工业对国民经济发展贡献基本处于主要工业部门的 1/3 水平，超过了各部门工业企业收入占比的平均值，增值税整体税负水平为全国工业行业平均水平的 2 倍，为我国税收事业做出了较大贡献。涌现出了一批以神华为代表的生产科学化、管理现代化的世界一流大型煤炭企业集团，2015

年 12 家煤炭企业进入了《财富》世界 500 强，31 家煤炭企业进入中国企业 500 强。产业集中度进一步提升，截至 2014 年年底，全国规模以上煤炭企业数量为 7098 家，同比减少了 877 家，有 53 家大型煤炭企业产量超过 1000 万 t，总产量占全国的 70%。

我国煤炭行业从业人员规模持续扩大，人员队伍素质和薪酬水平稳步提升，煤炭行业人才培养与开发取得显著成效。截至 2015 年年底，我国拥有高达 440 余万人庞大的煤炭行业从业人员队伍，其中工程技术人员约为 32 万人，大专以上高学历人员约为 67 万人，为经济发展和社会稳定做出巨大贡献。全行业具有高中以上学历和拥有职称的从业人员占比显著增加，截至 2013 年，行业总体薪酬水平约为 10 年前的 5 倍。从 2003 年到 2014 年，东部地区煤炭行业从业人员中高中及以上学历人员占比由 34.4% 提高到 46.4%，中部地区的由 35.3% 增加到 44%，西部地区的由 31.2% 增加到了 35.3%。煤炭从业人员中拥有技术职称的专业技术人员数量不断增加，中高级职称人员的占比明显增加。

我国煤炭行业管理体制机制逐步完善，市场化改革取得突破。煤炭交易市场体系初步建成，煤炭价格彻底放开；炼焦煤与动力煤期货合约分别在大连商品交易所和郑州商品交易所上市交易，市场配置资源的决定性作用进一步发挥；煤炭法制建设步伐加快，行业宏观调控体系不断完善，形成了以《煤炭法》和《矿产资源法》为主的煤炭法律法规体系，以及以国务院《关于促进煤炭工业健康发展的若干意见》为主的煤炭政策调控体系。

煤炭产业已经成为我国中西部地区社会经济发展的重要引擎，内蒙古、陕西、宁夏、甘肃、新疆、云南、贵州等西部 7 省（区）长期作为国家煤炭生产基地、调出基地和转化基地，煤炭产业的快速发展，对促进当地经济和社会快速发展做出了巨大贡献。在拉动固定资产投资方面，西部 7 省（区）煤炭采选业固定资产投资由 2005 年的 278 亿元增加到最高 2013 年的 2442 亿元，年均增长 25.7%。在提供就业、增加居民收入方面，在全国煤炭采选业从业人员大幅下降的背景下，西部 7 省（区）一直稳定在 100 万人以上，鄂尔多斯和榆林的快速发展经验表明，发展煤炭采选业可明显提高城镇居民可支配收入水平。西部 7 省（区）煤炭采选的快速发展，强力带动了下游及相关产业发展。在推动基础设施建设方面，为满足每年 10 亿 t 以上煤炭外运需求，西部铁路、公路等建设随之加快，改变了西部偏远、落后的面貌。内蒙古、宁夏规模以上煤炭采选企业纳税占全部财政收入的比重自 2005 年以来保持在 13.5% 左右。煤炭产业快速发展，推动了电力、煤化工、装备制造等相关产业发展，有力地提升了西部地区城市化水平，缩小了与东部发达省份的差距。

1.2　当前煤炭工业发展面临的重大问题

我国煤炭资源总量虽然丰富，但在资源的时空分布、煤变质程度及其科学用途、煤炭质量、构造复杂程度、地质因素与煤炭清洁利用关系研究等方面仍存在诸多问题，符合资源集中度高、构造条件相对简单、煤炭质量相对优良且煤类满足科学利用途径划分与科学利用条件的绿色煤炭资源储量并不清晰，成为制约煤炭资源清洁高效开发利用的重要因素。突出表现为：时间序列上以石炭纪—二叠纪、早中侏罗世煤炭资源相对丰富，其他时代相对较少，空间序列上以晋陕蒙宁、北疆、云贵川地区煤炭资源相对集中，其他地区较为分散，时空分布极为不均；在煤类方面，各变质阶段煤虽均有分布，但各煤类资源量极不均衡，尤其是炼焦用煤为我国稀缺煤炭资源，基于煤类的科学利用途径也尚未完全细化；在煤质方面，煤中硫分、灰分含量差异较大，尤其是西南和华北地区海陆过渡相煤中硫分含量相对较高，制约了高硫煤的开发利用；在构造复杂程度方面，总体以北方的中西部地区构造条件相对简单，其他地区相对复杂。

我国煤炭工程技术的原始创新能力不足，部分领域的技术、装备指标与国外还有差距，先进技术装备推广应用不够，导致行业生产总体水平不高，生态环境负效应随开采规模的扩大愈发显著。主要表现在采、掘、运装备自动化水平大幅提升，但部分开采关键环节自动化程度低、用人多。目前，单个掘进工作面用人达 50 人以上，全国仍有 46 处矿井单班下井超 1000 人；虽然我国煤炭科技在一些基础理论、核心关键技术等方面取得新的进展，但行业科技创新体制机制尚不完善，原始性创新能力比较薄弱；设备及系统可靠性、控制技术水平不高，大型装备、关键设备和元器件国产化能力不足；还存在大量中小煤矿，生产水平及安全保障程度低。尽管开发条件较好的西部地区已经逐渐成为煤炭主力产区，但水资源破坏和地表生态损伤严重仍制约着西部煤炭资源的绿色开发。煤炭利用又面临着大气污染控制、温室气体减排和生态环境保护的多重压力。煤炭低生态损害开采和清洁高效低碳集约化利用理论和技术亟待突破。

行业高层次人才占比较低，院校矿业类学科专业及课程设置与行业"智能化、少人化"对复合型人才的需求脱节。目前，煤炭从业人员中，初中及以下文化程度的低学历人员占比高达 55%；尽管经过近十年的发展，煤炭行业从业人员职称结构有很大改善，但与全行业工业企业比，具有职称人员比例和中高级职称人员比例仍然偏低。在院校人才培养方面，不同学校在矿业类学科没有统一的专业设置标准，专业设置种类不一，同一专业开设的课程不同，毕业生培养的质量参差不齐。由于使用的教材老化、对实践环节的不重视，严重影响了煤炭行业专业人才，尤其是技能型人才的培养质量。

当前，煤炭工业发展存在产能过剩严重、在建产能过大、开发布局不合理、发展不平衡、产业市场结构不合理、企业竞争力分化、国际化程度不高等突出问题。煤炭企业生产经营成本高，相比于其他工业部门，煤炭行业承担税费负担较重，企业发展水平不均衡，多数煤炭企业管理方式还不够先进，现代化的管理手段和管理工具应用得较少。国际化方面，海外投资处于起步阶段，企业品牌效应不明显，具有影响力的国际知名企业数量不多。截至 2014 年年底，全国 25 个产煤省（区）共有 1.1 万处煤矿，年产 30 万 t 以下煤矿为 8600 处，占全国煤矿总数的 78%，小煤矿机械化程度较低，仅为 13% 左右。小煤矿在机械化、安全水平、环境保护等方面的低水平，降低了煤炭产业整体竞争力。当前，部分企业还没有完全适应新常态下发展要求，企业自身在管理、创新、服务等方面还有一定的差距，企业经营方面出现一定困难。虽然我国已经培育了一批具有国际竞争力的大型企业集团，但在产业集中度方面还需进一步提高，还需要对大批竞争力不足的老矿区煤矿企业进行妥善处理，真正达到促进产业升级的目标。我国煤炭生产成本短期内仍然难以显著降低，全面提升煤炭能源的经济竞争力需要多措并举。

煤炭企业与"一带一路"倡议相结合，"走出去"经略全球煤炭资源、产业与市场的能力仍然不足。与美国、加拿大、日本、瑞士等国相比，我国煤炭走出去时间不长、参与度不高，仅在澳大利亚和印度尼西亚两国获取少量资源，技术装备和服务在印度尼西亚、巴基斯坦等国刚刚起步，"一带一路"沿线 11 个国家煤炭产业发展情况不一，但均存在不少投资机遇。煤炭资源方面，印度尼西亚、澳大利亚、俄罗斯、蒙古都属于富煤国家，尤其是澳大利亚，储量大、煤种齐全、煤质好。从资源开采条件上看，澳大利亚、印度尼西亚、蒙古、哈萨克斯坦、越南综合条件较好，开发较容易。煤炭产业方面澳大利亚最为发达，煤炭全产业链均处于国际一流水平，2015 年已经成为继中国、美国和印度之后的世界第四产煤国和世界第一煤炭出口国。巴基斯坦、孟加拉国、乌兹别克斯坦煤炭产业不发达，年产量均不足 500 万 t，且煤炭在一次能源结构中占比较低，技术设备均需从他国进口，有较大发展空间。印度尼西亚煤炭产业发展成熟，以动力煤出口为主，且近年来国内燃煤发电需求增长较快。越南以向亚洲和欧洲出口优质无烟煤著称，煤炭产业集中度高。蒙古煤炭产业受政治因素影响较大，产品以出口中国和亚洲国家为主。哈萨克斯坦煤炭产业基础好，产品以本国自用为主。俄罗斯煤炭产业较发达，2015 年开采量居世界第五位，出口量居第三位，传统销售地为欧洲国家。乌克兰煤炭历史产量大，以自用为主，但受 2012 年以来的武装冲突影响，煤炭产量大幅下降。煤炭贸易方面，澳大利亚、印度尼西亚、俄罗斯、越南都是世界煤炭主要出口国家，而印度煤炭进口量不断攀升，2015 财年达到 2.06 亿 t，成为世界最大的煤炭进口国。总体来看，沿线 11 个国家情况各异，煤炭产业发展情况不一，但均存在不少投资机遇。尽管我国在煤炭工程技术与装备的总体集成能力取得了突破，但国际竞争力依然不强，没有打造出像高铁和谐号、核电华龙一号这类的"走出去"品牌。

煤炭作为我国主体能源，煤炭工业的基础地位不突出，煤炭管理依然存在一些不利于行业持续健康发展的体制机制障碍。长期以来，受计划经济体制等历史原因影响，我国煤炭发展战略缺乏整体考虑与设计，部门利益分割，行业壁垒高筑，资源型产业收益转移，行业发展受到制约，部门利益不断被强化，行业规划不衔接、不匹配、不协调，产业布局和区域布局不合理问题突出。一是，煤炭工业作为我国能源基础和能源工业主体，其基础和主体地位不突出，发展战略缺乏整体考虑和设计；二是，不合理的市场干预较多，而部分市场监管缺位；三是，政出多门，行业管理弱化；四是，国企改革不彻底，煤矿退出机制不健全。纵观近 30 多年的煤炭产业政策，起伏颇大，对煤炭行业的长远发展造成了较大的制约。此外，工业各系统市场化进程不同步，特别是与煤炭产业密切相关的铁路、电力等行业市场化改革滞后，运用行政手段和垄断行为参与市场竞争，使得煤炭行业难以按正常的市场机制运行，制约着煤炭产业的健康发展。

1.3　我国煤炭工业发展趋势的重要判断

煤炭在未来较长时期内仍然是我国重要的基础能源和经济动力源，"去煤化"既不现实，更不利于煤炭能源问题的解决，应着力于实现煤炭资源的可持续发展。我国是能源生产消费大国，更是煤炭生产消费大国，煤炭产业的发展对我国工业化、城镇化建设将起到关键性作用。煤炭是我国的基础能源，长期在能源结构中占据主体地位，对保障国家能源安全具有重要意义。尽管目前煤炭产能增长相对经济发展的需要是超前的，但不能否定其对经济社会发展的支撑作用。煤炭是我国储量最为丰富的化石能源，具有不可替代性。煤炭行业目前出现的问题是由经济快速发展后突然减速造成需求下降，加上煤炭行业暴利驱动无序扩张以及日益严格的生态环境约束等因素综合叠加造成的。特别是，煤炭产能规模突出的原因在很大程度上是国家需求、地方投资拉动的结果。因而，不能"因噎废食"，不能因为存在问题就盲目提出"去煤炭化"。

我国煤炭需求已经基本达到峰值，未来煤炭产业发展将不再寻求产能与消费规模的扩大，应定位于做精、做强产业，从劳动密集型向技术知识密集型产业转型，保障行业长期健康稳定发展。 近年来，我国经济面临较大下行压力，发展速度放缓，煤炭需求持续疲软，煤炭出口依旧持续走低。我国煤炭消费的 80% 主要集中在电力、钢铁、石化、化工、有色金属、建材、造纸、纺织等行业。进入经济新常态，传统资源消耗性的产业在逐步减少。"十三五"期间，钢铁、建材、传统煤化工主要产品产量基本稳定并达到峰值，用煤呈下降趋势。煤炭消费主要拉动力量为电力和现代煤化工。受我国能源消费结构优化和多种能源竞争等因素的影响，我国煤炭消费需求增长空间，已经极为有限，基本临近峰值，但我国煤炭生产和消费仍能保持较为稳定规模，2020 年煤炭在我国一次能源消费结构中将维持 60% 左右的比重，2030 年在 50% 以上。根据电力需求和煤电装机规模和煤化工行业用煤量，预计我国煤炭消费量到 2020 年还将在 40 亿 t 左右。为了增强行业的影响力、竞争力和主导地位，必须制定长期的战略，克服煤炭开采复杂地质条件、需求放缓、环境制约等不利因素，充分应用已经取得的具有世界先进水平的工艺、技术和装备，提升生产效率，降低生产成本，根据用户需求优化产品结构，实现精准营销，在与其他能源行业的竞争中取得较大优势。

煤炭既是能源也是资源，尽管煤炭资源总量较大，但优质煤炭资源并不丰富，精细勘查开发程度也仍然偏低，资源形势不容盲目乐观。 我国煤炭资源的勘查程度仍然很低，在 1.94 万亿 t 的保有资源量中，保有尚未利用资源量为 1.54 万亿 t，其中勘探级别 2593 亿 t，详查级别 2972 亿 t，普查级别 5112 亿 t，预查级别 4738 亿 t。勘查程度高的资源量（保有已利用＋保有尚未利用中的勘探级别）占比为 34%，勘查程度较高（详查）的占比为 15%，勘查程度较低（普查）的占比为 27%，勘查程度低（预查）的占比为 24%，而保有已利用量仅占全国保有总量的 21%，表明我国煤炭资源勘查开发程度总体仍处于较低水平，亟待提升资源勘查级别和资源精度。此外，优质煤炭资源并不丰富，尤其是有利于后端清洁高效利用的煤炭资源规模并不清楚。

我国煤炭产业经过多年的发展，工程技术领域已然具备一定的技术优势，部分领域达到世界顶尖水平，为产业的升级发展、走出国门进行产能输出技术输出创造了有利条件，也为突破煤炭行业所面临的严峻困境创造了技术条件。我国在地质勘探、煤矿设计咨询、煤矿建设、采掘装备及总体集成和煤炭清洁高效利用全产业链积累了丰富的经验，山西、陕西、内蒙古、新疆等省（区）建成一大批具有世界先进水平的安全高效煤矿、煤制油、煤制烯烃和煤制气等新型煤化工领域实现工业化、规模化发展，培养了大量经验丰富的产业工人，具备了"走出去"的条件。印度尼西亚、澳大利亚、俄罗斯、蒙古、哈萨克斯坦有丰富的优质煤炭资源，印度、巴基斯坦、孟加拉国有旺盛的煤炭需求，蒙古、巴基斯坦、哈萨克斯坦有资金需求，都是我国煤炭"走出去"的机遇。同时，我国煤炭"走出去"时间晚，澳大利亚、蒙古等大量优质资源已被欧美跨国公司占有，剩余资源开采条件不占优势；煤炭国际化经营人才不足，国际竞争力依然不强；由于我国自身资源比较丰富，长期以来开发建设重点放在了国内，国家对我国煤炭"走出去"重视不够，在资金、政策、服务等方面支持不够；煤矿装备在可靠性方面与德国、美国还有差距，关键部件还需要进口。

今后 10～20 年是我国建设煤炭资源强国战略的机遇期，煤炭产业已具有市场、技术和人才基础，须及时把握"十三五"煤炭行业转型升级和"一带一路"倡议实施的最佳时机。实施煤炭资源强国战略是新形势下煤炭工业结构优化升级的必要要求。虽然煤炭工业当前的结构调整给煤炭企业和煤炭从业人员带来巨大生存压力，但就长远来看，煤炭工业仍有巨大的发展空间。未来 5～10 年是煤炭行业转型升级的战略机遇期，在满足煤炭消费需求的基础上，加强煤炭绿色开发、产业结构优化调整，淘汰落后产能，增强煤炭工业竞争力，增加科学产能。煤炭产业的发展不再是为了单纯满足总量增长，扎实做优产业结构，提高竞争力。实施煤炭资源强国战略是新形势下煤炭工业走向科学发展、可持续发展和先进工业的必由之路。

第 2 章　建设煤炭资源强国的主要内容

2.1　煤炭资源强国的定义与内涵

煤炭资源强国是指拥有较强的资源保障能力，在煤炭资源勘查、开发、利用各领域科技水平先进，能够带动关联产业以及区域社会经济的发展，服务支撑国家能源安全和可持续发展大局，具有煤炭及关联领域全球性竞争实力的国家。

煤炭资源强国的基础为煤炭资源，其内涵要素可以延伸为绿色煤炭资源保障、开发技术装备水平、人才队伍素质、企业经济竞争力、全球资源经略能力、管理体制机制等方面，即煤炭资源强国应拥有较强的煤炭资源基础，规模化的煤炭生产和消费市场，具全球竞争力的大型矿业企业集团，先进的煤炭工程科技水平，清洁高效的煤炭开发利用，一流的科技与管理创新能力以及稳定、高素质的煤炭人才队伍。

煤炭资源强国的核心内涵就是强的竞争能力，包括具有资源、开发、利用、市场等全产业链均优的实力，在国家整体能源体系中的竞争力，对经济社会发展的促进能力以及经略全球煤炭资源与市场的国际竞争力。例如，煤炭作为能源的竞争力，包括煤炭资源占国内能源比重的可获得性、安全性、环保性，最终还要体现在经济性上，低廉的产品价格、优良的煤炭质量决定了煤炭商品的市场竞争优势，与煤炭资源勘探开发支撑能力、勘查开发成本、原煤质量优劣及其洗选成本等诸因素密切相关。强的产业辐射能力，包括整个产业链延伸，采矿技术、安全技术和智能化的技术辐射与装备输出，往国内其他矿产行业辐射，实现产业互补、产业深度融合。此外，在世界煤炭开发利用领域，利用现有的优势，尽快补齐短板，形成全球性的竞争力和话语权，是煤炭行业发展的重要任务。

2.2　煤炭资源强国的特征与要素

煤炭资源强国的主体要素可以分解为绿色煤炭资源、煤炭工程技术、煤炭人才教育、煤炭企业经济、"一带一路"煤炭资源、煤炭管理体制机制等 6 个方面。绿色资源是煤炭资源强国的基础；煤炭人才教育、工程技术作为煤炭资源强国核心支撑；企业、行业经济作为煤炭资源强国战略发展的依托；"一带一路"倡议作为强国战略的拓展空间；煤炭管理体制机制作为政策支撑体系，服务产业结构调整与转型升级。上述要素互相衔接，共同构成我国煤炭资源强国特征。

2.2.1 绿色煤炭资源强国

1. 绿色煤炭资源的概念及内涵

绿色煤炭资源是指在当前先进技术条件下，资源禀赋条件适宜，有助于后端实现安全高效开采、生态环境友好，能被清洁高效利用，且具有经济竞争力的煤炭资源。"绿色煤炭资源"的概念与"优质煤炭资源"概念不同，前者是指既是讲资源本身的条件，但考虑了开采因素，是资源在自然界中的实际存在和其利用的难易程度，开发对环境的影响等。而"优质煤炭资源"仅是对资源质量的描述，与应用方向有关。首先"绿色煤炭资源"肯定是"优质煤炭资源"，但"优质煤炭资源"不一定是"绿色煤炭资源"。因而，绿色煤炭资源量是一个相对动态的概念，即在满足当前技术经济条件的同时，还适度兼顾将来工程技术的发展动态。随着将来煤炭勘查、开发、利用等工程技术水平的提高，当前技术条件下的非绿色煤炭资源将有可能提升为绿色煤炭资源。

绿色煤炭资源的内涵包括：资源禀赋条件适宜，能够实现安全高效开采（地质条件相对简单，煤炭资源相对丰富，易于实现机械化开采）；煤炭开发对生态环境的影响与扰动相对较小且损害可修复，煤炭开发过程中水资源能得到保护和有效利用，能够实现生态环境友好；煤中有害元素含量低，且可控可去除，能被清洁高效利用。具体内涵为：

（1）煤层埋藏深度。我国煤炭资源的赋存状态决定了我国煤炭资源大多只能采用井工开采，而不同地区煤层的埋藏深度差异很大，东部断陷区由于中生代晚期以来的断陷作用而沉积巨厚盖层，主要煤田多赋存于平原之下，煤层埋藏普遍较深，这些地区井筒建设难度大，矿井建设条件复杂；西部拗陷区由于持续的构造抬升，煤层埋藏较浅，松散层厚度也较薄。就煤层埋藏深度而言，埋藏深度越浅，绿色程度越高。

（2）构造复杂程度。煤矿构造是影响煤炭开采的主要因素，构造复杂程度不仅影响煤矿的井型、生产能力、开采方式和矿井经济效益，而且影响矿井安全。构造简单井田，一般可建大中型矿井，采用综合机械化开采，而构造复杂井田只能建小型矿井，只能采用半机械化开采或炮采。我国煤矿区多为中等构造和复杂构造，相对简单的构造煤矿主要集中于晋陕蒙宁分区以及北疆的局部地区。就构造复杂程度而言，构造条件越简单，绿色程度越高。

（3）煤质和煤类。我国煤炭以特低灰、低灰和低中灰煤为主，其中，特低灰、低灰煤（灰分小于10%）占14.98%；低中灰煤（10%～20%）占50.48%，中灰煤（20%～30%）占31.22%，中高和高灰煤（大于30%）占2.94%。我国煤炭硫分总体较低，以特低硫–低硫煤（硫分小于1.0%）为主，占71.57%，低中硫–中硫煤占17.93%，中高硫煤占7.35%，特高硫煤占2.70%，总体以特低灰–中灰、特低硫–中硫煤煤占主导。除灰分和硫分之外，还有其他诸如氟、氯、砷、汞等有害元素。就煤质而言，煤灰分、硫分、其他有害元素含量越低，绿色程度越高。

煤类方面，我国从褐煤、低变质烟煤到高变质无烟煤均有分布，且其分布表现出明显的时代和地域特性，褐煤主要为晚侏罗世—早白垩世煤，主要集中于辽吉黑和蒙东分区；低变质烟煤主要为早中侏罗世煤，主要集中于晋陕蒙宁、北疆、南疆—甘青分区；中高变质煤主要为石炭纪—二叠纪煤，主要集中于黄淮海、晋陕蒙宁、云贵川渝分区，贫煤、无烟煤更是仅集中于晋陕蒙宁的山西和云贵川渝的贵州两省（区）。就煤变质程度而言，褐煤被评价为非绿色煤炭资源。

（4）煤层厚度和倾角。生产部门根据煤层的赋存及开采上的一些特点将煤层厚度和倾角作划分。①煤层厚度：小于0.5m为极薄煤层，0.5～1.3m为薄煤层，1.3～3.5m为中厚煤层，3.5～8.0m为厚煤层，大于8.0m为特厚煤层，煤层厚度越大，绿色程度越高。②煤层倾角：小于8°为近水平煤层，8°～25°为缓斜煤层，25°～45°为中斜煤层，大于45°为急斜煤层，煤层越平缓，绿色程度越高。

（5）资源量和探明程度。煤炭资源量包括保有资源量、（可采）储量和预测资源量，资源丰度越高，绿色程度越高；各煤田（矿区）探明程度主要采用（保有已利用资源量＋保有尚未利用资源量的勘探和详查资源量）与保有资源量的比值来衡量勘查程度的高低，勘查程度越高，绿色程度也越高。

（6）瓦斯条件。我国煤矿瓦斯比较严重，严重影响煤矿安全。据统计，我国国有重点煤矿中高瓦斯矿井152处、煤与瓦斯突出矿井154处，高、突矿井数量约占49.8%，煤炭产量约占42%；国有一般煤矿中高瓦斯和瓦斯突出矿井也占1/3左右。煤矿瓦斯虽为制约煤矿安全生产的重要因素之一，但由于当前技术条件下可以实现有效抽采煤中瓦斯，故瓦斯条件暂不作为绿色煤炭资源评价的限制条件。

（7）水资源保障与水文地质类型。我国水资源贫乏，且分布与煤炭生产力布局呈明显逆相关关系，总体表现为南方多、北方少，东部多、西部少，山区多、平原少的分布特征。尤其是我国中、西部的晋陕蒙宁和新疆地区，其煤炭资源储量丰富，是我煤炭工业战略西移和"一带一路"倡议的指向区，但其水资源严重短缺将严重制约煤炭资源的开发。鉴于工程性缺水对我国煤炭资源开发具有普遍制约性，暂不将水资源保障作为绿色煤炭资源评价的限制条件，但地下水保护应是煤炭开发过程中需重点关注的问题。

我国煤田水文地质条件总体为简单-中等，国有重点煤矿中水文地质条件复杂或极其复杂的煤矿占27%，属于简单的占34%。北方石炭纪—二叠纪煤系是我国最主要的煤系之一，下组煤开采普遍受到底部岩溶水威胁，相当一部分矿井还属战略地位重要，产量也较大的矿井。下组煤的水害威胁问题不解决，该类矿井的接续或稳产就没有出路，并且由于开采深度的逐渐增加，一些原来没有底板岩溶水害的矿区也将相继出现水害。除了北方底板岩溶水害之外，南方的岩溶水害问题也比较突出，许多矿区龙潭煤组受到阳新灰岩底板水的威胁，川中、川东、湘中等地还受长兴灰岩顶板岩溶水威胁。就水文地质类型来讲，水文地质条件越简单，绿色程度越高。

（8）工程地质条件。我国煤矿和勘查区工程地质条件总体较差，顶底板不稳定，事故多发。全国安全地质条件好，易实现安全开采的煤炭资源约为12903亿t；安全地质条件较好，可实现安全开采的煤炭资源7094亿t；安全地质条件差，难以实施安全开采的煤炭资源167亿t。

因此，绿色煤炭资源分布的区划性应跟经济条件、自然条件、环境条件、绿色条件结合起来，资源条件除了煤质、煤种，很重要的是开采环境优、资源条件好、开采效率高和成本低，资源保障支撑强国。

2. 绿色煤炭资源的控制因素

我国煤炭地质基本特征明显受控于由天山—阴山—燕山、昆仑山—秦岭—大别山两条纬向造山带和兴蒙山—太行山—雪峰山、贺兰山—六盘山—龙门山两条经向造山带组成的井字形构造格局，而煤炭资源明显赋存于井型格架内。在"井"字型构造格局下，我国煤炭资源不同区域的资源特征、环境状况、社会经济发展等皆有明显不同，这种状况与全国行政区划基本相符，呈现出典型的"九宫"棋盘格局分布：①东北分区包括辽宁、吉林、黑龙江三省；②黄淮海分区包括河北、河南、山东、皖北、苏北五省（区）；③东南分区包括皖南、苏南、浙江、福建、江西、湖北、湖南、广东、广西、海南十省区；④蒙东分区主要为内蒙古呼和浩特以东地区；⑤晋陕蒙宁分区包括山西、陕西关中和陕北、内蒙古中部准格尔、东胜地区、宁夏东部、甘肃陇东的鄂尔多斯盆地部分；⑥西南分区包括贵州、云南东部、四川东部以及重庆地区；⑦北疆分区主要为乌鲁木齐及其以北准噶尔盆地区；⑧南疆—甘青区包括青海、甘肃河西走廊以及南疆塔里木盆地区；⑨西藏分区则主要为四川、云南西部及西藏地区。

3. 绿色煤炭资源评价指标与资源情况

基于上述绿色煤炭资源的概念及其内涵，在目前技术条件下主要围绕图0.2.1中的指标开展绿色煤炭资源评价：煤变质程度、煤硫分－灰分、埋层埋深以及构造复杂程度为绿色矿区评价的决定性指标，其他指标为辅助描述性指标。但随着科学技术进步，煤炭开发的深度可能进一步加大，煤中有害的成分可能得到清洁利用或变害为宝，以往评价的非绿色煤炭资源可能升级为绿色煤炭资源。

2.2.2 煤炭工程技术强国

技术创新是当前煤炭突破约束、打开生存和发展空间的根本，是参与国际行业竞争、甚至是能源竞争的基础和保障。煤炭工程技术发展的目标在于建立勘探开发、矿井建设、煤炭生产、转化利用全过程、全产业链的绿色开发与利用体系，使煤炭变得更高效、更安全、更环保。

评价我国煤炭工程技术是否强大，主要有两个方面：一是技术水平是否支持经济社

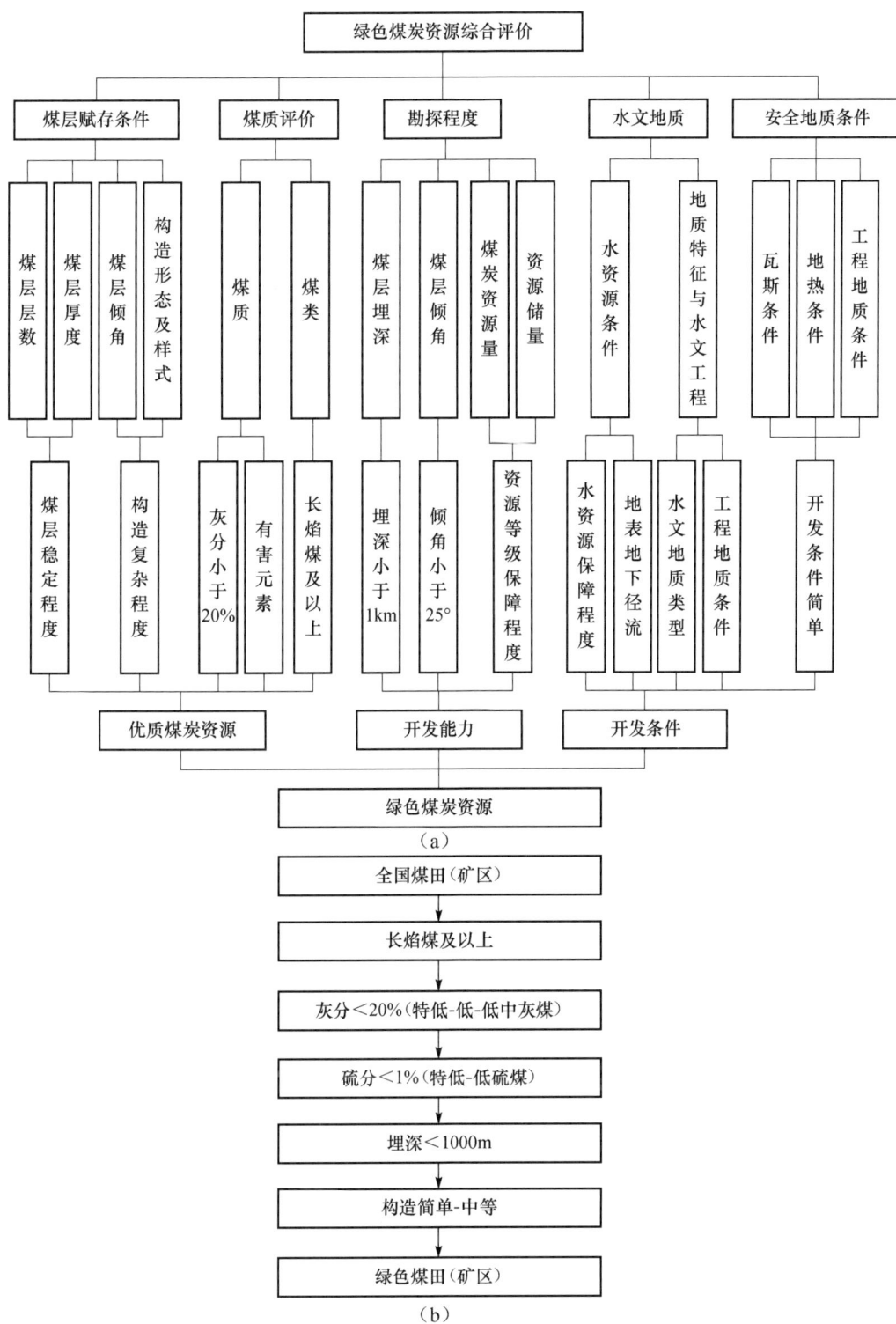

图 0.2.1　绿色煤炭资源评价指标体系（a）及评价流程（b）

会可持续发展对高效、安全、清洁能源的需求，是否可以解决煤炭带来的社会负效应及环境负效应；二是与国际先进水平相比，我国煤炭工程技术是否具有竞争能力。因此本研究提出了评价我国煤炭工程技术发展水平的评价指标体系，如表 0.2.1 所示。

表 0.2.1　煤炭工程技术强国指标体系

要素	序号	指标	权重值
高效	1	地质保障程度	8
	2	机械化、自动化程度	15
	3	人员工效	7
安全	4	工人职业健康保障程度	9
	5	百万吨死亡率	12
环保	6	生态保护与恢复率	18
	7	资源保护与综合利用率	9
清洁高效利用	8	分级分质利用率	8
	9	高效燃煤发电水平	8
	10	煤化工技术	6
总分			100

（1）高效。作为煤炭技术强国的主体要素，包括地质保障程度、机械化、自动化程度、人员工效等指标。国内煤炭开采地质条件千差万别，赋存条件好、易于开采的中厚近水平煤层与大量 1m 以下薄煤层、大倾角、急倾斜、20m 以上特厚煤层等复杂难采煤层并存，年产 1000 万 t 以上的现代化矿井与年产几万 t 的小煤矿并存。效率是综合反映煤炭开采技术、装备及总体规划、管理等生产要素先进程度的最终指标，是煤炭工程技术"能力"的表征。

（2）安全。安全总是与先进生产技术和装备、管理水平等因素相关联的，这里主要从工程技术和行业整体安全形势的角度衡量我国煤炭安全生产的水平。有了先进的工程技术，安全保障就有了基础，在此基础上的深入应用、精细化管理则可以继续加强安全保障程度；安全是煤炭工程技术"深度"的反映。

（3）环保。这一要素主要是指运用先进的、环境友好的技术和装备，最大限度地减轻因开采造成的地表环境损伤、植被破坏、地下水系破坏、有害气体排放等环境负外部效应，包括采用清洁生产和循环经济的手段与措施，对矿区生态和环境进行保护。生态环境保护是煤炭工程技术"质量"的表征。

（4）清洁高效利用。这一要素主要是指运用先进的、环境友好的技术和装备对煤炭资源加以转化和利用，包括原煤分选、煤制天然气、煤炭直接液化、煤炭间接液化等技术的成熟度、应用规模及技术发展前景，以及清洁高效燃煤发电、CCUS 的技术进步与推广应用。煤炭清洁利用是煤炭工程技术"前景"的反映。

2.2.3　人才教育强国

煤炭资源强国战略的基石在于"科教兴煤"，人才队伍建设是关键。从行业整体来看，新设备、新技术、新工艺的推广和使用，新经营理念、现代管理方法的导入，都迫切需要一批掌握专门知识和具有熟练技能的工程技术人员以及懂经营、会管理的经营管理人员。随着行业自动化、智能化水平不断提高，对从业人员素质，尤其是对专业人员队伍素质的要求越来越高。根据煤炭资源强国的战略目标，本研究提出人力资源评价指标体系，如表 0.2.2 所示。

表 0.2.2　煤炭资源强国之人力资源评价体系

一级指标	二级指标
年龄结构（青：中：老）	专业技术人才
	经营管理人才
	技术工人
学历结构（专科：本科：研究生）	专业技术人才
	经营管理人才
	技术工人
职称结构（高级：中级：初级）	专业技术人才
	经营管理人才
	技术工人
薪酬水平	从业人员人均薪酬

2.2.4　煤炭企业强国

煤炭企业强国的根本在于拥有世界一流的煤炭企业。企业生产水平、盈利能力、海外经营能力等均达到国际领先水平；企业能够在科技等方面引领世界煤炭企业发展，在世界范围内具有绝对的竞争优势。煤炭企业强国内涵主要体现在以下方面：①产业集中度较高，企业规模达到一定水平，企业盈利能力强；②企业处于全球煤炭产业链中高端水平；③企业的煤炭开采、利用技术和装备研发居于世界领先地位；④企业具有较强的可持续发展能力，建立了绿色生产体系；⑤企业能够实现安全、低能耗、高效率生产；⑥企业海外投资达到一定规模，海外业务逐步成长为企业新的支撑；⑦企业具有完善的现代化管理体系和科学管理能力。煤炭企业强国就是要培育一批具有国际竞争力、世界性著名品牌的大型跨国煤炭公司，中国煤炭企业在世界煤炭工业领域的国际竞争和发展中占据强势地位，在科技等各方面能够起到引领作用，发挥重要影响。

在当前的竞争环境中，煤炭企业想要具有国际竞争力，就要在动态市场环境中把握竞争态势、控制以及综合运用资源，达到提高资源及产品的价值，降低产品运营成本，实现企业利益动态最大化的目标，且能够持续保持竞争优势，保障国家能源供给，适应社会对企业要求的能力。煤炭企业国际竞争力判定主要是从资源及区位优势、科学生产能力、企业经营能力、企业国际发展水平、企业可持续发展潜力 5 个方面来衡量，如表 0.2.3 所示。

表 0.2.3　煤炭企业国际竞争力分析指标

一级指标	二级指标
资源及区位优势	经济可采储量
	煤炭质量
	运输条件
科学生产能力	百万吨死亡率
	节能环保资金投入
	采煤机械化程度
	原煤工效
	原煤产量
企业经营能力	产品销售率
	资产负债率
	总资产周转率
	企业经营成本
企业国际发展水平	海外资产占比
企业可持续发展潜力	科研经费投入比重
	企业的专利数
	主营业务利润率
	净资产收益率
	成本费用利润率

2.2.5　"一带一路"倡议与煤炭资源强国

"一带一路"倡议是煤炭资源强国战略的空间拓展，除了参与全球技术、资源和市场以外，涉及煤炭开发对国内区域社会经济的牵引作用。以"一带一路"倡议为契机，坚持优化布局、集约开发、绿色开采、安全生产、清洁利用的战略方针，培育大型煤炭企业集团，建设大型煤炭基地；以"两种资源、两个市场"为主线，以国际自由贸易规则为基础，以资源开发和资本运营为核心，鼓励国内煤炭企业及相关市场主体，围绕煤炭产业链的各个环节，从勘探设计、基本建设、生产开发、转化利用、市场开拓、物流运输、装备制造、基础设施等领域，积极参与"一带一路"沿线国家煤炭产业合作，实现"一带一路"区域国内国外煤炭产业的协同开发，为"一带一路"倡议的实施提供能源与化工原料保障，提升我国在国际煤炭产业体系中的话语权和影响力，利用全球资源，经营国际市场，掌握一定的市场份额与话语权。

"一带一路"国内区域包括西北五省（区）（内蒙古、陕西、甘肃、宁夏、新疆）与西南两省（云南、贵州），国外区域包括南亚（印度、巴基斯坦、孟加拉国）、东南亚（印度尼西亚、越南）、中东亚（蒙古、哈萨克斯坦、乌兹别克斯坦、）、欧洲（俄罗斯、乌克兰）及澳大利亚。研究构建资源开发、贸易与物流、工程服务与装备技术、资本运营为指标评价整体产业链协同的全球煤炭资源经略能力（表 0.2.4）。

表 0.2.4　"一带一路"煤炭资源强国要素与指标

要素	序号	指标
资源开发	1	资源掌控能力
工程服务与装备技术	2	工程服务能力
	3	装备与技术输出能力
贸易与物流布局	4	市场占有能力
	5	物流支撑能力
资本运营布局	6	资本运营掌控能力

2.3　建设煤炭资源强国的主要差距

我国已经是煤炭资源大国。目前，我国煤炭产量占全球煤炭产量的一半，长期稳居世界第一；煤炭在我国一次能源消费中的比重也基本维持在 60%～70%。然而，由于煤炭资源区域分布严重不均、构造地质条件差异较大、勘查开发及利用技术水平总体不高、企业发展水平与经济竞争力参差不齐、管理体制机制不完善、行业人才结构不合理等多重因素制约，目前我国煤炭行业尚不能在国际上具有综合性的竞争实力，仅局部领域具有一定的竞争优势。总体上，我国是煤炭资源大国，还称不上是强国，但在资源、市场、工程技术、人才、企业等领域已经具备全面建设成为全球性煤炭资源强国的条件。

2.3.1　绿色煤炭资源领域

1. 绿色煤炭资源总量丰富，绿色煤炭资源的勘查程度较低

目前已经勘探评价的绿色保有资源量达 9988.92 亿 t，占全国保有总量的 51%，占煤炭资源总量的 16.7%，且绿色保有资源量集中分布于晋陕蒙（西）宁和北疆地区，分布区域集中，有利于规划建设大型能源化工基地，按目前每年 40 亿 t 量计，完全能够满足相当长时期的稳定开发需求。我国绿色煤炭资源集中分布于蒙中、新疆、陕西、山西四省，分别为 5318.43 亿 t、2085.19 亿 t、1451.11 亿 t 和 754.33 亿 t，四省绿色保有量达到了绿色保有总量的 96.2%，宁夏宁东地区 255.27 亿 t，甘肃陇东地区仅 124.59 亿

t 的绿色保有量。9988.92 亿 t 的绿色保有资源量中，勘查程度高的占比 29%，勘查程度较高（详查）的占比 10%，勘查程度较低（普查）的占比 28%，勘查程度低（预查）的占比 33%，说明我国煤炭绿色资源的勘查程度均仍处于较低水平。此外，我国绿色矿区 1000m 以浅还分布了 7709.79 亿 t 的潜在资源量，可将其作为远景绿色资源量。通过进一步勘查可以提高程度，转为新增绿色资源量。因此，提升煤炭资源的勘探和详查资源比重，尤其是绿色煤炭资源的勘探和详查比重仍是今后煤炭地质工作的主要任务，要加强绿色资源的梯级进补。

2. 绿色资源可供规划建设的基础储量偏低，急需提升经济可采绿色储量规模

我国绿色保有煤炭资源量达 9988.92 亿 t，远景绿色资源量达 7709.79 亿 t，总量丰富，能够保障我国绿色煤炭资源相当长时期的稳定供应，短期内对于提升绿色煤炭总量保障能力的要求并不强烈，但绿色基础储量偏低（876.36 亿 t），经济可采的绿色储量更低（457.53 亿 t）。分布最多的为山西省，达 206.16 亿 t；其次是陕西和蒙西地区，分别为 97.81 亿 t 和 93.93 亿 t；北疆地区绿色储量 32.94 亿 t；甘肃 14.50 亿 t；宁夏最少，仅 12.19 亿 t。储量的意义在于其经过当前经济可行性评估，可直接用于建井并开发，按年消耗 40 亿 t 计，其稳定保障年限仅 10 余年甚至更弱。因此，短期内针对绿色矿区高勘查级别资源开展进一步补充精细勘查和经济可行性评估，提升经济可采的绿色储量规模，将是建设煤炭资源强国面临的重要基础性工作。

3. 绿色矿区水文地质、环境地质、工程地质等勘查评价以及绿色煤炭资源高效开发地质保障有待加强

我国绿色煤炭资源的分布与水资源呈逆向分布，绿色煤炭资源主要集中于晋陕蒙（西）宁和北疆地区，基本都处于干旱半干旱地区。水资源成为约束煤炭工业发展的重要因素，寻找新的地下水资源是煤炭地质保障的主要工作，节水采煤、保水采煤的地质条件评价和合理域外调度水资源仍然是开发绿色煤炭资源的重要地质工作。

2.3.2　工程技术领域

国外煤炭开发以露天开采为主，我国煤炭赋存条件复杂，以井工开采为主。我国晋陕蒙宁地区煤炭井工开采技术水平与美国等世界先进产煤国与大致相当，具有很强国际竞争力；但我国经济发展水平、地质条件复杂性决定了我国煤炭行业在总体效率、安全、生态环保及清洁利用等方面与国外还有差距（表 0.2.5）。

总体而言，我国在煤炭高效开采及清洁利用方面的技术是可以达到国际先进水平的，但在技术的推广范围及精细化方面还有很大欠缺，从而导致总体的安全、环保指标落后于国外，煤炭行业总体发展大而不强。

表 0.2.5 煤炭工程技术强国指标对比

强国要素	指标	国内先进水平	国内平均水平	美国、澳大利亚等国外先进水平
高效	地质保障程度	研制开发出矿井复杂地质构造探测装备与技术，可探测700m 范围内 ≥ 3m 的构造	以采区地面三维地震、瞬变电磁法和矿井瑞利波、直流电法、音频电透视、坑透、瓦斯抽采为主要探测手段	开展了随钻测量、随钻测井、微震监测等新技术和新方法的应用；探测精度500m 范围内 ≥ 5m 的构造
	机械化、自动化程度	晋陕蒙地区大型矿井机械化程度在95% 以上，实现了地面远程控制开采；开采高度8m；工作面作业人员在10 人以下，年产1200 万 t 以上	全国煤矿采煤机械化程度78% 左右；目前多数矿井数字化、自动化系统不完备，人工手动操作普遍；华东、华南地区地质条件复杂，机械化程度尚不高，自动化生产装备更是少有	井工煤矿占比比较小，基本实现100% 机械化；开采高度 5m，年产量 800 万 t 左右；工作面人数相当
	人员功效	中国的大型煤炭集团人均年产量约1730t，只相当于美国的5.6%，印度尼西亚的20.6%	中国煤炭行业的人均年产量更低，仅为630t	采煤发达国家平均为 1 万 t，美国达到 2.6 万 t 以上
安全	工人职业健康保障程度	注重职工健康保障，定期轮岗、换岗，定期体检；职业病发病率小于2%	多数矿井职工保障水平有待提升，工人工作环境恶劣；劳动保护、人员安全保险覆盖率都不足，职业病发病率在3% 以上	职业健康保障机制和制度严格，保护措施和医疗保障水平高，职业病发病率极低
	百万吨死亡率	国有重点煤矿百万吨死亡率在 0.1 以下，一些矿井实现了 3 年以上无事故的记录	2015 年，全国煤炭生产百万吨死亡率控制在了0.157，同比下降60% 以上	美国、澳大利亚等世界先进产煤国对安全生产要求极高，百万吨死亡率都在 0.1 以内
环保	生态保护与恢复率	采用充填、保水开采方式及土地塌陷治理、生态恢复、综合利用的比例在60% 以上	整个行业生态保护与恢复率不到20%	国外矿山开发重视事先的环保评估，对植被、地表水和地下水系统、生物多样性等产生的影响都有详细的研究，生态保护与恢复率可达到80% 以上
	资源保护与综合利用率	先进矿井，煤矸石综合利用率100%；矿井水或露天矿坑水利用率达到90% 以上；煤层气（瓦斯）抽采利用率80% 以上	整体资源保护与综合利用率不到20%	国外整体与国内先进水平相当
清洁利用	分级分质利用率	新建大型煤矿多数建立了配套选煤厂，可实现原煤全部入洗	我国原煤入选率65.9%；动力煤入选不足40%，而且洗选精煤主要用作化工、高炉喷吹等原料煤，用于燃烧发电的很少；分级分质利用率不高	加拿大、德国等煤炭洗选产品以燃烧发电为主，原煤入选比例95% 以上；分级分质利用率较高

强国要素	指标	国内先进水平	国内平均水平	美国、澳大利亚等国外先进水平
清洁利用	高效燃煤发电水平	上海外高桥、华能石洞口等电厂煤耗可在 270 gce/kWh，排放超过天然气排放标准，CCUS 开始推广应用	600MW 以上电厂平均煤耗从 2005 年的 370 gce/kWh 下降到 2015 年的 315gce/kWh，排放下降 15% 以上	加拿大、德国等煤炭洗选产品以燃烧发电为主，清洁发电技术较国内落后 1~2 代
	煤炭深加工技术	已建成投产三条煤制气生产线，建成 100 万 t 煤直接液化装置；建成了神华（18 万 t/a）、伊泰（16 万 t/a）、潞安（16 万 t/a）和兖矿（100 万 t/a）四个间接液化项目	直接液化粗油加氢精制工艺和催化剂技术处于商业示范阶段；CO 氧化偶联法技术成熟	已建成美国大平原煤制气（16 亿 m³/a）；南非的 SASOL 公司建成三个合成油厂，年生产油品 460 万 t；未见煤制烯烃报道

2.3.3　人才教育领域

与世界主要产煤国相比，一方面，我国从业人员规模庞大，从业人员整体文化水平偏低。与此同时，大部分煤炭企业又面临着人才短缺和断档的现象，中高级复合型人才尤其缺乏。新技术的不断应用和对环境问题的持续关注，客观上要求煤炭行业必须走"清洁、高效、绿色"的发展之路。具体而言，不仅需要具有丰富管理经验和远见卓识的高级管理队伍，还需要一支具有活力和创造力的员工队伍。

（1）行业人员规模过大，高层次人才占比较低。目前，煤炭从业人员初中及以下文化程度的低学历人员占比高达 55%，高出全国从业人员低学历占比 5 个百分点。同时，目前行业内具有中级和高级技术职称人员占比远低于初级技术职称人员占比。

（2）院校毕业生不能满足行业对复合型人才的需求。煤炭行业"智能化、少人化"的发展趋势，以及开采技术的，对专业人才提出了更高要求。目前，国内煤炭类高校专业设置大致相同，煤炭类复合型人才培养不到位。

（3）矿业类学科专业及课程设置缺乏统一标准。不同学校在矿业类学科的专业设置上存在一定的差别，专业设置过细、教材老化，同一名称的专业开设的课程不同，没有统一的专业设置标准，导致相同专业不同院校的毕业生知识结构上差异较大，质量参差不齐。

2.3.4　企业经济领域

对于我国煤炭产业而言，在过去的几十年中，在企业规模实力、生产经营、产业布局、技术水平、安全能力、环境保护方面都取得了较大的成就，但与发达国家先进的煤炭企业相比，还存在一定差距。

（1）产业集中度仍然偏低。根据国家统计局数据和煤炭工业协会数据计算，截至 2015 年年底，排名前十的大型煤炭原煤产量占全国原煤产量的约 40%，而根据美国能源信息管理局（IEA）资料显示，2014 年美国行业前四大煤炭企业煤炭产量就已超过全行业半数。因此，相比而言我国煤炭行业产业集中度依然较低，应借助去产能契机，进一步集中煤炭生产，实现企业规模化。

（2）管理理念和管理手段相对比较落后。煤炭行业是传统能源企业，其管理比较粗放，在产量换效益的时代，很多经营和管理问题被掩盖，但宏观环境的变化，凸显出企业内部存在的各种问题，如信息化管理工具和手段应用不足、绩效管理流于形式落实不足等，极大地影响了企业核心竞争力的形成和发展。应该看到，国内一流煤炭企业如神华集团有限责任公司（以下简称"神华集团"）、中国中煤能源集团有限公司（以下简称"中煤集团"）等管理水平相对较高，但大部分煤炭企业包括一些大型煤炭企业内部管理还是比较落后的，距离国内一流煤炭企业和国际先进煤炭企业还有较大差距。

（3）企业运营模式还比较陈旧，竞争力较弱。国外煤炭企业多数已经形成了成熟的经营权和所有权分离、专业化分工生产运营的发展模式，这是一种低成本的、灵活的、高效的运营模式。我国煤炭企业也开始在创新运营模式方面进行积极的探索，但仍不成熟。此外，对利用互联网技术和新的理念来创新新业态，形成新的商业模式，以实现可持续发展，我国煤炭企业还没有找到较好的路径。

2.3.5 "一带一路"领域

与美国、英国、澳大利亚等国大型跨国煤炭企业相比，我国煤炭企业走出去时间短、规模小，与我国作为最大的煤炭生产和消费国地位不匹配。由于我国主体能源结构中煤炭的储量相对丰富，国外煤炭资源开发起步较晚，因此，科学而完备的战略目标体系尚未构建起来：一方面，整体而言对国外煤炭资源开发缺乏顶层设计；另一方面，从局部看，对于开发主体的目标方向、开发路径等缺乏规划指引。很多企业为了国际化而国际化的倾向明显，缺乏系统化、统筹业务组合、结合近期目标和远期战略的通盘规划，造成企业的国际化行动和核心竞争力的提升相脱节。

我国目前并未就海外投资尤其是投资成本和风险均较高的能源型海外开发项目建立起财税、金融、保险等一体化的扶持政策体系，且现有的很多扶持举措也停留在规划和通知等具有较低实际影响力的层面。另外，我国目前对海外投资中介服务体系的建设重视不够，这一基本态度导致该行业的发展滞后，尤其是本土的投资银行、财务、法律及咨询等机构的经验和实力无法满足企业"走出去"需要。这主要体现在以下几个方面：①行业协会协调服务功能未充分发挥。行业协会对国外煤炭资源开发的协调力度不够，没有发挥其应有的功能，在一定程度上导致国内企业间的无序竞争。②境内中介机构不健全。③国外中介体系不配套。我国尚未形成有效而全面的自有的项目信息来源、筛选及决策支撑体系。中介机构国外煤炭资源开发项目投资的信息服务体系尚未完全建立。当前的合作项目信息主要来自于外国投行、各类峰会、贸促会等公共渠道以及部分私人渠道的信息，企业尚未建立自身的信息来源与决策支撑体系，因而信息的完整性、可靠性、可信性不够，对企业科学决策和平稳发展造成不利影响。而且国内中介咨询机构不能及时深入跟踪国外煤炭开发投资项目，没有完全发挥信息服务平台的作用，使得投资主体国外开发项目缺乏获取信息的有效渠道。在煤炭行业相关技术方面，处于国际领先水平，具备一定的技术输出优势，但在全球煤炭产业与贸易体系中的话语权与影响力还有待加强。

第 3 章　煤炭资源强国战略思路与目标

3.1　煤炭资源强国战略思路

实体经济是国家建设主战场，而能源与矿产资源是国家工业发展的基础。煤炭资源是我国重要的矿产资源，也是我国的主体能源。未来煤炭在我国能源安全和经济社会发展中的重要战略地位不会根本性动摇。建设煤炭资源强国是我国国家经济社会发展与能源安全的重要支柱与保障，也是"全面建成小康社会"、实现国家两个"一百年目标"宏伟蓝图的重要支撑。

煤炭资源强国战略应成为国家长期坚持的重大战略，建设煤炭资源强国应成为我国能源发展重要战略任务，今后若干年我国煤炭资源发展的最顶层设计，充分体现煤炭工业发展指导思想与理念的革新与进步，从"高效"到"高效、安全"再到"绿色、安全和高效"，最后发展为实现"强大"的产业发展思路。

3.1.1　积极应对，适应煤炭行业发展新常态

煤炭在未来很长时期仍然是我国重要的基础能源，与我国能源资源安全、产业安全、生态安全、社会经济稳定甚至国家安全战略密切相关，也与"一带一路"倡议和"中国制造 2025"国家战略相契合。面对当前煤炭行业严峻形势，要做到乐观面对和谨慎对待。造成当前我国煤炭需求低潮的原因，既有世界经济低谷和现阶段特有经济下滑的两个叠加因素，又有前期煤炭产能的盲目扩张影响，所以要允许部分煤炭企业倒闭破产，尤其是僵尸企业。

3.1.2　绿色引领，推进结构调整与转型升级

实现能源清洁利用和低碳发展是全球能源发展的潮流。在经济新常态背景下，需要在国家战略层面考虑煤炭资源强国建设的重要性，以煤炭行业结构调整和转型升级支撑国家能源发展，综合考虑国际价格与贸易、国内需求、国内生产能力、结构与调整潜力，完善针对性政策制定和有效监管机制，兼顾煤炭资源全产业链协同发展。理清影响煤炭行业的市场因素和非市场因素，推进政府引导和市场配置紧密结合，探索长期可操作的方法，重点支持装备先进、流程完备、管理体系完善、成本具有国际竞争力且有发展前景的煤炭企业，充分发挥市场在资源配置中的决定性作用，使企业产能和实际产量逐渐与市场接近。立足于促进行业的整个转型升级和提质增效，不要立足于企业救急，特别是和国家长期战略不吻合的企业。政府要采取相应政策措施来引领整个煤炭行业向

绿色转型升级，充分发挥政策杠杆作用，逐步使我国向资源强国过渡。

3.1.3　创新驱动，构建煤炭产业发展新模式

新时期新形势下，政府可以统筹政产学研资源，采取新举措，借鉴国际的经验和现有现代化的手段，推动煤炭技术创新与产业升级，实现煤炭生产智能化、生态环境友好化、转化利用洁净化、职工队伍知识化；以科技创新创造绿色能源的理念，推进煤炭科技进步，突破产能、环境约束，打开发展空间；同时，融合金融、互联网等新产业、新技术，打造"煤炭 +"模式，运用"煤炭 + 金融""煤炭 + 大数据"、煤炭物联网、煤炭管理信息系统等措施，为煤炭企业提供有力支持；增强煤炭行业竞争力和主导权，将煤炭行业打造成具有国际竞争力和话语权的优势产业。

3.1.4　放眼全球，助推煤炭企业国际竞争力

按照煤炭资源强国要求，一方面要支持具有国际竞争力大型煤炭企业集团"走出去"，另一方面要结合"一带一路"倡议，协调产业链上下游企业，以提升产业整体竞争力来助推煤炭产业竞争力升级。此外，还要注重煤炭企业和国家战略的互动。要认真研究煤炭企业本身的定位，保证煤炭资源强国地位。要借鉴国际经验，组织有实力的煤炭企业，科学谋划、精心组织、积极推进，收购、并购一批国外煤炭企业，以技术装备输出为主线，适时扩大煤炭出口贸易规模以及贸易对象的多元化。

煤炭行业可以发展为高技术产业，也可以成为安全的行业，煤炭工业应该有与它的贡献相当的能源地位。实现煤炭资源强国，关键要靠科技、人才与制度建设，以安全、高效、绿色开发以及清洁甚至低碳高效转化利用为支撑，实现煤炭资源的科学发展。出路在于根本性地提升煤炭工业可持续发展能力，在保证资源安全、产业安全、生态安全和国家社会经济安全的大前提下，结合"一带一路"倡议布局，充分借助国内外煤炭市场，通过煤炭产业的转型升级与结构调整，将行业做精、做强，尽早建设与基础能源地位相称的安全环保、科技含量高、人才队伍结构合理、适应产业变革与经济竞争的强大煤炭工业体系，实现我国从煤炭资源大国向煤炭资源强国转变。

3.2　煤炭资源强国战略目标

3.2.1　至 2025 年

在开发领域率先实现煤炭资源生产强国与煤炭工程科技强国。

大幅提高绿色煤炭资源总量基数和各勘查级别资源精度，实现 80% 以上绿色煤炭资源生产。

煤矿机械化程度达到 90% 以上，全员工效达到 2000t/（人·年），百万吨死亡率低于 0.05；矿区生态环境明显改善，主要燃煤发电污染物排放控制指标全面达到燃气排放

标准，安全、绿色、清洁利用总体达到国际先进水平。

从业人员规模在2015年基础上减少20%~25%，大专以上的人员超过从业人员总数的80%，薪酬与电力等行业薪酬水平持平。

培养2~3家具有较强国际影响力的企业，排名前10煤炭企业产量占总产量比重不低于70%。

"一带一路"煤炭资源开发利用国内外布局取得显著成效。我国西部7省（区）煤炭产量达到22.7亿t，消费11.9亿t，外运10.8亿t，煤炭及下游产值超过1.5万亿元，新增就业机会14万人；在澳大利亚、印度尼西亚、越南、巴基斯坦、孟加拉国等5国实现资源开发布局，向乌兹别克斯坦、哈萨克斯坦、越南、印度尼西亚、印度等5国规模化输出工程技术与装备制造，参与到印度、巴基斯坦、孟加拉国、蒙古、越南、澳大利亚、印度尼西亚等7国贸易与物流，向澳大利亚、印度、蒙古、印度尼西亚、越南、俄罗斯等6国围绕煤炭及加工转化产业实现资本输出。

3.2.2 至2035年

到2035年，再利用10年的时间，我国全面建成涵盖全产业链的煤炭资源强国。

全面提升绿色煤炭资源储量，实现90%以上绿色煤炭资源生产供应。

煤矿生产基本实现智能化，全员工效达到5000t/人·年，基本实现煤矿事故零死亡；实现近零生态损害、污染物近零排放，建立绿色、安全、高效的煤炭开发利用体系。

形成合理的人才规模与人才梯队，从业人员规模在2025年基础上再减少30%~40%，大专以上人员占从业人员总数的90%，薪酬基本接近金融行业薪酬水平。

形成5~8家主导世界煤炭工业发展的先进企业，排名前十位企业产量占总产量比重不低于90%。煤炭企业效益好，职业吸引力强，产业多维度竞争力均强。

"一带一路"煤炭资源开发利用布局基本完成。我国西部7省（区）煤炭产量达到23.5亿t，消费12.3亿t，外运11.2亿t，煤炭及下游产值达到1.6万亿元，比2025年新增就业机会1万人；形成煤炭勘探、开发、转化、利用、物流、贸易、金融一体化的全球性产业网络，提升煤炭产业的全球运营能力。

第4章 煤炭资源强国战略任务与实施路径

4.1 加快勘查评价绿色煤炭资源

（1）今后煤炭资源勘查工作重心既要寻找新的绿色煤炭资源，又要积极勘查评价绿色煤炭资源，提高绿色资源勘查技术水平，扩大绿色资源勘查精度与储量规模。

鉴于绿色煤炭资源主要分布于"九宫"的晋陕蒙宁和北疆两分区，且晋陕蒙宁和北疆又是"战略西移"和"一带一路"倡议的指向区，因此未来煤炭资源的勘查分布地域应逐步向晋陕蒙宁和北疆地区转移，勘查工作主要集中于绿色资源潜力矿区。具体来看，绿色矿区主要分布于晋陕蒙宁的山西中北部、陕西北部、内蒙古的中部、北疆的南东部，而云贵川渝地区仅有零星分布，且地质程度相对复杂，多为临界绿色煤炭资源，但云贵川渝地区有望成为今后的绿色煤炭资源潜力区。

短期而言，提升经济可采的绿色储量规模是建设煤炭资源强国面临的首要基础性工作。煤炭勘查工作重心可以不再以提升资源总量为目的，而应以提升绿色基础储量和经济可采绿色储量为重点，加强绿色矿区现有高勘查级别资源量的补充精细勘查以及经济可行性评估。

长期而言，提高煤炭资源勘查程度，寻找更多的更经济的绿色煤炭资源仍然的煤炭地质勘查工作的重中之重，包括提升绿色煤炭资源勘查程度仍是我国煤炭地质工作的重要任务。为此，勘查工作要有目的地从非绿色矿区收缩退出，逐步转移至绿色矿区，以提升绿色资源勘探和详查比重，加强绿色资源梯级进补。勘查评价绿色整装煤炭基地，同时加强绿色整装煤田快速精细勘查技术的攻关和推广应用。在大区评价非绿色区适度开展对于煤炭资源禀赋优良靶区的优选工作，进一步发现新的绿色资源或临界绿色煤炭资源并开展精细评价，为开发产能就近聚拢转移提供便利条件。

（2）按照绿色煤炭资源的分布格局，考虑不同区域的开采问题，我国煤炭资源开发应过渡到开发绿色煤炭资源为主兼顾在一些特殊地区开发一些临界绿色煤炭资源的混搭式开发模式。

按照绿色煤炭资源的分布格局，考虑不同区域的开采问题，包括不同的开采方法、开发模式、开发强度。我国煤炭资源的开发应把握当前去产能的宝贵时机，有意识的首先从非绿色矿区收缩或退出，尤其是要结合我国煤炭工业"保护与减轻东部、稳定开发中部、加快开发西部"的战略布局，煤炭资源开发应逐渐向更具资源优势的晋陕蒙（西）和北疆绿色矿区的资源开发上转移，该类地区资源优势明显、生态修复成本较低，适宜建设大型综合能化基地，可承接东部产能压缩和资源枯竭地区开发接替重任，建立安全、科学、高效、绿色的整装煤炭开发示范基地，逐步提升绿色矿区煤产量比重，充分发挥绿色矿区煤炭资源的先天优势，提升煤炭国际国内市场竞争力。考虑到我国国情，还应对东部和西南地区煤炭资源的开发保留一定比例，但该比例应逐步降低。同时也要注意，煤炭资源勘查与开发由非绿色矿区向绿色矿区的收缩转移并非产能同质、同量的单纯"搬迁"，而应是在去除非绿色低端产能、对产能进行合理优化、布局、市场投放步调的基础上的减量、增效、提质转移。

（3）加强绿色煤炭资源高效开发的地质保障工作是今后煤炭地质工作的一个新领域，在加强绿色煤炭资源勘查力度的同时，还要加强绿色矿区水文地质、环境地质、工程地质等的勘查评价工作，在寻找新的地下水资源的同时，着力加强对于节水采煤、保水采煤地质条件评价与节保水采煤技术的攻关，加强对于合理域外调度水资源方案与技术的研究工作。

4.2 大力推广先进煤炭工程技术

（1）加强地质保障技术的研究应用，服务于煤炭生产工艺性、安全性、经济性指标的提升。重点发展"空天地"一体化的快速精准煤炭资源勘查技术和矿井智能化地质保障技术。具体包括快速精准钻探技术与装备、高精度地球物理勘查技术、地质勘探大数据快速分析和可视化建模技术等。大幅提升西部复杂自然条件下煤炭资源的找矿和勘探精度，大幅提升高精度地震和电法勘查资料采集与解释理论研究，提升深层煤炭资源和开采技术条件的综合勘查、煤炭开采应力场－裂隙场－渗流场高精度智能可视化测试技术，以应对深部资源开采以及复杂地质条件勘探的需要。研究煤中有害元素快速分析和分离洗选技术，增加绿色煤炭资源量。

（2）提升矿井建设技术及装备自动化水平，提高建井施工效率、地质条件适应性及安全性。加强竖井钻机、竖井掘进机、反井钻机、斜井盾构工艺技术及装备的研究，实现机械破岩、排渣、支护平行作业，达到减少爆破作业和下井人员的目标；以节能、无害、高效、可靠为宗旨，发展千米冲积层冻结、深厚基岩注浆改性、斜井沿轴线冻结；改变破岩方式，在高矿压强度岩石内实现综合机械掘进成巷，改进工艺、装备提高爆破掘进效率和工艺、装备配套。

（3）大力发展智能、安全和绿色开采技术，大幅提升行业生产效率、安全保障及生态友好程度。重点突破作面智能化开采、无人化控制系统、基于分布式决策的工作面控制应用平台等关键生产技术，以及低质煤层气高效抽采、煤气共采、煤铀共采等煤系资源一体化协调开发技术；地下水资源保护、采选充系统的监测预警和自动化控制、地下水库、沉陷区治理、生态修复等绿色开采技术；薄煤层、急倾斜厚煤层、巨厚煤层等复杂条件煤炭开采的技术与装备。

（4）积极研发与生产全过程紧密结合的安全保障技术，使煤炭生产所有环节都在安全运行的提前下进行。以"煤矿隐蔽致灾因素－探测体系－动态探测技术－智能探测"

为研究主线，从煤矿隐蔽致灾因素形成条件、动态变化、空间分布等基础理论研究着手，研究构建主要灾害源的探测体系，研究煤矿水害、火灾、瓦斯、顶板、冲击地压灾害其主要隐蔽致灾因素动态探测技术与装备，实现大范围、高精度的动态智能探测。

（5）大力发展高效清洁燃煤发电及低污染物排放的煤炭转化利用技术。在现有先进燃煤工业锅炉基础上，开发适合工业锅炉的高效除尘、脱硫、脱硝等污染物排放处理技术。推进百万千瓦超（超）临界二次再热技术示范工程建设，适时推广应用；加快700℃超（超）临界高效发电核心技术和关键材料的研发。支持开展亚临界机组升级改造为超超临界机组的技术研究。进一步进行技术攻关，提高煤制天然气、煤制乙二醇、煤炭间接液化等示范工程项目的生产运行负荷，增强技术稳定性。

4.3　重塑煤炭行业人才体系

（1）以人才战略目标为依据，优化煤炭行业从业人员队伍。根据人才战略目标，优化从业人才队伍规模与结构。通过定期职业培训与考核，建立优胜劣汰的人才选择机制；提高准入门槛，通过限制年龄、文化程度、煤炭相关专业机构认证等条件，提高行业人员进入标准。

（2）以复合型、经济型、管理型综合人才为培养目标，构建创新型人才培养体系。及时调整、更新教学大纲，密切结合国内外新技术、新成果，精简课程设置，精选教学计划中主干课程的教材；保证实践与创新课程效果，校内积极开放实验室，加快多功能型实验室的建设，校外建立良好的校企、校校合作关系，建设稳固的实践基地。同时鼓励学生积极参与科技创新活动，提高创新精神与创造能力。

（3）加强行业紧缺人才的培养与引进工作。吸纳内外部优秀师资，完善高校和企业培训师资库；深化人才管理机制，加快煤炭企业急需的应用型技能人才的培养与输送，加大专业人才（金融、财务、法律等）和管理人才引进力度，对行业发展急需专业实行订单式、定向培养（对口单招）。

（4）加强煤炭人才国际交流与合作。加强国际合作，与国外院校联合培养煤炭专业学生，打造面向国际化的一流煤矿专业人才队伍；建立矿业专业领域人才留学基金和中介服务机构，解决海归人才就业难的问题；探索国内矿业机构与国外机构联合认证方式，拓展矿业人才培养渠道。

4.4　全面提升煤炭企业竞争力

（1）建立开放式科技创新体系，增强煤炭企业创新能力。建立多层次、开放式科技创新体系，以全方位的创新驱动企业发展。发挥煤炭企业在产学研用创新链上的引导和带动作用。结合市场需求，在我国能源革命政策导向下，完成煤炭全产业链的设计－生产－加工－利用－回收关键环节进行核心技术攻关，加速科研成果转化。

（2）向平台化方向发展，有效盘活和利用企业内外部资源。增强企业对内外部资源的盘活和整合能力。要围绕提升核心竞争力，推进业务结构优化和调整；建立专业板块内部的统一管理平台，促进资源共享，发挥规模优势；推动资源向煤炭产业链高端方向集聚；创新企业体制机制，增强集团公司的管控能力；科学甄别外部资源，借助"走出去"等政策和市场机遇，通过兼并、收购等多样化合作方式，高效利用外部资源。

（3）加强现代信息技术的应用，建设智慧型煤炭企业。推进企业生产过程智能化，培育新型生产方式，全面提升企业研发、生产、管理和服务的智能化水平。以现代信息技术为支撑，对生产过程进行智能化改造，建设智慧矿山；通过数据集成和分析，提出科学合理决策；构建一体化智能管理平台，实现产业链各环节的协同运作；打造电子商务平台，实现线上线下相互协作、相互促进的运营模式，打造能源生态圈；推行基于互联网的个性化产品、服务、云制造、众包设计等新型制造模式，培育智能安全、生产监测、远程设备诊断管理等新型服务，创新企业商业模式。

（4）推行现代化管理理念，推动企业管理升级。加强企业战略管理，以前瞻性、系统性的思路指导企业发展；创新管理模式、管理手段和管理方法，增强企业管理决策的科学性；创新企业体制机制改革，建立市场化选人用人机制；加强企业内控体系建设，规范企业运行程序，提高风险防范能力。在现代化管理理念和手段的支撑下，促进企业管理由传统经验型向现代、科学、信息化管理转变，推动企业管理升级。

4.5 经略全球煤炭资源、产业与市场

（1）以煤炭下游产业为切入点，通过获取优质稀缺资源与开发新兴资源，积极进行全球资源开发布局。第一，通过购买煤炭资源、煤炭勘探权或开采权等方式加强澳大利亚等成熟国家煤炭开发力度，以国际煤炭巨头在经营困局中进行资产重新配置为契机，积极获取之前煤炭价格高企时难以获得的稀缺煤种资源。第二，重点关注印度尼西亚、越南、巴基斯坦、孟加拉国等国家。这些国家煤炭资源勘探开发程度低、煤炭开发需求大、煤炭产业装备与技术水平较低、相关基础设施比较落后、本国资金短缺且易于接受外来投资，可以煤电等下游产业为切入，通过在当地发展煤－电－建材、煤－焦炭－钢铁、煤－合成氨（甲醇）等煤炭加工利用产业，以下游产业带动上游煤炭产业的开发，通过风险勘探、投资建矿、技改扩能等方式控制并开发其煤炭资源。

（2）发挥煤炭装备制造与超低燃煤发电技术的优势，从产品输出转向人才、装备与技术的输出，不断加强煤炭工程服务与装备技术布局。在"一带一路"框架下，结合我国煤炭装备制造优势和煤电技术优势，输出成熟、先进的工程服务、采掘装备机械和煤电技术，有助于带动我国煤炭上下游产业向外向型经济转型，实现从产品的输出到人力、装备和技术的输出，提升中国煤炭装备在全球市场上的占有率，瞄准乌兹别克斯坦、哈萨克斯坦、越南、印度尼西亚、印度等煤炭开发需求大、煤炭产业正在转型升级、煤电等下游产业快速发展的国家。①通过 EPC（engineering procurement construction）、IPP（independent power producer）等模式输出人力和技术，为目标国的煤炭、煤电产业发展提供工程服务；②基于 EPC 等工程服务形成的产业管控优势，推动我国煤炭产业装备设施的输出；③按照高标准、高起点的要求，发挥煤炭相关产业核心关键技术的优势，推动超低燃煤发电等先进技术的输出。

（3）围绕全球煤炭市场贸易分工体系、主导构建亚太煤炭贸易走廊，增强亚太煤炭价格体系中的话语权，推动形成全球煤炭贸易与物流布局。由于目前国内供给基本饱和，海外获得的资源宜通过全球化布局，参与全球煤炭市场贸易的分工体系，逐步扩大世界煤炭市场份额，力争在亚太煤炭市场中逐步建立主导权，并在亚太煤炭价格体系中不断增强话语权。第一，瞄准我国东南沿海的煤炭进口市场。这部分市场我们有天然的开发优势，印度尼西亚、澳大利亚开发的部分优质煤炭资源可以首选瞄准这一目标市场。第二，大部分海外开发的煤炭资源需要通过煤炭贸易，逐步拓展新兴的国际煤炭市场。从世界煤炭贸易格局来看，需要重点关注以印度、巴基斯坦、孟加拉国为代表的潜在煤炭需求增长国，将其作为未来国际煤炭贸易的主要目标市场。第三，兼顾以日本和韩国等煤炭传统进口国家和地区。这些国家曾经是我国煤炭产业的主要出口目标市场，有一定的开发基础，可以逐步恢复这部分市场。另外，通过积极参与国际煤炭运输，布局煤炭贸易市场，借鉴国际煤炭贸易巨头（如 GLencore）的先进经验，参与国际煤炭贸易体系的分工与竞争。国际煤炭运输的方式主要有海运、铁路两种方式。从全球煤炭跨国运输来看，海运约占 90%，铁路约占 10%。中国煤炭贸易有三条主要路线分别是，①南非：印度洋—马六甲海峡—南海—中国；②澳大利亚和印度尼西亚：龙目海峡—南海—中国；③美国、加拿大、哥伦比亚：太平洋—中国。在国际铁路方面，目前中国与接壤的俄罗斯、蒙古、越南都有跨国铁路，可以为国际煤炭贸易提供运输通道。随着欧亚、东亚跨国铁路建设的进一步开发，中国有望与更多国家实行跨国铁路联运。围绕这些海运和铁路通道，通过参与煤炭贸易物流，逐步主导构建亚太煤炭贸易走廊。

（4）依托专业金融机构，充分发挥金融工具的资源与市场控制效应，逐步开展资本运营布局。资本运营布局是实现世界煤炭资源优化配置的高级形式，主要适用于市场化程度较高的国家，能较快进入目标市场，获得煤炭资源和生产能力、技术及管理经验、煤炭销售渠道等。资本布局不以获取海外煤炭资源为直接目的，通过股权融合及业务合作等各种形式，在追求投资收益最大化的同时，通过控股间接影响公司的生产和经营决策，从而达到间接获取海外煤炭资源的目的。例如，日本和韩国等主要电厂和钢铁用户，利用资本运营积极入股主要煤炭企业及煤炭生产基地，确保了自身经营的持续增长和竞争优势，在境外收购、兼并和相互参股，使得世界煤炭行业的并购浪潮迭起。国际煤炭跨国公司通过大规模的收购和兼并，实现了跳跃式扩张，大大增强了对世界煤炭资源的控制能力，在煤炭市场竞争中占据主动地位。依托亚投行、丝路基金、金砖银行等专业金融机构，选择煤炭资源丰富、政治经济形势稳定、政策法律环境良好、有稳定下游市场的国家开展契约式合营或股份制合营，或形成战略联盟。也可采用资产转让、兼并、重组、大额贷款等形式，逐步介入银行、保险、信托业务、证券、基金、期货等金融市场，通过投融资和股权买卖进行资本运营。有条件的大型煤炭企业集团，可以通过吸收投资、发行股票、债券等措施进行国际融资。在"一带一路"区域国家中，澳大利亚是最具资本布局优势的国家。澳大利亚政局稳定、法律健全、资源丰富且赋存条件较好，大多数世界煤炭巨头在澳大利亚都拥有煤炭资源，该国煤炭资源的购并相对比较活跃，容易在探矿权、采矿权二级市场或企业并购中获得煤炭资源。基于在澳大利亚形成的资本布局能力，以印度、蒙古、印度尼西亚、越南和俄罗斯等国家为投资目标国，在经过充分调查和风险评估的基础上，考虑"印度因素"和"东南亚因素"的影响，特别是亚太煤炭贸易圈，结合未来煤炭供需发展形势变化情况，提前预判与统筹思考布局，进行投融资和股权交易等资本运作，通过参与当地煤炭企业经营来间接获取资源和市场。

4.6 以制度创新促进煤炭行业改革发展

（1）建立协调统一的煤炭行业管理机构，推动政府职能转变。将行业特点较强的政府管理职能合并到一个部门，建立统一的煤炭管理机构，在全行业形成较高的权威性，搞好行业发展规划，进一步科学界定中央和地方政府以及煤炭企业在管理体制中的责权利益关系，理顺政府、市场、企业与公众四者之间的关系，有效协调煤炭与其他各部门的利益，使煤炭管理体制和工作机制运转高效、协调。坚持政府有所为有所不为，建设公共服务型政府，在加大向市场放权力度的同时，积极调整政府职能，强化煤炭产业规划、产业政策、标准的引导和约束作用，实现政府经济管理方式由管短期向管中长期、由管微观向管宏观、由管审批向管监管的转变。

（2）健全法律体系和财税体制，完善现代煤炭市场体系。健全完善以《煤炭法》为基础的煤炭法律体系，制定和完善煤炭矿区生态环境保护、煤矿建设、煤炭产品、煤炭清洁开发利用、煤炭物流等方面标准、规范，强化法律法规、政策标准等实施的监督检查；加快煤炭行业财税体制改革，包括取消不合理的收费，建立广覆盖、多环节的综合税收调控体系，营造公平竞争、优胜劣汰的市场环境，增强企业发展的内生动力、活力和创造力。进一步加强和完善煤炭市场基本交易制度建设，积极推进电子交易市场建设，促进传统产运需衔接方式向现代交易模式转变。积极引导各类市场主体参与煤炭交易市场建设，加快建设区域性煤炭交易市场，建立和完善公开、公平、公正的煤炭现货及中远期合约市场，逐步建立现代煤炭期货市场。

（3）积极发展先进产能，推动煤炭产业结构优化升级。依据能源发展战略和主体功能区战略，优化煤炭发展布局，统筹把握化解过剩产能与保障长期稳定供应的关系，科学运用市场机制、经济手段和法治办法，大力化解过剩产能，严格控制煤炭总量；以提高质量和效益为核心，积极发展工艺先进、生产效率高、资源利用率高、安全保障能力强、环境保护水平高、单位产品能源消耗低的先进产能，提升煤炭有效供给能力，确保产能与需求基本平衡，促进结构调整和优化升级，提升煤炭产业发展质量和效益。

（4）完善落后产能退出长效机制，稳妥处理职工安置。完善煤矿关闭退出相关标准，指导落后产能有序退出。职工安置作为化解过剩产能工作的重中之重，坚持企业主体作用与社会保障相结合，细化措施方案，落实保障政策，维护职工合法权益。加大政策扶持力度，支持通过企业内部分流、转岗就业创业、内部退养、公益性岗位安置等方式，多渠道分流安置煤矿职工。地方政府要按照国家有关要求做好失业保险、失业救助、发放最低生活保障等兜底工作。

4.7 实施绿色煤炭重大科技创新工程

实施绿色煤炭资源开发重大科技创新工程，对提高我国能源整体保障能力、助推煤炭产业升级转型和加快美丽矿山建设，推进煤炭产业从传统工业文明向全面的社会文明、生态文明发展，变革煤炭开发方式，促进煤炭清洁高效可持续开发利用，具有重要意义。

目前需要解决的关键科学技术问题包括：①加强绿色煤炭地质相关基础理论与工程技术研究，在整装煤田快速精细勘查技术、大型煤炭综采技术、煤炭开发地表生态和地下水系统保护上加强攻关和推广应用；②在神东矿区煤矿地下水库和地表生态自修复促进技术基础上，针对西部不同地质条件和开采工艺，研发针对宁东、新疆等煤矿区的煤矿井下储用矿井水和地表生态自修复促进技术；③攻克东部矿区深部开采面临的重大技术难题，包括建井技术、动力灾害控制、急倾斜厚煤层和近距离煤层群开采高瓦斯与煤自燃综合防治耦合关键技术；④针对西部多种资源共存，攻克煤铀、煤油气等多种资源协调开采技术难题；⑤煤炭高效燃烧及清洁利用技术等。

4.7.1 绿色煤炭资源相关基础理论与勘查技术

（1）加强煤炭地质基础理论研究，提高绿色煤炭资源的总量与勘查质量。

中东部煤炭资源勘探和开发强度大，需要深化找煤应突出理论创新和技术创新，通过区域地质、物探和遥感等多元地质信息的深入研究和筛网式的分析，结合高精度地球物理探测技术，圈定新的绿色煤炭资源预测区，对资源潜力作出客观评价。

建立和完善聚煤作用系统和系统分析方法，实现找煤理论的重大突破。从煤层、煤系沉积岩体结构构造、地应力场、地温场、水文地质和工程地质特征分析入手，查清影响中国煤矿深部开采的地质因素和地质灾害发生机理，建立绿色煤炭资源开采地质保障系统提供理论依据，开展绿色煤炭资源精细勘查评价。

加强西部聚煤盆地地质系统研究和煤炭、水、煤层气资源综合评价。运用地球系统科学理论，开展盆地煤炭资源聚集和赋存的系统研究，综合评价煤炭、煤层气、天然气水合物等多能源矿产资源和煤系"三稀"共伴生金属矿产资源并开展协同勘查。

加强浅部优质煤炭资源特别是特殊和稀缺煤种评价，找矿、勘查和勘探工作，为国家建立绿色优质与稀缺资源战略储备提供可靠信息。

（2）提升煤炭地质勘查技术与装备水平。

根据我国煤田地形地质特点，合理选择地质填图、遥感、物探、钻探、测试等技术手段，建立独具中国特色国际一流的煤炭综合勘探技术体系。

大力发展煤炭资源综合勘探技术。探讨进一步发展复杂地区三维地震技术，深化多维多分量地震勘探技术研究，继续扩大地震技术能力和应用范围；电法勘探的重点是电阻率法影像与三维可视化综合分析技术。

煤田三维地震勘探技术得到迅速发展，大幅度提高勘探精度，尽快突破西北复杂山区，沙漠、厚层黄土、水上、沼泽以及采空区等地震施工禁区；勘查能力进一步增强，重点攻克资料处理和解释技术。钻探装备和钻探工艺方面重点在深部绳索取芯和金刚石钻进的工艺、空气泡沫钻进、潜孔锤正反循环钻进、受控定向钻进和超大孔径钻进等钻探工艺的进一步研究，钻进参数监测系统和技术研制取得成功。

（3）加大资源枯竭矿区外围绿色煤炭资源找矿勘查力度。

加大对资源枯竭矿区外围资源综合找矿勘查工作，根据煤田地质特征特别是资源赋存特征，提出外围地质找矿的新路径和新工艺。实施危机矿区接替资源找矿项目，发现相对煤田，为煤炭城市可持续发展提供坚实的物质基础。

（4）提高绿色煤矿开采地质保障能力。

查明落差小于1/2采高的小断层及其他构造，解决岩性地震勘查的新途径；加快研制或引进适合于矿井作业和实时处理的矿井物探仪器；建立高效矿井（工作面）地质条件预测评价和地质安全保障系统，实现对矿井开采地质条件的综合评价和量化预测。研究煤层气、地下水赋存的地质规律，加强煤矿突水机理与防治基础理论和装备、资源勘探阶段煤层气勘探评价技术与装备研究。

（5）大力发展绿色煤炭资源勘查与地质保障信息化技术。

充分应用现代矿产资源预测评价的理论方法和以GIS评价为核心的多种技术手段、多种地学信息集成研究方法，开展大型煤炭基地煤炭资源特别是绿色煤炭资源、水资源和生态环境综合评价，建立煤炭资源信息系统，实现煤炭资源动态管理，为大型煤炭基地建设提供准确的、科学的、适时的资源信息，实现煤炭地质特别是绿色勘查数据采集、处理、研究、管理和地质报告编制全过程的信息化。加强高分辨率卫星图像在煤炭地质勘查、数字矿山、矿区环境调查和监测方面应用研究，以及数字航摄技术、矿山GPS定位技术、煤炭及其地质勘查GIS技术的研究与应用。建立煤炭及相关资源信息系统，构成"数字矿山"和"智能矿山"的一个有机组成部分。

4.7.2 煤炭智能化开采技术与装备

实施煤炭智能化开发技术创新，突破综采工作面无人化控制、无人化采掘、智能化运输等重大技术与装备。

（1）综采工作面无人化控制系统。

创建精准煤岩界面快速在线识别测试传感方法，开发采煤机智能调高控制系统，创建在井下复杂地形中装备运行绝对空间定位方法及其地质信息融合模型，安全隐患识别及预警机制；研究液压支架群组的自组织推进模型，创建大规模支护群组的协同排队控制机制，研制高可靠性智能耦合强力液压支架及其支护质量监控装置。创新实现运输设备运量的自动检测和功率匹配，建立运输系统的自动检测和故障诊断系统，实现远程监测监控和与其他设备的协同联动。

重点突破工作面无人化开采系统配套关键技术，包括创新工作面无人化综采设备与煤岩耦合作用及自适应控制技术，两端部斜切进刀自动控制及实现方法，工作面自动清浮煤及端头支护自动化协同作业流程，工作面成套设备协同设计等技术。

（2）煤矿无人化采掘关键技术与装备。

针对我国采煤工作面智能感知和无人高效连续推进难题，煤矿掘进效率低、采掘比例失调、安全事故多等问题，研究工作面智能精准开采控制技术与装备，煤机装备高强度、抗冲击、耐腐蚀、耐磨损基础材料和关键元部件；研究纯水介质高压大流量液压技术与装备；研发智能精准开采无人化高效高可靠性综采成套装备，VR 虚拟维修机器人，机械破岩全断面上排渣竖井掘进技术与装备，大直径千米反井钻机，斜井智能化掘进支护运输技术，岩石斜巷智能全断面掘进机；研发露天煤矿无人化智能采运技术与装备。

（3）矿井智能化运输关键技术与装备。

针对煤矿主运系统巡检手段单一和辅助运输效率低、污染重等问题，研制智能主运系统及带式输送机巡检机器人；研究主运设备整机健康评估技术及主运机群智能协同控制技术；研究智能辅助运输技术标准与体系；开发矿井辅助运输车辆的智能调度与运行管理系统；研制矿用防爆电动车辆；研发井下防爆无人驾驶车辆及测控系统；研发露天矿移置式智能带式输送系统。

4.7.3 煤与煤系共伴生资源一体化开发理论与技术

实施煤与煤系共伴生资源一体化开发技术创新工程，实现铝镓、煤层气、油气、铀等稀缺资源的有效回收。

（1）高铝粉煤灰和矸石中镓的提取技术。

针对准格尔煤田丰富的铝镓资源，研发煤的灰化产物、燃煤产物产品中铝和镓的提取技术，包括：碱法烧结 – 碳酸化法、酸浸 – 树脂吸附法和 Kelex 100 萃取法的镓提取技术；针对铝和镓在不同对象（飞灰和矸石）中的赋存状态，优化铝和镓的提取工艺。

（2）煤与瓦斯共采技术。

研发破断煤岩体中瓦斯导向流动控制技术、煤与瓦斯共采的时空协同控制技术、高突煤矿井上下联合（协同）抽采技术、单一低透煤层瓦斯高效抽采关键技术，抽采瓦斯阶梯利用和零排放技术等；研发破断煤岩体中瓦斯导向流动监测及控制关键装备、煤与瓦斯共采的时空协同及控制关键装备、单一低透煤层瓦斯高效抽采关键技术及装备、抽采瓦斯阶梯利用关键技术及装备、抽采瓦斯的零排放关键技术及装备等。

（3）煤炭与油气资源共采技术。

针对鄂尔多斯盆地煤炭与石油天然气资源共存特征，开发煤炭与油气资源共采技术。①煤炭开发对天然气开发的影响规律：煤层开采对已有油气钻孔的影响规律、煤层开采对已有油气管网及地面设施的影响规律、煤层采空区岩层稳定规律研究等；②油气开发对煤炭开采影响规律研究：油气钻孔全孔封闭技术及对煤层开采的影响、新型可伸缩管材作为油气管网的研究；③煤炭与油气开发的资源共享，包括油气钻孔在煤炭勘探方面的利用、利用油气钻孔开发煤层气等。

（4）煤铀协调开采技术。

针对内蒙古和新疆煤铀共存现状，研发煤铀协调开采技术，包括：铀矿开采地下水运移规律和氡渗流机理研究，分析其对煤炭开采的影响；分析地下水利帷幕建造，调控地下水位的技术可行性；煤炭与铀矿开采工艺的优化研究；煤铀共采生态环境评价指标体系和方法模型，预评估煤铀开采对生态环境的影响，提出资源开采生态环境保护措施；应用技术经济评价方法，对煤铀资源共采进行经济分析，对先采煤后采铀、先采铀后采煤两项技术方案进行经济可行性分析。

4.7.4 生态环境低损害的煤炭绿色开发技术

实施生态环境低损害煤炭绿色开发技术创新共采，突破地表生态环境恢复治理、地下水库、采选充一体化等关键技术和装备，大幅降低煤炭开发对生态环境的负效应。

（1）地表生态环境恢复治理。

针对煤炭开采带来的地表环境损伤、植被破坏、地下水系破坏等，研究开采对地表生态环境影响的机理与诊断技术，减轻地表损伤的充填开采、条带开采、协调开采、超长工作面开采等减损开采技术；研究酸性废石堆的治理、生态工程复垦、生物复垦等地表生态环境治理的技术、装备与材料及产业化；研究矿区广泛存在塌陷盆地的边坡、露天矿边坡以及矸石山边坡的水土保持技术。

（2）地下水库。

为了适应我国西部浅埋深、薄基岩特点的煤炭资源保水开采需要，必须创新性研究和开发更加实用的保水开采技术及措施，实现水资源保护由"堵截"向"导储用"的转变。煤炭开采后，在不同开采水平形成了大量的采空区，随着开采对上覆岩层扰动的结束，采空区趋于稳定，形成了较大的空隙空间，为矿井水存储提供可条件。煤矿地下水库是对采空区加以改造形成的地下储水空间，将同一水平、不同水平，甚至矿区的多个煤矿地下储水空间通过人工通道连通，根据采煤生产接续计划，对矿井水进行分时分地储存，形成分布式的地下储水空间，也即煤矿分布式地下水库。

煤矿分布式地下水库的作用是使煤炭开采过程中产生的矿井水，按其自身的运移规律或在人工干预下汇集和储存，并根据需要调出至地面使用，从而实现矿井水不外排，达到保护地下水资源和地表生态的目的。

煤矿分布式地下水库技术包括水库规划、设计、建设、运行、监控和管理，是一个复杂系统工程，涉及煤矿开采和水利水电工程等领域，技术难度较高，因此需要加大技术研发和工程示范力度。

（3）采选充一体化。

研究采选充一体化的技术及装备，包括采用不同充填材料的充填装备、泵送系统、运输系统，以及自动化控制技术、自动识别报警系统、异常及故障处理系统等。

4.7.5　煤炭洗选、提质加工与清洁高效利用

（1）煤炭洗选与提质关键技术。

开展现有洗煤厂升级改造技术攻关（干法分选与全粒级动力煤分选、高效无毒选冶药剂研制、智能化高效分选装备）、研发井下高效集约化洗煤厂建设与运行技术和年处理能力千万吨级的模块化选煤厂建设与运行技术；研发我国发电用煤和工业锅炉主要用煤洁配度提高技术；研发矿区节水型洗选技术和洗选用水绿色高效循环技术、有机硫高效脱除基础理论与技术，汞、砷等重金属脱除技术；研发褐煤与低品质煤提质加工、低阶煤提质加工技术、高阶煤提质加工技术、新型高浓度水煤浆技术和洁净型煤加工技术等。

（2）煤炭高效燃烧及清洁利用技术。

推进百万千瓦超（超）临界二次再热技术示范工程建设；加快700℃超（超）临界高效发电核心技术和关键材料的研发。支持开展亚临界机组升级改造为超（超）临界机组的技术研究。新建燃煤机组应采用60万kW级及以上超（超）临界机组；进一步推进燃煤电厂综合升级改造工作。全面推广现役燃煤机组环保改造，实现改造后大气污染物排放达到燃机排放标准。

开发自主知识产权的20亿m³/a及以上甲烷化工艺及催化剂成套技术，实现CO转化率高于99%，催化剂选择性达到100%。开发50万t/a及以上甲醇制丙烯（MTP）技术工艺及催化剂，反应器实现满负荷运行，甲醇转化率大于99%，丙烯质量达到聚合级工业要求。

第5章 保障措施与政策建议

（1）完善煤炭能源发展顶层设计，形成有效政府治理政策体系。

将未来20年建设全球煤炭资源强国作为政府治理目标，以供给侧改革为依托，完善煤炭能源发展顶层设计，出台煤炭中长期发展战略规划，产业政策着眼长远，维护政策权威性，形成有效政府治理政策体系。

煤炭产业是我国的基础性产业，对保障我国能源稳定供应、国民经济和社会发展具有重要的影响。应制定国家中长期煤炭能源发展规划，保持国家煤炭政策的连续性和有效性，推动行业标准的制定，强化有效监管机制。根据煤炭行业在我国能源格局中的主体地位及煤炭行业的具体特点，要建立符合市场经济基本要求，政府与市场界限清晰、宏观调控与微观监管有效结合、中央与地方协调统一，市场主体富有活力、公平竞争的现代煤炭行业管理体制，中央有相对集中统一、专业化的煤炭宏观管理调控机构，地方形成科学合理的煤炭勘探、开发、调运、转化、利用管理机制，严防"一刀切"的去煤化政策。

设立"国家煤炭转型发展基金"，强化国家开发导向，进一步提升煤炭产业集中度，依托煤炭资源强国战略，打造4～5家煤炭行业国际领先品牌。建立公开、透明的市场准入条件，制定煤炭市场准入负面清单，全国范围严格限制新建煤矿，借鉴主要产煤国成功经验，通过资源税收入、国有资本收益、增值税返还等渠道设立煤矿关闭退出专项资金，重点支持资源枯竭、煤质较差、开采条件差、灾害严重、东部地区等地煤矿加速退出，积极开展废弃矿井综合开发利用。加快推动煤电一体化，推进煤炭行业跨省（区）的兼并重组。以铁路运费补贴、国家税收返还政策、欠发达地区倾斜等差异化政策支持煤炭开发重心持续西移。将政策调整到支持煤炭工业主动应对生态环境保护和温室气体减排约束上来。探寻符合经济体系良性发展，依托煤炭资源优势实现能源综合成本最低，同时确保煤炭开发利用的环境扰动降至环境阈值之路的煤炭工业发展路线。

（2）建立煤炭资源精准开发利用模式，全面提升我国煤炭清洁高效开发利用水平。

以绿色煤炭资源勘查评价作为优化调整煤炭产业结构、淘汰落后产能的首要参考标准，加快煤炭地质勘查工作重心向绿色煤炭资源的勘查与开发地质保障工作转移，在晋陕蒙宁、北疆地区集中建设若干绿色煤炭资源开发基地，建立以绿色煤炭资源为基础的煤炭资源精准开发利用模式，全面提升我国煤炭清洁高效开发利用水平。

优先开发绿色煤炭资源是今后我国煤炭产业政策制定的重要内容。应加强绿色煤炭资源评估体系建设，尽快制定我国绿色煤炭资源评价相关技术标准。将提升绿色基础储量和经济可采绿色储量作为重点，加强绿色煤炭资源的补充精细勘查、煤盆地和煤共伴生矿产协同勘查、资源开发的环境承载力与经济可行性分析。鉴于目前绿色煤炭资源勘查程度不足的现状，加大针对性地投入，重新定位煤炭资源地质勘查工作投入方向，勘查工作也要有目的地从非绿色矿区收缩退出，逐步转移至绿色矿区，集中开展重点绿色煤炭资源潜力地区地质工作，以提升绿色资源勘探和详查比重，加强绿色资源梯级进补为重点。同时，建议划定国家级绿色资源矿区，明确绿色煤炭资源开发地域，加强对于赋存地质条件和工程地质条件简单、煤炭质量优良的绿色煤田/矿区的精细勘查开发，逐步提升绿色矿区煤炭资源基数和产量比重。

结合绿色煤炭资源的赋存条件、分布格局与开发潜力，进一步严格煤炭行业准入，相应调整采矿权投放与开采许可条件。进一步明确区分目前各矿区产能、产量中的绿色煤炭资源量，从而在去产能过程中能够更有效地利用绿色煤炭资源、合理舍弃非绿色煤炭资源。解决煤炭环保问题的障碍主要不是技术问题，是成本问题。"十三五"以后依据绿色煤炭资源标准，强化煤矿退出机制，优先开采绿色煤炭资源，加大绿色资源保护性开发和针对性高效集约利用，切实降低煤炭开发利用的环境成本。构建一整套评价技术体系，使绿色煤炭资源的评价标准化，并推广向其他矿业领域。以加大绿色煤炭资源的开发来支撑煤炭资源利用的"优煤优用"与"对路消费"，结合绿色煤炭资源分布地区、特点和适用性，精准设计煤炭资源的开发利用模式，提高产业链下游煤炭清洁高效利用水平。

（3）积极推进煤炭清洁高效转化与清洁利用前沿技术的研发与产业化，实施绿色煤炭重大科技创新工程。

应坚持重视以煤炭为主的化石能源新技术发展的顶层设计，积极推进清洁高效转化与洁净利用前沿技术的研发与产业化，布局以革命性技术研究为主的能源领域国家实验室，实施绿色煤炭重大科技创新工程，助力我国能源强国。

未来20年，我国煤炭工程技术有望主导世界并向其他行业辐射。当前受市场、资金、政策等多种因素的影响，煤炭行业整体水平仍与我国经济社会发展水平并不相符，应以提升行业总体工程技术水平为目标，强化工程科技支撑与科技创新，明确国家支持发展的产业重点方向和关键技术领域；进一步加强煤炭科技创新和成果推广，推进煤炭生产由以需定产向科学开发方式转变，推进煤炭产业发展由资金和资源推动向以技术创新驱动为主的方式转变，全面提高煤炭可持续发展能力，提升我国煤炭资源开发利用的国际形象。

积极开展与煤质对应的转化和利用方式研究，围绕煤炭安全开采与职业健康保障技术，煤炭开采地下水保护利用与地表生态修复技术，煤炭洗选、提质加工与煤系地层资源综合开发利用技术，实施绿色煤炭科技创新重大工程。近10年煤炭工程科技创新的重点应在煤炭资源开发过程中的生态环境保护（水资源保护、地表沉陷治理、土地复垦与生态修复等）和煤炭资源高效回收，强化煤炭洗选加工、转化与利用过程中的污染物控制与能效提升，积极开展煤炭清洁高效利用领域的工程示范，影响国际碳减排的相关发展路线。

（4）瞄准建设煤炭资源强国的人才需求，重塑煤炭行业人力资源结构。

重塑煤炭行业人力资源结构，严把煤炭从业人员准入关，瞄准建设煤炭资源强国的人才需求，行业、企业、院校联动，及时调整人才培养与开发方向。

从业人员分流将是煤炭行业管理面临的长期任务。出台煤炭行业从业人员准入标准政策，提高进入门槛，设定年龄、文化程度门槛，完成从农民工为主体的队伍到专业技术人才队伍转变，定期开展继续教育，不断提高行业整体人力资源培训质量。在人员分流过程中防止行业高层次人才流失，形成稳定的高素质人才队伍，为行业转型升级提供坚实的人力资源保障。煤炭行业不景气而被迫裁员的企业中仍有相当数量的技能型人才，行业主管部门应把薪酬体系优化作为重点任务，新的薪酬体系应体现"潜能－绩效－薪酬－开发"的人力资源开发思路，吸引和留住优秀人才，从而逐步形成稳定的高素质人才队伍，为行业升级提供坚实的人力资源保障。为加快亟须的技能人才培养，企业可对主要专业工种实行"首席工程师""首席职工""首席技师"和"专业工种带头人"评聘制度，制订向"首席"系列职工倾斜的薪酬分配政策，设定津贴标准，实行动态管理；建立青年技术能手培养和选拔机制，开展"技术、创新能手"等评选活动；启动管理岗位、工程专业技术和高技能人才"三条线"的职业生涯设计工程，为职工提供全方位的成长通道，有效激发职工岗位成才的积极性。同时还可实施"内聘技师""导师制培养""拜师学技""考技上岗"以及"绩效与政治待遇、薪酬分配和职业生涯设计三挂钩"的激励机制，促进职工技能人才特别是高技能人才队伍的不断壮大。

高校、高职人才培养，应以适应煤炭工业向数字化、机械化、智能化转型，以国际化、专业型煤炭工程技术人才为培养目标，建立煤炭类高等院校专业实践性教育和工程性教育为特色的人才培养制度，制定激励煤炭企业与高等院校专业技术人才交流政策，让煤炭人才发展走上健康、可持续的发展道路，为煤炭资源强国建设提供可靠的人力资源保障。围绕煤炭行业技能型人才的培养，根据"工程"的要求，积极进行课程体系的改革，开展校企合作，实行"订单培养"，突出实践教学，提高学生的岗位适应能力。委托单位一方面承担学生的部分培养费用，同时还可为教师提供现场调研和学生实习实训基地，能够极大地调动学校、委托单位和学生三方面的积极性。开展校企合作，实行"订单培养"。对参与"订单式"培养的院校和企业的建议包括：①成立由学院和委培单位组成的委托培养教育领导机构。在委托培养教育过程中，学院与委托单位在教学计划制定、课程设置、教材建设、学生管理、教学监督和实习实训等方面共同管理，确保培养质量；②及时将新工艺、新设备、新技术编入讲义和教材，使"订单式"学生较快适应岗位要求；③从培养和提高学生的专业素质、身心素质、社交素质等方面入手，建立实用的素质教育体系，以提高"订单式"人才的综合素质和适应新岗位工作的能力；④通过专业技能操作比赛、教学实践产品或成果评比，强化学生的专业素质，特别是将"双证"教育纳入专业教学计划中。

（5）深入开展煤炭行业混合所有制改革，构建更为灵活的煤炭企业运行机制。

积极调整煤炭行业现行财税政策，深入开展煤炭行业混合所有制改革，构建更为灵活的煤炭企业运行机制，内外融合激发煤炭企业的活力，布局若干规模化、集团化和专业化的世界一流煤炭企业。

"十三五"国家及各地政府要通过给予加强奖补支持、人员安置政策支持等综合措施，引导地方综合运用兼并重组、债务重组和破产清算等方式，加快处置"僵尸企业"，实现市场出清，国家要把各地区化解过剩产能目标落实情况列为落实中央重大决策部署监督检查的重要内容，加强对化解过剩产能工作全过程的监督检查。在财税和金融政策方面，国家要落实金融机构呆账核销的财税政策，完善金融机构加大抵债资产处置力度的财税支持政策。研究完善不良资产批量转让政策，支持银行加快不良资产处置进度，支持银行向金融资产管理公司打包转让不良资产，提高不良资产处置效率。鼓励保险资金等长期资金创新产品和投资方式，参与企业并购重组，拓展并购资金来源。完善并购资金退出渠道，加快发展相关产权的二级交易市场，提高资金使用效率。

企业大规模集团化是未来煤炭企业发展方向。积极发展混合所有制经济是国家在全面深化体制机制的重要举措，是激活企业活力、增强企业国际竞争力的重要手段。国有企业是煤炭行业的主力军，随着煤炭市场竞争逐步趋于自由化，煤炭行业国企进行混合所有制改革是国家发展和行业发展的必经之路。煤炭企业充分借助整体上市等多种方式，坚持混合所有制企业的治理结构和管理方式，优化企业运行机制、提高企业运行效率。在引进资本方面，重点鼓励以下几类资本参与国企混合所有制改革：①非公有资本以出资入股、股权收购、股权置换等方式通过参与煤炭行业上市国有企业增资扩股参与，出资方式包括货币、实物、股权、土地使用权等方式；②在"走出去"过程中，通过海外并购、投融资合作等方式吸收外资，同时深入参与国际竞争，有效利用国际资源；③推行员工持股，通过增资扩股和出资新设的方式，分配企业内部优秀骨干人才部分股份，激发人才积极主动的投入企业建设。鼓励煤炭企业以投资的方式来发展多元化，增强盈利能力，抵抗市场风险。以市场需求为导向，在生态环境保护、节能环保等相关国家重点扶持的领域中发展潜力大、成长性强的非国有企业进行股权投资，有效利用国企平台优势，盘活资源，以投资入股、联合投资、并购重组等多种方式，与非国有企业进行股权融合、战略合作、资源整合，发展混合所有制经济。

（6）以国内为重心，构建亚太商品贸易、工程技术、产业辐射一体化煤炭能源走廊。

从全球治理视角与国家意志出发，培育若干规模化、集团化和专业化的世界一流煤炭能源企业，大力支持先进煤炭工程技术装备向全产业、相关矿业乃至全球辐射，加快"一带一路"煤炭及关联产业的海外资源、技术装备、知识产权、基础设施布局，以国内为重心，构建亚太商品煤贸易、工程技术、产业辐射一体化煤炭能源走廊。

煤炭是能源行业为数不多拥有自主知识产权，一整套开发利用技术装备与基础设施解决方案，具有综合国际竞争实力的能源行业。通过"一带一路"，煤炭"走出去"具有较好的可行性，有利于开拓国外煤炭资源与煤炭市场，有利于缓解我国国外能源竞争压力，拓展我国能源发展空间，服务国家能源外交战略布局。

煤炭资源是实施"一带一路"倡议的重要抓手，在充分利用国外资源和国外市场的同时，国内沿线仍然是战略重心。充分发挥产业协同效应，通过建立企业战略联盟等形式，以纵向协同与横向协同两种模式，为全球主要煤炭生产和消费国提供一揽子解决方案。支持我国企业争取国际煤炭市场的话语权，支持在上海、广州等地，建设亚太煤炭交易中心，提升中国在亚太地区能源市场的话语权。强化金融业对煤炭实体经济"走出去"的支持。积极开展中国新疆与中亚五国的煤炭交易，布局中国煤炭产能输出，同时可以向海外国家输出绿色煤炭技术以满足其能源需求。加大海外专利申请力度，注重于我国"走出去"密切相关的国家进行专利布局，防范知识产权纠纷与贸易摩擦风险。重视海外产业情报的收集与研究工作，通过政府、行业机构、企业等多种渠道，从政治、经济、社会、文化、科技等方面，形成全方位的信息收集与分析网络。

专题篇一
绿色煤炭资源强国战略

摘　　要

煤炭供给侧结构性改革工作的推进，使我国煤炭资源的勘查开发出现了积极变化，绿色矿山建设付诸实施，煤炭资源强国战略提上日程。本专题在对我国煤炭地质基本特征、煤炭资源赋存特征、煤质煤类等系统研究的基础上，结合我国煤炭资源勘查开发实践，取得了如下成果和相关建议。

（1）我国煤炭资源总量丰富，保有资源量和预测资源量累计 5.82 万亿 t，其中保有资源量 1.94 万亿 t，1000m 以浅潜在资源量 1.44 万亿 t，1000~2000m 潜在资源量 2.44 万亿 t。保有资源量中，保有已利用量 0.4 万亿 t，保有尚未利用量 1.54 万亿 t，基础储量 0.27 万亿 t，储量 0.15 万亿 t。

（2）研究确定了绿色煤炭资源的定义及其内涵。绿色煤炭资源定义为在当前先进技术条件下，资源禀赋条件适宜，能够实现安全高效开采、生态环境友好，能被清洁高效利用，具有经济竞争力的煤炭资源。其内涵为：资源禀赋条件适宜，能够实现安全高效开采（地质条件相对简单，煤炭资源相对丰富，易于实现机械化开采）；煤炭开发对生态环境的影响与扰动相对较小且损害可修复，煤炭开发过程中水资源能得到保护和有效利用，能够实现生态环境友好；煤中有害元素含量低，且可控可去除，能被清洁高效利用。

（3）建立了绿色煤炭资源的三级评价指标体系：其中煤变质程度、硫分、灰分、埋层埋深以及构造复杂程度为绿色煤炭资源评价的决定性指标，设置煤类、煤质硫分、灰分和赋存深度为定量指标；煤层稳定程度、构造复杂程度为定性指标；其他指标为辅助性研究描述指标。

（4）开展了"井"字形格架下煤炭资源绿色程度评价：辽吉黑、黄淮海、东南贫煤、蒙东、云贵川渝、南疆—甘青、西藏分区总体评价为非绿色煤炭资源赋存区；晋陕蒙宁、北疆分区总体评价为绿色煤炭资源赋存区。但大区评价的绿色范围内局部存在非绿色煤炭资源，同样在大区非绿色的范围内局部存在绿色煤炭资源。

（5）经评价，我国绿色煤炭资源保有量 9988.92 亿 t，绿色储量 457.53 亿 t，绿色基础储量 876.36 亿 t，潜在绿色资源量 7709.79 亿 t。绿色资源主要分布于陕西中北部、山西、内蒙古中部、陇东、宁东、北疆地区。

（6）预设了煤炭资源开发三种情境模式并开展绿色煤炭资源保障程度研究，认为"开发产能尽量向绿色资源赋存区转移和收缩，以开发绿色资源为主，混搭一些相对接近绿色指标的煤炭资源"短期内，煤炭勘查应不再以提升资源总量为目的，而以提升绿色基础储量和经济可采绿色储量、加强绿色资源梯级进补为重点，勘查产能要有意识从非绿色矿区收缩退出，逐步转移至绿色矿区。

（7）我国未来勘查产能逐步向绿色煤炭资源赋存区收缩转移，提升开发产能逐步向绿色煤炭资源赋存区转移的资源保障能力，最终实现绿色煤炭资源开发贡献率达到 90% 的目标，有力保障煤炭资源强国战略的实施。

第1章 | 煤炭资源的基本状况

1.1 煤炭资源的基础地位

能源是人类赖以生存的物质基础，处于社会发展的核心位置。我国煤炭资源相对丰富，煤炭也一直是我国的优势能源资源，有力保障了我国国民经济和社会发展的需求。

煤炭在我国乃至世界能源结构中占有重要地位，煤炭资源对稳定中国乃至世界能源的安全具有重要作用。我国煤炭资源在全球煤炭资源中占有举足轻重的地位，煤炭资源量和探明储量均位居世界前列。近10年来，中国煤炭的生产和消费量与经济高速发展相适应，呈现出持续快速增加的趋势（图1.1.1），成为世界第一煤炭生产和消费大国。中国以煤为主的能源消费格局一方面有助于降低对进口石油的高依赖度，另一方面有助于维持世界能源供需平衡，保障世界能源安全。

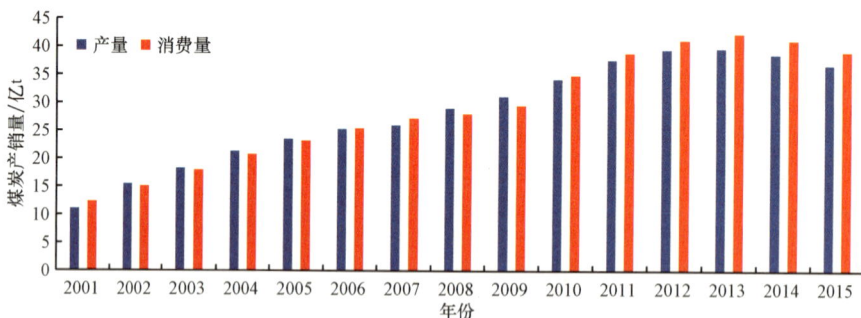

图 1.1.1   2001—2015 年我国煤炭产销量变化

煤炭能源是我国的主导能源。煤炭工业是我国国民经济的支柱产业，是关系国计民生的基础性行业，在国民经济中具有重要的战略地位。作为中国工业化进程的主要基础能源，煤炭对全国经济发展起着举足轻重的作用。

煤炭主导地位短期内难以取代。新能源产业短期难以取代煤炭的主导地位，《国务院关于加快培育和发展战略性新兴产业的决定》中关于将新能源产业作为战略新兴产业，开发核能、风能、太阳能等清洁能源、开发可再生能源等支持新能源发展的方针和政策，已被明确写进了中国政府工作报告。到"十二五"末期，非化石能源占一次能源消费比重将达11.4%，并作为约束性指标写入国家"十二五"规划。受制于核心技术水平、安全问题、经营成本及政策机制等因素，我国新能源产业发展规模目前还难以较快取得质的突破，核能等新能源在中国能源消费结构中大规模推广应用还需要时间，在未来一段时间内仍只能作为常规能源的补充而难以取代煤炭的主体能源地位。

1.2　煤炭资源勘探开发情况

中国人民共和国成立以来，我国通过大力开发东部的煤炭资源，有力支撑和保障了我国国民经济的高速发展。2014年世界煤炭总产量81.7亿t，其中中国38.7亿t，占比47.4%；排在第二位的美国煤炭产量为9.9亿t，远低于我国煤炭产量；其后依次为印度、澳大利亚、印度尼西亚、俄罗斯、南非、德国、波兰、哈萨克斯坦，因此说我国已成为世界上名副其实的煤炭生产与消费大国。目前，我国煤炭资源的赋存状况和50年前相比已发生了重大变化：东部黄淮海地区的煤炭资源超强度开发，山东地区最大开采深度达到1501m（山东孙村矿），东部其他地区浅部的大部分煤炭资源也已被开采；东北地区开发强度更大，浅部资源已面临枯竭。总的来说，东部地区浅部煤炭资源已所剩不多，虽然现阶段采煤实践表明我国的煤炭开发技术能够完全满足深部煤炭资源开发的需求，但不能仿效山东孙村矿无限度向深部延伸开采的做法。

与东部地区相对应的是：我国西部的晋、陕、蒙、宁和新疆北疆地区的煤炭资源总量占全国总量的60%以上，资源丰富，勘查开发地质条件简单。自20世纪90年代以来，我国煤炭资源的开发重心已加大了向西部地区转移的步伐，但在一些地区由于缺乏系统和科学的规划而造成盲目的大上快上，引发了新的生态环境风险。

1.3　本研究的思路与要点

煤炭资源既是矿产资源，更是能源矿产资源。煤炭资源强国战略的核心就是煤炭资源的绿色可持续开发，而其中的关键和基础是绿色煤炭资源的评价。中国的绿色煤炭资源有多少，能否支撑煤炭资源强国战略，这是本专题要回答的首要问题。从这个意义讲，绿色煤炭资源量对煤炭资源强国战略具有重要的支撑和保障作用。

（1）研究难点：①绿色煤炭资源究竟如何定义，其科学依据、技术内涵和评价指标是什么；②煤炭资源的"九宫分布"是"井"字形格架的进一步丰富，辅以资源量的概念，反映了"井"字形格架的具体内容；③中国煤炭资源数量大，但资源分布不均，西多东少，南贫北富，不同区域资源的禀赋情况不一致，在大区评价的绿色范围内局部存在非绿色，同样在大区非绿色的范围局部存在绿色；④资源开发与环境的承载力匹配关系未科学建立，对环境的扰动和破坏以及环境修复的关系等需要进一步研究；⑤对煤炭资源开发"近储远开"，即"保护东部、控制中部、开发西部"的战略开发思路的落实。

（2）研究内容和技术路线：通过研究我国煤炭总体概况、资源空间布局的不均衡性及产出能力的差异，分析我国煤炭资源勘查现状、开发利用前景和煤炭资源开采条件与开发利用约束，结合国家及地方宏观经济政策和有关环境保护、安全生产的相关要求，建立矿井、矿区、煤炭资源经济区统筹接替三级预警指标系统，研究分析不同煤炭资源经济区生产能力的控制指标，并根据实际情况，给出宏观经济政策或区域规划的合理化建议与结论，研究煤炭资源供需预测与保障能力，最终提出我国煤炭资源可持续利用战略。

（3）工作方法：①开展资料分析与研究；②建立评价体系，优选设定评价指标（资源量、煤质、煤炭资源稳定与构造复杂程度程度、适宜的赋存深度、开发技术条件、环境指标和经济指标等）；③进行大区评价（评价绿色等级、评价资源量）；④给出优先开发或建议；⑤提出我国煤炭资源强国战略措施。

（4）研究特色：①理论上的基础性。通过分析大量的煤炭地质及矿井地质资料，基于煤炭资源的环境约束、经济约束、资源约束、开采条件与开发利用约束，分析我国煤炭资源勘查现状与开发利用前景，总结了"井"字形格架控制的煤炭资源"九宫分布"格局，分析了中西部煤炭资源区位特征和绿色度。中国煤炭资源的分区性、分区开采技术条件复杂性和资源量的不均衡性等禀赋特征，决定了绿色煤炭资源评价体系的主要内容和核心指标。②实践上的先进性。通过分析国内资源可持续利用预测、预测模型方法，结合中国煤炭资源区位分布及产能差异，提出我国煤炭资源强国战略及其实施措施。

第 2 章　我国煤炭地质基本特征及控制因素

2.1 "井"字形格架的基本展布特征

对我国煤炭地质分区的研究及分区方式有很多,归纳起来主要包括"五大赋煤区区划、七大规划区区划、三带六区区划"。这里采用 2010 年中国工程院"中国煤炭清洁高效可持续开发利用战略研究"的划分方案——煤炭地质"井"字形分区,即我国煤炭地质基本特征呈现由东西向展布的天山 – 阴山 – 燕山构造带、昆仑山 – 秦岭 – 大别山构造带的"两横",以及南北向展布的大兴安岭 – 太行山 – 雪峰山构造带、贺兰山 – 六盘山 – 龙门山构造带的"两纵"相区隔的"井"字形构造格架。"井"字形格架的分区体现了资源禀赋特征、地理环境、经济和社会发展以及与其他资源如水资源的相互关系,有利于能源基地协同规划。

2.2 "井"字形格架控制的具体表现

我国煤炭地质基本特征总体受控于"井"字形构造格局,特别是在主聚煤期与含煤地层、主聚煤期成煤环境、含煤盆地的规模、盆地类型与煤系构造变形等方面以"井"字形构造格架的部分构造带或构造带组合为界而呈现明显差异,具体表现在以下几个方面。

2.2.1 主聚煤期与含煤地层分异

我国大陆煤炭资源丰富,分布广阔,聚煤期长,自早古生代以来的地史各阶段均有聚煤作用发生,但不同时期、不同区域的聚煤强度存在明显差异。总的来说,我国从早古生代腐泥煤类的石煤至第四纪泥炭共有 14 个聚煤期,但煤炭资源占绝对主导的仅有晚石炭世—早二叠世、晚二叠世、早中侏罗世、晚侏罗世—早白垩世 4 个聚煤期。

我国占绝对主导的 4 个主聚煤期与主含煤地层中,晚石炭世—早二叠世煤主要分布于阴山—燕山以南、秦岭—大别山以北、贺兰山—六盘山以东的广大地区;晚二叠世煤主要分布于秦岭—大别山以南、龙门山—哀牢山以东的广大地区;早中侏罗世煤主要分布于昆仑山—秦岭以北、晋西吕梁山以西的广大区域;晚侏罗世—早白垩世煤主要分布于阴山—燕山以北的东北广大区域。

2.2.2 主成煤环境分异

前已述及,我国占绝对主导的聚煤作用仅有晚石炭世—早二叠世、晚二叠世、早中侏罗世、晚侏罗世—早白垩世4个聚煤期。

（1）晚古生代，我国大陆主体表现为陆表海环境，潮湿气候和大型陆表海盆地在华北区和华南区相继出现，海陆交替的滨海潮坪或滨海冲积平原构成了聚煤的有利场所，在华北克拉通和扬子克拉通形成了集中连片分布且厚度较厚的晚石炭世—早二叠世、晚二叠世含煤地层。

（2）中生代，随着以昆仑山—秦岭—大别山一线为缝合带的南北两部碰撞拼接，我国大陆基本退出海相沉积，陆地范围显著扩大，聚煤作用随着中生代潮湿气候带由南向北迁移而主要集中于中央造山带以北地区，并在鄂尔多斯盆地和西北广大地区形成了丰富的早、中侏罗世煤炭资源。

（3）随着晚侏罗世—早白垩世潮湿气候带的进一步北移，晚侏罗世—早白垩世内陆河湖相聚煤作用进一步转移至阴山—燕山（纬向造山带北带）以北的内蒙古东部和东北地区。

综上所述，我国4期聚煤作用的成煤环境有以下特点：①时间序列上：晚古生代主要为浅海-滨海-潮坪相为主的海陆过渡相聚煤；中新生代以来主要为河流体系、三角洲体系、潮坪-湖泊体系的内陆河湖相聚煤；②空间序列上：沿燕山—阴山—贺兰山—六盘山—龙门山—哀牢山连线为界，表现出"北陆南海，西陆东海"的类聚分异特征，即海陆过渡相成煤主要集中于晋陕蒙（西）宁区、黄淮海区、西南区和东南区；内陆河湖相成煤主要集中于北疆区、南疆—甘青区、蒙东区和东北区。

2.2.3 含煤盆地与煤系变形分异

（1）盆地数量和规模分异。

我国含煤盆地达300个以上，数量众多，规模不一，分布广泛，虽在大陆各区均有分布，但含煤盆地的数量和规模均以"井"字形格架的"昆仑山-秦岭-大别山"构造带为界表现出明显的北大南小、北多南少的分异特征。

同时，大型含煤盆地发育的大地构造位置与构成我国大陆主体的几大板块还具有明显的对应关系，如：准噶尔含煤盆地发育于哈萨克-准噶尔板块之上；塔里木盆地发育于塔里木板块之上；鄂尔多斯盆地、渤海湾盆地、南华北盆地发育于古华北板块之上，古生代时期统一于古华北克拉通；四川盆地发育于扬子板块之上。小型含煤盆地多分布于微陆块区、板块周缘以及构造频繁活化区。

（2）盆地类型与煤系宏观变形分异。

我国煤系宏观构造变形与含煤盆地类型密切两关，两者均以"井"字形格架的阴山-燕山-太行山-雪峰山构造组合带为界，西部主要为由盆缘向盆内变形逐渐减弱的坳陷型含煤盆地；东部主要为地堑地垒交替发育的断陷型含煤盆地。

阴山—燕山—太行山—雪峰山以西的准噶尔盆地、塔里木盆地、鄂尔多斯盆地、四川盆地等普遍具有造山带附近构造变形强烈，盆地内部变形微弱，横向上总体呈不对称箕状的宏观构造样式。其中鄂尔多斯盆地和四川盆地晚古生代聚煤统一于滨浅海相克拉通，于中生代以来构造挤压作用下被逐渐改造成为克拉通内坳陷；准噶尔盆地和塔里木盆地则是在中生代坳陷作用的同时接受聚煤作用，现今上述盆地均表现为坳陷型含煤盆地，其煤系变形也因此具有盆缘变形强烈，盆内变形微弱的向心环带状分异特征。

阴山—燕山—太行山—雪峰山以东的海拉尔盆地、二连盆地、松辽盆地、南华北盆地、渤海湾盆地等，因中生代中晚期以来的持续引张断陷而演化为断陷型含煤盆地，只是在断陷和聚煤的时间耦合关系上有所不同：东北广大地区主要为同断陷期聚煤，而南华北盆地、渤海湾盆地以及中下扬子的小规模含煤盆地则为主聚煤后发生断陷，属于晚侏罗世以来构造反转机制下的改造型断陷盆地。相应的，上述断陷盆地的煤系变形也因此具有凹凸相间、地堑和地垒交替发育的断块变形特征。东南区煤系则经历了印支期陆内造山强烈构造挤压、燕山期洋陆俯冲强烈构造挤压以及燕山晚期以来构造反转等多期次改造，表现为兼具挤压、伸展、走滑多期叠加的复杂变形特征。

第 3 章 我国煤炭资源分布与各区赋煤特征

3.1 资源空间分布特征

"井"字形构造格架是我国大陆多期构造活动的产物,其不仅对我国煤炭地质基本特征具有明显控制作用,形成煤炭地质"井"字形区划,同时对煤炭资源的空间分布也具有明显的控制作用,呈现如下空间分布特征。

(1)沿"井"字形格架展布的造山带附近几乎不分布煤炭资源,形成"井"字形的煤炭资源空白区。仅在北疆的吐哈、焉耆、伊犁等山前坳陷地区保留有大小不等的煤盆地。煤炭资源基本集中于"井"字形格架之间的方格区域内,呈明显的"九宫"棋盘式分布。

(2)沿着"井"字形格架的昆仑山-秦岭-大别山(以下简称"昆-秦-大")构造带的两侧,煤炭资源集中度也存在明显差异,即昆-秦-大构造带以北的资源集中度总体高于南部。昆-秦-大构造带以北地区又以贺兰山—六盘山为界,东部晋陕蒙(西)宁、黄淮海区资源集中度高,西部甘、青两省资源集中度低,新疆地区相对较高;昆-秦-大构造带以南地区,又以雪峰山为界,西南区资源集中度明显高于东南区。天山—阴山—燕山以南的晋陕蒙(西)宁区、黄淮海区的资源集中度总体高于北部蒙东区和东北区,蒙东区又总体高于东北区;天山以北的准噶尔盆地区资源集中度总体高于塔里木盆地区,且天山两侧盆地煤炭资源呈环带状分布,天山区煤炭资源呈东西条带状展布。总的来说,我国煤炭资源的集中度以晋陕蒙(西)宁区、西南区、黄淮海区、北疆区较高,其他分区资源集中度较低,以东南区最低。

值得指出的是,"井"字形格架控制并围限煤炭资源在其间的方格内,呈"九宫"分布格局。该区划方式不仅很好的辨识了我国煤盆地和煤炭资源的分布特征,又与区域自然环境、地区经济发展水平、行政区划等紧密结合,是描述我国煤炭资源分布的最直观图形语言。传统上认为,天山—阴山、昆仑山—秦岭—大别山,贺兰山—龙门山,大兴安岭—太行山—雪峰山为我国地理、地形、生态环境、气候、水资源的分界线。而经济发展水平又以兴蒙山—太行山—雪峰山和贺兰山—六盘山—龙门山为界,东部经济发达,中部中等,西部欠发达;以秦岭—大别山为界南部经济相对发达,北部相对滞后,我国煤炭资源"西煤东运""北煤南运"便是煤炭资源分布与经济发展水平相逆的具体表现。按照目前开发规模,到 2020 年,东部将有 40% 的国有重点煤矿和 60% 以上的地方国有煤矿因资源枯竭而关闭,中部和西部将是未来我国经济发展煤炭资源保障的接替核心区域和中坚力量。

3.2　资源数量分布特征

3.2.1　全国资源分布概况

我国煤炭资源总量丰富，保有资源量和预测资源量累计5.82万亿t，其中保有资源量1.94万亿t，1000m以浅潜在资源量1.44万亿t，1000～2000m潜在资源量2.44万亿t。保有资源量中，保有已利用量0.4万亿t，保有尚未利用量1.54万亿t，基础储量0.27万亿t，储量0.15万亿t（表1.3.1）。

表1.3.1　全国煤炭资源"井"字形格架下"九宫"区划统计表（单位：亿t）

规划区	省（市、区）	累计探获资源量	保有资源量	已利用资源量	尚未利用资源量	1000～2000m预测量	1000m以浅预测量	储量	基础储量
东北区	辽宁	104.89	84.56	48.55	36.00	43.25	10.03	—(18.71)	31.18
	吉林	29.12	22.21	17.18	5.03	31.43	38.06	1.28	12.40
	黑龙江	235.57	218.31	87.94	130.37	59.84	141.91	9.44	74.14
小计		369.58	325.08	153.67	171.40	134.52	190.00	29.43	117.72
黄淮海区	皖北	371.48	352.23	189.17	163.06	394.48	35.64	40.58	88.03
	苏北	43.28	33.30	22.91	10.39	36.37	2.22	6.98	11.22
	北京	27.25	24	13.73	10.27	47.02	34.72	—(0)	9.40
	天津	3.83	3.83	0	3.83	170.38	0.38	—(0)	2.97
	河北	374.22	345.65	116.61	229.04	440.07	27.65	18.97	54.26
	山东	333.67	227.96	57.10	170.86	109.02	36.82	—(34.26)	57.10
	河南	666.81	617.78	114.36	503.42	643.23	67.50	72.64	115.36
小计		1820.54	1604.75	513.88	1090.87	1840.57	204.93	173.43	338.34
东南区	皖南	2.591	1.54	1.4278	0.1104	5.54	10.53	0.20	0.81
	苏南	3.153	2.723	0.96	1.76	7.708	7.223	—(0.41)	0.68
	浙江	0.4942	0.294	0	0.29	0.12	0	—(0)	0
	福建	14.51	11.05	9.01	2.04	6.416	19.31	2.50	4.45
	江西	24.726	19.702	1.87	17.84	12.79	34.04	—(4.20)	7.00
	湖北	11.96	8.224	3.3462	4.85	4.69	11.18	0.22	3.27
	湖南	40.84	31.979	10.792	21.19	17.72	44.31	16.83	24.60
	广东	8.27	4.85	4.00	0.85	4.53	6.61	—(0)	0
	广西	24.26	21.27	9.434	11.83	2.56	18.43	2.83	4.90
	海南	1.67	1.664	0	1.66	0	1.07	—(0)	0.90
小计		132.47	103.30	40.84	62.42	62.07	152.70	27.19	46.61
蒙东区	蒙东	3167.51	3146.47	220.83	2925.64	1.55	1270.56	—(115.54)	192.56
小计		3167.51	3146.47	220.83	2925.64	1.55	1270.56	115.54	192.56

续表

规划区	省（市、区）	累计探获资源量	保有资源量	已利用资源量	尚未利用资源量	1000～2000m预测量	1000m以浅预测量	储量	基础储量
晋陕蒙（西）宁区	蒙中	5795.18	5760.72	320.01	5440.71	5077.49	987.19	—(108.11)	180.19
	山西	2875.82	2688.16	1401.92	1286.24	2878.93	854.26	577.82	1036.94
	陕北	1814.43	1794.153	333.52	1460.92	2092.99	166.28	—(125.85)	209.75
	宁夏	383.89	376.92	143.891	233.03	1339.36	131.65	18.13	42.12
小计		10869.32	10619.95	2199.34	8420.90	11388.77	2139.38	829.91	1469.00
西南区	重庆	43.91	40.043	23.6854	16.36	103.20	34.33	—(3.66)	6.09
	川东	125.74	109.38	28.66	80.72	158.16	84.987	—(40.71)	67.85
	贵州	707.61	683.43	74.166	609.26	1003.45	877.49	126.58	186.86
	滇东	294.88	282.67	47.33	235.344	189.51	246.19	47.54	86.19
	陕南	1.221	0.964	1.05	0.17	0	0	—(0.09)	0.15
小计		1173.36	1116.49	174.89	941.85	1454.32	1243.00	218.58	347.14
北疆区	北疆	2111.17	2097.85	642.81	1455.04	7188.82	8669.02	41.10	127.12
小计		2111.17	2097.85	642.81	1455.04	7188.82	8669.02	41.10	127.12
南疆—甘青区	甘肃	167.45	158.66	31.84	126.82	1502.69	154.11	23.57	45.91
	青海	70.42	63.40	16.78	46.62	152.52	191.95	9.30	13.39
	南疆	200.57	197.47	40.45	157.01	691.02	132.99	11.92	20.91
小计		438.44	419.53	89.07	330.45	2346.23	479.05	44.79	80.21
西藏区	滇西	6.65	6.08	0.87	5.22	0.68	13.36	2.38	3.84
	川西	17.05	13.325	4.16	9.16	6.496	9.56	—(5.48)	9.14
	西藏	2.65	2.53	0	2.53	0	9.24	—(0.14)	0.24
小计		26.35	21.935	5.03	16.91	7.176	32.16	8.00	13.22
全国合计		20108.75	19455.36	4040.37	15415.48	24424.04	14380.803	1487.97	2731.92

注：由于在新一轮的煤炭资源评价中，我国部分省份的储量数据不详（以"—"标示），本研究按照回采率为60%进行统一估算（储量＝基础储量×60%），计算结果填入"—"后的括号中。北京、天津、浙江、海南等省（直辖市）的储量直接设为0，仅作为参考。

我国煤炭资源的"九宫"分区，其区划界线主要是依据"井"字形构造格架与地理分界线形成的区划，反映了资源与地理环境的不同，与全国行政区划也基本相符，但全国30个省（区）中仍有江苏、安徽和内蒙古等省份跨越了"井"字形格架的不同分区。

安徽、江苏两省的徽北两淮地区、苏北徐州地区归属黄淮海区，安徽和江苏南部归属东南区；内蒙古呼和浩特以东归属蒙东区，呼和浩特以西归属晋陕蒙（西）宁区；陕西秦岭以北归属晋陕蒙（西）宁区，以南归属西南区；云南和四川两省龙门山—哀牢山以东归属西南区，以西归属西藏区；新疆焉耆盆地、吐哈盆地、乌鲁木齐及其以北的准噶尔盆地区归属北疆区，塔里木盆地区归属南疆—甘青区。

由于辽宁、山东、内蒙古、陕西等省的储量数据不完整，本次仅是粗略统计。此外，北京、天津、浙江、海南等省（区）几乎没有开发活动，基础储量也极为匮乏，将其储量数值直接赋为"0"。

3.2.2 "九宫"区划内煤炭资源量分布特征

（1）资源总量"九宫"分布。

我国煤炭资源总量 5.82 万亿 t，以晋陕蒙（西）宁和北疆分布最多，分别达 24148.10 亿 t 和 17955.09 亿 t，占全国资源总量的 41% 和 31%，其次分别为蒙东、西南、黄淮海和南疆—甘青四区，分别占比 8%、7%、6% 和 6%，六分区占全国总量的 99% 以上，东北、东南、西藏三分区资源总量不足全国的 1%（图 1.3.1（a））。

（2）保有资源量"九宫"分布。

我国煤炭资源保有量 19455 亿 t，以黄淮海区、蒙东区、晋陕蒙（西）宁区、西南区和北疆区分布较多，东南区和西藏区分布最少。九大区所占比例分别为东北区 1.7%、黄淮海区 8.2%、东南区 0.5%、蒙东区 16.2%、晋陕蒙（西）宁区 54.6%、西南区 5.7%、北疆区 10.8%、南疆—甘青区 2.2%、西藏区 0.1%（图 1.3.1（b））。

（3）预测资源量"九宫"分布。

我国 1000m 以浅预测资源量 14381 亿 t，以北疆区最高，为 8669.02 亿 t，占全国 60.3%；晋陕蒙（西）宁区、蒙东区和西南区其次，分别占 14.9%、8.9% 和 8.6%，东北区、黄淮海区、东南区、南疆—甘青、西藏区最少。浅部预测量主要分布于北疆和晋陕蒙（西）宁（图 1.3.1（c））。

我国 1000～2000m 煤炭资源预测量 24424.03 亿 t，以晋陕蒙（西）宁区最高，占全国深部煤炭资源预测总量的 46.63%；其次为北疆区，占 29.43%；黄淮海区、西南区、南疆—甘青区分别为 7.54%、5.59% 和 9.61%；东北区和东南区分别为 0.55% 和 0.25%，蒙东和西藏两分区比例仅为 0.01% 和 0.03%。深部预测量也主要分布于晋陕蒙（西）宁和北疆。

（4）煤炭资源储量"九宫"分布。

我国煤炭资源储量 1488 亿 t，以黄淮海区、蒙东区、晋陕蒙（西）宁区、西南区分布较多，其他地区分布较少，西藏区分布最少。九分区储量所占比例分别为东北区 2%、黄淮分区 11.7%、东南区 1.8%、蒙东区 7.8%、晋陕蒙（西）宁区 55.8%、西南区 14.7%、北疆区 2.7%、南疆—甘青区 3%、西藏区 0.5%（图 1.3.1（d））。

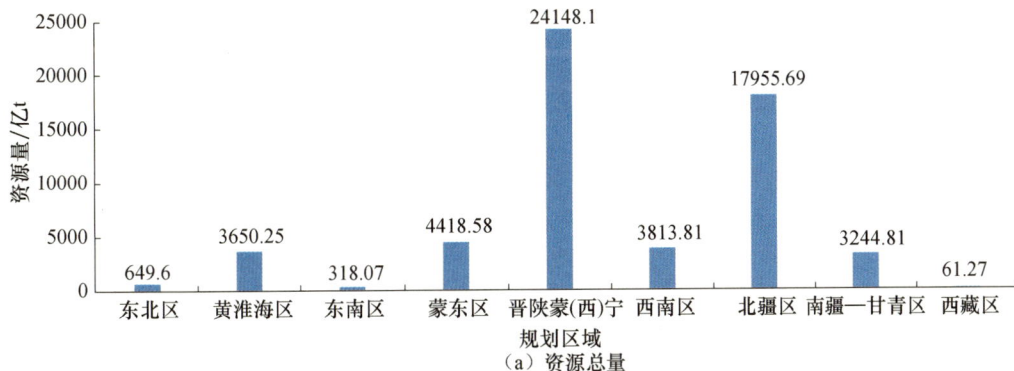

（a）资源总量

（b）保有资源量

（c）1000m以浅潜在资源量

（d）资源储量

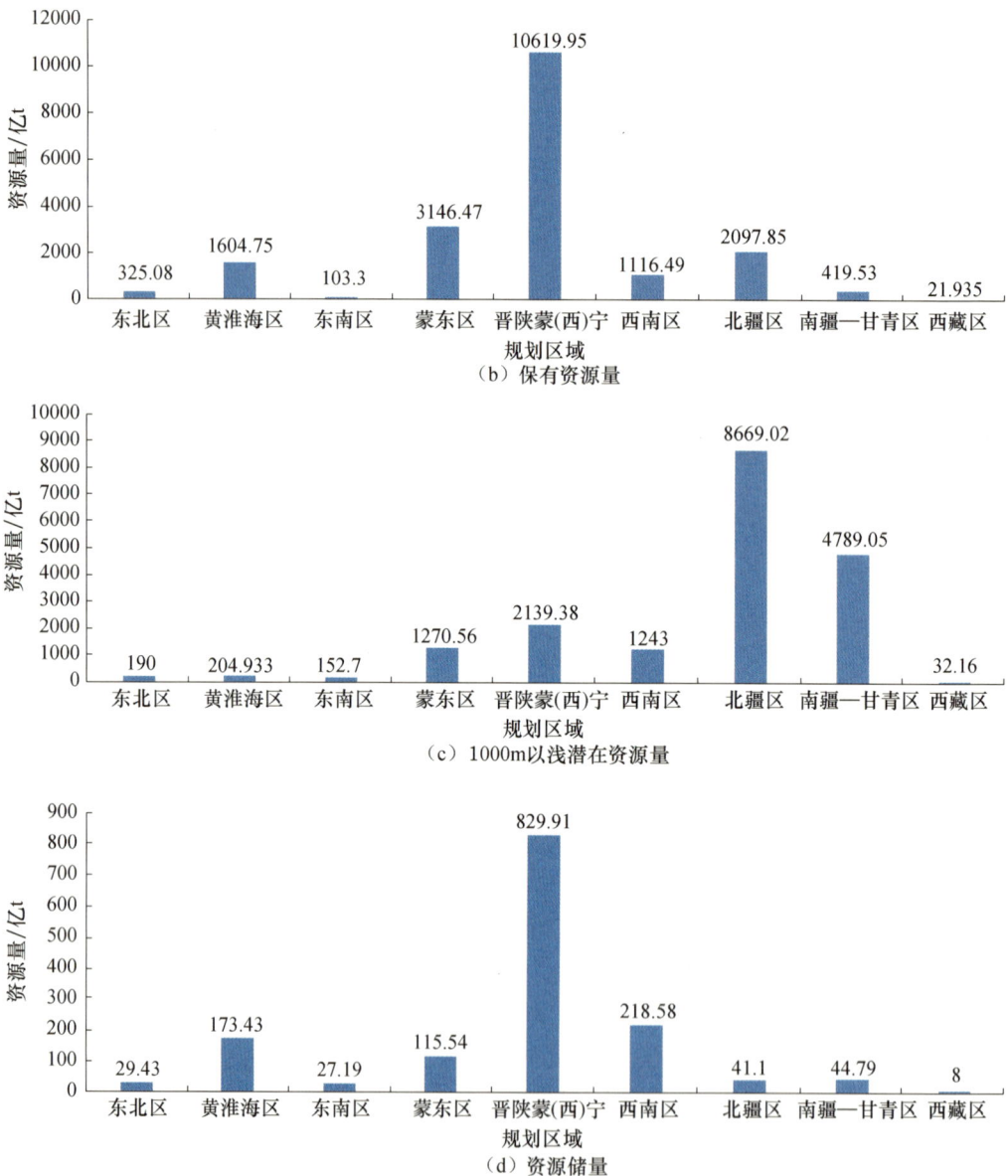

图 1.3.1　我国各规划区煤炭资源分布

3.3　"九宫"各区赋煤特征

3.3.1　东北区

东北区含煤盆地以佳木斯-松嫩-锡林浩特微板块（黑龙江板块东部部分）为基础，晚古生代因强烈裂陷作用而伴随大规模岩浆活动，后因印支期强烈构造运动使早期裂陷槽闭合隆升而基本退出海相沉积和古亚洲构造域，进而进入陆相滨太平洋大陆边缘构造演化阶段，并在侏罗纪—白垩纪太平洋板块向欧亚大陆的斜向俯冲下发生张性裂陷而形成北东—北北东向断陷盆地群，盆地规模受盆缘断裂控制，并在同沉积断裂控制下形成陆屑含煤建造，煤系也因此具有断-断、断-坳共存的断块变形特征，煤层纵向错动严重，横向对比困难，厚度不均，后在沉积充填机制下新生盖层横向连续性增强而向坳陷盆地演化，使其具有典型的"下断上坳"的二元结构（图1.3.2）。

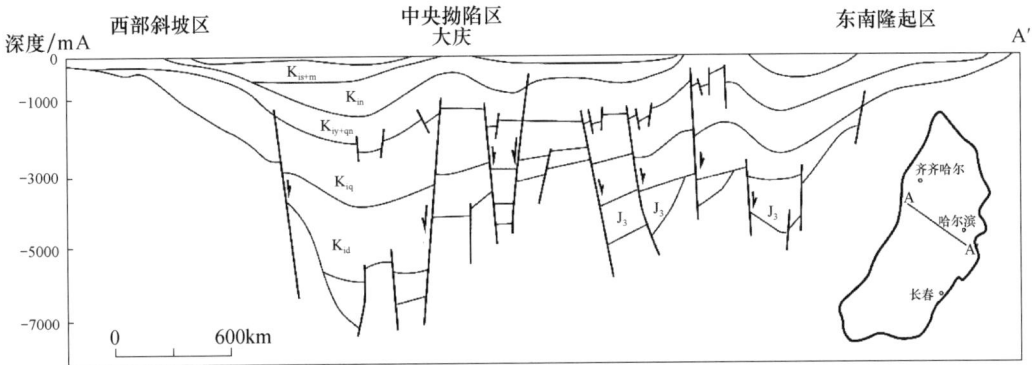

图1.3.2　松辽盆地北西—南东向构造剖面

东北区以依兰-伊通断裂为界分为东西两带：东带为黑龙江-辽宁-吉林东部地区，该带中南部发育火山岩，晚侏罗世—早白垩在间歇充填式断陷盆地中形成浅湖-泛滥平原沼泽相薄煤层，黑龙江北部局部地区残余海陆交互相含煤盆地，主要煤系为上侏罗统—下白垩统；西带为以松辽盆地为主体的北东—北北东展布的裂陷盆地群，发育陆相冲积扇、扇三角洲体系，河流体系、湖泊三角洲体系的上侏罗统—下白垩统含煤地层，下侏罗统零星分布于大兴安岭东缘及南部辽西地区。

东北区绝大多数煤炭资源为褐煤和长焰煤，局部地区分布低变质烟煤和高变质的无烟煤。石炭纪—二叠纪煤分布极为有限，大多为气煤，南部浑江、长白山一带因岩浆热影响有无烟煤分布；晚侏罗世—早白垩世煤在兴蒙造山带两侧绝大多数为褐煤，伊通—依兰以东以低变质烟煤为主；三江—穆棱含煤区因岩浆热作用而分布气肥焦等中变质烟煤。各类煤多属中高灰分、低硫、低磷煤。红阳、南票矿区煤硫分较高，全硫为1.07%～4.44%，其他多为小于1%的低硫-特低硫煤；煤中灰分中等偏高，一般为17%～32%。

3.3.2　黄淮海区

燕山中晚期之前，古华北克拉通东部因先期伊佐奈歧板块及后期太平洋板块的俯冲推挤而翘倾抬升使其未能接受早中侏罗世聚煤作用。晚侏罗世—早白垩世以来，太行以东的黄淮海区在热拆沉机制下普遍发生伸展断陷并伴随岩浆活动，前期统一于古华北克拉通的晚古生代含煤盆地普遍被改造为断陷型含煤盆地，形成凹凸相间、箕状断陷及地堑等构造样式（图1.3.3），并在后期沉积充填机制下逐渐平原化。

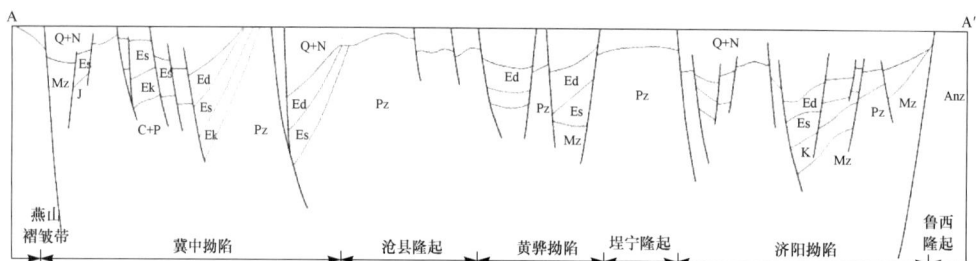

图 1.3.3　渤海湾盆地北西—南东向构造剖面

黄淮海区晚古生代石炭纪—二叠纪聚煤统一于古华北克拉通，海陆过渡相河流体系、冲积扇体系、湖泊体系、三角洲体系、障壁－潟湖－潮坪体系的晚古生代煤炭资源丰富，广泛分布于鲁西、鲁南、冀中南、两淮以及河南周口—平顶山等地区；以陆相河流体系、湖泊体系、湖泊三角洲体系为主的侏罗纪聚煤作用微弱且分布局限，主要集中于河北北部的蔚县、宣化—下花园、康保地区。

黄淮海分区煤类丰富，包括气煤、气肥煤、肥煤、1/3 焦煤、焦煤和瘦煤，也有贫煤和无烟煤少量分布，总体以中变质烟煤为主。黄淮海区山西组和石盒子组煤属中灰、低硫煤，太原组煤硫分较高。

3.3.3　东南区

东南区聚煤作用以二叠纪为主，早石炭世及晚三叠世、古近纪、新近纪亦有间歇聚煤作用发生。该区晚古生代聚煤作用统一于古华南盆地。进入中生代尤其是印支运动时期，东南区发生地史上第二次陆内强烈造山运动，导致区内构造极为复杂，聚煤作用间断。燕山晚期以来，雪峰山以东的中下扬子和东南区普遍发生构造反转，中下扬子被改造为具有半地堑、复合地堑的复杂伸展构造样式并逐步平原化，东南区则被改造为兼具挤压、引张、剪切等多种应力场背景构造样式多期次叠合的复杂盆岭构造格局，煤系基本破坏殆尽，资源前景黯淡。

东南区晚古生代聚煤统一于古华南盆地，因古华南盆地总体具有西陆东海、北陆南海的沉积环境分异，而在东南区和中下扬子区表现为总体浅海相，局部障壁潮坪－海湾潟湖－浅海陆棚的海陆过渡相聚煤，聚煤作用微弱且分布零散。

东南区煤类以贫煤无烟煤为主，次为褐煤，其他煤类较少。煤的硫分较高，高硫煤占 40% 以上，灰分以中灰煤为主，部分为中高灰煤，低灰煤较少。

3.3.4　蒙东区

蒙东区为大兴安岭断裂以西的内蒙古弧形褶断带，区内含煤盆地以兴安－中亚蒙古微板块（黑龙江板块西部部分）为基础，亦经历了晚古生代强烈裂陷、印支期裂陷槽闭合隆升基本退出海相沉积和古亚洲构造域，并于侏罗纪—白垩纪进入陆相滨太平洋构造域的演化历程，并在侏罗纪—白垩纪张性裂陷作用下形成北东—北北东向断陷盆地群，该区亦为断陷期聚煤，具有和东北区类似的断-断、断-拗共存的断块变形特征及"下断上拗"的盆地二元结构（图1.3.4）。

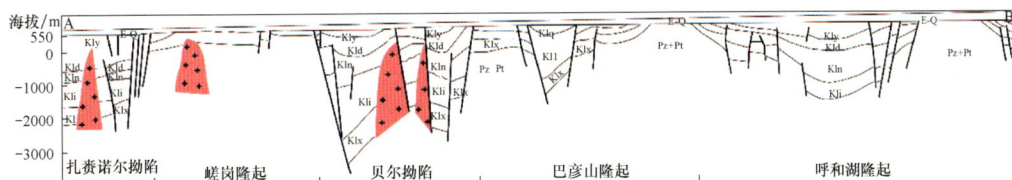

图1.3.4　海拉尔盆地北西—南东向构造剖面

蒙东区主要分布陆相的冲积扇体系、河流体系、扇三角洲体系、辫状河三角洲体系、三角洲体系、近岸水下扇体系和湖泊体系的下白垩统含煤地层。

蒙东区煤类较为单一，绝大多数为褐煤，在伊敏五牧场等地区有少量气煤、肥煤、焦煤及贫煤。该区煤多为特低硫煤，全硫在1%以下；灰分中等，一般为10%～30%，有少量高灰煤。

3.3.5　晋陕蒙（西）宁区

晋陕蒙（西）宁区各含煤盆地晚古生代聚煤作用统一于古华北克拉通。印支-燕山运动早期，古华北克拉通在周缘多向汇聚构造挤压下，南、北、西部均向中心收缩，东部向西掀斜抬升并使中生代聚煤主要集中于克拉通中西部地区；燕山中晚期以来，东部构造反转，中西部在持续构造挤压下被改造成克拉通内拗陷盆地，使盆地总体具有周缘变形强烈，盆内变形微弱，横向上总体呈不对称箕状的宏观构造样式（图1.3.5），其煤系变形也因此具有盆缘变形强烈，盆内变形微弱的向心环带状分异特征。

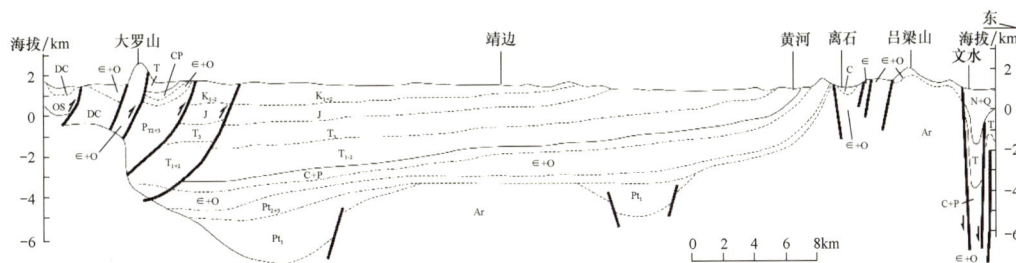

图1.3.5　鄂尔多斯盆地东西向剖面

晋陕蒙（西）宁区以吕梁山可分为东西两带：西带主要分布以海陆过渡相的障壁海岸体系、浅水三角洲体系、曲流河体系、湖泊体系、滨外碳酸盐陆棚体系的晚古生代含煤地层和以陆相河流体系、湖泊三角洲体系、湖泊体系的中生代含煤地层。东带包括大同、沁水等含煤盆地，主要分布以海陆过渡相的滨外碳酸盐陆棚-障壁-潟湖体系的石炭纪—二叠纪含煤地层，以及在大同煤田中北部和宁武煤田中南部等局部地区的陆相侏罗纪含煤地层。

晋陕蒙（西）宁区煤类丰富，从低级别的长焰煤至高级别的无烟煤均有分布，山西以长焰煤、气煤、肥煤、焦煤、瘦煤、贫煤、无烟煤所占比例较高，7种煤类占全省煤炭资源的 90% 以上；陕西绝大多数为长焰煤；蒙中绝大多数为长焰煤、不粘煤；宁夏绝大多数为不黏煤。该区石炭纪—二叠纪煤多为中灰（15%～25%）、特低硫 – 低硫（山西组）及中硫（太原组）煤；三叠纪煤为中灰（15%～20%）、低硫（0.65%）煤；侏罗纪煤属特低灰 – 低灰（大多小于10%）、特低硫煤（绝大部分小于1%）。

3.3.6　西南区

西南区晚古生代聚煤统一于古华南盆地，因古华南盆地晚古生代总体具有西高东低、西陆东海的沉积格局，导致聚煤作用主要集中于以四川盆地为主体的上扬子区且分布较广。随着印支期古秦岭洋、特提斯洋的拼合以及燕山期多向汇聚构造挤压，整个古华南盆地隆升为陆，四川盆地也由古生代海陆过渡相克拉通被改造为中生代克拉通内拗陷，呈现盆缘变形强烈，盆内变形相对微弱且发育箱状褶皱组合，总体呈东缓西陡的不对称箕状格局，煤系变形也因此具有盆缘变形强烈，盆内变形微弱的向心环带状分异特征（图 1.3.6）。

上扬子晚古生代总体具有西高东低、北高南低的地貌形态，自西部广布晚二叠世早期峨眉山玄武岩的康滇古陆向东向南，逐渐由隆起剥蚀区过渡为海相沉积区，并主体于海陆过渡相河流体系、三角洲体系、潮坪 – 潟湖体系、碳酸盐台地沉积体系下形成分布广泛且较为稳定的上二叠统龙潭组煤系。

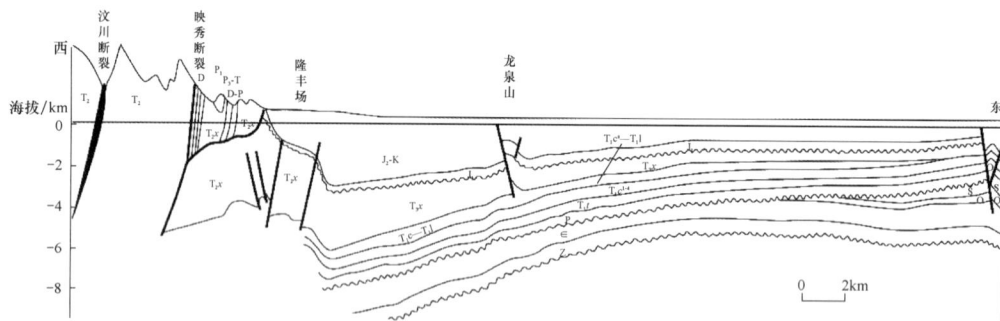

图 1.3.6　四川盆地东西向构造剖面

西南区煤热变质程度差别较大，云南省 55% 为褐煤，30% 为焦煤和无烟煤；贵州 65% 为无烟煤，30% 左右为肥煤、焦煤、瘦煤和贫煤；川东 70% 为贫瘦煤、贫煤和无烟煤。上二叠统龙潭煤系为西南区主要煤系，除少部分为中低灰、中硫煤外，黔东、黔北、川南大部分为高 – 特高硫煤。

3.3.7　北疆区

北疆区各含煤盆地的形成演化以准噶尔 – 哈萨克板块及其南缘若干微陆块于加里东 – 海西运动期间经历一系列洋陆、弧陆碰撞拼合形成的统一块体为基础。北疆区因古生代块体裂解和拼合作用频繁并伴随广泛岩浆活动而未有聚煤作用发生。晚二叠世以来，随着南部秦岭、昆仑、特提斯洋盆的相继闭合以及一系列微陆块向西北大陆的依次增生，包括北疆在内的西北广大地区长期处于近南北向构造挤压应力场环境，各盆地由古生代陆表海盆逐渐收缩抬升向中生代内陆坳陷湖盆演化，并于早中侏罗世挤压间歇期形成丰富煤炭资源的同时，也形成了具有应力方向指示意义的不对称箕状构造，盆地和煤系也因此均具有盆缘强、盆内弱的同心环状变形特征，并在喜山期得到加强并定型（图1.3.7）。

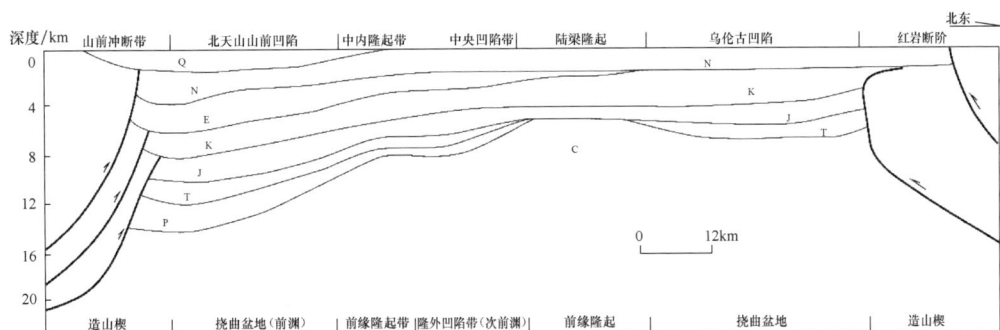

图1.3.7 准噶尔盆地北东—南西向构造剖面

北疆区古生代几乎没有聚煤作用发生，区内绝大多数煤炭资源为中生代下侏罗统八道湾组和中侏罗统西山窑组煤炭资源，主要表现为陆相冲积扇、曲流河、辫状河、扇三角洲、湖泊三角洲等体系聚煤。

北疆区绝大多数煤为长焰煤、不粘煤和弱粘煤，三者占比可达80%以上，也分布一定比例的气煤，约占3.2%。早中侏罗世煤灰分中等偏低，介于5.14%~30.81%，以中灰煤为主，全硫含量为0.19%~2.56%，以小于1%的低硫、特低硫煤为主，中硫煤次之，中高硫煤极少。

3.3.8 南疆—甘青区

南疆—甘青区各含煤盆地的形成演化以塔里木板块、柴达木板块、祁连微陆块等于加里东-海西运动期间经历洋陆、弧陆碰撞拼合形成的统一块体为基础。南疆—甘青区古生代由于频繁裂解和拼合作用并伴随广泛岩浆活动而基本没有聚煤作用发生。自晚二叠世印支运动以来，南疆—甘青区因南部秦岭、昆仑、特提斯洋盆的相继闭合而长期处于近南北向构造挤压应力场环境，古生代陆表海盆逐渐收缩抬升并于印支晚期基本进入内陆坳陷湖盆演化阶段，并于早中侏罗世挤压间歇期形成煤炭资源，近南北向的长期构造挤压促使盆地不对称箕状构造的形成，并在喜山期得到加强并迅速定型（图1.3.8），盆地和煤系也因此均具有盆缘强、盆内弱的同心环状变形特征。

南疆—甘青区以阿尔金为界又可划分为西部的塔里木盆地区和东部的柴达木、河西走廊盆地区。下中侏罗统在东西两部均有分布，塔里木盆地区主要为下中侏罗统塔里奇克组、阿合组、阳霞组、克孜努尔组，在柴达木和河西走廊区主要为小煤沟组、大煤沟组以及木里组。南疆—甘青区下中侏罗统含煤地层主要为陆相的冲积扇体系、辫状河体系、辫状河三角洲体系、扇三角洲体系、湖泊体系沉积环境。

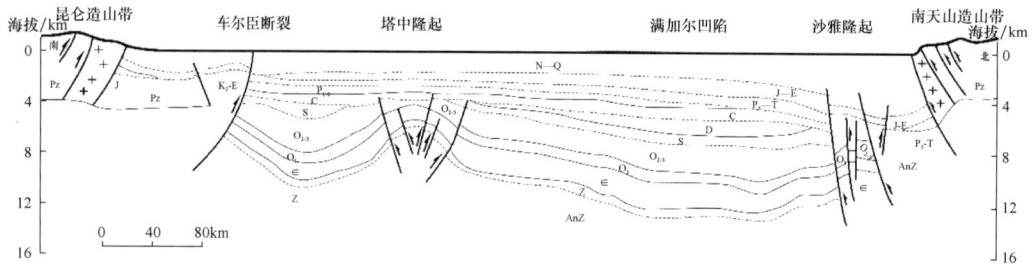

图 1.3.8　塔里木盆地南北向构造剖面

南疆地区绝大多数为长焰煤、不粘煤和弱粘煤，青海和甘肃两省以长焰煤和不粘煤占绝大比例。总的来说，南疆—甘青地区的煤以中灰、低硫、特低硫煤为主，煤质良好。

3.3.9　西藏区

西藏区从晚石炭世到新近纪均有聚煤作用发生，煤类从褐煤至高变质烟煤、无烟煤均有分布，大多为中高灰、低－低中硫煤。该区构造环境复杂动荡，沉积环境不稳定，有效聚煤期短，煤盆地规模小，含煤性与煤层赋存条件差，开采地质条件复杂，西藏区几乎无经济价值的煤炭资源分布。

第 4 章 | 绿色煤炭资源的分布及资源量

4.1 绿色煤炭资源的概念与内涵

4.1.1 绿色煤炭资源概念的提出

我国煤炭资源总量丰富，保有和预测资源量累积达 5.82 万亿 t。但众多煤炭资源中，有的煤炭资源热演化程度极低，仅为褐煤甚至是泥炭，需要通过提质才能被有效利用和科学利用；有的煤田资源量较小而且构造极其复杂，对于矿井建设和煤炭安全生产以及科学开采带来较大挑战；有的煤炭资源尽管质量较好但埋藏过深，投入的经济成本过大，安全生产隐患极为突出；有的煤炭资源有害元素含量较高，煤质较差，开发中形成的矸石山等矿山废弃物和利用中排放的二氧化硫、二氧化碳等大气污染物给环境保护带来极大破坏。因此，在目前技术条件下开发煤质优良的煤炭资源是煤炭资源强国战略的关键。

煤炭作为中国第一能源的地位在今后相当长的一段时间无法取代，而我国煤炭资源质量在全国各个煤田不尽一致，随着煤炭用量的加大，煤炭开发和利用中引发的环境改变和大气质量变差的问题越来越突显，这也正是社会对煤炭资源在开发、利用环节出现的一些负面问题过分夸大，甚至否定煤炭资源重要地位的根本原因。这些负面问题的被过分夸大不可否认有一些是粗放开发煤炭造成的问题，但更多的是大量开发利用质劣煤资源引起。如果全国都开发质量优良的煤炭资源，对环境和大气质量的影响肯定要小得多。

目前，我国煤炭资源开发的现状是我国北方主要产煤区的晋陕蒙（西）宁和新疆北疆的煤炭资源质量优良，在当前技术条件下已基本实现低成本安全高效科学开发以及清洁利用。而开发强度很高的黄淮海区经过 50 多年的开发，浅部煤质优良山西组煤炭资源，硫等有害元素含量低，水文地质条件简单，但资源已所剩无几；更多的是以太原组为主的下组煤，硫元素含量高，奥灰水、太灰水条件复杂，尽管目前仍然通过底板改造、排水减压等仍然在高强度开发，但由于资源质劣需通过一定的技术洗选提质后才能被清洁利用。我国西南仍有部分煤炭资源在开发，但煤质条件差，灰分和有害物质含量较高，开采技术条件也较复杂，即使经过一定的洗选，其排放物有害成分含量依然较高，对大气造成严重污染，无论作为燃料还是原料均很难清洁利用。而东南地区主要是资源条件差，开发成本高，东北地区由于浅部资源的大量开发，面临危机矿山局面，这两地考虑环境等综合因素，显然是得不偿失。

基于此，提出加大绿色煤炭资源的开发、限制并逐步关闭非绿色煤炭资源开发的煤炭资源强国战略构想，基于此我们在这里提出"绿色煤炭资源"的概念——在当前先进技术条件下，资源禀赋条件适宜，能够实现安全高效开采、生态环境友好，能被清洁高效利用，具有经济竞争力的煤炭资源。"绿色煤炭资源"的概念与"优质煤炭资源"概念不同，前者指既是资源本身的条件，但考虑了开采因素，是资源在自然界中的实际存在和其利用的难易程度，开发对环境的影响等。而"优质煤炭资源"仅是对资源质量的描述，与应用方向有关。首先，"绿色煤炭资源"肯定是"优质煤炭资源"，但"优质煤炭资源"不一定是"绿色煤炭资源"。显然用"绿色煤炭资源"描述煤炭资源开发与强国的关系更为准确；同时，绿色煤炭资源是一个动态的概念，应当在满足当前技术经济条件的同时，适度兼顾将来工程技术发展动态，即随着科技进步，煤炭开发的深度可能进一步加大，煤中有害成分也可能变害为宝被综合利用或通过洗选等得到清洁利用，当前评价的非绿色煤炭资源将来可能升级为绿色煤炭资源。

4.1.2　绿色煤炭资源的内涵

绿色煤炭资源的内涵包括：①资源禀赋条件适宜，能够实现安全高效开采（地质条件相对简单，煤炭资源相对丰富，易于实现机械化开采）；②煤炭开发对生态环境的影响与扰动相对较小且损害可修复，煤炭开发过程中水资源能得到保护和有效利用，能够实现生态环境友好；③煤中有害元素含量低，且可控可去除，能被清洁高效利用。

（1）构造复杂与煤层稳定程度：煤矿构造复杂程度与煤层稳定程度是影响煤炭开采的主要因素，是影响规划和建设规模的主要因素，不仅影响煤矿的井型、生产能力、开采方式和矿井经济效益，而且影响矿井安全。构造简单、煤层稳定发育的井田，一般可建大中型矿井，采用综合机械化开采，而构造复杂或煤层不稳定的井田只能建小型矿井，只能采用半机械化开采和炮采。我国南方地区构造复杂、煤层不稳定，很难建设大型机械化矿井，相对简单构造煤矿主要集中于晋陕蒙宁分区以及北疆的局部地区。就构造复杂程度、煤层发育稳定而言，构造条件越简单、煤层发育越好，绿色程度越高。

（2）煤质和煤类：①煤质决定了煤炭资源的利用方向，我国煤炭以特低灰、低灰和低中灰煤为主，其中，特低灰－低灰煤（灰分小于10%）占14.98%；低中灰煤（灰分为10%～20%）占50.48%，中灰煤（灰分为20%～30%）占31.22%，中高和高灰煤（灰分大于30%）占2.94%。我国煤炭硫分总体较低，以特低硫－低硫煤（硫分小于1.0%）为主，占71.57%，低中硫－中硫煤占17.93%，中高硫煤占7.35%，特高硫煤占2.70%，总体以特低灰、低灰、低中灰、中灰、特低硫、低硫、低中硫、中硫煤煤占主导。除灰分和硫分之外，还有其他诸如氟、氯、砷、汞等有害元素。就煤质而言，煤灰分、硫分、其他有害元素含量越低，绿色程度越高；②煤类方面，我国从褐煤、低变质烟煤到高变质无烟煤均有分布，且其分布表现出明显的时代和地域特性，褐煤主要为晚侏罗世－早白垩世，主要集中于东北区和蒙东区；低变质烟煤主要为早中侏罗世煤，主要集中于晋陕蒙（西）宁、北疆、南疆－甘青区；中高变质煤主要为石炭二叠纪煤，主要集中于黄淮海、晋陕蒙（西）宁、西南区，贫煤、无烟煤更是仅集中于山西和贵州两省（区）。就煤变质程度而言，褐煤直接被评价为非绿色煤炭资源。

（3）煤层埋藏深度：我国浅部适合露天开发的煤炭资源量少，分布范围有限，煤炭资源的赋存状态决定了我国煤炭资源大多只能采用井工方式开采，而不同地区煤层的埋藏深度差异甚大，东部断陷区由于中生代晚期以来的断陷作用而沉积巨厚盖层，主要煤田多赋存于平原之下，这些地区既是我国经济发展的重要地区，也是人口高度集中的地区，经过近 100 年的开发浅部煤炭资源大多数被开发，目前主要是煤层埋藏普遍较深，井筒建设难度大，矿井建设条件复杂；而西部的一些盆地如鄂尔多斯等大型煤盆地由于持续的构造抬升，煤层埋藏较浅，松散层厚度也较薄，适宜建设大型煤炭基地。就煤层埋藏深度而言，埋藏深度越浅，绿色程度越高。

（4）煤层厚度和倾角：生产部门根据煤层的赋存及开采上的一些特点做以下划分：①煤层厚度：小于0.5m 为煤层，1.3～3.5m 为中厚煤层，3.5～8.0m 为厚煤层，大于8.0m 为特厚煤层，煤层厚度越大，绿色程度越高；②煤层倾角小于8° 为近水平煤层，8°～25° 为缓斜煤层，25°～45° 为中斜煤层，大于45° 为急斜煤层，煤层越平缓，绿色程度越高。

（5）资源量和探明程度：煤炭资源量包括保有资源量、（可采）储量和预测资源量，资源丰度越高，绿色程度越高；各煤田（矿区）探明程度主要采用（保有已利用资源量＋保有尚未利用资源量里的勘探和详查资源量）与保有资源量的比值来衡量勘查程度的高低，勘查程度越高，绿色程度也越高。

（6）瓦斯条件：是煤矿安全生产的重要制约因素。我国煤矿瓦斯大多数地区含量较高，据统计，我国国有重点煤矿中高、突矿井数量约占 49.8%，煤炭产量约占 42%；国有一般煤矿中高瓦斯和瓦斯突出矿井也占 1/3 左右。煤矿瓦斯虽为制约煤矿安全生产的重要因素之一，但随着煤和煤层气（煤矿瓦斯）共采技术的利用，瓦斯问题逐步变为可控问题，故瓦斯条件暂不作为绿色煤炭资源评价的限制条件。

（7）水资源保障与水文地质类型：①水资源保障方面，我国水资源贫乏，总体表现为南多、北少，东多、西少，山区多、平原少的分布特征，与煤炭资源呈明显逆相关。尤其是我国中、西部的晋陕蒙（西）宁和新疆地区，煤炭资源丰富，是我煤炭工业战略西移和"一带一路"倡议的指向区，但其水资源严重短缺并制约了煤炭资源的开发。鉴于工程性缺水对我国煤炭资源开发具有普遍制约性，暂不将水资源保障作为绿色煤炭资源评价的限制条件。②我国煤田水文地质条件总体简单－中等，国有重点煤矿中水文地质条件复杂或极其复杂的煤矿占 27%，属于简单的占 34%。北方石炭二叠纪煤系是我国最主要的煤系之一，下组煤开采普遍受到底部岩溶水威胁，相当一部分矿井还属战略地位重要，产量也较大的矿井。下组煤的水害威胁问题不解决，该类矿井的接续或稳产就没有出路，并且由于开采深度的逐渐增加，一些原来没有底板岩溶水害的矿区也将相继出现水害。除了北方底板岩溶水害之外，南方的岩溶水害问题也比较突出，许多矿区龙潭煤组受到阳新灰岩底板水的威胁，川中、川东、湘中等地还受长兴灰岩顶板岩溶水威胁。就水文地质类型来讲，水文地质条件越简单，绿色程度越高。

（8）工程地质条件：我国煤矿和勘查区工程地质条件总体较差，顶底板不稳定，事故多发。据 2011 年统计资料，我国顶板事故起数与因顶板事故而造成的死亡人数占比分别为 47.2% 和 33.7%，均居首位。全国安全地质条件好，易实现安全开采的煤炭资源约为 12903 亿 t，安全地质条件较好，可实现安全开采的煤炭资源 7094 亿 t，安全地质条件差，难以实施安全开采的煤炭资源 167 亿 t。

综上所述，绿色煤炭资源的评价既要考虑煤质、煤种、开采技术条件等资源禀赋条件还要对经济区位、科学技术条件、自然条件、环境条件充分考虑。

4.2 绿色煤炭资源评价指标与绿色煤炭资源分布

基于绿色煤炭资源的概念及内涵，充分考虑煤炭资源的自然禀赋特点，建立以下指标体系开展绿色煤炭资源评价（图 0.2.1）。在目前技术条件下，煤变质程度、硫分、灰分、埋层埋深以及构造复杂程度为绿色煤炭资源评价的决定性指标，设置煤类、煤质硫分、灰分和赋存深度为定量指标；设置煤层稳定程度、构造复杂程度为定性指标；其他指标为辅助性研究描述指标。绿色煤炭资源的评价流程和评价结果如下：

4.2.1 "九宫"各区绿色程度总体评价

（1）东北区保有煤炭资源量为 325.1 亿 t，其中黑龙江省为 218.3 亿 t，吉林省为 22.21 亿 t，辽宁省为 84.56 亿 t。该区以褐煤和长焰煤为主，局部见少量中高变质烟煤和无烟煤，灰分一般介于 17%～32%，以低中 - 中灰煤为主，硫分大多数 <1%，为特低 - 低硫煤，局部硫分较高，可达 1.07%～4.44%，该区探明煤炭资源埋深基本小于 1000m，但总体构造属于较稳定类型，局部为复杂类型，断陷盆地形成的地堑、地垒以及同沉积构造亦发育，煤层厚度变化大，纵横向对比困难。更为严重的是浅部资源基本开发殆尽，属于老矿山，总体被评价为非绿色煤炭资源赋存区。

（2）黄淮海区保有资源量以河南省最多，达 600 亿 t，占该区保有量的 38.4%，其次为河北、安徽、山东三省，分别为 345.6 亿 t、353.77 亿 t 和 227.96 亿 t。该区以中变质烟煤为主，局部分布贫煤和无烟煤，山西组—石盒子组煤灰分含量介于 20%～30%，为中灰煤，太原组灰分介于 10%～30%，以低中灰为主；山西组—石盒子组硫分大多小于 1%，为低硫煤；太原组以低中 - 中硫煤为主，硫分介于 1%～2%，局部分布中高硫煤。黄淮海区现有资源埋深小于 1000m，但区内存在强烈挤压变形和反转引张变形的多重叠加，煤系变形相对复杂，局部相对简单，总体被评价为非绿色煤炭资源赋存区。但在冀中和鲁西南等地有局部绿色煤炭资源赋存，但资源规模极为有限。

（3）东南区属于资源贫煤地区，灰分和硫分普遍较高，以中 - 中高灰煤、中 - 中高 - 高硫煤为主，而且构造变形极为复杂，煤系改造严重，总体被评价为非绿色煤炭资源赋存区。

（4）蒙东区构造复杂程度中等 - 复杂。该区资源相对丰富，保有煤炭资源量 3146.47 亿 t，仅褐煤就达 2731.30 亿 t，占 86.8%，长焰煤 398.66 亿 t，占 12.7%，在伊敏五牧场等局部地区有少量气煤、肥煤、焦煤及贫煤；区内煤全硫大多在 1% 以下，为特低硫煤，灰分一般为 10%~30%，仅少量高灰煤，需要通过人工提质。总体被评价为非绿色煤炭资源赋存区。

（5）晋陕蒙（西）宁区煤炭资源丰富，煤炭资源保有量 10620 亿 t，其中蒙中地区 5760 亿 t，占 54.24%；山西 2688.16 亿 t，占 25.31%；陕北 1794.15 亿 t，占 16.89%；宁夏相对较少，保有量 376.92 亿 t，占 3.55%。该区煤类丰富，从长焰煤至无烟煤均有分布，太原组—山西组灰分多介于 15%~25%，为低中 – 中灰煤；瓦窑堡组灰分多介于 15%~25%，为低中 – 中灰煤；延安组灰分大多小于 10%，为低灰煤；太原组硫分介于 1.5%~2%，为中硫煤；山西组硫分大多小于 1%，为特低 – 低硫煤；瓦窑堡组和延安组硫分大多小于 1%，为特低 – 低硫煤。该区现有煤炭资源埋深小于 1000m，除盆缘煤系构造变形强烈外，盆地内部基本以构造简单为主，局部中等 – 复杂。该区太原组煤评价为非绿色煤，山西、瓦窑堡、延安组煤被评价为绿色煤炭资源。

（6）西南区保有资源量 1115.52 亿 t，其中川东保有量 109.38 亿 t，贵州 683.43 亿 t，滇东 282.67 亿 t。该区煤类以焦煤、贫煤、无烟煤为主，云南分布褐煤，煤中灰分多介于 20%~33.39%，为中 – 中高灰煤，局部可达 35% 以上，硫分多在 2% 以上，为高 – 特高硫煤，极少低中 – 中硫煤，总体评价为非绿色煤炭资源赋存区。

（7）北疆区保有资源量达 2097.85 亿 t，数量大，煤质好，但勘查程度较低。以长焰煤、不粘煤、弱粘煤为主，有少量气煤、焦煤，煤灰分大多介于 5.24%~20%，为低 – 低中灰煤，少量中灰煤，硫分大多小于 1%，为特低 – 低硫煤，煤层埋深小于 1000m，评价为绿色煤炭资源赋存区。

（8）南疆—甘青区保有资源量 419.53 亿 t，其中甘肃 158.66 亿 t，青海 63.40 亿 t，南疆 197.47 亿 t。属长焰煤和不粘煤，煤灰分介于 5.14%~20%，硫分大多小于 1%，为特低硫 – 低硫煤，因构造总体复杂而评价为非绿色煤炭资源区。

（9）"九宫"各区绿色程度总体评价情况，如表 1.4.1 所示。西藏区煤炭资源极少，构造程度复杂，勘查程度低，为非绿色区。

表 1.4.1 "井"字形格架下"九宫"分区各区绿色程度总体评价表

分区	煤类	灰分	硫分	煤层埋深	构造复杂程度	是否绿色
东北区	绝大多数褐煤、长焰煤，局部低变质烟煤和无烟煤	一般 17%~32%，为低中 – 中灰煤	大多为小于1%的特低 – 低硫煤，局部 1.07%~4.44%	小于1000m	构造复杂为主，局部构造中等	褐煤为主，构造复杂，灰分超限，总体非绿色
黄淮海区	中变质烟煤为主，局部贫煤无烟煤	山西组—石盒子组中灰，20%~30%，太原组低中灰 10%~30%	山西组—石盒子组低硫小于1%；太原组低中 – 中硫，1%~2%，局部中高硫煤	小于1000m（资源基本开发始尽）	中等 – 复杂，局部简单	煤质超限、构造复杂、埋深过大，总体非绿色

续表

分区	煤类	灰分	硫分	煤层埋深	构造复杂程度	是否绿色
东南区	贫煤无烟煤，次为褐煤	中－中高灰煤为主，20%～40%，少量低灰煤	中－中高－高硫煤为主，>1.5%	<1000m（资源贫乏）	构造复杂－极复杂，局部中等	煤质超限、构造复杂，非绿色
蒙东区	绝大多数褐煤，少量长焰煤	多为中灰20%～30%，少量低灰、高灰煤	多为特低－低硫煤，<1%	<1000m	构造中等－复杂为主	褐煤主导、灰分超限、构造复杂，非绿色
晋陕蒙（西）宁区	长焰煤－无烟煤均有分布	太原组—山西组多为低中－中灰煤15%～25%；瓦窑堡组多低中－中灰15%～25%；延安组低灰煤<10%	太原组中硫煤1.5%～2%；山西组特低－低硫煤<1%；瓦窑堡组低硫<1%；延安组特低－低硫煤<1%	<1000m	构造简单为主，局部中等－复杂	山西组、瓦窑堡组、延安组绿色，太原组硫分超限，非绿色
西南区	焦煤、贫煤、无烟煤等中高变质煤	中－中高灰煤20%～33.39%，局部达35%以上	多为高－特高硫煤2%～9.92%，少量低中－中硫煤1.13%～1.84%	<1000m	构造中等为主，局部简单、复杂	煤质超限、总体非绿色
北疆区	绝大多数长焰煤、不粘煤、弱粘煤，少量气煤	低－低中灰煤为主5.14%～20%，少量中灰煤	多为特低硫－低硫煤<1%	<1000m	构造简单－中等为主，局部复杂	主要绿色赋存区，未来勘查开发重点区
南疆—甘青区	绝大多数长焰煤、不粘煤	低－低中灰煤为主5.14%～20%，少量中灰煤	多为特低硫－低硫煤<1%	<1000m	构造复杂，局部中等	构造复杂，非绿色
西藏区	褐煤－高变质烟煤、无烟煤	大多中－高灰煤>20%	低－低中硫煤<1.5%	<1000m	构造复杂－极复杂	非绿色

4.2.2 绿色资源的储量分布

通过对各区构造复杂程度、煤质煤类等条件研究，按煤类为褐煤、灰分大于0%、硫分大于1%作为绿色煤炭资源的否定指标，其他指标为定性描述性指标，筛选出以下绿色煤田（矿区）（表1.4.2）。

从表1.4.2评价得到的绿色煤田的分布来看，绿色煤田集中分布于"九宫"分区的晋陕蒙（西）宁和北疆两区，其中，晋陕蒙（西）宁主要含煤地层为石炭－二叠系的太原组、山西组，三叠系的瓦窑堡组以及侏罗系延安组，但煤质评价中石炭系—二叠系太原组硫分介于1.5%～2%，大多为中硫煤，超过本次绿色煤炭资源评价的硫分含量指标，因此晋陕蒙（西）宁的绿色保有煤炭资源量不包括太原组保有资源量。

根据表1.4.2的评价结果，绿色煤田（矿区）的累积探获量达10998.96亿t，占全国的54.7%；保有资源量10850.12亿t，占全国的55.7%；尚未利用资源量8931.34亿t，占全国的57.9%；1000m以浅预测资源量7709.79亿t，占1000m以浅预测资源总量的

表 1.4.2　绿色煤田或矿区优选及其资源量统计（单位：亿 t）

分区	省（区）	煤田（矿区）	煤类	主成煤时代	累积探获量	保有资源量	绿色保有量	尚未利用量	储量	基础储量	预测资源量 0～600m	预测资源量 600～1000m	预测资源量 合计
晋陕蒙（西）宁区	陕西省	府谷矿区	气煤、长焰煤、不粘煤	C—P	105.34	105.14	52.67	92.51	/1.99	3.32	—	30.11	30.11
	陕西省	吴堡矿区	焦煤、瘦煤、肥煤	C—P	16.27	16.27	8.13	16.27	—	—	—	—	—
	陕西省	子长矿区	气煤	T	19.80	19.65	19.65	18.46	/0.61	1.02	—	—	—
	陕西省	神府矿区	长焰煤、不粘煤	J	254.23	245.88	245.88	108.08	/68.96	114.93	—	—	—
	陕西省	榆神矿区	长焰煤、不粘煤	J	662.18	661.57	661.57	593.95	/25.22	42.028	—	—	—
	陕西省	榆横矿区	长焰煤、弱粘煤、不粘煤	J	463.63	463.21	463.21	462.25	/1.03	1.72	—	—	—
	山西省	大同煤田	气煤、弱粘煤	C—P，J	297.46	290.93	193.95	153.19	50.09	64.42	—	—	—
	山西省	平朔朔南矿区	长焰煤、气煤	C—P	353.48	306.55	153.27	186.91	45.10	92.41	—	—	—
	山西省	宁武矿区	气煤	C—P，J	85.73	73.27	48.85	28.96	16.09	26.89	—	43.52	43.52
	山西省	河保偏矿区	气煤	C—P	139.98	139.21	69.61	98.60	7.32	25.79	—	49.30	49.30
	山西省	离-柳矿区	焦煤、瘦煤、贫瘦煤、肥煤	C—P	212.39	186.68	93.34	65.80	28.85	70.65	—	—	—
	山西省	石隰矿区	焦煤、肥煤、瘦煤、贫瘦煤、肥煤	C—P	9.58	9.33	4.66	4.20	1.43	1.89	—	2.57	2.57
	山西省	乡宁矿区	焦煤、瘦煤、贫瘦煤、肥煤	C—P	145.37	144.94	72.47	98.02	12.94	26.17	—	43.86	43.86
	山西省	霍州矿区	气煤、焦煤、瘦煤	C—P	242.40	236.36	118.18	81.87	44.34	94.50	—	46.23	46.23
	内蒙古	乌兰格尔矿区	长焰煤	C—P	28.98	28.98	14.49	26.54	—	—	—	—	—
	内蒙古	准格尔矿区	长焰煤	C—P	343.60	335.28	167.64	217.04	/50.32	83.86	190.87（鄂北赋煤带）	514.35（鄂北赋煤带）	705.22（鄂北赋煤带）
	内蒙古	东胜国家规划矿区	不粘煤	J	1398.12	1383.64	1398.12	1233.34	/43.61	72.69	—	—	—
	内蒙古	东胜深部矿区	不粘煤	J	3738.18	3738.18	3738.18	3738.18	—	—	—	—	—
	甘肃	陇东煤田	长焰煤、气煤、弱粘煤、不粘煤	J	127.86	124.59	124.59	112.51	14.50	28.46	—	118.99	118.99

续表

分区	省（区）	煤田（矿区）	煤类	主成煤时代	累积探获量	保有资源量	绿色保有量	尚未利用量	储量	基础储量	预测资源量		
											0~600m	600~1000m	合计
晋陕蒙（西）宁区	宁夏	灵武	—	J	29.37	28.13	28.13	7.28	12.19	20.59	—	—	—
		鸳鸯湖	—	J	95.27	95.27	95.27	2.37	—	—	—	—	—
		马家滩	—	J	56.66	56.66	56.66	56.66	—	—	—	—	—
		积家井	—	J	65.15	65.15	65.15	65.15	—	—	—	—	—
		萌城	—	J	10.06	10.06	10.06	10.06	—	—	—	—	—
北疆区	新疆	托-和煤田	长焰煤	J	93.31	92.55	92.55	6.86	3.45	7.08	408.91	230.25	639.16
		准南煤田	长焰煤	J	347.07	338.95	338.95	42.75	19.33	46.21	142.72	170.60	313.32
		后峡煤田	长焰煤、不粘煤、气煤	J	30.85	30.66	30.66	7.63	1.30	3.32	121.40	99.08	220.48
		准东煤田	不粘煤	J	1052.53	1052.27	1052.27	1011.33	0.21	0.56	1069.19	972.62	2041.81
		巴里坤煤田	气肥煤	J	9.71	9.58	9.58	4.08	0.33	1.50	80.38	86.13	166.51
		三塘湖-淖毛湖	长焰煤、无烟煤	J	27.23	27.21	27.21	26.31	0.032	0.41	360.95	496.39	857.34
		伊宁煤田	长焰煤	J	195.42	194.28	194.28	57.96	2.63	32.19	394.76	419.56	814.32
		托克逊煤田	长焰煤	J	25.06	24.15	24.15	3.9	3.65	8.67	73.72	44.16	117.88
		哈密煤田	不粘煤	J	16.22	15.07	15.07	10.46	2.01	5.08	102.63	223.13	325.76
		吐鲁番煤田	长焰煤	J	31.77	31.77	31.77	31.76	—	—	69.56	187.17	256.73
		沙尔湖煤田	长焰煤	J	268.70	268.70	268.70	250.10	—	—	858.23	58.45	916.68
绿色煤田合计					10998.96	10850.12	9988.92	8931.34	457.53	876.36	3873.32	3836.47	7709.79
全国合计					20108.75	19455.36	9988.92	15415.52	1487.97	2731.92	14380.80（1000以浅）		

53.6%。绿色保有资源量 9988.92 亿 t，占全国保有量的 51%；绿色基础储量 876.36 亿 t，占全国的 32.1%；绿色储量 457.53 亿 t，占全国的 31%。

从绿色保有量的省（区）分布来看（图 1.4.1（a）），绿色保有煤炭资源集中分布于蒙西、北疆、陕西和山西四省（区），分别为 5318.43 亿 t、2085.19 亿 t、1451.11 亿 t 和 754.33 亿 t，四省（区）绿色保有量即达到绿色保有总量的 96.2%；宁夏宁东地区和甘肃陇东地区的绿色保有量仅为 255.27 亿 t 和 124.59 亿 t。

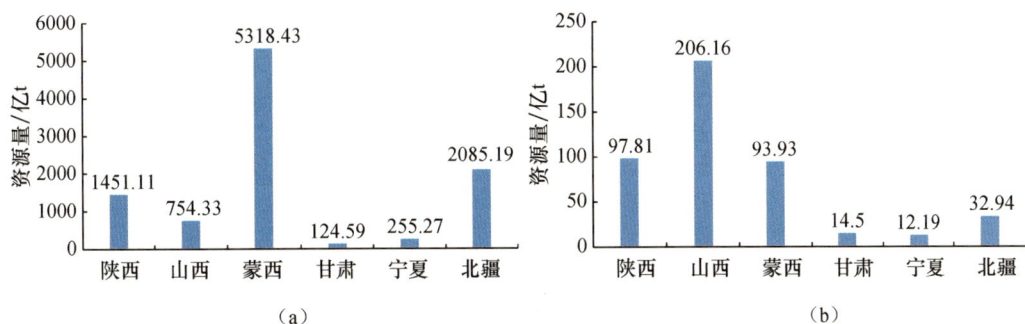

图 1.4.1　晋陕蒙（西）宁区绿色保有资源量（a）和绿色储量分布（b）

从绿色储量的分布来看（图 1.4.1（b）），绿色储量仅 457.53 亿 t，分布最多的为山西省，达 206.16 亿 t，其次是陕西和蒙西地区，分别为 97.81 亿 t 和 93.93 亿 t，北疆地区绿色储量 32.94 亿 t，甘肃 14.5 亿 t，宁夏仅 12.19 亿 t。

此外，上述绿色矿区 1000m 以浅还分布 7709.79 亿 t 的潜在资源量，可将其作为远景绿色资源量，通过进一步勘查程度的提高转为新增绿色资源量。

综上所述，我国绿色保有量 9988.92 亿 t，绿色基础储量 876.36 亿 t，绿色储量 457.53 亿 t，远景绿色资源量 7709.79 亿 t，且均集中分布于晋陕蒙（西）宁和北疆两分区。

第5章 煤炭资源强国战略的认识与分析

5.1 煤炭资源总量丰富

我国煤炭资源总量丰富，达 58260 亿 t，其基本构成包括保有资源量 19455 亿 t，预测资源量 38805 亿 t，其中 1000m 以浅预测资源量 14381 亿 t，1000～2000m 预测资源量 24424 亿 t。保有资源量中，除去已生产或被占用的量，仅保有尚未利用资源量就达 15415.48 亿 t，能长期保障我国煤炭资源的稳定供应。

5.2 绿色煤炭资源勘查程度较低

（1）在 58260 亿 t 的煤炭资源总量中，目前已经勘探评价的绿色保有资源量达 9988.92 亿 t，占全国保有总量的 50%，占煤炭资源总量的 16.7%，且绿色保有资源量集中分布于晋陕蒙（西）宁西部和北疆地区，分布区域集中，以低级烟煤为主，中高变质的烟煤和无烟煤均有发育，能够满足动力与炼焦及其煤化工等其他工业用途需求。十分有利于规划建设大型能化基地，能够按目前每年 40 亿 t 量计，完全能够满足相当长时期的稳定开发需求。

（2）在 9988.92 亿 t 的绿色保有资源量中，勘查程度高的占比 29%，勘查程度较高（详查）的占比 10%，勘查程度较低（普查）的占比 28%，勘查程度低（预查）的占比 33%，表明我国绿色煤炭资源的勘查程度仍处于较低水平。

因此，提升绿色煤炭资源的勘探和详查比重、加强绿色资源的梯级进补，仍是今后煤炭地质工作的主要任务。

5.3 急需提升经济可采绿色储量规模

我国绿色保有煤炭资源量达 9988.92 亿 t，远景绿色资源量达 7709.79 亿 t，总量丰富，完全能够保障我国绿色煤炭资源相当长时期的稳定供应，短期内对于提升绿色煤炭总量保障能力的要求并不强烈，但绿色基础储量偏低，为 876.36 亿 t，经济可采的绿色储量更低，仅 457.53 亿 t。储量的意义在于其经过当前经济可行性评估，可直接用于建井并开发，按年消耗 40 亿 t 计，其稳定保障年限仅 10 余年甚至更弱。

因此，短期内针对绿色矿区高勘查级别的资源开展进一步补充精细勘查和经济可行性评估，提升经济可采的绿色储量规模，将是建设煤炭资源强国面临的重要基础性工作。

5.4 绿色煤炭资源开发情景分析

我国绿色煤炭资源总量基数较大，能够保障我国煤炭的长期稳定独立供应，但绿色基础储量规模偏低，为876.36亿t，绿色储量规模更低，仅457.53亿t。针对绿色储量的保障能力，预设以下开发情景展开分析。

（1）情景一：采用目前不区分绿色和非绿色的混搭开发方式。目前，我国发布的煤炭资源基础储量为2732亿t，经济可采储量1488亿t，若按目前这种不区分绿色和非绿色的混搭开采情景考虑，按年产40亿t计，1488亿t的经济可采储量能稳定保障37年。

（2）情景二：全部开发绿色煤炭资源。如果全国的煤炭开发短期内全部转向开发绿色煤炭资源，仍按年产40亿t计，457.53亿t的绿色储量仅能稳定保障11年，显然不能保障煤炭资源强国战略的实施。

（3）情景三：仍采用绿色和非绿色混搭开发，但前提是开发产能尽量向绿色资源赋存区转移和收缩，以开发绿色资源为主，混搭一些相对接近绿色指标的煤炭资源。

我国西南云贵川地区、太行山以东黄淮海地区，因煤炭工业历史规划而在区域煤炭资源保障方面承担着重要任务，在今后一段时期内其开发活动还很难完全退出或替代，但华北太行以东黄淮海区及西南云贵川区主要为非绿色煤炭资源赋存区，这就必然面临着在该类地区仍不得不保留一定比例的非绿色煤炭资源开发的矛盾。

幸运的是，虽然黄淮海区、西南区被评价为非绿色煤炭资源赋存区，但川东南的部分矿区、太行山东麓的部分矿区，除煤质指标超限以外，其他指标均基本符合绿色煤炭资源的评价标准，且其煤质指标随着开发利用技术水平的提高，在当前或未来短期内是可以通过洗选等方式达到或基本达到绿色煤炭资源标准的，因此将该类煤炭资源其命名为临界绿色煤炭资源。其定义是：绿色煤炭资源评价的四大决定指标中，仅煤质指标超限，未来通过工程技术水平的提高，可以提升为绿色煤炭资源或可实现清洁利用的煤炭资源。

按此定义，上述晋陕蒙（西）宁区绿色矿区的太原组煤，西南四川筠连、芙蓉、古叙矿区，冀南峰峰、邢台矿区等的煤炭资源在煤变质程度、构造复杂程度、煤层埋深等方面的指标符合绿色煤炭资源的评价标准，仅煤质方面超限，可将其作为临界绿色煤炭资源。统计结果表明，临界绿色煤炭资源的资源量可观，临界绿色保有量可达1029.03亿t（表1.5.1）。

表1.5.1 临界绿色煤炭资源保有量（单位：亿t）

井型分区	省（区）	煤田（矿区）	煤类	主成煤时代	保有资源量	临界绿色保有量
晋陕蒙（西）宁区	陕西省	府谷矿区	气煤、长焰煤、不粘煤	C—P	105.14	52.47
		吴堡矿区	焦煤、瘦煤、肥煤	C—P	16.27	8.14
	山西省	大同煤田	气煤、弱粘煤	C—P、J	290.93	96.98

续表

井型分区	省（区）	煤田（矿区）	煤类	主成煤时代	保有资源量	临界绿色保有量
晋陕蒙（西）宁区	山西省	平朔朔南矿区	长焰煤、气煤	C—P	306.55	153.28
		宁武矿区	气煤	C—P、J	73.27	24.42
		河保偏矿区	气煤	C—P	139.21	69.60
		离－柳矿区	焦煤、瘦煤、贫瘦煤、肥煤	C—P	186.68	93.34
		石隰矿区	焦煤、肥煤、瘦煤	C—P	9.33	4.67
		乡宁矿区	焦煤、瘦煤、贫瘦、肥煤	C—P	144.94	72.47
		霍州矿区	气煤、焦煤、肥煤、瘦煤	C—P	236.36	118.18
	内蒙古	乌兰格尔矿区	长焰煤	C—P	28.98	14.49
		准格尔矿区	长焰煤	C—P	335.28	167.64
西南区	四川	筠连矿区	无烟煤	P	32.14	32.14
		芙蓉矿区	贫煤、无烟煤	P	11.47	11.47
		古叙矿区	贫煤、无烟煤	P	37.04	37.04
黄淮海	河北	峰峰矿区	焦煤、贫煤	C—P	39.74	39.74
		邢台矿区	气煤	C—P	32.96	32.96
合计					2026.29	1029.03

显然，情景三不仅避免了情景一依然存在的高强度环保约束，凸显了煤炭资源强国战略课题实施的意义，同时也避免了情景二激进转变对煤炭工业和经济布局的冲击，一定程度上还为承担区域煤炭保障重任的非绿色区不得不继续保留一定产能提供了一个折中方案，更有利于煤炭工业在供给侧改革中的平稳过渡。

按照情景三，设定以下参数：晋陕蒙宁甘煤炭产量当前已占全国总产量的60%以上，由于晋陕蒙（西）宁是绿色矿区的主分布区和主产煤区，故粗略认为当前我国绿色矿区产煤比重已接近或达到60%；"十三五"至"十六五"期间，我国煤炭消费最低值平均为38亿t/a，最高值平均为42亿t/a。以此为消耗基数，按绿色资源开发贡献率每个五年周期占比分别为70%、80%、85%、90%计（表1.5.2），则我国经济可采的绿色储量保障于"十五五"中期即面临危机，至"十六五"末绿色储量保障逆差达170亿~240亿t。

表1.5.2 绿色煤炭资源强国的目标与阶段目标

指标		当前基础	"十三五"	"十四五"	"十五五"	"十六五"
绿色矿区产煤比重/%		60	70	80	85	90
绿色储量保障/亿t	38亿t/a	457.53	133	285	446.5	617.5
	42亿t/a		147	315	493.5	682.5

因此，短期来看，提升绿色经济可采储量规模对于以煤为主的能源格局仍然具有重要意义，是当前建设煤炭资源强国的重要基础性工作。因此预判未来20年内我国加强绿色煤炭资源勘查的任务仍然很重，不仅要集中对绿色矿区高勘查级别资源进行补充精细勘查以及多重约束条件下的经济可行性分析，提高绿色储量的规模和精度，满足强国战略绿色储量保障需求，同时还要加强对于绿色矿区相关的水文地质、环境地质、工程地质等的勘查评价，加强绿色煤炭资源开发地质保障。

鉴于绿色资源保有量基数大，且集中分布于晋陕蒙（西）宁和北疆，同时北疆煤炭开发仍处于起步状态，因此晋陕蒙（西）宁和北疆完全能够承担我国煤炭工业"保护与减轻东部、稳定开发中部、加快开发西部"战略布局的资源保障，不仅未来将煤炭资源的开发重心向"战略西移"和"一带一路"指向的晋陕（北）蒙（中）和北疆的绿色矿区转移是可行的，至"十五五"中期以前完成绿色储量620亿～683亿t的保障目标以及"十六五"末实现绿色矿区产煤贡献率90%也是可以实现的。如果不考虑社会发展和经济布局，最终完全实现绿色资源开发的前景也是乐观的。

5.5　寻找和节约水资源以开发绿色煤炭资源

我国水资源总体表现为东部多、西部少，南方多、北方少，山区多、平原少，与煤炭资源呈明显逆向分布。秦岭—大别山以北、太行山以西的中西部地区水资源普遍匮乏，水资源仅占全国水资源的8.8%左右，山西、陕西、内蒙古、宁夏水资源仅占全国的3.7%，新疆地区也仅占全国水资源总量的3.8%，而绿色煤炭资源却主要集中于晋陕蒙（西）宁和北疆地区，基本都处于干旱、半干旱地区。水资源成为约束煤炭工业发展的重要因素，寻找新的地下水资源是煤炭地质保障的主要工作，节水采煤、保水采煤的地质条件评价和合理域外调度水资源则，是破解水资源约束的主要举措。

5.6　绿色煤炭资源区块内煤系共伴生矿产资源丰富可协同勘查开发

我国煤层气资源丰富，2000m以浅煤层气资源量36.81万亿m^3，其中1500m以浅煤层气开采资源量10.9万亿m^3。近年来我国含煤盆地多能源共存和多矿产富集的研究取得了许多重要成果，在开发煤炭的同时进行煤系矿产资源的系统勘查开发，对于节约保护矿产资源具有十分重要的意义。大家知道煤系内烃源岩是生油生气的母质，加之煤的形成环境具有高度的吸附障和还原障性能，在特定的地质条件下可以富集某些金属元素，并可能富集成矿。晋陕蒙（西）宁和新疆北疆地区煤系中不但富含丰富的煤层气资源，而且煤系共伴生"三稀"矿产局部富集。陕北一些地区煤层还与油、天然气共生，陕西韩城等地煤层气地面已经实现排采。在绿色煤炭资源分布地区目前已知与煤共生、伴生的的有工业价值的稀有分散元素（锗、铀）、煤层气和富油煤等，都具有很高的经济价值。此外,在这些地区的含煤岩系中,还有高岭土、耐火黏土、铝土矿、膨润土、硅藻土、石墨、硫铁矿、油页岩、陶粒页岩、赤铁矿、菱铁矿、褐铁矿等10多种矿产,其中一些矿产有用成分高、质地优良,具有重要的工业价值。西部绿色区域内,新疆和青海、甘肃西部等地煤层气资源量为7.86万亿 m^3、鄂尔多斯盆地煤层气资源5.3万亿 m^3,资源量巨大。煤层气资源如果不和煤炭资源一起系统评价并系统开发,无疑将对资源产生巨大浪费。另一方面,在煤矿开发过程中,瓦斯会重新运移局部重新富集,是煤矿开采中一种主要灾害源。因此对煤层气(瓦斯)在勘探或要投入一定勘探工程控制和系统评价,采煤过程中要地面或井下系统抽放,实现资源合理利用。

另外,煤系稀有金属矿产资源在新疆屯南矿区的嘎顺乌散井田普查中发现伴生稀散元素镓含量均达到一般工业品位指标的要求,仅分布在B12和B5煤层中的资源量就有859.3t,达大型矿产规模;西北地区煤中铀的含量算数平均值为 $2.32\mu g/g$,在宁夏宁东煤田的煤层顶板中发现有较高的铀的含量,值得开发利用。

然而,据有关专家统计,目前我国对共生、伴生矿产进行综合开发的仅占其总数的1/3,综合利用率只有20%;而对含煤地层中共、伴生的20多种矿产,绝大多数尚未开发利用。

我国绿色煤炭资源分布地区主要以低阶煤为主,近年有关学者研究表明低阶煤有利于分级分质综合利用,可以实现低温热解、焦油加氢精制等煤炭清洁转化过程,实现油气电化热一体化的高附加值产品。据中国煤炭工业协会数据资料,截至2014年年底,我国已探明适合于分级、分质利用的煤炭储量8758.32亿 t,蕴藏着657亿 t油品和51万亿 m^3 天然气,分别相当于已探明石油开采储量的20倍、已探明天然气可采储量的11倍。由此可见,煤炭资源作为能源资源的利用是其中一方面的用途,煤炭作为资源进一步综合利用天地广阔。

国外非常重视资源的综合勘探和综合开发,注重各种矿产综合勘探与开发利用效率。长期以来,由于我国实行的是行业(纵向)条块式管理,对同一地区、同一岩系中不同矿产往往分别勘探、各自开发,造成极大的人力、物力和财力浪费。随着管理体制改革、经营方式的转变以及资源勘探开发模式与国际接轨,综合勘探与综合开发是今后矿产资源开发利用必由之路。

第6章 绿色煤炭资源强国战略工作建议

6.1 绿色煤炭资源勘查开发工作建议

煤炭资源强国战略是基于我国能源结构的科学分析提出的，随着我国经济的进一步发展，能源的消耗量还会大大增加，可以肯定地说，其他任何单一能源资源均不能独立保障中国对能源需求的增加，更不要设想去煤化能解决中国的能源保障以及环境问题。因此，在今后相当长一段时期内，煤炭能够在能源消耗总量控制的前提下尽可能降低其所占比例，保持相对稳定生产就是最好的结果。尽快转变传统粗放的煤炭开发利用方式，着力推进绿色煤炭资源的勘查、开发及其清洁高效利用才是既避免"因噎废食"，又彻底改变"饮鸩止渴"，缓解我国能源困局以及能源结构调整实现"软着陆"的必然选择。

基于这一建设绿色煤炭强国的分析研究设想，结合当前我国煤炭资源的勘查开发程度及绿色资源保障能力，围绕绿色煤炭资源总量的增加、勘查程度的提升和开发地质条件，提出以下路径与建议。

（1）勘查方面：①短期而言，提升经济可采的绿色储量规模是建设煤炭资源强国面临的首要基础性工作。短期内，煤炭勘查工作重心可以不再以提升资源总量为目的，而应以提升绿色基础储量和经济可采绿色储量为重点，加强绿色矿区现有高勘查级别资源量的补充精细勘查以及经济可行性评估，至少要在"十五五"中期之前完成建设煤炭强国 620～680 亿 t 的绿色储量保障目标。②长期而言，提高煤炭资源，尤其是绿色煤炭资源的勘查程度，寻找更多更经济的绿色煤炭资源，仍然是煤炭地质勘查工作的重中之重。为此，勘查工作要有意识从非绿色矿区收缩退出，逐步转移至绿色矿区，以提升绿色资源勘探和详查比重，加强绿色资源梯级进补为重点。勘查评价绿色整装煤炭基地，同时加强绿色整装煤田快速精细勘查技术的攻关和推广应用。在大区评价非绿色区适度开展对于煤炭资源禀赋优良靶区的优选工作，进一步发现新的绿色资源并开展精细评价，为开发产能就近聚拢转移提供便利条件。

（2）开发方面：我国煤炭资源开发应采用开发绿色煤炭资源为主，兼顾在一些特殊地区开发一定比例临界绿色煤炭资源的混搭开发模式。煤炭资源开发应逐渐向更具资源优势的晋陕（北）蒙（中）和北疆绿色矿区的资源开发上转移集中，该类地区资源优势明显、生态修复成本较低，适宜建设大型综合能化基地，可承接东部产能调整和资源枯竭地区开发接替重任。同时，考虑到我国国情及煤炭工业布局，还应对西南以及太行山东麓部分矿区临界绿色煤炭资源的开发保留一定比例，但该比例应逐步降低。此外，适当加强煤炭地下气化、液化等新型采煤工艺的攻关和推广应用。

值得注意的是，煤炭资源勘查与开发由非绿色矿区向绿色矿区的收缩转移，并非产能同质、同量的单纯"搬迁"，而应是在去除非绿色低端产能，对产能进行合理优化、合理布局、合理市场投放步调的基础上的减量、增效、提质转移。

（3）绿色煤炭开发保障工作：加强对于绿色矿区水文地质、环境地质、工程地质等的勘查评价工作，在寻找新的地下水资源的同时，着力加强对于节水采煤、保水采煤地质条件评价与节保水采煤技术的攻关，加强对于合理域外调度水资源方案与技术的研究工作。

6.2 绿色煤炭资源强国理论、技术研究工作建议

（1）加强煤炭地质基础理论研究，提高绿色煤炭资源的总量与勘查质量。

建立和完善聚煤作用系统和系统分析方法，实现找煤与煤炭地质勘查理论的重大突破。首先是加大加强绿色优质煤炭资源特别是特殊和稀缺煤种评价、找矿、勘查工作，开展绿色煤炭资源精细勘查评价，为国家建立绿色优质与稀缺资源战略储备提供可靠信息。

中东部煤炭资源勘探和开发强度大，浅部基本很少有绿色煤炭资源保存。因此，需要深化找煤应突出理论创新和技术创新，通过区域地质、物探、遥感等多元地质信息的深入研究和筛网式的分析，结合高精度地球物理探测技术，圈定新的绿色煤炭资源预测区，对资源潜力作出客观评价。加大对资源枯竭的危机矿区外围资源特别是绿色资源综合找矿勘查工作，根据煤田地质特征特别是资源赋存特征，提出外围地质找矿的新路径；实施危机矿区接替资源找矿项目，发现新煤田，为煤炭城市可持续发展提供坚实的物质基础。

同时加强西部聚煤盆地地质系统研究和煤炭、水、煤层气资源综合评价。运用地球系统科学理论，开展盆地绿色煤炭资源聚集和赋存的系统研究，综合评价煤炭、煤层气、天然气水合物等多能源矿产资源和煤系"三稀"共伴生金属矿产资源，并开展协同勘查。

（2）提升煤炭地质保障勘查技术与装备水平。

根据我国煤田地形地质特点，大力发展煤炭资源综合勘探技术，合理选择地质填图、遥感、物探、钻探、测试等技术手段。从煤层、煤系沉积岩体结构构造、地应力场、地温场、水文地质和工程地质特征分析入手，查清影响中国煤矿开采的地质因素和地质灾害发生机理，为建立绿色煤炭资源开采地质保障系统提供理论依据建立独具中国特色国际一流的煤炭综合勘探技术体系包括绿色煤炭资源评价与煤质精细勘查技术。

煤炭地质保障技术仍然离不开煤田三维地震勘探技术和勘探精度的提高，要继续扩大地震技术能力和应用范围，进一步发展复杂地区三维地震技术，深化多维多分量地震勘探技术研究，提高西北复杂山区、沙漠、厚层黄土、水上、沼泽以及采空区等地震施

工应用能力；电法勘探的重点是电阻率法影像与三维可视化综合分析技术，在资料处理和解释技术以及大数据分析建模等方面继续深入研究，实现全三维甚至包括时间的四维勘查与分析对比。

提高绿色煤矿开采地质保障能力，查明落差小于1/2采高的小断层及其他构造，解决岩性地震勘查的新途径；建立高产高效矿井（工作面）地质条件预测评价和地质安全保障系统，实现对矿井开采地质条件的综合评价和量化预测。研究瓦斯、地下水赋存的地质规律与煤矿突水机理与防治基础理论研究。

在装备方面，要加快研制或引进适合于矿井作业和实时处理的矿井物探仪器；钻探装备和钻探工艺方面，重点在精准取芯和金刚石快速钻进和受控定向钻进、分支井和超大孔径钻进等钻探工艺的进一步研究，以及勘探阶段瓦斯评价技术与装备研究，钻进参数监测系统和技术研制取得成功。

（3）大力发展绿色煤炭资源勘查与地质保障信息化技术。

充分应用现代矿产资源预测评价的理论方法和以GIS评价为核心的多种技术手段、多种地学信息集成研究方法，开展大型煤炭基地煤炭资源特别是绿色煤炭资源、水资源和生态环境综合评价，建立煤炭资源信息系统，实现煤炭资源动态管理，为大型煤炭基地建设提供准确的、科学的、适时的资源信息。

实现煤炭地质特别是绿色勘查数据采集、处理、研究、管理和地质报告编制全过程的信息化。加强高分辨率卫星图像在煤炭地质勘查、数字矿山、矿区环境调查和监测方面应用研究，以及数字航摄技术、矿山GPS定位技术、煤炭及其地质勘查GIS技术的研究与应用。建立煤炭及相关资源信息系统，构成"数字矿山"和"智能矿山"的一个有机组成部分。

专题篇二

煤炭工程技术强国战略

摘　　要

经过近 10 年的快速发展，我国技术装备水平和生产能力不断提高，机械化开采比重快速上升，自主创新能力显著增强，无人化、少人化开采取得明显进展，资源综合利用效率不断提高，节能降耗与清洁利用成效显著。工作面最高单产由 100 万 t 以内提高到了 1000 万 t 以上，建成了神东大柳塔、上湾、陕煤红柳林等一批世界上最为先进的矿井。行业平均机械化程度由 2000 年以前不足 40% 提升至目前的 78%。高端综采装备自动化系统控制占到成套装备的 80%，工作面人数由几十人降至个位数字。煤矿事故大幅度下降，百万吨死亡率将至 0.157。部分用煤行业的节能减排取得重要进展，煤电污染物超低排放技术已达到世界领先水平，煤直接液化、煤制烯烃等煤炭转化技术世界领先。

煤炭工程技术发展推动了煤炭工业由粗放型向集约化、由单纯提高产量向效率优先、由环境负影响向清洁绿色开发的方向发展，煤炭行业的竞争力不断提升。然而我国煤炭产业精细化程度不够，特别是还存在大量中小煤矿，生产自动化程度低，生态环境负效应仍然较大。行业科技创新体制机制尚不完善，原始性创新能力比较薄弱，大型装备、关键设备和元器件国产化能力不足，国产装备的可靠性和稳定性与国外相比还有较大差距。此外，煤炭开采过程中，水资源破坏、地表沉陷等生态环境问题严重。

为此提出煤炭工程技术强国战略，以习近平总书记关于"实施创新驱动发展战略"和"推动能源生产和消费革命"的重要讲话精神为指导，结合"中国制造 2025""互联网+"等重大科技战略规划，实现煤炭生产智能化、生态环境友好化、转化利用洁净化、职工队伍知识化；以科技创新创造绿色能源的理念，推进煤炭科技进步，提高自主创新能力，提升煤炭工业发展的科学化水平，增强煤炭行业竞争力和主导权，将煤炭行业打造成具有国际竞争力和话语权的优势产业。

本专题将从地质勘查、建井、开采、安全和煤炭利用 5 个方面进行研究，在分析国内外煤炭工程技术发展现状和趋势的基础上进行对比，定量描述我国煤炭工程技术竞争力，进而提出煤炭工程技术强国的战略思路、目标和主要任务，大力研发、推广先进工程技术，积极推进先进煤炭清洁高效开发技术的研发与产业化，实施绿色煤炭科技创新重大工程。通过 10～20 年的努力，使煤炭勘探、开发、利用的各个环节都处于国际领先水平，煤炭行业成为现代化程度高、清洁环保、工人劳动条件好、安全保障程度最高的行业，以煤炭工程科技创新发展助力我国能源强国。

第1章 国际煤炭工程技术发展的基本态势

煤炭工程技术主要涉及地质勘查、建井、工作面采煤等开采技术及煤炭提质加工、燃煤发电、燃煤工业锅炉、煤炭深加工等多种利用技术。在这些领域，国际上研究开发了大量的技术及装备，为微震监测技术、放顶煤开采技术、工业锅炉及燃煤发电等研究奠定了基础。目前，国外煤炭工程技术在向精细化、大型化、智能化及绿色化方向发展，随着国外煤炭开采规模的下降，煤炭工程技术发展的重心开始向中国转移。

1.1 地质保障技术

1.1.1 地面物探技术

地质保障技术是煤炭开采的重要基础，国外主要采煤国家在煤矿开采地质条件探测、水害防治与瓦斯抽采等方面，除大力推广和应用地震、电法、测井等常规地球物理技术外，近年来开展了随钻测量、随钻测井、微震监测等新技术和新方法的示范应用。

1. 地震探测技术

地面高分辨率三维地震勘探技术是国外煤田地球物理勘探的首选方法，主要用来探测煤矿构造、解释岩性、检测裂隙带、圈定煤层厚度及预测瓦斯富集范围。美国将高频可控震源应用到 Appalachian 煤田勘探中，震源可产生高达 400Hz 扫描频率和最大力 33000lb。对于埋深 610m、平均厚度 1.8m 的煤田，采用非线性扫描测试改进信噪比，获得了深部（823m）的强反射波，提高了地震数据的解释能力。

槽波地震方法多年来一直被用于探测井下突出煤层异常和工作面构造。德国采用简化的岩－煤－岩层模型进行物理模型试验及数值模型试验，结果表明，随着围岩内震源至煤层距离的增大，地震所激发出的槽波的振幅和频率逐渐降低。槽波成像可精确辨别煤和水、煤和气体或煤和页岩之间的界面，美国矿山安全健康管理局应用垂直地震剖面法（VSP）、地面地震反射法（SSR）和井下槽波（ISS）技术，对多座发生煤与瓦斯突出和突水事故的煤矿进行了探测。有效探测范围由 600～800ft 增加到 1100ft，探测误差由之前的 ±10% 降低到 ±4%。

过去 10 年里，美国、澳大利亚、加拿大、南非、波兰等国家微震监测技术发展较快，监测系统有 ARAMIS、SOS、ISS 等。美国国立职业安全与健康研究所（NISH）利用三维微震监测方法，对 Utah 煤矿厚达 750m 的砂岩顶板的微震事件监测发现，地震事件一般发生在长壁工作面前面、采区上方和下部的应力承压带上，垂直于煤层对称分布。

美国 MSHA 公司、澳大利亚 CASIO 公司以连续开采机械产生的能量或钻头噪声作为震源，开展随采地震勘探研究。科罗拉多矿业学院和加拿大 Red Deer 的 CBM 项目中应用 3D3C 地震勘探，通过分析 S 波偏振、传播时间和反射波振幅来预测裂隙密度等，代表着井下地震探测的发展方向。

2. 地球物理测井技术

目前国际市场上提供 MWD/LWD 服务的公司有十余家，如斯伦贝谢公司、哈里伯顿 Sperry-Sun 公司、贝克休斯 INTEQ 公司、威得福 PathFinder 公司、DrilTech 公司、MWDServicesInc 公司、TargetMWDInc 公司、Unidrill Energy 公司、RyanEnergy Technologies 公司等，以斯伦贝谢公司的 Vision 测井系列、Scope 测井系统，哈里伯顿的 Geo-Pilot 系统，以及贝克休斯公司的 OnTrack 系统等成套随钻测井装备为主。这些系统可以探测中子孔隙度、岩性密度、不同深度的电阻率、伽马以及钻井方位、井斜和工作面等参数，满足了地层评价和钻井工程的需要。

目前，随钻测井正取代电缆测井，成为测井服务市场的主体技术。除了常规测井的随钻三组合或四组合项目外，随钻核磁共振、随钻成像、随钻压力测试等项目代表了新的需求。在开发井随钻测井中，国外一般使用 2 种组合测井：一是 MWD+ 伽马 + 电阻率，探测油气层和提供地质导向服务；二是 MWD+ 伽马 + 电阻率 + 密度 + 中子（有时还测声波），提供地质导向和基本地层评价服务。

1.1.2 井下电磁法勘探技术

国外电磁法勘探技术进展不大。独联体国家曾在库兹涅茨、伯朝拉、基泽尔和顿涅茨等煤田的一些矿井应用瞬变电磁技术预测煤与瓦斯突出，效果不明显。库兹涅茨工学院、全俄矿山地质力学和矿山测量研究所、俄罗斯科学院西伯利亚分院煤炭研究所、斯科琴斯基矿业研究所等开展了电磁辐射（EMR）测量预测方法研究。

1.1.3 钻探探测技术与装备

钻探具有精度高、直观性强、适应面宽等优点，在地质构造探测、水害防治、瓦斯抽采、火区探测与灭火、冲击地压防治等地质灾害直接探查防治领域发挥了重要作用。

国外煤田钻探技术从 20 世纪末至今经历了经验钻探、科学化钻探和自动化智能钻探等 3 个发展阶段。自 20 世纪 60 年代起，国外一些发达国家逐步实现了坑道钻机的更新换代，基于电液比例控制技术的全液压动力头式钻机取代立轴式钻机。进入 2000 年，国际煤炭市场火热，煤田钻探除在钻具方面改进外，各种钻进系统的完善使其能够适合各种地质条件、各种工况作业。全液压动力头钻机获得广泛应用，美国金刚石岩心钻机制造商协会制定的 DCDMA 标准占据钻探管材和钻具市场的主流，国际标准化组织（ISO）矿业技术委员会金刚石钻探设备技术委员分会制定了一些标准，引领今后钻探设备和机具的发展方向。煤炭地质岩心钻探工艺方法仍然以金刚石绳索取心钻探为主，空气/水反循环连续取样技术在北美地区获得广泛应用，形成了一个钻孔中同时使用金刚石岩心钻探和空气/水反循环连续取样钻探的复合钻探技术。超硬材料和金刚石钻头发展迅速，高性能超硬材料、高效长寿命金刚石钻头技术发展迅猛。欧美地区专用轻便、车载钻探设备及直升机搬迁与拆装技术在交通不便区应用广泛，新一代计算机控制自动化钻机已经成熟。美国20世纪90年代中后期开始实施国家先进钻探和掘进计划（NADET）项目，重点是研究热力破碎、激光钻进、中子束钻进等新型岩石破碎机理和方法，加强高速涡轮钻具、过载小直径螺杆钻具等先进的孔底动力钻具的研究，中、短、超短半径水平井、多分支井等高级定向钻进技术、装备、设备、仪器、工艺和工具的研发，其成果已广泛应用于煤层气勘探与油气开发、地热、矿产资源、环境监测与治理项目中，完成了大批超深井、高难度定向井、水平井、径向井、多分支井。

深部取心钻进依托钻进工艺和技术。10余年来，深部取心钻进技术得到发展。加拿大博特长年公司研制了CHD绳索取心钻杆和热处理材质丝扣钻杆，钻深能力达到普通绳索取心钻杆的2倍。南非矿山勘探公司引进加拿大博特长年公司50型以上和Hydr3000型钻机，在金矿靶区的施工深度超过4000m。

多介质反循环钻进技术反循环连续取样（心）钻探技术被称为钻探技术第二次革命。澳大利亚采用该法获取的样品不仅能满足地质引进要求，而且钻进速度要比传统的取柱状岩心施工提高5～10倍，施工成本也将大大降低。瑞典Atlas Copco公司开始推广取心取样相结合的地质钻探技术。

英国于20世纪80年代首次将孔底马达定向钻进技术应用于煤矿井下，当时其设备能力已达1000m，实际最大孔深为635m。澳大利亚高瓦斯煤矿较多，自1980年从英国引入顺层钻进（UIS）抽放本煤层瓦斯后，因钻进方向控制能力强，由起初的有限定向控制和有限深度的旋转钻机发展到2002年的大深度（1761m）孔内马达钻机，配备的DDM MECCA随钻测量系统，可确保钻孔精度在0.5°/hm以内，百米孔深最大偏差仅为0.5～1.0m，钻孔直径在89～96mm。德国、澳大利亚、波兰等国家的单一松软低透气性严重矿区还采用顶板走向长钻孔、网格式穿层钻孔来解决突出煤层防突，它们不仅解决了煤层打顺层孔时喷孔、塌孔问题，同时瓦斯抽放率也提高到30%以上。

东欧、美国和澳大利亚一些高瓦斯深井运用井下定向钻进设备，采取上置技术抽采甲烷。瑞典Atlas Copco公司、加拿大JKS Boyles公司、澳大利亚Longyear公司等开发的几种新型坑道勘探用钻机还采用了自动控制技术，实现了机电一体化操作（计算机指令控制），很快在瓦斯钻机上得到推广应用。俄罗斯专门设计局已开始批量生产新型液动及气动潜孔锤，其寿命比老产品有较大提高。此外，采用新的结构和制造工艺研制的高强度、长寿命钻杆也已批量生产。

以上国外地质保障技术主要针对国外开采煤田及矿山地质条件相对简单的状况，检测对象（地质构造、瓦斯或水）明确，技术与工程实践结合紧密，配套设备及解释分析软件功能强大。探测装备在整机设计及元部件选用上较先进，性能更可靠，功能更完善，强度高、寿命长。发达国家的深孔瓦斯钻机多采用先进的孔底马达、造斜工具和随钻测量设备，钻进能力强、定位和定向精度高。

　　国外钻探技术与装备的发展趋势是三维可控与可视化钻井技术、热能钻进法、低温冷冻钻进法、热力破碎、激光钻进、中子束钻进等新方法与工艺、设备的研制。

1.2　建井技术

　　近代煤炭建井技术的形成大约有 200 多年的历史，到 20 世纪初，形成了以钻眼、爆破为主的普通凿井方法，主要工序包括钻眼、装药爆破、出矸、砌壁支护等，对于复杂地层还形成冻结和地面预注浆等预处理方法。近几十年来深井凿井技术发展较快，是凿井技术的发展趋势，美国、德国、乌克兰、俄罗斯、法国、英国、南非、赞比亚、波兰、日本等许多国家都在发展应用这种技术，不少井筒深度在 1000m 左右，在南非最深接近 3000m，煤矿最大凿井深度接近 1600m。国外综合治水原则大多采用地面预注浆和工作面预注浆，综合注浆法是注浆技术发展史上的里程碑；自 20 世纪初，水玻璃注浆液及双液单系统、双液双系统注浆方式在比利时和荷兰得到了应用并延续到现在；其后，各国注浆技术的发展主要集中在注浆材料的发展和注浆方式的研究上。冻结法凿井在国外已有 120 多年的历史，最大冻结深度是英国的博尔培钾盐矿进风井，净径 5.0m，冻结深度 930m。进入到时 20 世纪中叶，国外井筒施工主要集中在金属矿山，从安全和效率考虑，采用机械破岩方式的钻井技术得到发展，钻井法、反井钻井及竖井掘进机凿井技术逐渐成为凿井主流。20 世纪 70 年代，德国、苏联、美国等研制出不同类型竖井钻机，应用于采矿工业和核试验井筒钻进。美国休斯公司 1980 年开始研制 CSD-300 型钻机，在澳大利亚西部的阿格纽镍矿岩层中，钻成一个直径 4.267m，钻深 663m 的风井。20 世纪 50～60 年代，美国、德国、芬兰、日本等先后研制出不同类型的反井钻机，反井钻井深度超过千米，反井钻机钻孔直径超过 7m。自 20 世纪 60 年代开始，美国、德国研制出不同类型竖井掘进机，如美国的 241SB-184 型、SBM 型，德国的 SBVI 等，主要用于市政和矿山井筒工程，大部分是采用有导孔方式。

　　美国的地质条件是冲积层薄，美国的钻井技术发展很快，美国钻井法凿井原是利用石油钻井机进行局部改造，主要是钻具系统，根据需要向厂家直接订货。生产厂家很多，主要的厂家有：休斯（Hughes）工具公司；里德（Reed）公司钻井设备部；西库瑞蒂（Security Products，O.P.D.）公司；史密斯（Smith）工具公司以及 C.P 石油工具公司等。反井钻井技术的钻井直径和钻井深度逐步扩大，最大直径 6.1m，最大深度 914m。罗宾斯、英格索兰、休斯、德雷萨等公司均生产反井钻井机。除美国本土使用外，在南非、加拿大，澳大利亚等国也采用这些设备。近几十年来美国也试验发展了竖井掘进机技术。

　　美国 1910 年开始研究钻井法凿井技术，在小直径钻井方面处于领先地位，代表性的钻机为休斯公司的 CSD-300 型钻机，设计最大钻井直径 6.096m，最大钻井深度 609.6m。

澳大利亚曾在 1981 年钻成直径 4.267m，深度 663m 的立井。

据不完全统计，20 世纪国外有 80 多所金属矿山开采深度超过千米，其中最多的是南非，该国绝大多数金矿的开采深度都超过 1000m，Anglogold 有限公司的西部金矿，其开采深度已经达到 3700m。另外，俄罗斯、加拿大、澳大利亚、美国的一些金属矿山的开采深度也超过了 1000m。

1.3　开采技术与装备

国外井工开采主要为 4～6m 厚煤层的长壁开采，太低或太高的煤层基本上不开采。国外主要产煤国家自 20 世纪 70 年代开始发展综采，1980 年联邦德国就开发试验 6m 大采高两柱掩护式液压支架，在维斯特伐伦矿进行大采高综采，并相继出口到南斯拉夫、捷克和南非等国家的煤矿。近几年来美国和澳大利亚依赖其良好的资源条件，大力推广长壁综采技术，工作面开采强度不断增加，生产技术装备不断升级更新，长壁开采产量不断上升。如 2006 年，美国著名的二十英里煤矿（the twentymile longwall coal mine）某工作面，采高 2.6～2.9m（中厚煤层），工作面长度 305m，走向 3.6～4.5km，最大工作面倾角 10°，埋深 300～400m，主运皮带带宽 1.8m，运量 5000t/h，带速 4m/s，采用 EL3000 采煤机，配 U2000 行走系统，截深 900mm，行走速度 40m/min，平均产能 2700t/h，日产最高达到 4.63 万 t，实现了年产 1000 万 t 的高水平。国外井工开采在开采高度、煤层复杂性、产量等方面都较国内低，但是在装备的可靠性、自动化程度、新技术应用方面却领先于国内。

（1）在厚煤层开采装备方面，新型大功率电牵引采煤机总功率达到 2000～3000kW，装备了采用先进信息处理技术和传感技术的控制和故障诊断系统。德国 Eickhoff 公司的 SL500 系列采煤机采高范围 2.0～6.5m，最大牵引力可达 1000kN，最大牵引速度可达 37m/min，可以截割 $f \leqslant 10$ 的煤和岩石。美国 JOY 公司的 7LS 系列采煤机截高范围 2.0～5.5m，最大牵引力可达 800kN，最大牵引速度可达 30m/min。

（2）工作面刮板输送机向着大运量、软起动、高强度、重型化、高可靠性方向发展。最大运量达 6000t/h，装机功率（4×1200）kW。中部槽的槽间连接强度已达到 4500kN，链环直径最大达 2×Φ52mm。采用伸缩机尾的液压自动张紧装置。

（3）液压支架向高工作阻力的两柱掩护式支架发展，支护工作阻力达 6000～12000kN，支护高度 3～6m，支架立柱缸径 320～440mm，支架中心距 1.75m 和 2.0m，支架控制方式为环形供液及电液控制，支架的降、移、升循环时间小于 10s，支架的寿命试验高达 50000 次工作循环以上。

（4）长距离、大运量、高带速的大型带式输送机已成为主要发展方向。目前，煤矿带式输送机装机功率可达（4×970）kW，运输能力已达 5500t/h，带速为 5m/s 以上。应用动态分析技术和计算机监控等高新技术动态设计及动态过程监测、监控等，确保了输送机运行的可靠性。采用 CST、变频等大功率软起动技术、自动张紧技术、高寿命高速托辊、快速自移机尾等使设备开机率、可靠性指标与生产效率不断提高。

（5）随着煤炭开采深度的增加，开采工况日益复杂，国外研究开发了基于振动信息或采高－位置自学习控制的采煤机滚筒自动调高技术、液压支架电液控制技术，顺槽集中控制中心通过采用位置红外传输、速度检测和计算机集中控制软件程序，使采煤机、刮板输送机、液压支架等设备自动完成割煤、运输、液压支架移架和顶板支护等生产流程，实现了工作面自动化生产。顺槽计算机集中控制中心还实时监测工作面顶板压力、供电、供液系统、顺槽皮带系统、煤仓料位等设备运行工况，并通过矿井通讯光纤等介质经 Internet 网络和矿井及上部管理层实现信息交流与通讯控制。

随着计算机技术的发展，美国、德国、澳大利亚的煤炭企业对工作面采用了计算机技术、大功率采煤机牵引变频控制技术、液压支架电液控制技术和刮板输送机软启动变频技术，实现了工作面三机的自动化采煤，并形成一套独立、完善的综采自动化控制体系。CSIRO 联合 JOY、DBT、Eickhoff 等公司于 2001 年发起的 Longwall Automation Project，初步实现了工作面的自动找直和采煤机的实时水平控制，从一定程度上提高了生产效率、改善了工作环境。德国 Eickhoff、美国 JOY 公司所研制的采煤机大都采用了基于记忆截割方式的自动控制技术，在工况自适应控制方面已开发了负荷与行走速度自动调节、采煤机与运输机和液压支架的联动控制等技术。

在智能化开采技术方面，澳大利亚 Landmark 公司利用 Rockwell 的 Ethernet/IP 工业以太网对综采工作面采煤机、支架及相关设备的联动控制及水平导航控制进行了有益的尝试。澳大利亚联邦科学与工业研究组织（CSIRO）通过采用军用高精度光纤陀螺仪和定制的定位导航算法开发了 LASC 技术：工作面实现了支架自动调直，采煤机实现了自动跟机移架。目前，该技术在澳大利亚 2/3 的矿井得以应用。

1.4　煤矿安全技术

1.4.1　国外主要采煤国家煤矿安全状况

国外主要采煤国家在煤炭工业发展的不同阶段，其安全状况也波动比较大。

1. 美国

1905—1930 年间，美国煤矿平均每年事故死亡 2000 多人，最严重的是 1907 年，全国的事故死亡人数达到 3242 人，当年的煤产量为 387t，百万吨死亡率达到 8.38。20 世纪 40 年代以后，煤矿每年的死亡人数总体上不断下降。2006—2009 年，美国煤矿死亡人数合计 128 人，百万吨死亡率从 0.044 下降到 0.018。

2. 俄罗斯

俄罗斯井工矿的地质条件复杂，灾害威胁严重。据 2006 年统计，95 个矿井中高瓦斯矿井（包括有煤与瓦斯突出危险的）为 58.9%，其中有煤尘爆炸危险的矿井有 80 个，占 84%，有冲击地压危险的 44 个，占 46%。2006—2009 年间，俄罗斯煤矿死亡人数合计 584 人，百万吨死亡率最高 0.903、最低 0.19。

3. 南非

1970 年以来南非煤矿的千人受伤率在逐渐下降，千人死亡率因时有较大死亡事故而发生变化。南非煤矿瓦斯爆炸事故是造成人员死亡的一个重要原因。1985 年米德尔特矿瓦斯爆炸死亡 34 人，艾姆罗矿瓦斯爆炸死亡 35 人，1993 年米德尔布尔特矿又因瓦斯爆炸死亡 53 人。顶板和片帮事故也是南非煤矿人员伤亡的主要原因之一，每年因此类事故造成的死亡人数约占煤炭行业总死人数的 45%，受伤人数占总受伤人数的 24% 左右。2006—2009 年间，南非煤矿死亡人数合计 58 人，百万吨死亡率最高 0.078，最低 0.056。

4. 澳大利亚

澳大利亚采深较大的煤矿煤层的瓦斯含量较高，大致分布在 $2.8\sim17.8m^3/t$，许多煤矿存在煤与瓦斯突出问题，有的矿煤炭自然发火也比较严重，由于加强了防治，总的来说，澳大利亚煤矿的生产安全状况是较好的。2006—2009 年澳大利亚煤矿死亡 9 人，百万吨死亡率最高 0.01，澳大利亚煤炭工业安全状况保持着世界最好水平。

1.4.2 国外主要采煤国家煤矿灾害防治技术

1. 瓦斯灾害防治技术

1）英国

按照英国法规，所有矿井都初认定为瓦斯矿井。英国煤矿实际情况也是瓦斯灾害的威胁较严重，在历史上瓦斯事故多发。

（1）瓦斯抽放方面：由于多种原因，煤层开采前在地面打垂直钻孔抽放瓦斯的技术和在井下煤层内长钻孔抽放技术在英国没有获得成功。英国煤矿通常采用在回采巷道内打穿层瓦斯抽放钻孔抽放瓦斯，并严格控制钻孔间距、长度和角度，有良好的密封，抽放范围适当，并配装脱水器。英国煤矿法规定禁止燃烧甲烷含量低于 40% 的煤层气，但当安装适当的监测系统时，可以燃烧甲烷含量为 30% 以上（包括 30%）的煤层气。另外，英国现有煤矿与工业中心城市距离较远，从而限制了煤层气的有效利用。煤矿抽采的煤层气在以往会作为煤矿锅炉和热电厂（采用往复式发电机或燃气轮机）的燃料，并向地方的工业部门出售。抽采的煤层气曾经输送给广泛分布在南威尔士和斯塔福德郡的天然气管网。目前，抽采的煤层气主要供应哈沃斯煤矿的电站，该电站采用了复杂的联合循环发电技术，年发电量 12MW，可基本满足煤矿自身的电力需求。

（2）采掘局部区域通风方面：为了解决采煤机截割区域的通风，研制出了新型抽吸式采煤机截割滚筒，每秒可提供 $0.5m^3$ 的新鲜空气，可供截割区 60%～70% 的风流循环；为了防止瓦斯积聚，在掘进工作面采用液力驱动的风障，在截割区多采用水压为

1.7～3.4MPa 的喷水，在悬臂式掘进机上安装压片喷管向掘进头上部供风。

（3）环境、瓦斯监测方面：对井下环境进行多参数连续监测，监测浓度范围为 0～3% 和 0～100% 的 CH_4，瓦斯抽放系统的负压，范围为 0～2m/s、0～5m/s 和 0～10m/s 的风速、风压、烟雾和粉尘。还有一系列定点式和手持式的监测仪器，测定 CH_4、CO、燃煤产物、温度、压力和风速。

（4）煤与瓦斯突出预测方面：研制出了 24 道便携式微震记录仪，能够探测记录长壁开采引起的微震。微震监测能够确定和描述工作面周围裂隙范围，从而加深了裂隙产生机理、预测预报顶底板裂隙扩展范围的认识。

（5）隔爆技术方面：英国在防治煤尘与瓦斯爆炸方面采取的新措施是，在巷道顶部架设链条，间隔放置石灰石粉袋、水袋，使之与前置 45～50m 处的探头（传感器）连接。当某处发生煤尘、瓦斯爆炸时，其信号能被传感器迅速接收，立即起动操作装置使石灰石粉袋和水袋破裂，在巷道内所形成多层尘帘、水幕，阻断火焰蔓延，最终将火焰扑灭，避免事故的扩大。

2）德国

（1）德国煤矿瓦斯突出综合防治措施包括四个方面：①选择安全的开采方法。伊本比伦煤矿突出情况比较严重，该矿不用滚筒采煤机，认为刨煤机开采有利于防止突出，因为工作面煤壁刨削的深度小，每次刨削的煤壁条带瓦斯已大部分释放，因而不会诱发突出；②钻孔卸压，通常打 Φ95～140mm 卸压钻孔，使工作面前方 5～10m 范围内处于卸压状态；③预抽煤层瓦斯；④安装瓦斯监测系统。

（2）德国煤矿预测突出危险主要采用两个指标：①钻粉量。研究得出的钻粉量临界值：140mm 直径钻孔为 90dm³/m，95mm 直径钻孔为 50dm³/m，50mm 直径钻孔为 6～8dm³/m。如果超过此临界值，说明该区域煤层应力处于危险状态，就可能发生突出。②瓦斯泄出速度。研究表明，如果煤层爆破后 30min 内释放的瓦斯量值达到解吸瓦斯量的 40%，说明有突出可能性；如果达到 60%，则说明有突出危险。

（3）井下瓦斯抽放主要采用钻孔抽放法和巷道抽放法。顶板钻孔抽放是最常见的方法，约占瓦斯抽放工作面总数的 80%，钻孔长度一般为 30～170m，钻孔直径为 75～95mm。瓦斯钻孔采用聚氨酯发泡剂密封，密封性很好，抽放设备为水环式瓦斯泵。

（4）瓦斯监测系统。德国研制的新一代 TF-200 型瓦斯监测系统，具有较强的功能，主要传感器可监测 CH_4、CO 和风速，井下监测分站可设置 4、6、16 个传感器，传输通道有 52 个，传输距离 18～42km，中央控制系统容量为 176 个模拟量、352 个开关量。

3）波兰

波兰煤矿瓦斯地质条件同中国相似，矿井瓦斯灾害十分严重，在 32 个煤矿中，有 23 个为高瓦斯矿井。为了治理瓦斯，波兰煤矿装备瓦斯抽放和监测监控系统，一方面加强对瓦斯的抽放和涌出量的实时监测，保证在地面监测站就可了解和控制井下具体位置的瓦斯浓度，实施断电与撤人等；另一方面，重点提高矿井的通风能力，通过增加矿井风量达到排放瓦斯、降低工作面温度的目的。波兰高瓦斯矿井回采工作面多采用Y型通风。其规程规定瓦斯监测工作面回风瓦斯不得超过1.5%，采区回风1%，矿井总回为0.75%；工作面进风瓦斯大于1%、回风大于2%时，监测系统断电。同时，新采区每隔100m，就要打钻测量瓦斯含量，特殊地质构造点每隔25m进行一次。通过这些措施，使煤矿安全状况得到了改善。

2. 尘害防治

国外发达采煤国家已有先进的粉尘治理和个体监测技术。在粉尘治理方面，美、德、澳等国采用煤层注水、含尘气流控制、喷雾降尘、支架顶部预湿煤层等措施，综采面呼吸尘时间加权平均浓度降至 $2mg/m^3$；德国 CFT 公司和波兰 KOMAG 公司分别采用袋式和湿式旋流除尘器除尘，加上附壁风筒控尘、单轨吊移动、喷雾降尘等措施，综掘面呼吸尘时间加权平均浓度分别降至 $1mg/m^3$ 和 $4mg/m^3$。美国的煤层易注水，注水后水分增量达 6%、产尘量减少 70%；瑞士、德国采用密闭和半密闭、湿式拌料等湿喷工艺，喷浆区域呼吸尘浓度和回弹率分别降至 $8\sim12mg/m^3$ 和 $10\%\sim15\%$。国外通过使用湿润剂、抑尘剂、湿式过滤除尘器等对金属非金属矿山进行防尘。在呼吸尘浓度监测方面，美国开发出了 PDM3600 个人可吸入粉尘监测仪，可现场测定全工班接尘量。美、德等国通过建立监管机制，实现作业场所呼吸尘浓度定期抽样检测，建立粉尘等毒害物质数据库和职工健康档案，及时调配作业人员工种，有效预防尘肺病的发生。

3. 火灾防治

在英国，井下火灾最常见的是带式输送机运行和电器引起的火灾，1961—1985 年共发生因井下起火或烟尘而撤出人员的事件 1660 次，其中带式输送机运行起火占 39%，电器引起的火灾占 24%。1950 年，克利威尔煤矿因输送机胶带破损而摩擦起火，造成80 人死亡。

1）火灾预测

及早对火灾作出可靠的火灾预报十分重要。火灾的早期预测取决于探测装置及其安放位置。英国研制出了电化学、半导体等原理探测 CO、HCT、挥发性有机物、可燃物质等气体的多种火灾探测仪器。为了克服单一探测仪器的局限，开发了采用了带气相色谱仪的半导体探测器和带有综合识别软件的探测器。这些仪器对瓦斯及各种井下气态物质具有较高的敏感性，可以快速准确地进行火灾探测。探测器的安放位置视火源情况而定。近年来，应用流体动力学模型模拟初期发火，根据火焰和烟雾来确定探测器的最佳安放位置。

2）火源控制的主要措施

保证通风快速稀释瓦斯和煤尘；对浮尘、煤尘和风巷中沉积的煤尘加强控制；杜绝易燃源，减少火源发生的概率；进行监察和抑制，防止火焰波及爆炸性气体。在灭火方面，采用液氮扑灭井下大面积火灾。1979—1991 年，英国共发生煤尘自燃 41 起，采用液氮扑灭了 38 起。在前进式长壁工作面从进风顺槽向采空区供氮，使灭火气流覆盖升温区，在后退式工作面则在进风顺槽的末端注氮。

3）德国火灾防治

为了预防火灾和爆炸发生及阻止火灾和爆炸蔓延，德国煤矿普遍采取如下措施。

（1）火灾监测。

《北莱茵-威斯特法伦州矿山安全规程》（BVOST）规定，煤矿井下必须安装 CO 远距离监测系统，以监测火灾的早期征兆。采用 CO 监测技术时，需要把从其他气体来源（如井下柴油机废气和爆破气体等）混入的 CO 滤去，增加了技术上的困难。近年来，德国 DMT 采矿技术研究与试验公司（以下简称"DMT"）研究发现，煤燃烧时的热分解产物除 CO 外，还有 C_2H_6、C_2H_4 和 H_2。他们认为 H_2 是最事宜用作火灾早期识别的指示气体，因为 H_2 从自燃点释出后迅速扩散到风流中，很难被煤或岩石吸收。该公司已研制出本安型 PFG-GC1 型气体色谱仪，采用金属氧化物半导体 TGS812 作为传感器。这种仪器可检测 H_2 和 CO、CH_4、C_2H_6 气体。

（2）阻燃胶带输送机。

德国煤矿井下使用阻燃胶带输送机，必须做如下实验：①丙烷燃烧试验；②摩擦滚筒试验；③按德国工业标准 DIN22118 要求进行实验巷道火灾试验；④按 DIN22100 要求做巷道火灾试验。20 多年来，德国煤矿井下胶带输送机火灾事故基本杜绝。

（3）隔爆棚。

隔爆水槽和岩粉棚是防止爆炸扩散的有效措施，可将爆炸限制在尽可能小的范围内。多年来，德国一直采用被动式隔爆水槽和岩粉棚，其布置方式有集中式、分散式、固定式和移动式。近年来，DMT 研制出触发式隔爆棚，隔爆棚上装有传感器，当遇到爆炸时，自动引起掀翻隔爆棚。此外，还研制出用于部分断面掘进机的 TSM 型自动灭火装置，由下列部分构成：①本质安全型 UV 传感元件，带冲洗装置，位于截割臂上；②可装 8kg 硝酸铵—磷酸盐的 HRD 灭火剂容器，在膨胀剂压力 12MPa（氮气）条件下，约 600ms 之内排空；③可编程的监控装置，用于信号处理和打开灭火机。德国煤矿已将这种自动灭火设备使用在瓦斯爆炸危险区段的部分断面掘进机上。

在有煤尘爆炸危险的地方，对沉积煤尘撒岩粉，使可燃物含量降低到 20% 以下，或使用 3% 湿润剂粘结煤尘，使煤尘无游离能力，从而避免发生煤尘爆炸。此外，DMT 正在开发新型惰性材料。

4. 冲击地压防治

1）德国冲地压防治

在德国硬煤矿井，随着开采深度加大，采煤工作面矿山压力增加，普遍存在冲击地压危险。因此，所有矿井均对工作面冲击地压危险进行例行观测，并采取必要的卸压措施。1995 年，鲁尔煤炭公司所属 14 个矿井均进行了冲击地压观测，设工作面观测站 514 个，并对 50 个有冲击地压危险区域采取了卸压措施。这些区域的深度为 800～1519m。卸压措施主要为卸压钻孔或松动爆破，或者两者相结合。在这 50 个卸压区中，共打了 340 个卸压钻孔，钻孔直径为 98～143mm。卸压措施非常有效，1995 年以来所有矿井均未发生冲击地压。

2）波兰冲地压防治

波兰是世界上冲击地压危害较为严重的国家，也是系统研究冲地压最早的国家之一。波兰自 20 世纪 60 年代出现冲击地压现象以来，就开始了冲击地压监测和治理方面的研究工作，特别是冲击地压监测技术与装备一直处于世界前列。为了防治矿井冲击地压灾害，波兰所有具有冲击危险的矿井均装备了冲击地压监测系统，根据冲击危险等级及重点监测区域的不同，选择的矿井冲击地压监测设备也有所区别。波兰冲击地压按三级标准分级，主要依据是否有冲击地压显现和能量等参数划分，并在冲击地压严重的矿建有地震监测站，在井下设有各种传感器，负责收集和监控井下冲击地压数据，通过对数据分析研究，找出冲击地压发生规律，进行预测预报。

（1）冲击地压管理体系。

在国家法规上，有《波兰采矿法》和《波兰地质矿山法》对冲击地压煤层开采进行防治方面的限定。各级矿山管理局有专门的冲击地压监管机构和专家组，对冲击地压煤层的开采实施技术评价和监督管理。国家级科研机构、大学、公司承担国家和企业项目，长期对冲击地压防治理论、技术、装备、管理、法规等进行研究。冲击地压煤层开采前，企业首先要提出冲击性评价报告和防治预案，提供给管理部门和专家组进行评价，返回的意见作为企业开采设计的依据。企业根据法规和评价结果，依法配置监测仪器、人员、解危装备等，方可实施开采。

（2）冲击地压的监测装备。

波兰冲击地压的监测装备主要有如下几种：①微地震监测系统。从最早的 SAK 和 SYLOK 系统到现在的 ARAM ISM/E 共 5 代产品，且矿上都在使用。煤矿对监测系统的使用原则是设备只要能够正常工作就一直使用。②地音监测系统。是最近 EMAG 研究中心开发的新型监测系统用于监测工作面周围岩层的破裂，目前处于试用阶段，只有一个矿使用。另外，原系统输出的是模拟信号，不能与 ARAM IS M/E 系统兼容，如果采用地音监测系统 ARES-5/E，需要另外铺设电缆，单独处理信息。③地层 CT 透视技术。是波兰中央采矿研究院和 EMAG 研究中心最近正在研究的利用采煤机作为震源的声波透视工作面周围应力场变化的新技术，目前处于实验室研究阶段。

（3）冲击地压的监测技术。

波兰冲击地压监测的技术水平主要体现在微地震监测和钻屑法监测方面。突出优势在微地震监测技术方面。目前主要是根据微地震事件的平面定位和能量大小进行冲击地压的预测预报，震源的水平定位精度较高，垂直方向的定位问题仍然没有得到很好的解决。另外，冲击地压防治与矿井生产技术条件密切相关，所以冲击地压的预测预报很大程度上依靠经验。2007 年，波兰联合煤炭公司 14 个冲击地压矿井全年能量大于 10kJ 的有感微震超过 3 万个，随着采深的增加有继续增加的趋势。

（4）冲击地压的评价技术。

波兰所有的工作面在开采前，煤矿技术人员都必须对该工作面做出冲击地压危险性自我评价报告，并制定防治措施，然后送到地区矿山局进行审查，矿山局邀请专家对方案进行严格审查、修改后，上报省级管理局审查。冲击地压的评价技术主要包括以下内容和方法：①监测评价法：采用相似条件工作面微震监测、地音监测、应力监测等，对待采工作面冲击地压的危险性进行评价；②应力分析法：采用震源分析、数值计算等方法，确定应力异常区域；③矿山压力与地质评价法：岩石物理力学性质测试、岩层运动规律研究、动力现象预测、断层和地质构造分析、钻屑法等；④地质测量法：地表沉陷与冲击地压关系研究、巷道变形与压力观测等；⑤最后进行综合评价。

总体来说，煤炭在发达国家并不是主要的能源，煤炭工程技术与装备的研发机构和人员也比较少，规模小；主要的业务领域主要集中在高端的控制技术、材料、制造工艺等方面。在矿井建设的投入、规模等方面，虽然产量不如国内，但设备的现代化程度、生产效率、管理水平较都比较高。

1.5 煤炭利用技术

煤炭利用技术包括煤炭提质加工、燃煤发电、燃煤工业锅炉、煤炭深加工等多种技术。

1.5.1 煤炭提质加工技术

1. 国外煤炭加工比例高

世界主要产煤国家原煤入选比例较高，德国、加拿大的煤炭入选比例已达到95%。国外产煤和用煤大国的煤炭大部分经过洗选，商品煤质量好。美国、英国、德国等国已将煤炭加工广泛用于电厂用煤，煤炭经洗选加工后，通过混配以控制燃煤中的灰分、硫分等指标，使之符合电厂锅炉要求，减少污染物排放，降低锅炉的结渣沾污和积灰。

2. 煤炭洗选技术装备大型化、自动化、智能化

世界主要产煤国注重研发机电一体化、自动化和智能化的大型选煤装备，美国、德国和澳大利亚新建选煤厂的处理能力均在 1000t/h 以上；先进的重介质选煤技术发展较快，美国有 43.2% 的选煤厂装备了重介质分选机，澳大利亚 90% 以上的选煤厂采用了重介质选煤；国外选煤设备可靠性高，例如国外重介质旋流器一般寿命在 10 年以上，高于同类国产产品。

3. 国外褐煤提质技术应用于电厂预干燥，低阶煤梯级利用处于示范阶段

褐煤提质的关键是除去其中的水分，国外在褐煤预干燥领域较成熟。先进的提质工艺是过热蒸汽流化床技术，德国 RWE 公司采用先进的过热蒸汽工艺，已在德国建成 3 套装置，最大脱水能力达到 110t/h。在低阶煤提质方面，国外已经进行了几十年的研究，取得了一些运行数据和经验，但是目前大多数技术处于试验和示范阶段，实际应用很少。

1.5.2　燃煤工业锅炉技术

国外发达国家燃煤工业锅炉不多，存量燃煤工业锅炉技术较为先进，锅炉效率和污染物排放水平较高。

美国的燃煤工业锅炉主要有抛煤机炉和横向给料锅炉（包括上饲式和下饲式），锅炉效率在 80%～82%。其他先进的燃煤工业锅炉燃烧技术包括：45t/h 以上的锅炉可采用粉煤燃烧技术，锅炉效率可以达到 86%～88%。常压循环流化床锅炉燃料种类适应性广，不用安装 FGD（flue gas desulfurization），适于 36t/h 以上的锅炉，锅炉效率在 86%～88%。同时美国要求工业锅炉的燃煤质量必须与设计相符一致，必须符合《锅炉专用煤标准》。

先进煤粉工业锅炉技术主要以德国为代表，其主要关键技术包括：集中全密闭煤粉制备与配送、煤粉精确供料、中小容量煤粉浓相燃烧、异形炉膛锅壳式锅炉设计及制造和自动化测控等。德国煤粉工业锅炉多以高挥发分褐煤为燃料，热效率一般大于 92%，烟气排放符合德国 Ta-Luft 标准，且锅炉房可实现无人值守。

1.5.3　燃煤发电技术

高效清洁发电主要包括超（超）临界发电、循环流化床燃烧发电以及烟气净化等主要技术。

1. 高效的超（超）临界发电技术

美国、日本、欧洲等发达国家实现了 600℃蒸汽参数的 100 万 kW 规模电站的商业化运行。世界上超（超）临界机组比例从 2004 年的 18% 增加到 2014 年的 27%，其中，超（超）临界电厂的比例约 8%。日本超（超）临界电厂比例占 70%。

欧洲、美国等国家开展了先进超（超）临界机组的研究，蒸汽初温将提高到 700℃，再热蒸汽温度达到 720℃，相应的压力将从目前的 30MPa 左右提高到 35～40MPa。欧洲 700℃先进超（超）临界发电机组将达到 50% 以上，供电煤耗 250gce/kWh。一台 50 万 kW 级 700℃先进超（超）临界机组（按年利用 7000h、供电煤耗 250gce/kWh 计算），每年可比 50 万 kW 级超（超）临界机组（供电煤耗按 100 万 kW 机组的 293gce/kWh 计算）节约 15 万 tce 左右，可以直接减排 CO_2 41.7 万 t 左右。

美国正开发 35MPa/760℃ /760℃ /760℃的先进超（超）临界机组，热效率高于 55%，污染排放比亚临界机组减少 30%。日本也在研究更高参数超（超）临界 700℃蒸汽透平技术、锅炉辅机以及高温阀。

2. 循环流化床（CFB）燃烧发电技术

大型化、高参数是 CFB 锅炉的发展趋势。世界上各大锅炉制造商都进行了积极的开发和研究，走在前列的是法国 Stein 公司、美国 ABB-CE 公司和 FW 公司。Stein 公司生产制造的 25 万 kWCFB 锅炉于 1996 年在法国普罗旺斯电厂正式投运；ABB-CE 公司生产制造的 20 万 kWCFB 锅炉于 1998 年在韩国东海电厂投运；FW 公司生产制造的 25 万 kWCFB 锅炉于 1998 年在波兰特隆电厂投运。自从 20 世纪 90 年代初期以来，循环流化床燃烧（CFBC）技术的规模和水平都已提高，国外很多电站的规模在 20 万～40 万 kW。

3. 烟气净化技术

国外超低排放的烟气净化技术成熟。应用钙基湿法脱硫（约占 85% 左右）、海水脱硫和干法 / 半干法脱硫等技术成熟，SO_2 的排放问题基本解决，烟气中 SO_2 排放与燃气电厂接近；应用静电除尘、电袋除尘、低温除尘等技术实现烟尘的超低排放；应用低氮燃烧与烟气脱硝技术实现了氮氧化物的超低排放。目前正在研究和开发的燃后脱汞技术包括为活性炭喷射技术和结合其他污染控制的多污染物控制技术。

4. 碳减排技术

二氧化碳的埋藏和利用是碳减排的重要措施。实现二氧化碳永久埋藏的方式主要有地质埋藏和海洋埋藏等。地质埋藏相对比较成熟，是目前最经济、最可靠的实用技术。海洋封存是一种非常有潜力的封存方式。

2004 年，英国石油公司（BP）在位于阿尔及利亚撒哈拉沙漠的天然气田开展了碳捕获计划。当地油气藏产生的天然气中约有 10% 是二氧化碳。将其压缩后，通过长达 1800m 的管道输入到深埋地下的一个贮满水的气藏中。每年可以存储大约 100 万 t 的二氧化碳。

除了永久封存二氧化碳，还可以对其进行利用，可注入正在开采的油田中，以提高石油的采收率（CO_2-EOR）；或将 CO_2 注入煤田或气田增加气体采收率。利用二氧化碳注入油田提高石油采收率的技术已投入应用 30 多年，应用较多的主要是美国、苏联、加拿大、英国等。CO_2-EOR 已成为美国提高石油采收率的主导技术，2004 年，美国采用 CO_2-EOR 工艺每天开采石油 20 多万桶，增加的原油产量占全国提高采收率项目总产量的 31%。规模最大的加拿大韦斑油田（Weyburn），自 2000 年以来，平均每日注入 3000～5000t 二氧化碳以提高采收率。

美国在新墨西哥州开展了注入 CO_2 增产煤层气的工程试验，实践表明该技术加快了产气速度，提高煤层气产量约 75%。

1.5.4　煤炭深加工技术

国际上煤炭深加工技术的研发集中于 20 世纪 70~80 年代及以前，由于此后油气产能的快速增加，国际上开始发展油气化工，煤炭深加工转化技术研发速度放慢或停滞。随着中国对煤炭深加工转化技术的需求不断增加，国际上的先进技术希望应用到中国，而在其本国基本没有新建项目。

1. 煤制天然气

煤制天然气技术主要包括气化合成技术（两步法）和加氢气化和蒸汽催化气化技术（一步法）。"两步法"技术已经应用在美国大平原煤制气厂，产能为 16 亿 m³/a，其核心技术是煤气化技术、甲烷化工艺及催化剂技术，国外煤气化技术成熟，煤制天然气技术以采用固定床气化为主，韩国浦项制铁在建项目采用了气流床气化技术。在甲烷化技术方面，目前可商业化的技术主要包括丹麦 Topsoe TREMP 的四级循环固定床工艺、英国 HICOM 的五级循环固定床工艺和 ICI 甲烷化工艺。目前一步法仍处于研发阶段。

2. 煤炭液化

煤炭液化技术主要包括直接液化和间接液化技术。在直接液化技术方面，在二战期间，德国建立了 12 家煤炭直接液化生产厂（423 万 t/a），德国、美国、日本等发达国家，在原有基础上相继研究开发了多种煤直接液化工艺，大部分完成了工业性示范，技术上日趋成熟，具备了建设大规模液化厂的技术能力。在间接液化技术方面，主要是费-托（F-T）合成技术，二战期间，合成油总生产能力超过了 100 万 t/a。目前，南非的 SASOL 公司建成三个合成油厂，年生产油品 460 万 t，化学品 308 万 t。

3. 煤制烯烃

煤基甲醇制烯烃技术具备技术转让条件的主要有甲醇制烯烃技术（MTO，美国环球石油公司和挪威海德鲁公司共同研发）和甲醇制丙烯技术（MTP，德国 Lurgi 公司），其中 MTP 技术在神华宁夏煤业集团有限责任公司（以下简称"神华宁煤"）进行了应用。

甲烷化技术成熟度高，核心在于反应器工程化和催化剂。美国、欧洲等在 20 世纪 70 年代支持大量科研项目，研发不同甲烷化技术工艺和对应的催化剂。固定床绝热多段工艺相对简单，成为目前可商业化的甲烷化技术，主要包括丹麦 Topsoe TREMP 的四级循环固定床工艺、英国 HICOM 的五级循环固定床工艺和 ICI 甲烷化工艺等。

1.6　国际煤炭工程技术发展的重要判断

通过上述 5 方面的总结分析，可得出国际煤炭工程技术发展的重要判断。

1. 国外采煤先进国家工程技术与装备发展的时间长、基础好、原创性强，但近年来发展缓慢

国外能源结构并不以煤炭为主，因此开采的都是条件较好的煤层，地质条件相对简单。多采用单一检测手段检测对象（地质构造、瓦斯或水）。技术与工程实践结合紧密，配套设备及解释分析软件功能强大。国外煤炭开采以露天为主，井工开采所需的建井工程逐渐萎缩，井筒施工主要集中在金属矿山，从安全和效率考虑，采用机械破岩方式的钻井技术得到发展，钻井法、反井钻井及竖井掘进机凿井技术逐渐成为凿井主流。

2. 国外先进采煤国家以开采近水平中厚煤层为主，依靠大型化、自动化装备提升开采强度，生产效率普遍较高

在装备的可靠性、自动化程度、新技术应用方面领先于国内；产品日益高端化，以采煤机、工作面控制系统以及变频电机等高附加值产品为主；普遍采用大功率、高端化装备，在煤层条件好的情况下生产效率普遍较高。

3. 发达国家煤炭开采逐步萎缩，相关产业纷纷转型至其他行业或向中国市场转移

煤机装备并购风潮愈演愈烈，比塞洛斯国际公司（BUCYRUS）于 2007 年收购了德国煤机厂商（DBT），2011 年卡特彼勒公司（CATERPILLAR）又收购了BUCYRUS，2016 年 7 月，久益环球公司（JOY）被日本小松公司收购；在国内，CATERPILLAR 收购了郑州四维、JOY 收购国际煤机集团（IMM，包括鸡西煤矿机械有限公司和淮南长壁煤矿机械有限责任公司），国际煤机巨头在中国加快布局，并与国内企业成立合资公司。

4. 国外煤炭开采在复杂难采煤层的研究和实践少，环境、安全约束多，绿色、安全开采程度高

国外井工开采主要集中在 2～5m 煤层的长壁开采，在开采高度、煤层复杂性、产量等方面都较国内低；受成本、安全、环境等因素制约，高瓦斯矿井、薄煤层、大倾角煤层等特殊条件的煤层，基本定义为不可采煤层，开采实践较少。国外注重采前的环境评估与监测，矿山"三废"排放少，环境和生态损伤小，修复率高，综合利用程度高。较低的直接开采成本可使煤矿有能力在环境保护方面进行更多的投入。

5. 发达国家通过不断提高煤炭利用技术水平，基本实现了煤炭的清洁高效利用

通过采用煤炭洗选技术，提高了商品煤的质量；通过采用先进的燃煤工业锅炉，并

燃用专用的煤炭，实现了燃煤工业锅炉的达标排放；通过发展超（超）临界发电技术及配套的高效袋式除尘、湿式电除尘（WESP）、低低温电除尘、先进脱硫以及选择性催化还原（SCR）脱硝等技术，实现燃煤电厂高效发电和洁净排放；在煤炭转化方面，国外技术整体较先进且持续研发，但是在本国应用较少。

第 2 章 | 我国煤炭工程技术发展现状

自 20 世纪 90 年代以来，我国经济的飞速发展带动了能源需求量的快速上升。煤炭作为我国最为丰富、最为经济的能源，成为推动经济发展引擎的强大动力。近 10 年以来，我国煤炭工程技术及装备在地质三维探测、建井技术及装备、开采工艺技术、综采设备等方面的装备研发取得了重要突破，支撑了煤炭工业的快速发展，逐步接近并达到了国际先进水平，但目前在一些关键核心技术和装备方面仍有差距，尤其是在解决自身发展瓶颈方面还缺乏核心技术。

2.1 煤炭开采地质保障技术

我国早期的煤矿以小规模露采为主，采煤工艺以人工挖掘和炮采为主，对地质条件的要求不高。中华人民共和国成立后，煤炭工业发展步入有序发展的快车道，国家对煤炭开展了有计划的开发规划，煤田勘查工作的重点是分阶段地查明煤炭数量与质量，兼顾开采地质与技术条件，因此在技术手段上以地面钻探为主，采用辅助二维地震勘探、地质构造量化分析为主要方法，以查明煤层赋存状态、矿区（井田）资源条件及煤矿大中型地质构造、岩浆侵入体为主要内容。当时的采煤工艺主要为炮采和普采，一是采煤方法对地质条件查明程度要求不高，二是煤矿产量小、开采强度低，尽管煤矿事故频发、百万吨煤死亡率居高不下，但由于概念和技术手段的限制，矿井安全生产的地质保障匮乏。

20 世纪 80 年代后期，随着国外综合采煤机械采煤工艺的引进，煤矿生产能力有了显著提高。与传统的人工炮采方法相比，以机械化采煤为标志的高产、高效煤矿对地质条件查明程度的要求大大提高。例如，在综采面设计和布置前，需要查清区内的各种地质条件，在采掘过程中要求对前方的地质条件进行超前探测和预报，以充分发挥综采机械设备的效能。因此，煤矿生产对精细勘探技术的需求不断提高。经过近十年的探索和发展，形成了以采区地面三维地震勘探先行、钻探验证为主要手段，以盘（采）区小构造、煤厚变化预测及煤炭开采地质条件为主要研究内容的地质保障系统与相关配套技术，为我国煤炭工业的快速发展发挥了重要的作用。

2003 年以后是煤炭行业发展速度最快的时期，随着煤炭开采规模的增大、开采强度的提高和开采深度的增加，现代化矿井安全高效建设生产对开采地质条件的查明程度提出了更新、更高的要求，研发了以采区地面三维地震、瞬变电磁法和矿井瑞利波、直流电法、音频电透视、坑透、瓦斯抽采为主要手段，以威胁采空区、小构造及陷落柱等超前探测、超前治理为地质保障的主要技术。

经过多年的研究发展，一种地质与地球物理相结合、钻探与巷探相结合、"物探先行、钻探验证"、地面与井下立体式勘探的模式，已经成为地质保障的主要工作方式，在地质保障理论、技术与装备方面取得了许多成果和创新。

2.1.1　建立了煤矿采区小构造高分辨三维地震勘探技术体系

煤田地面物探工作的重点是查明煤矿中小型构造、陷落柱、富水区、采空区、老窑、煤层顶底板岩性、冲刷带等。

以钻探为主的勘查技术只能查明断距≥30m 的断层，精度远不能满足生产的要求。20 世纪 80 年代后期，在国家能源投资公司的支持下，中国煤炭地质总局开展煤炭高分辨地震勘探技术研究，达到查明断距≥15m 断层的水平。1995 年，张爱敏教授等与安徽煤炭物测队、淮南矿务局合作，在谢桥煤矿开展采区三维地震勘探研究，达到查明500m 深度断距≥5～7m 断层的水平。

2000 年以后，地震勘探技术发展很快。非炸药高频可控震源、超万道大容量地震数据采集仪和组合式数字检波器的投入使用，采集设计优化技术的发展，以及海量机群并行数据处理与储存软件包的加载，极大地提高了地震数据采集效率和深部资料质量；叠前深度偏移技术使复杂构造的成像更加清晰，三维可视化技术和虚拟现实技术极大地提高了地震数据的解释能力、精度和速度；多波多分量地震技术、时延地震技术的发展，增强了煤层静态描述和动态监测能力。地震属性提取和再解释能力的提高增强了对煤矿小型构造、裂隙系统的辨识水平。高分辨率三维多分量地震勘探技术应用领域已从平原扩展到山区、湖泊沼泽区、戈壁沙漠区、黄土塬区、丘陵区等复杂地区，突破了陡倾角煤系区的技术障碍，实现了从构造勘探向岩性勘探的飞跃。

彭苏萍等针对煤矿埋深浅（多为 1000m 以浅）、地震探测中各种因素干扰大等难题，借鉴石油地震勘探先进技术，结合煤矿特点进行了研究和技术创新，实现了高精度探测。开发出兼顾接收纵波和转换波的三维三分量观测系统设计及评价软件、地表一致性振幅、频率、相位补偿、面波压制和静校正软件，研究发展了煤矿三维地震可视化解释和反演技术，开发出具有自主版权的地震解释软件，提高了地震技术解决小构造的能力，在淮南等条件好的地区达到查明 700m 深度断距≥3m 断层的勘探精度，在条件较差的矿区达到查明断距≥5m 断层的勘探精度，突破了国际上煤炭三维地震勘探精度只能查清 500m 深度断距≥8m 断层的技术记录，为煤炭开采提供了可靠的地质保障。这一技术在全国 47 个工程项目中推广应用，取得很大的经济效益和社会效益。其中在淮南、永夏等矿区查明断层一万多条，经验证吻合率＞80%。

2.1.2　探索隐蔽致灾灾害源探测技术与地质预测方法

煤矿井下物探技术蓬勃发展，弥补了地面物探的一些缺陷，形成了隐蔽致灾因素井上、下"立体式"精细勘探模式。近年来，将大电流瞬变电磁技术引入煤矿井下，实现了井下富水区和含水构造的远距离全方位超前定向探测。井下高分辨率槽波地震透视技术在探查小断层、陷落柱、煤层分叉与变薄带、构造煤范围、应力集中区、充水采空区及废弃巷道等地质异常方面的高精度和长距离优势重新得到重视。便携式瞬态瑞利波仪的应用极大地提高工作面前方、巷道两侧、顶底板上下侧煤层界面、隐伏断层、陷落柱、岩体、老窑采空区等的精度。可控源音频电透视技术、混合源电磁法等探测低阻异常区位置的准确率超过 90%。井下二维地震勘探能探测深度 100m 范围内落差 3m 以上的断层、宽度大于 1m 的巷道和采空区。另外，井下直流电测深、高密度电阻率、无线电波坑透、电透视、地质雷达、微震监测等技术日趋成熟，在隐蔽致灾地质因素探查和煤层气压裂效果检测中取得了良好效果。煤矿井下随采地震探测、微震监测等技术与装备的研发取得较大进展。探测的范围、精度以及探测对象类型都大幅提高和扩展，并实现了地质预测预报的信息化、科学化。

2000 年后，随着国外先进技术和 PROTEM、Terra TEM 系统等高智能大容量探测装备的引进，地面电法勘探形成了集设计、信号采集、数据处理解译、成果提交的一体化工作模式。尤其是瞬变电磁勘探对信号的分辨能力、数据采集能力、可视化程度、解释精度、技术装备对环境的适应性、探测深度、成果可靠性等有了大幅度的提高，成为煤矿采区水文地质条件勘探、老空区 / 采空积水区探测、顶板离层水、含水断层、陷落柱等水文地质条件超前探查的主力技术，为煤矿防治水工作指明了方向。

2.1.3　研制开发出矿井复杂地质构造探测装备与技术

由于矿井环境复杂，探测装备除地面探测装备要求的技术指标外，还必须防爆、屏蔽、抗干扰强，因此适合矿井探测的装备研制难度大。彭苏萍等为解决这一难题，开展了矿井探测装备的研究。研制出了以前端信号调理电路、网络分布式控制和全数字、三分量检波一体化技术为核心，体积小、重量轻（主机 ≤3kg）的便携式矿井防爆多波地震仪装备，可在井下探测出 150m 范围内断距 ≥1.5m 的断层和地质异常体。为进一步提高探测精度和实时判别预警能力，在国外地面地质雷达基础上，研制开发了具有自主知识产权、实时处理、精度高的矿井地质雷达，并在高功率天线防爆技术、地质雷达快速采集技术和矿井环境下天线屏蔽技术上取得突破，使研制装备具探测距离远（≥35m，以前的<20m）、精度高（0.5m，以前的为 1.5m）和方向性强的特点。

钻机智能化水平显著提高，三维可控与可视化水平的提高促进了井位轨迹的实时测量与定向精确度。全液压动力头钻机得到广泛应用，空气 / 水反循环连续取心钻进技术普及。车载式煤层气钻机及救援钻机、旋转地质导向钻进技术、泥浆脉冲和电磁波无线信号传输技术、磁对接钻进技术等的有序结合，为煤层气水平井长距离顺层定向钻进、U 型煤层气抽采井组及救援孔的精确对接发挥了保驾护航作用；超硬材料和长寿命金刚石钻头发展迅速，孔底马达回转钻进与定向钻进技术成功应用于井下本煤层瓦斯高效超前抽采、防治水定向钻进及配套注浆工程中；高压注浆封孔、近水平孔前进式分段注浆与快速透孔等技术，有效地保证了定向孔注浆效果。

2.2 建井技术

2.2.1 我国建井技术的发展

中华人民共和国成立后到 60 年代末，我国的煤矿立井井筒施工主要采用手持式风动凿岩机、人工操作小抓斗抓岩机、小吊桶、小直径提升机、自制木井架和轻型金属井架等小型凿井装备，采用单行作业方式，凿井工效低、速度慢。针对遇到的复杂含水地层，分别于 1952 年、1955 年、1955 年、1969 年引进采用了沉井法、冻结法、注浆法和钻井法等立井特殊施工技术，其中，本阶段冻结法凿井深度一般在 300m 以内，最大冻结深度 330m；注浆法主要分为地面预注浆和工作面预注浆；钻进法主要用于垂直度要求不高的风井井筒施工，钻井深度在 300m 以内。巷道掘出采用人工钻爆法施工，后期进行了初步机械化配套作业，平均月进度 30～40m。

70 年代以后，有些立井采用了锚喷作永久支护并采用平行作业方式，1974 年经原煤炭部倡议，开始"三部"立井施工机械化配套科研攻关会战，并得到冶金部、一机部的支持。最初针对深度 800m，净直径 5～8m，用长段单行作业方式的井筒，使其月成井速度达 100m 和实现打干井的目标。一方面进行凿井设备的更新换代，填补空白；一方面改进工艺，使机械化与工艺配套。"六五"期间成功研制了整体下移金属活动模板，充实并加强了凿井机械化配套中砌壁这一薄弱环节。1986 年又开始短掘短砌混合作业的立井施工机械化配套综合试验。"七五"期间，又研制大型通用抓斗，混凝土上料、集中搅拌自动计量装置，井壁吊挂等技术，使立井施工机械化配套得到充实和提高。"八五""九五"期间，短段掘砌混合作业法随着煤炭工业部开展的重点推广项目"100 推"在全国基建单位逐步推广使用，并创出一批快速施工记录。岩巷施工实现了机械化作业一条线；煤巷、半煤岩巷实现了综合机械化掘进。

在特殊凿井施工技术方面也进行了一系列的科技攻关，冻结法攻克了厚黏土层冻结特性与冻结壁稳定、防止冻结管断裂、冻结壁与井壁共同受力设计计算等技术难题，冻结深度突破 400m，最大冻结深度达到 435m；注浆法在注浆工艺、注浆设备和注浆材料等方面取得了较大成绩，黏土水泥浆、冻结孔射孔注浆、高压旋喷注浆等新技术得以推广应用，地面预注浆深度突破 700m；钻井法在本阶段得到实质性应用和发展，钻井深度突破 400m，钻井直径达到 9m；70 年代末，我国煤矿系统开始研制反井钻机，之后得以快速发展和广泛应用。另外，于 1974 年进行混凝土帷幕法的研究应用，但因其局限性等未能得以推广。

21 世纪初至今，我国经济建设进入了一个高速发展期，矿井建设也随之走上了大型化、高速度、大深度以及西部化的道路，先后进行了"深厚冲积层千米深井快速建井关键技术""矿井老空区探测与水害防治关键技术及装备""矿井重大灾害应急救援关键技术研究"等科技支撑计划重点项目以及"大直径煤矿风井反井钻井技术及装备"等国家项目；成功建设了一批示范工程，深立井施工得到了"千米深井基岩快速掘砌关键技术及装备究"等成果。"十二五"期间，又进行了"深厚冲积层冻结千米深井高性能混凝土研究和应用""蒙陕深部矿区立井建设关键技术研究"等科技支撑课题以及"矿山竖井掘进机研制""500m斜井冻结关键技术及装备"和"深立井大型成套凿井装备研制"等863计划项目研究，取得了一些阶段性成果，为今后智能化、绿色建设做了必要的准备。TBM技术开始应用于煤矿巷道的掘砌施工。

2.2.2 我国建井技术的突破与创新

1. 复杂地层条件冻-注-凿平行作业建井工艺

综合研究了冻、注、掘"三同时"和钻-注平行作业关键技术。在条件许可时，立井上部第四系松散层和风化带（包括部分软弱的第三系地层）的冻结作业、下部基岩含水层地面预注浆作业和立井掘砌作业平行进行的特殊凿井技术。

2. 冻结、注浆等地层防水技术与装备水平国际领先

冻结法成功实现了超厚冲积层、深厚含水软岩等多圈孔控制冻结技术，立井冻结深度达到950m，创世界最深纪录，斜井冻结长度达到504m；注浆法取得了"千米级深井高注浆关键装备""千米级深井特殊地层注浆材料及注浆工艺""千米埋深巷道L型注浆围岩改性技术"等研究成果，地面预注浆深度达到1078.2m，工作面预注浆深度达到1110.4m。

3. 钻机、反井钻机性能与功能参数水平大幅提升

在钻井直径、提升能力、扭矩、控制系统方面大幅提高。最大钻井直径13m，最大钻井深度1000m。能力较之前提高50%～60%，综合性能国际领先。钻井直径达到11.8m，钻井法研发了"一扩成井""一钻成井"快速钻井法凿井关键技术及装备，钻井深度达到660m；大直径反井钻井技术研究使反井钻井法成功应用于煤矿风井施工，钻井直径达到5.3m，钻井深度达到600m。

2.3 煤炭开采技术

2013年以来，煤炭产能过剩问题开始显现，因而单纯提升产能的技术不再是研究和开发的重点。而能够改善工人作业环境、减轻劳动强度、增强设备可靠性、开采环保性的技术开始研究采用，精细化、高端化、现代化成为煤炭开采的发展趋势。

2.3.1 大型现代化煤矿矿井自主设计成套技术

国内矿井所处地域、地形地貌、煤层赋存条件、开采条件等的复杂多样性，为不同条件下矿井的新建、改造设计提供了丰富的素材，为不同条件下各项高效设计技术的综

合、协调采用提供了可能；市场需求的多样性和快速扩张性，为我国大型煤矿矿井设计技术的发展提供了充分条件。目前，我国的煤矿设计技术总体上已经处于国际领先或先进水平，所有煤矿矿井基本全部为自主设计，并已经开始逐渐向国外提供设计技术服务。

1. 大型矿井大井田、大采区、大工作面设计技术

在矿井规模大型化的背景下，一批开采条件好的矿区和矿井在规划阶段即确立了大型现代化矿井的建设开发思路。在现代化开采技术和装备不断发展的支持下，矿井的设计遵循了大井田、大采区、大工作面、高开发强度的原则。

在 20 世纪，我国矿井的井田长宽一般不超过 3~5km，面积一般不超过 20km²；到现阶段，我国大型现代化矿井井田在 100~200km² 的很多。在采区尺寸方面，也从长宽一般不超过 1~2km 发展到 3~5km 以上；在工作面参数方面，现代化大型矿井的工作面长度从 150m、180m、200m 逐渐发展到 270~400m，工作面推进长度从 1~2km 发展到 3~6km 以上，大采高综采工作面的采高从 4.5m 发展到 8.0m 以上，放顶煤综采一次采放总高度发展到 20m 以上。除了采煤技术与装备的发展外，各工艺技术环节系统功能衔接配套、能力匹配、综合统筹等设计技术的全面、综合发展也不可或缺。

与现代化大型矿井大格局开发相适应，井下分区开拓、分区通风、分区辅助提升、分区供电等设计技术也得到了更为灵活、合理、经济和高效的利用。

2. 高产高效工作面设计技术

我国综采工作面单产从 20 世纪 90 年代的百万吨综采工作面屈指可数，到如今千万吨综采工作面已经大量存在，表明我国的高产高效综采工作面的装备和设计技术在最近 30 年得到了快速发展。不同厚度和倾角煤层的综采技术、不同顶底板条件的工作面支架选型技术、不同层位巷道的快速掘进与支护技术以及高产高效工作面配套的高效快速运输技术、长距离供电与控制技术、合理通风与灾害防治技术等，均及时得到了发展和完善；在规划、设计现代化大型矿井时都得到了充分、合理、灵活的应用，满足了我国大型现代化矿井建设的需要。

3. 大型提升容器设计技术

随着矿井的大型化、特别是井工开采矿井的大型化，以及矿井开采深度的不断增加，矿井大型提升装备作为煤矿生产的关键技术装备之一，也快速向大型化发展。其中，立井大型提升容器的研发和应用得到快速推广，其设计应用已处于国际领先水平。

（1）主井提升容器。

为满足矿井主提升能力的要求，矿井主提升系统的技术和装备能力得到了大幅提高。

斜井主井带式输送机，装备宽度包括 1.2m、1.4m、1.6m、1.8m、2.0m，最大已达到 2.4m；煤炭提升能力分布在 1000~5000t/h，最大已达到 8000t/h。

立井提煤箕斗的一次提煤量也越来越大，25t、32t、40t、45t、50t 等立井大型提煤箕斗逐渐在大型现代化矿井设计中广泛应用。其中，我国自主设计的葫芦素矿井主井井筒净直径为 9.6m，装备两对六绳 50t 非标箕斗，煤炭提升能力达 15.0t/a。

（2）副井提升容器。

矿井的大型化、连续化和开采深度逐渐加大的趋势，给副井提升容器的大型化、差异化选择提出了更高的要求，罐笼提升设备种类在常规机电设备的基础上逐渐加入了大型液压支架、无轨运输车辆、快速搬家设备等新型装备，在提升容器尺寸、提升重量上均逐渐提高。其中，葫芦素矿井副井井筒净直径为 10m，装备两套提升容器，分别为双层六绳宽、窄罐笼配平衡锤。其中，宽罐笼尺寸达（长 × 宽 × 高）7760 × 3600 × 11100（mm），双层乘人可达 300 人，能满足液压支架整体下井以及载重 3～5t 无轨胶轮车自由出入罐笼。

2.3.2　不同煤层开采工艺和技术

国外先进采煤国家以 2～5m 厚的近水平煤层为主采煤层，并大量采用自动控制技术实现高产高效，太薄、太厚或赋存条件不好的煤层则放弃不采。国内经济条件和国外不同，复杂煤层占比相对较大，故在不同煤层开采工艺和技术方面，国内基本处于领先水平。

1. 0.6～1.3m 薄煤层自动化综采成套技术与装备

由于需求并不迫切且经济性不好，国外一般并不开采特别薄的煤层；而国内薄煤层赋存较多，而且许多都是煤质特别好的煤层，因此高效开采薄煤层具有一定的经济价值和社会价值。针对不同薄煤层赋存条件，开发了基于滚筒式采煤机的薄煤层开采成套装备和工艺，实现了 0.8～1.3m 薄煤层的开采，促进了煤炭开采的可持续性，减少了煤炭资源的浪费。

（1）在采煤机方面，薄煤层电牵引采煤机双截割电机采用并行布置大功率截割部技术和非机载能量回馈式四象限变频调速装置，实现薄煤层采煤机适应倾斜煤层电力拖动动态制动要求；采用多电机纵横布置，实现机身高度最小化和薄煤层采煤机大功率化，提高采煤机对薄煤层开采低空间的适应性，满足 0.8～1.3m 薄煤层工作面配套要求。

（2）在液压支架方面，研发了基于单进液口双伸缩大伸缩比立柱的薄煤层电液控制液压支架，创新研制板式整体顶梁、双连杆双平衡千斤顶叠位布置等新结构和新材料 Q890 高强度板材焊接工艺。突破液压支架工作阻力决定的最小高度的极限，成功研制最小高度 0.6～1.0m 的系列薄煤层液压支架。

（3）在刮板输送机方面，发明了一种新的矿用高强度圆环链单环回火方法和刮板输送机输煤槽 L 形连接孔推移耳等新技术，创新研制成功扁平圆环链、矮型整体铸造槽帮等新结构，研制成功薄煤层工作面配套的矮型刮板输送机，配套采煤机机身高度达到

580mm，创薄煤层综采工作面配套机身高度最小纪录。

（4）在控制和采煤工艺方面，发明了用一个支架控制器控制三架支架、阶梯式移架方式和"单向双切"进刀方式，比国外"双向双切"方式提高工效30%。集成开发了0.8～1.3m薄煤层刨煤机无人自动化工作面成套装备和自动化生产过程控制系统。

上述新工艺和新装备的突破都是国外所没有的，实现了在1m左右极薄煤层条件下年产百万吨原煤的高效生产，解决了我国薄煤层资源的开采难题，领先于国际同类型开采条件下的技术和装备。

2. 7m 超大采高综采成套技术与装备

7m左右的厚煤层是我国陕煤、神东等西部重点煤炭基地的主采煤层。原有工作面成套装备与工艺只能完成6m以下煤层的大采高一次采全高，留有1m多的煤无法采出，造成了巨大的资源浪费，迫切需要在提高资源回收率和实现7m厚煤层安全高效开采之间开拓出最佳的技术途径。

针对这种煤层，首次提出7m厚煤层一次采全高综采方法，以及工作面端头大梯度过渡配套方式、多学科协同优化配套技术、超大采高工作面围岩控制技术及工艺等综采成套技术与装备。发明了液压支架围岩耦合三维动态设计方法；发明了超大采高液压支架，采用整体顶梁带内伸缩式伸缩梁和三级协动护帮装置、600L/min大流量主控阀和液控单向阀、$\Phi500mm$缸径立柱；突破高端液压支架关键制造技术，研制出首套支护高度7.2m、中心距2.05m、工作阻力18800kN的超大采高液压支架。研制首套超大运量SGZ1400/3×1500中双链刮板输送机，中部槽槽宽1400mm、输送能力4500t/h、装机功率4500kW，创新双中板结构交叉侧卸式机头架；配合2500kW以上的大功率采煤机，实现与7m大采高煤层的一次采全厚。在陕西煤业化工集团有限责任公司红柳林煤矿进行的工业性试验表明，装备稳定可靠，平均月产达到109.9万t，达到年产1200万t生产能力。

3. 大倾角、急倾斜煤层综采综放开采技术与装备

我国华北、华东和西南地区赋存有一定量的大倾角、急倾斜煤层，国外没有成熟的技术和装备可以借鉴。为此，煤炭行业内的专家和科研机构在国家"十一五"科技支撑计划课题和国家863计划项目等资助下，经过长期"产学研"联合攻关，突破了大倾角和急倾斜工作面装备的各种技术难题，在35°～56°大倾角和急倾斜松软等复杂煤层条件下实现了综采综放安全高效开采。

（1）35°～55°大倾角煤层液压支架。

工作面支护是大倾角煤层综采综放开采的最大难题，在35°～55°大倾角条件下，工人在工作面作业如同攀爬悬崖峭壁，其安全完全依靠液压支架的保护。由于大倾角工作面顶板不仅沿走向方向产生破断运动，而且沿倾斜方向的活动程度明显加剧，从而引起液压支架在倾斜方向的受力增大，特别在综放工作面，顶煤的冒落回收加大了液压支

架上方煤岩的活动程度,从而增加了液压支架与围岩系统的不稳定性,造成以液压支架为核心的开采装备失稳、下滑。通过创新研制"自撑－邻拉－底推－顶挤"并行的液压支架防倒防滑装置;发明了液压支架滑靴式抬底机构,解决了复杂煤层由于倾角大、底板不平、经常俯仰采煤、液压支架移架困难的问题。

(2)大倾角采煤机。

研制出适用于 55° 大倾角煤层的 MG500/1330-WD 型大倾角采煤机,解决了采煤机牵引、制动困难和可靠性差的技术难题。主要研制成果有:①机载防爆四象限变频调速技术,研制成功了采煤机专用水冷大功率变频调速装置;②大倾角煤层采煤机牵引制动技术,开发了大倾角采煤机电气制动控制装置;③高性能导热板、导热脂紧贴摇臂壳、壳体外置水道,解决了大倾角条件下摇臂和截割部发热问题;④现代信息处理技术及多传感器信息融合技术,使采煤机在自动控制运行中按照预设程序,实现摇臂自动调高,并通过修正截割曲线,使采煤机自动记忆和运行;⑤延长导向滑靴使用寿命的新结构和铸渗加工工艺,使导向滑靴使用寿命提高 46% 以上;⑥现场总线隔离传输器与插拔式可旋转电缆铠装连接器。

(3)大倾角刮板输送机。

刮板输送机在大倾角煤层开采中,担负着生产原煤的输送任务,其销轨还作为采煤机的行走轨道,支承着上百吨重的采煤机,由于倾角大,工况恶劣,刮板输送机整机容易下滑,圆环链与销轨损坏率增加,工作可靠性降低。根据大倾角煤层对刮板输送机在性能上的特殊需求,在刮板输送机中部槽挡板侧设计了防滑耳,通过圆环链与固定在支架上的防滑缸联接,构成防滑装置并按一定间隔进行布置,对刮板输送机沿长度方向分段施加防滑拉力,解决了刮板输送机在大倾角条件下下滑的技术难题,成功研制了适用于大倾角煤层的刮板输送机。设计开发了销轨表面淬火感应器和销轨齿形淬火感应器,根据销轨的外形设计仿形感应线圈,使销轨淬火硬度均匀稳定,提高了其耐磨性能并增加了芯部韧性,使用寿命延长了 30% 以上。

4. 14～20m 特厚煤层大采高综放开采关键技术及装备

放顶煤技术自 20 世纪 80 年代引入我国,在经历高位放顶煤、中位放顶煤和低位放顶煤 3 个阶段后,逐渐在国内推广开来并大规模应用;而国外由于煤炭开采行业的萎缩反而没有发展起来。在前期技术和装备的基础上,我国 14m 以下厚度煤层的开采方法已基本解决,总体技术处于世界领先水平,但对于厚度在 14m 以上的特厚煤层,如何安全高效地进行一次采全高机械化开采国内外尚无先例。针对我国特厚煤层开采的技术难题,创立了特厚煤层大采高综合机械化放顶煤开采(简称特厚煤层大采高综放开采)围岩控制理论,发明了大采高综放开采技术,实现了综放开采千万吨工作面全国产化装备的突破,解决了复杂条件下大断面煤巷有效支护与工作面瓦斯防治难题,取得了多项重要创新性成果。

(1)首次开发了 14～20m 特厚煤层大采高综放开采技术。创立了特厚煤层大采高综放开采三维放煤理论、围岩控制理论体系，建立了特厚煤层大采高综放开采技术标准，解决了特厚煤层大采高综放开采的围岩控制、厚顶煤高效、高回收率放出等关键难题，首次实现特厚煤层年产千万吨的安全高效开采。

（2）研发了首套年产千万吨特厚煤层大采高综放开采成套装备。研制成功了支撑高度5.2m强力抗冲击的大采高综放液压支架、综放面后部大功率刮板输送机、高可靠性采煤机及新型综合配套设备；首次研制成功了国产大功率刮板输送机阀控液力偶合器，解决了特厚煤层大采高综放开采装备的技术难题。

（3）首次开发了特大断面全煤巷道高强度锚杆锚索联合支护技术及材料。揭示出特厚顶煤、特大断面全煤巷道变形与破坏特征，提出了合理支护参数；开发了高强度、高延伸率锚杆专用材料；发明了预应力锚杆液压张拉器；解决了特厚煤层大采高综放面全煤巷道支护技术难题，保障了巷道安全与工作面快速推进。

（4）开发出大采高综放面瓦斯防治与综合防火安全保障技术。首次揭示出特厚煤层大采高综放面瓦斯分布规律与瓦斯涌出不均衡特征，采用顶板抽放等综合技术治理瓦斯，解决了"低瓦斯赋存高瓦斯涌出"高强度开采综放面瓦斯治理难题；首次研发出大流量井下移动式制氮装置，解决了特厚煤层千万吨综放面防灭火难题，保障了安全开采。

成果在大同煤矿集团有限责任公司（以下简称"同煤集团"）塔山煤矿20m特厚煤层进行了工业试验，工作面设备平均开机率92.1%，工作面回收率达到88.9%，平均月产超过90万t，年产量1085万t。项目成果在大同、神东、平朔、兖州、淮北、新疆等12个大型矿区推广应用，实现了安全高效开采，连续3年共采出煤炭4亿t以上。

2.3.3　自动化和智能化开采技术与装备

机械化开采使得煤炭生产的效率大幅提高，但这仅仅是增加了人们应对简单条件下煤炭开采的能力，相当于加强了人们的身体和手臂；而对于复杂地层条件下的断层、瓦斯、水等影响顺利开采的地质问题，设备本身还无法应对。一方面是开采装备本身的自动化、智能化程度还不够，无法替代工人的大脑；二是整个矿山采区内的地质情况无法被有效感知和获取，因而设备也无法对相关情况作出判断和反馈。

20世纪末期以来，以信息技术、微机工况监测监控、自动化控制、机电一体化等为代表的高新技术不断向传统的煤炭开采领域渗透，美、澳、英、德等国家在设备智能化和环境感知方面开展了大量研究，实现了采煤机记忆截割、三维方向自动定位、摇臂自动调高、工作面三机联动、液压支架跟机移架、自动找直、刮板输送机煤流平衡控制等；在围岩及环境信息获取方面，煤尘监测及自动控制、液压支架支护质量监控、瓦斯及温度监测、水害防治等系统也开始广泛应用。

国内由于经济发展阶段、技术基础等方面的原因，主要关注点还在提高设备能力以及如何提高设备与开采煤层的适应性等方面，对于提升设备功能的自动化、智能化技术研究起步较晚。但通过最近几年的努力，技术已经有了很大的提升。

1. 电液控制系统研制成功

电液控制系统是实现工作面自动化的核心技术，世界上先进采煤国如美国、德国、英国在 20 世纪 90 年代初就开发出了商业化的液压支架电液控制系统，并迅速应用到本国及澳大利亚、南非等产煤大国。国外电液控制系统的代表企业有 BUCYRUS，JOY，德国玛珂公司（MARCO），Tiefenbach 公司，EEP 公司等。就全球液压支架电液控制系统而言，BUCYRUS 的 PM4 系统的市场占有率和可靠性最高，其他几家属于单一设备供应商，其中 MRRCO 公司的电控产品应用广泛，而 Tiefenbach 公司的阀类产品占主导。

从 2001 年开始，我国以国内外合资的形式开始将国外的电液控制系统引入国内。2008 年，我国自行研制的首套具有自主知识产权的 SAC 型支架电液控制系统问世，打破了长期以来国外产品的垄断。与国外产品相比，国产电液控制系统在产品架构、控制灵活性等方面具有优势，但在产品可靠性、稳定性方面还有待提升。国产支架电液控制技术在近几年内有了较快发展，电液控制系统技术已经基本成熟，代表企业有：北京天地玛珂电液控制系统有限公司、四川神坤电液控制技术有限公司、广州广日电器设备有限公司、郑州煤机液压电控有限公司、三一重工股份有限公司等企业。与此同时，国内很多企业也在向综采自动化控制方向发展，天津贝克电气有限公司和天津华宁电子有限公司的三机控制市场占有率合计达到了 90%，目前产品线正在外延，逐步向综采自动化方向发展。

2. 综采成套装备智能控制系统

该系统基于 7.2m 大采高工作面实现，并将我国煤炭开采的自动化水平提升了一大步。该系统实现了基于总控制网络的集各单机设备感知、逻辑控制、动态决策、协调执行为一体的智能控制系统；液压支架最大高度、工作阻力、三级护帮、刮板输送机装机功率和运力、产能效率等主要技术指标处于国际领先水平。

该成果在陕煤集团神木红柳林矿业有限公司示范应用，井下正式投入运行 6 个月，共生产原煤 792.17 万 t；主要创新成果已在神华集团宁煤、陕煤、国网能源阳煤、平朔等多个矿区推广应用，累计取得经济效益 120 亿元以上。

研制具有自主知识产权的煤炭综采成套装备智能系统，提高设备信息感知能力、增加智能控制功能、提高自动执行环节的能力和可靠性，对于实现两化融合、满足现代化煤矿矿井对安全、高效、高回收率的要求，尽快缩短我国煤机装备智能化技术水平与世界发达国家的差距具有重要的意义。

3. 黄陵薄煤层无人化工作面

该项目由陕煤黄陵矿业有限公司、北京天地玛珂电液控制系统有限公司、天地科技股份有限公司完成。首次实现了地面调度指挥中心远程操控，通过综合技术改造，提高了工作面可视化视频监控效果，实现了转载机自移与液压支架联动控制、智能采高调整、斜切进刀、连续推进等功能的无人化开采模式。经过黄陵矿业一号煤矿 1001 综采工作面 4 个月生产运行，实现了"以采煤机记忆割煤为主，人工远程干预为辅；以液压支架跟机动作为主，人工远程干预为辅；以综采运输设备集中自动化控制为主，人工远程控制为辅"的生产模式，综采工作面由原来的 11 人（煤机司机 3 人、支架工 5 人、运输机司机 1 人、电工 1 人、泵站司机 1 人）联合作业，递减至目前的 3 人（巡视工 1 人、监控中心操作工 2 人）随机监护，真正做到了综采工作面远程控制自动化无人开采。

1001 智能化综采工作面正式投运以来，整套生产系统运行实现了常态无人化，稳定可靠，取得日连续推进 9 刀半的记录。实现了"在地面，穿着白衬衫，就把煤采出来了"的梦想，该项目不但实现了"无人开采"，还真正实现了"无人开采"常态化，技术真正达到了国际领先水平。无人化开采技术，不仅将工人从繁重的体力劳动中解放出来，减少顶板、水、火、瓦斯、煤尘对职工身心健康的危害，而且有效提高了工作效率、煤炭开采率和现场安全管控水平，代表了中国煤炭开采智能化的发展方向，在我国煤炭资源丰富的西部地区具有极大的推广应用价值。

2.3.4　环境协调技术

随着煤炭开采强度越来越大，长时间开采造成的环境破坏逐渐显现，并成为影响煤炭行业可持续发展的重要问题。因此，大力研究和实施环境协调开采技术成为当务之急。目前，国内在绿色协调开采技术领域是世界上研究和开展最为成功的国家，具有明显领先优势，在保水开采、充填开采，采取沉陷区治理、地表生态恢复等方面都取得了突破性成功。

1. 东部地区的绿色充填开采

兖州地区是我国经济较为发达地区，人口稠密地区，同时也是我国绿色开采技术研究和应用最多的区域，在瓦斯抽采、充填开采、矿井水处理利用等方面处于全国领先地位。

在土地沉陷治理技术方面，提出了部分开采、协调开采和充填开采等技术，该地区的建筑物下、铁路下压煤开采技术处于国际领先地位。近年来，兖州地区在充填开采方面也有较大突破，开发了矸石巷式充填技术和膏体、超高含水材料充填技术，并研制了抛矸机、充填用刮板输送机、新型反四连杆充填液压支架和直线式充填液压支架等充填装备。如 2006 年研发成功的综合机械化矸石充填采煤一体化技术，它是在综采液压支架的后方增加了一条悬空高度可以调节的刮板输送机，刮板输送机上的底部钢板可以拆卸，以实现矸石的分段漏放。目前，已经开发定型了综合机械化固体废弃物密实充填采煤技术，建立了相应的采场矿压理论和岩层运动与地表沉陷预计理论，开发出了井上下固体废弃物连续输送系统与装备，研制出了我国具有完全独立自主知识产权的双顶梁正四连杆六柱支撑式充采一体化液压支架,可以实现充填与采煤并行作业。采用该技术,采空区固体充填密实度超90%,采区煤炭回收率超85%,单面年产超100万t,经济、社会和环境效益十分突出。

2. 西部地区水资源保护性开采

作为我国重点开发的煤炭基地,神东矿区在绿色开采技术方面发展也十分迅速,近年来正在逐步加大在绿色开采方面的投入。目前,该地区发展绿色开采的重点为保水开采。

西部煤炭资源丰富,但水资源较为缺乏。随着煤炭资源的大规模开采,研究和开发保水采煤方法,保护大规模煤炭开发中地区生态环境尤其是水资源,是西部煤炭开发前所未遇到、而且是必须解决的科技难题。"十一五"期间,开发成功了干旱半干旱矿区保水采煤技术,主要从矿区水文地质结构分析、采动覆岩导水裂隙通道发育规律与隔水关键层稳定性、有隔水层区上覆含水层保水采煤方法、无隔水层区上覆含水层预疏放转移存贮等多个方面,展开了对干旱半干旱矿区水资源保护性采煤的基础与应用研究工作。

为有效保护和开发我国西部生态脆弱区地下水资源,神华集团牵头对现代煤炭开采对覆岩结构及地下水赋存环境的影响进行了深入研究。以神东矿区超大采高工作面综采为例,应用现代高精度地球物理探测与分析方法,建立了以高精度四维地震多属性数据为核心的多属性数据体,描述了采前、采中、采后至稳定状态下的采动煤层覆岩变化过程,提出了采动煤层的覆岩具有开放的多层渗流结构和层状自修复趋势,为西部地区现代煤炭开采技术条件下地下水资源保护提供了理论依据。在工程实践方面,在神东矿区建设了30多座煤矿地下水库,年供水6000多万t,提供了矿区用水量的95%以上,为神东矿区建成世界唯一的2亿t级矿区提供了水资源保障,奠定了我国在此技术领域的国际领先地位。

3. 矿区循环经济

同煤集团在中部地区建成了全国煤炭行业中第一个规划最完整、效果最明显的循环经济园区,为煤炭企业的可持续发展提供了有益借鉴。发展煤炭循环经济,就是以煤炭资源开发为起点,以煤矸石、矿井水及煤炭伴生资源等各类资源综合利用为核心,实现煤炭企业健康可持续发展。其次,大力发展循环经济,通过发挥煤炭企业的"废物资源"优势,可将煤炭开采活动对生态环境的影响降到最小,可以有效解决经济发展与生态环境保护之间的矛盾,实现煤炭企业和生态环境的和谐发展。

同煤集团塔山循环经济园区以设计年产1500万t的塔山矿井为龙头,配套建设洗煤厂,实现动力煤洁净生产;洗煤厂生产的精煤通过铁路专用线装车外运;洗中煤、末煤供煤化工项目生产甲醇;洗煤厂分选出来的煤矸石输送到煤矸石砖厂,分选出来的低热值煤输送到资源综合利用电厂发电,电厂产生的余热用于居民区冬季取暖;坑口电厂排出的粉煤灰，作为水泥厂的原料，水泥厂产生的废渣进入砌体材料厂制成新型建材；采煤过程中采出的伴生物高岭岩作为高岭土加工厂的原料。综合利用使产业链条实现完整闭合，把资源"吃干榨净"。

同煤集团塔山循环经济园区通过提高资源利用率放大了资源价值，使上游产业的废料变成下游产业的生产要素，不仅可以做到节能、节地、环保，而且每年消耗塔山矿低热值劣质煤 120 万 t，可节约标煤 70 万 t/a，日节约水 1.2 万 t，二氧化硫和烟尘排放量分别减少 4000t 和 6940t。园区内的生活污水和工业废水全部排放至日处理能力 4000m³ 的塔山污水处理厂，经过处理后，复用于灰场和煤场防尘喷淋及绿化用水，实现了水资源的闭路循环，废水重复利用率达到 100%，园区废水基本做到"零排放"。

2.3.5 生态环境保护技术

1. 东部矿区地表塌陷地复垦

我国东部的山东、安徽等老矿区，于 20 世纪 80 年代开展了土地复垦工作，针对东部地区地表平坦、潜水位较高、煤炭采出后地表塌陷盆地明显、塌陷盆地内易积水的特点，形成了一系列的土地复垦技术。如针对塌陷地积水的"挖深垫浅"技术，即将塌陷盆地内积水区域再向下挖深，挖出的土方垫在塌陷盆地内未积水区域，恢复到与周边地表标高一致，挖深区用于水产养殖，垫浅区用于恢复成农田。此外，还有针对未积水塌陷盆地的"挖高填低"技术，泥浆泵复垦技术，拖式铲运机复垦技术等。

2. 东部矿区生态恢复技术

随着国家对于环境保护工作越来越高的重视程度，煤炭开采作为破坏矿区地表生态环境的主要诱因，其塌陷区的治理也由原来的塌陷区土地复垦转变为综合性更高的塌陷区生态环境恢复。在综合考虑生态学、环境学等学科，并结合了景观设计、城市规划等因素，对矿区塌陷地进行生态环境的恢复。如唐山的南湖公园，位于开滦煤矿老矿区，塌陷区常年或季节性积水。在治理时结合这一条件，主要考虑生态恢复与景观设计，用塌陷区已有的固体废弃物（垃圾、煤矸石、粉煤灰）填平塌陷区未积水的区域，并客土回填用于植物种植；在塌陷区积水的基础上，又引入中水作为湿地水源，形成近千公顷的水面。种植了耐性强的水生植物，如芦苇、菖蒲等，用于净化水质，形成了较稳定的湿地生态系统。并结合景观设计，将生态修复与景观相结合，最终形成了南湖公园，这也是我国首个煤矿塌陷地生态修复的案例。2012 年江苏徐州在常年积水的塌陷区建成了潘安湖矿山湿地公园，形成了稳定的湿地生态系统；2004 年辽宁抚顺结合抚顺西露天煤矿的采场，建成了抚顺西露天矿区森林公园，形成了稳定的森林生态系统。

3. 西部矿区生物、微生物生态环境恢复技术

西部矿区地表环境与东部矿区有很大的不同，尤其以西北矿区为例，其矿区生态环境本身较脆弱，地表荒漠化较严重，部分地区地表为沙漠。这些地区在煤矿开采后，地表环境遭到不可逆的破坏，加速了荒漠化以及水土流失的程度。在这些地区开展生态环境恢复，相比东部矿区难度更大。西部矿区，如神华、神木、大同等，一方面加大了矿区绿化工作的力度，另一方面积极开展生物、微生物生态修复技术的研究。微生物菌根技术可以加强植物对矿质养分的吸收，提高植物的抗逆性，提高植物成活率以及各项生长指标，是西部生态脆弱矿区开展生态环境修复的有效手段。部分微生物菌根还可以提高植物对土壤中某些重金属元素的吸收，从而通过植物的生长，降低土壤中重金属元素的含量，改良土壤的性质。大同矿区的塔山、晋华宫、忻州窑煤矿，神木矿区的大柳塔、活鸡兔煤矿等，均开展了微生物菌根生态修复技术的研究，取得了良好的成果。

2.4　安全保障技术

2.4.1　我国煤炭安全生产形势

1. 事故总体情况的区域性分析

"十二五"期间，各地区事故基本呈下降趋势，但个别地区的某些年份存在反弹现象，事故相对比较集中（表 2.2.1）：①从总事故起数看，四川、重庆、湖南等省（市）比较集中，事故起数均超过 300 起，其次是贵州、云南两省，事故起数均超过 200 起。②从事故总死亡人数看，贵州、四川、湖南的死亡人数均超过 500 人，其次是重庆、云南等省（市），死亡人数均超过 400 人。以上 5 省共死亡 2793 人，占全国同期煤矿事故总死亡人数的 46.8%。

表 2.2.1　"十二五"期间（2011—2015 年）全国煤矿死亡事故的各地区分布

省（市、区）	2011 年		2012 年		2013 年		2014 年		2015 年		合计	
	事故起数	死亡人数	事故起数	死亡人数	事故起数	死亡人数	事故起数	死亡人数	事故起数	死亡人数	事故起数	死亡人数
北京	0	0	2	2	2	2	5	5	1	1	10	10
河北	36	53	23	38	22	35	16	15	11	12	108	153
山西	54	74	40	87	40	75	26	35	34	80	194	351
内蒙古	30	50	20	33	22	29	24	27	12	12	108	151
辽宁	42	63	22	65	24	42	22	52	15	25	125	247
吉林	15	38	23	59	15	83	16	26	19	21	88	227
黑龙江	45	94	41	81	20	64	20	64	33	95	159	398
江苏	3	4	3	7	0	0	4	5	3	4	13	20
安徽	31	40	24	35	21	22	20	51	11	18	107	166

续表

省（市、区）	2011 年		2012 年		2013 年		2014 年		2015 年		合计	
	事故起数	死亡人数	事故起数	死亡人数	事故起数	死亡人数	事故起数	死亡人数	事故起数	死亡人数	事故起数	死亡人数
福建	7	8	6	10	3	8	5	6	4	17	25	49
江西	23	36	11	30	23	41	33	40	21	35	111	182
山东	13	46	15	30	12	12	10	14	6	8	56	110
河南	8	36	5	12	9	10	20	47	10	14	52	119
湖北	57	74	35	42	23	33	25	38	17	21	157	208
湖南	127	251	73	136	78	120	56	86	29	50	362	643
广西	13	33	12	13	15	16	9	10	7	9	56	81
四川	205	240	119	200	54	94	36	49	24	38	438	621
贵州	145	279	58	117	21	105	13	66	9	29	246	596
云南	79	183	57	114	57	91	19	63	11	16	223	467
重庆	120	153	91	105	64	92	50	85	23	31	348	466
陕西	52	73	33	49	28	31	32	54	20	25	165	232
甘肃	20	43	17	48	10	14	13	13	14	19	74	137
青海	4	8	5	5	6	5	3	4	4	4	21	26
宁夏	7	7	3	3	2	2	8	10	1	1	21	23
新疆	62	84	34	49	27	50	21	39	12	12	156	234
新疆兵团	3	3	5	10	10	10	3	27	1	1	22	51
合计	1201	1973	779	1384	608	1086	509	931	352	598	3447	5968

2. 重大以上事故的区域性分析

"十二五"期间，吉林、云南、贵州、湖南、黑龙江等 5 省重大以上事故比较集中，均在 5 起以上；北京、内蒙古、江苏、福建、湖北、青海、宁夏等 7 省（区）未发生重特大事故，如表 2.2.2 所示。

我国绝大多数产煤省煤矿安全生产形势逐年好转，尤其是内蒙古、山东等地区煤矿的安全生产形势较好。但我国中部和西南部一些煤炭赋存条件差、灾害重的地区，安全生产形势依然比较严峻，如贵州、四川、重庆、湖南、云南等地死亡人数较多，较大以上事故多发，百万吨死亡率较高，另外一些产煤大省，如山西、黑龙江、陕西等地，近年来事故总量也偏高。但近几年整合兼并重组效果显现，事故与原来相比明显下降。因此，抓好重点地区的安全生产工作，是减少事故总量和遏制重特大事故的重要环节。

表 2.2.2 "十二五"期间（2011—2015 年）全国煤矿重大事故的地区分布情况

省（市、区）	2011 年		2012 年		2013 年		2014 年		2015 年		合计	
	事故起数	死亡人数	事故起数	死亡人数	事故起数	死亡人数	事故起数	死亡人数	事故起数	死亡人数	事故起数	死亡人数
北京	0	0	0	0	0	0	0	0	0	0	0	0
河北	0	0	0	0	1	13	0	0	0	0	1	13
山西	1	11	1	11	1	10	0	0	1	21	4	53
内蒙古	0	0	0	0	0	0	0	0	0	0	0	0
辽宁	0	0	1	22	0	0	1	28	0	0	2	50
吉林	1	13	2	32	3	71	0	0	0	0	6	116
黑龙江	1	13	3	35	3	41	2	26	2	41	11	156
江苏	0	0	0	0	0	0	0	0	0	0	0	0
安徽	0	0	0	0	0	0	1	27	0	0	1	27
福建	0	0	0	0	0	0	0	0	0	0	0	0
江西	0	0	1	15	1	11	0	0	1	10	3	36
山东	1	28	0	0	0	0	0	0	0	0	1	28
河南	2	28	0	0	1	0	1	13	0	0	4	41
湖北	0	0	0	0	0	0	0	0	0	0	0	0
湖南	3	53	1	15	1	10	0	0	0	0	5	78
广西	1	20	0	0	0	0	0	0	0	0	1	20
四川	1	12	2	62	1	28	0	0	0	0	4	102
贵州	5	82	2	34	3	50	3	31	1	13	14	210
云南	2	55	1	17	0	0	2	36	0	0	5	108
重庆	1	14	0	0	0	0	1	22	0	0	2	36
陕西	1	11	0	0	0	0	1	13	0	0	2	24
甘肃	0	0	2	30	0	0	0	0	0	0	2	30
青海	0	0	0	0	0	0	0	0	0	0	0	0
宁夏	0	0	0	0	0	0	0	0	0	0	0	0
新疆	1	10	0	0	1	22	1	16	0	0	3	48
新疆兵团	0	0	0	0	0	0	1	17	0	0	1	17
合计	21	350	16	273	16	256	14	229	5	85	72	1193

2.4.2 我国煤炭安全生产变化趋势

1. 事故总量逐年较大幅度下降

"十二五"期间共发生煤矿事故 3447 起，死亡 5968 人。事故起数和死亡人数

逐年连续保持较大幅度下降。与 2010 年相比，2015 年事故起数减少 1051 起，下降
74.09%；少死亡 1835 人，下降 75.42%。

2. 重大事故总体下降，但有波动

"十二五"期间共发生重大事故 72 起，死亡 1066 人，事故总体呈下降趋势。与
2010 年相比，2015 年重大事故起数减少 10 起，下降 55.56%；死亡人数减少 209 人，
下降 71.09%。

3. 特别重大事故大幅下降

2011—2015 年共发生特别重大事故 3 起，死亡 127 人。2014 年、2015 年连续两
年未发生特别重大事故。与 2010 年相比，2015 年特别重大事故起数减少 6 起，下降
100%；死亡人数减少 238 人，下降 100%。

2.4.3 我国煤矿灾害防治技术的突破与创新

1. 监测监控技术与装备

1）主要监测监控技术

全矿井综合自动化与信息化的主要支撑技术大体可分为 5 类：检测技术、数据传输
技术、控制技术、信息集成及挖掘技术与产品可靠性设计及测试体系。

（1）检测技术检测技术包括多种物理量的检测技术及图像识别技术。气体浓度检测
中，主要是甲烷、一氧化碳、二氧化碳、氧气、硫化氢等气体检测，其中又以甲烷气体的
检测最为重要。基于"非色散红外检测"（NDIR）技术的甲烷检测传感器具有检测精度高、
响应时间快、检测范围广、性能稳定、不受检测环境中其他气体的干扰、无有害气体中毒
现象、寿命长等特点，成为煤矿瓦斯检测的主流技术。激光气体检测技术可为煤矿提供检
测精度更高、更可靠的瓦斯监测手段，具有很好的发展前景。温度检测是目前应用最为广
泛的传感检测，而基于分布式光纤测温技术具有无源、可长距离覆盖特性，具有广阔的应
用前景。目前在瓦斯抽放计量领域使用较为广泛的流量测量技术仍然为压力式和速度式。
基于图像识别的皮带纵撕检测、煤岩识别、煤流量监测、自燃检测等还处于研究阶段。

（2）数据传输技术的主流通信模式仍为有线通信模式。而光纤技术的引入为有线
传输技术开辟了新的天地，光 - 电 - 光的转换模式成为主流技术传送模式。无线通信
技术涵盖高、中、低频，其中主要有感应通信、漏泄通信、透地通信、RFID、ZigBee、
WiFi、3G 等通信制式，还需对这些技术开展适应性研究。综合传输平台主要以太环网
平台 +RS485 现场总线的方式为主，采用"地面中心站 + 以太网平台或传输分站 + 现场
采集或执行设备"三级组网模式。

（3）自动控制技术在煤矿领域的应用，主要是通过对煤矿风、水、电、采、掘、
运、洗选加工等各重要生产环节，按照子系统的方式实现自动控制，各个子系统采用工
业 PLC 或者嵌入式控制器，根据工艺控制流程编写控制逻辑，可以实现就地控制，采

用网络通信方式可实现远程集控，煤矿自动化及信息化水平得到了初步提升。

（4）信息集成及挖掘技术，主要包括多元异构系统数据的有效融合、数据安全高效可靠传输、海量数据存储与备份、多元信息时空特性表达，以及分级分区协同管理模式等关键技术支撑点，是当前行业的主要研究内容，也是未来的研究重点。

（5）产品可靠性型设计及测试体系是针对工业性产品的可靠性设计规范、测试标准、测试方法以及相关数据库的建设，以期提高产品的性能和功能现场适应性、可制造性、可测试性、可安装维护性。目前，可靠性测试已从最初应用于军工产品的测试，发展为广泛应用于民用行业的产品；从电子产品的可靠性发展到机械和非电子产品的可靠性；从硬件可靠性发展到软件可靠性；从重视可靠性统计试验发展到强调可靠性工程试验。中煤科工集团重庆研究院（以下简称"重庆院"）在产品可靠性设计及测试体系研究方面开展了一些有益的尝试，在产品可靠性设计方面积累了一定经验。传感器外壳防护等级由 IP54 提升为 IP67；通过防结露、弱信号数字化处理、双原理复合检测、差压检测零点自校准技等技术的运用，解决了同类产品在煤矿井下使用过程中受冷凝水气（雾）、电磁干扰、压力、温度、粉尘及气体影响的行业难题，监控系统的主要配套产品进行了升级改造，并在行业内率先全面满足 AQ6201-2006 抗干扰技术要求。

2）近年研发的主要技术和装备

开发了集地质测量、生产技术、通风安全、办公自动化和数字化矿山、安全生产监控于一体的预警平台，实现了隐患联动控制和动态预警。

（1）采用分布式激光甲烷检测技术，解决了超长距离工作面甲烷监测；红外甲烷传感器采用防结露专利技术及弱信号数字化处理技术，不受冷凝水气（雾）、电磁干扰、压力、温度、粉尘等影响；双向风速传感器采用差压检测原理和"零点自校准技术"，实现了风速正反向定量检测；针对我国煤矿实际应用工况条件，与英国 CITY 公司合作定制开发满足 AQ 标准的一氧化碳及氧气敏感元件，大幅度提高了传感器稳定性、可靠性；馈电传感器采用电场感应原理，实现了对 3300V 以上电压等级设备的馈电状态检测，非接触感应，无须接地；烟雾传感器采用双原理复合检测技术，解决了同类产品在煤矿井下使用过程中受粉尘及气体影响的行业难题。

（2）成功研制了长 10km、空间分辨率 0.4m、测温精度达 ±1℃ 的矿用分布式光纤测温主机，成本降低了 76%，技术性能达到了进口机的水平。研发了 KJ783 矿用钢绳芯输送带 X 射线探伤系统，运用图像识别技术，实现了对钢丝绳断绳、锈蚀、劈丝、接头抽动等异常的判断，并在国投新集能源股份有限公司（以下简称"国投新集"）口孜东煤矿现场成功运用。

（3）开发了一氧化碳及氧气敏感元件，大幅度提高了传感器稳定性、可靠性；红外甲烷传感器设计采用防结露专利技术及弱信号数字化处理技术，不受冷凝水气（雾）、电磁干扰、压力、温度、粉尘等影响；监控系统设计有远程电池维护功能，全面提升供电安全性能。烟雾传感器采用双原理复合检测技术，解决了同类产品在煤矿井下使用过程中受粉尘及气体影响的行业难题；双向风速传感器采用差压检测原理和"零点自校准技术"，实现了风速正反向定量检测，克服了传统采用超声测量方法受湿度影响、测量稳定性差、测量下限高等的缺陷，真正满足了煤矿井下特殊监测环境的需要；KJ90NB安全监控系统，不但全面满足了 AQ6201-2006 抗干扰技术要求，而且实现了传感器防护等级由 IP54 提升为 IP67。

（4）突破了多频点自动转换无线通信技术、高浓度多参数监测和传输技术、大场景多画面视频监测技术、灾变条件下全面罩免操作静噪集群语音通话技术、生命体征信息监测和传输技术，形成一套全新的矿山救灾无线监测监视与通信技术及装备，成果达到国际领先水平。该项目成果已广泛应用于山东、山西、陕西、内蒙古、新疆、贵州等全国主要煤炭产区，提高了矿山应急救援能力和水平，减少继发灾害事故概率，有效杜绝救护队员的作战伤亡，取得巨大的经济效益和社会效益。

2. 危险源（瓦斯、水、火）控制技术与装备

1）瓦斯抽采利用技术与装备

煤矿瓦斯灾害防治关键在于有效的实施瓦斯抽采措施，目前井下松软低透气性煤层螺旋钻进技术已经能够实现 150m 顺利钻孔，硬煤层中长钻孔深已超越 1500m；适用于低透气性煤层的井下水力压裂技术和气体压裂增透技术等，能够使煤层透气性提高 3～10 倍；保障井下抽采质量的高效封孔材料、抽采产能评估、抽采管网智能调控等技术，逐步形成了系列化和系统化并进行了应用。但是随着浅部煤炭资源的减少，深部矿井煤岩瓦斯动力灾害逐步成为制约煤矿安全高效生产的主要问题之一。随着开采深度与强度的不断加大，高地应力、高温及高瓦斯危害也随之增大，开采环境进一步恶化，煤岩与瓦斯动力灾害越来越严重且动力灾害特性模糊，既有以瓦斯抽采为主体的防治技术不能完全满足灾害治理需求。

煤矿区煤层气抽采主要包括地面预抽采技术、采动区地面抽采技术和井下抽采技术 3 类。①目前，地面预抽采技术主要集中于地面高效钻完井技术、定向钻井技术、多分枝随钻量测钻井技术和高效压裂技术等。地面井的钻完井技术相对成熟，而复杂地质条件下的定向钻进技术仍亟待完善、松软煤层压裂效果不明显，影响了地面预抽采的效果。②采动区地面抽采主要涉及地面井结构优化设计、布井位置优选、安全抽采、老采空区资源评估和规模化抽采技术等方面。采动区地面井设计、安全抽采等方面技术逐步趋于成熟，但适用于规模化开发条件下的区块评估、规模开发设计、采动破碎区高效钻完井等技术仍亟待完善。③井下钻孔在该领域主要涉及井上下联合抽采技术，目前该技术仍处于探索阶段，对于井上下联合开发的方式、时空接替控制等方面亟待攻关。

煤矿区煤层气浓度范围变化大、抽采量不稳定、超低浓度（0.4% 左右）乏风量大，这使得通常成熟的煤层气利用技术无法适用。目前发展较快的主要涉及乏风瓦斯氧化利用技术、低浓度瓦斯提浓技术、煤层气深冷液化技术、低浓度煤层气发电技术及其配套装备等。乏风瓦斯利用技术主要分为辅助燃料利用技术和主要燃料利用技术两大类。主要燃料利用技术又分为热逆流氧化技术、热逆流催化氧化技术、催化氧化燃气轮机技术等。其

中，热逆流式乏风瓦斯氧化技术最为成熟和可靠，有较多的实验装置和工业示范案例。

我国近年来在瓦斯抽采利用的典型技术与装备包括以下方面。

（1）研发了煤矿井下快速取样技术及装备。该装备采用先进的喷射技术和多级引射技术，实现了不撤钻杆取样，随钻随取，可在 5min 内实现煤层 100m 或更大范围内任意点的快速定点取样。

（2）研发了煤矿井下瓦斯抽采提浓增效成套技术及装备。形成了单一高瓦斯煤层煤层气产能预测软件，用于指导矿井确定合理的预抽钻孔布置参数，以达到提高瓦斯抽采的目的；提出了成套的高效封孔技术及装备，包括合理封孔参数测定、适合煤层的封孔材料与工艺以及高效封孔装备等，提高矿井封孔效果和效率，从源头上提高矿井抽采瓦斯浓度；形成了抽采管网瓦斯浓度保障系列技术与装备，包括合理负压调控技术、管道检漏堵漏装备、排水除渣装置、管道抽采参数测定装备等，减少抽采系统的漏气量，保障高浓度瓦斯在输运过程中不被稀释。

（3）形成了集采动稳定区煤层气资源评估、采动影响区地面井布井位置优选、井型结构优化设计、井身高危破坏位置安全防护、地面抽采及安全监控等关键核心技术于一体的煤矿采动区煤层气地面抽采成套技术，基本解决了煤矿采动区地面井迅速错断、抽采效果差的难题。

（4）形成了含氧煤层气深冷液化的本质安全工艺技术方法；建立了含氧煤层气深冷液化装备安全评估体系；开发了碳分子筛高效碳沉积技术及新型孔结构调控技术，制备出的碳分子筛用于低浓度煤层气浓缩一次可提高甲烷浓度约 30 个百分点；创新性研制了五床式低浓度瓦斯蓄热氧化装置，单台装置处理量达到 10 万 m^3/h，攻克了甲烷氧化率偏低的技术难题，甲烷氧化率提高到 98% 以上。

2）矿井水防治和利用技术与装备

矿井水防治和利用技术，主要包括探测、监测、预测、治理、矿井水资源化与综合利用等方面。

（1）水害预防技术包括条件探测、预测、监测预警技术等。目前，我国探测技术手段有水文地质试验技术、地球物理勘探技术、地球化学勘探技术、钻探技术等，这些技术方法和手段及其综合应用已能比较好地解决矿井水文地质勘探中的大部分问题。但在老采空区，积水和奥灰岩溶水突水的探测技术，其基础研究工作薄弱，探测效果良莠不齐。随着我国中东部传统的大水矿区已逐步向深部延伸开采，煤矿开采的水文地质条件越发复杂，矿井水害威胁更加严峻。

（2）预测预报主要是指矿井突水威胁的安全性评价与涌水量计算技术，目前突水性评价技术主要包括"突水系数法""五图一双系数法""三图一双预测法"、模糊综合评判法、人工神经网络方法等；矿井涌水量计算技术主要包括经验公式法、类比法、解析法和数值法。这些理论和方法针对不同的地质、水文地质与工程地质条件有着不同的应用效果，有些还有待在今后的应用实践中进一步完善。

（3）监测预警技术主要是从矿井突水各项指标出发，利用水情传感器技术，开发以水文地质参数、应力、应变等为监测指标的监测预警系统；以岩层破裂监测的微震监测系统；以地层电阻率探查为基础的网络并行电法监测系统等。仅在部分生产矿井开展过一些初步的试验研究工作，对于煤矿安全生产发挥了一定的作用。

（4）水害治理技术是根据具体的矿井水文地质条件和水害类型与特点，通过专门的水害防治设备和工程，对水害进行治理的技术方法。目前国外在煤矿水害治理方面主要采用疏干法（苏联及欧美通常将疏干降压统称为疏干）。国内针对顶板水害一般采用疏干或预疏放，以降低采掘过程中的涌水强度，一般均可以取得较好效果。注浆加固与改造技术是底板水害治理的主要手段，目前在矿井特大型突水事故治理工程实践方面具有一定的经验基础，但在矿井注浆堵水领域其理论研究远远落后于技术经验。

（5）目前，我国在矿井水资源化与综合利用技术主要包括：含水层转移存储技术、地下水库修建、矿井水井下处理及排水利用，但上述方法大多仍处于概念状态，仅在矿井水井下处理方面有所实践。针对我国西部矿区需要，从煤炭资源开发对地下水环境的演化机理与调控方面开展基础研究与技术实践，研究地下水污染机制、矿井水处理与调控、矿井水原位、深度处理原理和技术、矿区水资源优化配置技术、分质供水的技术、矿区水环境修复和综合整治技术，为煤矿区水资源可持续利用提供技术保障。

3）火灾爆炸防治技术与装备

（1）在煤自燃研究方面，主要是煤自燃机理研究、煤自燃过程的宏观特性和微观结构变化规律研究，预测预报煤自燃的状态及其相关技术手段，探测火源；防灭火材料及其配套装备与工艺，火区启封技术，瓦斯与火共存条件下安全保障技术和装备等。针对煤自燃机理，中国矿业大学提出了自由基理论，辽宁工程技术大学提出了量子化学理论，重庆院和中国矿业大学共同提出了逐步自活化理论等，对于煤自燃机理和过程从不同角度进行了解释，并在一定程度上指导了煤自燃的防治工作。在煤自燃倾向性方面，有吸氧量、耗氧量和活化能为指标的鉴定方法。在发火期方面明确了理论发火期、实验发火期、计算发火期和现场发火期等。在材料方面以惰性气体和泡沫为主的软性材料、以胶体和浆体为主的半流动性材料，以及以有机无机固化材料为主的固体材料。在探测方面发展了物探（测氡、电磁探测）和钻探相结合等手段。在监测方面发展了以正压和负压束管为主的专门探测装备，同时以各种新型气体和温度传感器为补充来对自燃火灾的发生发展的监测体系。

（2）在煤矿火灾防治方面，以人工取样监测和束管连续监测相结合的煤自燃早期预测预报技术得到普遍应用，光纤测温技术在皮带和电缆火灾监测领域的应用相对成熟并达到了国外先进水平，但隐蔽火源的准确探测仍然是尚待攻克的技术难题。煤矿大规模应用注浆、注氮气技术作为主要防火手段，胶体、凝胶、泡沫和堵漏风等防灭火新材料的为有力补充，煤自燃防治技术水平得到了提高。但是，高地温、高矿压、特厚煤层分层和浅埋藏煤层群开采等特殊条件下的煤自燃仍然频繁发生，高瓦斯矿井煤自燃与瓦斯耦合致灾的危险性和危害性没有降低，开采强度大的高产高效煤矿（矿区），由于丢煤绝对量巨大，煤自燃规模也有增大趋势。这些都对特殊条件下的煤自燃发生发展特性认识、预测预报方法、防治技术装备提出了更高的要求。

（3）在气体粉尘爆炸理论研究方面，目前国内外主要针对常温常压及不同环境条件下气体粉尘爆炸特性进行了初步的研究，但对各类工业粉尘的爆炸机理认识依然不够清晰。尤其近年来，化工企业、面粉厂等单位发生粉尘爆炸的事故屡见不鲜，造成了巨大的人员伤亡和财产损失。

隔抑爆技术及装备是控制气体粉尘爆炸灾害的有效技术措施，如岩粉棚、水槽棚、水袋棚等，在世界各主要产煤国得到了不同程度的开发和应用。从《煤矿低浓度瓦斯管道输送安全保障系统设计规范》（AQ1076-2009）实施以来，国内多家企业分别研发了实时产气式管道用自动喷粉抑爆装置，采用储压式抑爆原理的管道用自动喷粉抑爆装置，以 CO_2 作为抑爆剂的储压式管道用自动抑爆装置等。伴随《煤矿低浓度瓦斯输送安全保障系统设计规范》（AQ1076-2009）的实施，瓦斯管道安全保障用自动喷粉抑爆装置产品已比较成熟，基本实现产业化，正在取得广泛的应用。

3. 应急救援技术及装备

近年来，应急装备研发和生产制造企业加大了投入和研发力度，使我国应急救援技术装备的性能得到很大的提高，但在事故救援过程中暴露出的困扰应急救援实施的技术装备难点和薄弱环节还没有攻克，如面对突发且复杂的矿山灾害事故，事故预判报警及快速响应机制还不健全，矿山应急决策、救灾实施的技术与装备是矿山安全的薄弱环节，还不能及时有效地进行协同展开救援工作，事故发生后决策部门不能及时准确地掌握事故发生地、类型、受灾范围等，常常因难以得到灾区环境的准确信息而无法准确掌握遇险人员的具体位置；同时，我们在拥有一大批高精尖设备的情况下，其安全可靠性、成套性、适应性方面还有所欠缺，严重影响救援效果。因此，目前在煤矿应急救援的事故预判、报警及响应、应急处置、事故原因还原及再现、应急救援规范化、标准化等方面还存在许多不足，还有很多共性关键技术需要攻克，需要进行智能化、一体化、成套化及安全可靠方面研究。

我国近年研发的主要技术与装备包括以下方面。

（1）研制了车载钻机（ZMK5530TZJ60（A））及配套装置。可满足钻孔深度500m、孔径750mm 的救援钻孔地面施工需要；救援提升舱及配套装备舱体有效空间 $\Phi540mm \times 1900mm$，提升/下放速度最大 1m/s。

（2）研制成功了透地通信系统，具备远程环境参数监测、语音对讲、文本短信息、语音短信、无线互联、文件传输、数据存储、拷贝、历史通信记录报表等功能，现场试验验证垂直透地通信距离不小于500m，最大已达800m，通信速率不小于1kbps，超过了国外同类产品。

（3）研发了煤矿安全虚拟仿真培训系统。该系统具有煤矿三维仿真、逃生训练、安全意识、4D 动感、矿井灾害、救援演练、救援装备等培训功能，具有高度沉浸感，能极大提高培训效率，降低培训成本。在国家矿山应急救援芙蓉队、平顶山队等8个国家救援队及部分高校应用。

（4）研制了 KJ30 矿用救灾无线通信系统，救护队员可快速搭建数据传输通道，将事发地点的现场图像、环境参数、救护队员生命体征等信息传输至指挥中心，支持双向对讲，供救援指挥人员实时掌握救援情况进行可视化管理和调度。

（5）研发出避难硐室、避难舱、急救援指挥系统等应急避险系列产品。攻克了抗爆密闭、供氧、净化、温湿度控制、长时供电、动力供给、生命保障等技术难关。开发出了适用于不同人数规模的固定式避难硐室、移动式救生舱、逃生过渡站等紧急避险装备及配套的通信、长时自救器、呼吸器等设备。建立了移动式矿井重大灾害应急救援指挥系统，可完成气体采集、监测、危险性判别等信息、救援方案制定、应急措施执行等。

2.5 煤炭利用技术

2.5.1 煤炭提质加工技术

1. 我国动力煤入选率仍较低

我国煤炭洗选加工业起步于 20 世纪 50 年代，与发达国家相比起步较晚。"十一五"期间原煤洗选加工发展很快，1995—2015 年，我国年原煤入选量从 2 亿 t 提高到 26 亿 t，入选比例从 15.6% 增长到 65.9%。但是，动力煤入选率仅 35%，远低于主要产煤国家 70% 以上的水平。

2. 我国选煤厂向大型化发展、控制自动化、智能化方向发展

我国选煤厂原煤处理能力由过去的 70～1000t/h（0.30～4.00t/a）发展到目前的 300～4500t/h（1.50～25.00t/a）。建成千万吨级选煤厂 20 多座，最大规模达到 3500 万 t/a，进入世界先进水平行列。

但是我国选煤设备、仪表的可靠性和制造水平有待提高。机械设备的制造质量差，可靠性低，自动控制水平不高，成为制约我国大型选煤厂发展的瓶颈。特别是一些大型高效选煤设备的可靠性有待提高。

3. 褐煤和低变质烟煤提质技术处于示范阶段

褐煤分级提质技术在我国刚刚起步，处于研发阶段，部分技术已建有工业示范厂。目前处于工业示范阶段的最大单炉规模 5000t/d，最小单炉规模 800t/d。褐煤干馏过程中焦油和固体颗粒、焦油和粉尘分离难度大，废水复杂，处理难度大，处理成本高。

低变质煤提质利用技术包括块煤热解和粉煤热解技术。其中，块煤热解技术较为成熟，但装置处理规模小，一般不大于 10 万 t/a；粉煤热解技术是今后研发和示范的重要方向，目前河南龙成集团有限公司、陕煤集团等单位的技术正处于示范阶段，主要存在油气与粉尘分离困难、热解油气产品品质差，以及半焦的利用等问题。应加强褐煤和低

变质烟煤提质技术基础理论和关键设备的研究。

2.5.2 燃煤工业锅炉技术

我国先进的燃煤工业锅炉技术主要包括高效煤粉工业锅炉、高效水煤浆锅炉、低排放型煤锅炉。

1. 高效煤粉工业锅炉

我国自主研发的高效工业煤粉锅炉燃烧充分，技术成熟，可将工业锅炉热效率提高20%~30%，达90%以上。采用空气分级燃烧技术，逆喷式悬浮燃烧方式可有效降低SO_2和NO_x的生成，污染物排放接近天然气锅炉排放标准，节能环保效果显著。目前已广泛应用于城市工业供汽和供热。

2. 高效水煤浆锅炉

水煤浆锅炉是将优质煤源与高效燃烧技术相结合，是解决煤炭利用环境问题的适合途径。燃烧效率≥98%、热效率≥85%，较传统锅炉节煤15%以上；烟尘排放≤20mg/m³、SO_2≤100mg/m³，接近天然气锅炉排放标准。主要在广东、浙江等沿海地区应用。

3. 低排放型煤锅炉

用热值较低的煤和其他生物质原料制成型煤，在型煤专用锅炉中燃烧，固硫效率高，锅炉热效率≥80%，比传统链条锅炉高20%左右，污染物排放只有其30%左右。烟尘排放浓度≤10mg/m³，SO_2排放浓度≤30mg/m³，NO_x排放浓度≤100mg/m³，达到天然气锅炉排放标准。

2.5.3 燃煤发电技术

1. 高效的超（超）临界发电技术

我国已拥有自主知识产权的60万kW、100kW超（超）临界机组。超（超）临界机组发电效率约为45.4%，远高于亚临界机组的37.5%。我国已具备制造100万kW、25MPa、600℃等级发电机组的技术和能力，二次再热技术也成功进行了示范。

我国超（超）临界机组广泛应用，达到国际先进水平，是世界百万千瓦超（超）临界机组最多的国家。截至2014年2月，我国100万kW级机组达到60台，超过其他国家同类机组保有量的总和。在高参数大容量机组的设计及制造、系统优化、高温部件材料等方面，我国与发达国家仍有较大差距，目前正在研发更高参数（700℃）的机组。

2. 循环流化床锅炉技术

我国循环流化床技术处于世界领先水平。我国是世界上循环流化床锅炉装机容量最多的国家，有不同容量的循环流化床锅炉 3000 多台，其中已投运的 30 万 kW 等级循环流化床锅炉机组达 60 多台。目前单机容量最大的是四川白马循环流化床示范电站，采用我国自主研发的 600MW 超临界循环流化床锅炉技术，代表了目前国际循环流化床锅炉技术的最高水平。

3. 烟气净化技术

国内烟气净化技术已经实现了超低排放，采用低低温技术、湿式电除尘等除尘技术，采用石灰石 – 石膏法、干法脱硫等技术，采用低氮燃烧+脱氮技术实现污染物的超低排放。2014 年，我国燃煤电厂除尘设施平均效率上升到 99.5% 以上，已投运烟气脱硫机组占全国煤电机组容量的 92.1%，已投运煤电脱硝比例达到 83.2%。汞及其他重金属减排主要采用协同控制（SCR+ESP+FGD）。截至 2016 年年底，我国超低排放机组规模超过 1 亿 kW 装机规模。

4. 碳减排技术

我国碳捕集和封存的研究尚处于起步阶段。国内高校、科研机构和企业已积极开展相关的研究工作，石油开采、煤电、煤制油化工等行业，在燃煤烟气 CO_2 捕集和提纯利用、富氧燃烧、煤化工高纯 CO_2 地质封存、驱油（EOR）和增采煤层气（ECBM）等方面开展研究和工业示范，取得了一定的进展。

中国华能集团公司（以下简称"华能集团"）在北京奥运会前夕，在北京热电厂 CO_2 捕集示范工程建成投产，成功捕集出纯度为 98% 的 CO_2，回收率大于 85%，回收量为 3000t/a，捕集后的 CO_2 精制提纯至高纯度的食品级，可用于饮料、食品行业。华能集团还推进实施了上海石洞口第二电厂 10 万 t/a CO_2 捕集示范项目，捕获的 CO_2 经提纯后用于食品行业或进行工业利用。该集团的绿色煤电天津 IGCC 电厂示范工程一期工程正在建设，捕获的 CO_2 用于 EOR。

中国电力投资集团公司（以下简称"中电投"）建设的重庆合川双槐电厂碳捕集工业示范项目正式投运，规模为 1 万 t/a。

亚洲最大、我国首套 CO_2 捕集与封存项目，于 2010 年 12 月 30 日在神华集团煤制油化工公司鄂尔多斯煤制油分公司打通全流程，并一次开车成功，生产出纯度为 99.2%、适应地下盐水层封存的 CO_2 液体。

新奥集团股份有限公司（以下简称"新奥集团"）微藻固碳生物能源示范项目设计规模为 32 万 t/a，正在建设，捕集煤化工烟气中的 CO_2 并进行生物封存。

我国在强化采油 / 强化采气（CO_2-EOR/CO_2-EGR）方面起步较晚，2005 年开始研究，2008 年中石油在吉林大庆油田进行了 CO_2-EOR 现场试验。中石化胜利油田 CO_2 捕集和封存驱油示范工程规模为 3 万 t/a。我国与加拿大合作的国内首个"深煤层注入 / 埋藏 CO_2 开采煤层气技术研究项目"前期试验结果表明，向煤层气井注入纯净的 CO_2，每平方公里的煤层可以埋藏 CO_2 100 万 t，煤层气井的采收率因此提高了 80%。

2.5.4 煤炭深加工技术

煤制天然气、煤制油、煤制烯烃等煤炭深加工是我国煤炭清洁高效利用的新方向。

1. 煤制天然气

煤制天然气技术的核心是煤气化技术、甲烷化工艺及催化剂技术。在煤制气技术方面，国产的水煤浆气化炉、航天炉等技术成熟；在甲烷化技术方面，我国在催化剂及工艺开发方面起步较晚，甲烷化技术还需要引进。目前，我国已经建成投产内蒙古克旗（13.3 亿 m^3/a）、新疆庆华（13.75 亿 m^3/a）、内蒙古汇能（4 亿 m^3/a）、新天煤化工（20亿 m^3/a）等 4 条煤制气生产线，目前还都处于示范运行阶段。

2. 煤炭液化

在煤炭直接液化方面，神华集团联合煤炭科学研究总院等国内科研机构，开发了具有自主知识产权的直接液化工艺，建成了全球首个百万吨煤直接液化装置，实现了安全、长周期、高负荷运行，直接液化技术已趋于成熟。在间接液化方面，我国已成功开发出自主知识产权的间接液化技术，并已完成工业示范。截至 2015 年 6 月，建成了神华（18 万 t/a）、伊泰（16 万 t/a）、潞安（16 万 t/a）和兖矿（100 万 t/a）4 个项目。

3. 煤制烯烃

我国具有知识产权的甲醇制烯烃技术和装备不断取得突破，主要有 DMTO、DMTO-II 技术和 FMTP 技术，同时也应用德国鲁奇的 MTP 技术进行了示范。神华集团包头（DMTO）、神华宁煤（MTP）、大唐内蒙古多伦（MTP）3 个煤制烯烃示范工程均已试车成功，产能达 156 万 t/a，示范工程的商业化运行比较成功，生产出符合相关标准的聚乙烯、聚丙烯等高附加值产品。截至 2015 年 6 月，我国已经陆续建成 7 套煤制烯烃装置（产能 408 万 t/a）。

4. 煤制乙二醇

煤制乙二醇技术都是从煤制合成气出发制取乙二醇，分为直接工艺和间接工艺。直接工艺是有合成气直接进行合成制取乙二醇。间接工艺又分为 DuPont 甲醛羰化法、Redox 甲醛和甲醇反应法、甲醛缩合法和 CO 氧化偶联法。目前，CO 氧化偶联法技术成熟，通辽金煤 20 万 t/a 示范项目运行负荷不断提高，产品品质稳定提升。截至 2015年 6 月，我国已经建成 9 套煤制乙二醇装置（195 万 t/a）。

2.6 我国煤炭工程技术发展的重要判断

通过上述 5 个方面的总结分析，可得出我国煤炭工程技术发展的重要判断。

1. 煤炭工程技术应用的市场迅速扩大，国外先进技术大规模引入国内，生产方式不断升级，生产能力迅速提高，机械化开采比重快速上升

我国煤炭开采以井工开采为主，面临着复杂的地质条件，开采方式长期无法有效升级。但随着技术的进步，自20世纪90年代开始，煤炭生产开始大踏步进入机械化、自动化时代。开采方式由炮采、普采发展到综合机械化采煤。工作面最高单产由100万t以内提高到了1000万t以上，建成了神东大柳塔、上湾、陕煤红柳林等一批世界上最为先进的矿井。行业平均机械化程度由2000年以前不足40%，提升至目前的85%以上。

2. 2005年以来，从理论研究、技术开发到产品制造，煤炭科技的中心已经转移至国内。创新能力显著增强，技术装备水平显著提高；已经从跟随国外发展转为了引领世界煤炭技术与装备发展

2005年以来，煤炭工程技术进步超过所有人的预想，世界煤炭从技术研发到产品制造的中心已经转移到中国。例如，地质保障探测达到查明700m深度断距≥3m断层的勘探精度，国际领先；凿井、预注浆深度超过1000m，冻结深度达到950m，创世界纪录；研制出了7m大采高综采成套装备、20m特厚煤层综放开采等国内外首套高端先进装备；放顶煤技术与装备向澳大利亚输出，中国已经从技术进口方变成技术和装备的出口方；薄煤层、大倾角与急倾斜等复杂煤层开采效率普遍提升1倍以上。

3. 数字化矿山技术、少人化、智能化开采及安全监控技术取得明显进展，矿井现代化及安全保障技术水平显著提高。安全状况、矿区环境、作业条件、劳动强度等大幅度改善

2005年以来，我国发展了数字矿山技术、智能化开采技术，高端综采装备自动化系统控制占到成套装备的80%，工作面人数由几十人降至十几人、到目前的个位数字。煤矿事故大幅度下降，百万吨死亡率降至2016年的0.16257，矿井现代化及安全保障水平显著提高。

4. 资源综合利用效率不断提高，绿色开采技术与装备不断发展，开始向超低生态损害方向发展

煤炭资源的共生、伴生资源很多，多数可以同时或一前一后开采，如水、瓦斯、煤层气、黄铁矿等，以及锗、镓、铀、钍等放射性矿藏。地下水资源保护技术、地下水库、地表生态环境采复一体化治理等资源综合利用和绿色环保技术得到大力推广；部分用煤行业的节能减排取得重要进展，煤电污染物超低排放技术已达到世界领先水平。矿区矸石利用、燃烧残留物的循环再利用等技术快速发展，建成了塔山循环经济园区、淮南绿色生态矿区、唐山南湖公园生态恢复区等典型资源综合利用与环保示范区。

5. 我国煤炭清洁燃烧与高效转化利用技术有重大突破，达到世界先进水平；先进燃煤电厂排放达到天然气水平，实现了清洁利用

我国先进的选煤设备规模和工艺已经达到世界同类技术先进水平；我国燃煤工业锅炉先进的技术装备也处于世界先进水平；燃煤发电技术已经处于世界先进水平，在二次再热等技术应用方面处于世界领先；600MW 以上电厂平均煤耗从 2005 年的 370 gce/kWh 下降到 2015 年的 315gce/kWh，排放下降 15% 以上。上海外高桥、华能石洞口等电厂煤耗可在 270 gce/kWh，排放达到天然气排放标准，CC（u）S 开始示范；2016 年全面实施燃煤电厂超低排放和节能改造，大幅降低发电煤耗和污染排放，同时，煤炭作为资源液化、汽化规模很大，煤炭深加工技术及工程化方面处于世界领先位置。

第3章 国内外煤炭工程技术对比与我国竞争力分析

先进的技术与装备是煤炭行业发展的根本，是参与国际竞争的基础和保障。煤炭工程技术强国就是要以更高效、更安全、更环保的煤炭开发与利用工程技术，打开行业发展空间，为增强我国的综合国力提供支撑。本章在地质保障、建井、开采、安全及利用技术等5个细分领域进行国内外对比、分析，找出能够衡量某国煤炭工程技术水平的关键指标，建立煤炭领域竞争力评价指标体系，定量得出我国在世界煤炭领域的地位及综合竞争力指数。

3.1 地质保障技术指标对比与竞争力分析

3.1.1 物探技术与装备对比

表2.3.1给出了国内外地面、井下物探技术与装备的对比分析。

表2.3.1 国内外地球物理勘探技术先进性比较

探测方法	具体技术	先进性比较（中国比美国）
地面地震	地面高分辨率地震，包括2D/3D、P/S	领先
	高分辨率地震层析	领先
孔中地震	钻孔地震层析，包括VSP和RVSP	未开展
	垂直地震剖面，VSP	未开展
孔间地震	孔间地震成像	未开展
井下地震	井下槽波探测	接近
	井下槽波探测	接近
井地联合地震	井－地联合地震	未开展
	地面－井下槽波联合探测ISS	未开展
	地面－井下地震联合超前探测	未开展
地面电法	地面直流电法，含高密度电阻率	领先
	地面时间域电磁法	领先
	地面差分EM梯度成像	未开展
井下电法	井下地质雷达	接近
孔中电法	孔中雷达和孔间电磁波透视	未开展
	钻孔偏差测量	未开展

探测方法	具体技术	先进性比较（中国比美国）
配套的技术与装备	科罗拉多矿业学院与美国军方实证试验基地	无
	井内空向钻井	接近
	岩性测井：提供 R、r、SP 和单点电阻（SPR），测定井下地层层序	接近
	全波形声波测井：提供 P 波速度和解释 S 波及电阻率	未开展
	井斜测量：测量钻孔轨迹	接近
	声呐测绘（激光或井中摄影）：对老巷准确成像，精度为 5.08～15.24cm	未开展

3.1.2 钻探技术与装备对比

国内外钻探技术与装备的对比见表 2.3.2。

表 2.3.2 国内外钻探技术与装备对比

施工空间	钻进方法	对比项目	国内技术	国外技术	技术评价
地面钻探技术	常规钻进技术	钻进技术	清水钻进、气动和液动潜孔锤钻进、绳索取芯钻进、空气反循环钻进	清水钻进、气动和液动潜孔锤钻进、绳索取芯钻进、空气反循环钻进	并跑
	定向钻进技术	钻进技术	几何导向钻进、地质导向钻进、磁对接导向钻进	几何导向钻进、近钻头地质导向钻进、旋转导向钻进、磁对接导向钻进	跟跑
		护孔技术	连续筛管护孔	连续筛管护孔	并跑
		钻进仪器	有线随钻测量系统、泥浆脉冲无线随钻测量系统	有线随钻测量系统、泥浆脉冲和电磁波无线随钻测量系统、地质导向随钻测量系统、旋转导向系统、磁对接系统	落后
		应用领域	地质勘察、水害防治、瓦斯抽采、事故救援等	地质勘察、水害防治、瓦斯抽采、事故救援等	并跑
井下钻探技术	常规钻进技术	钻杆类型	外平钻杆、螺旋钻杆、三棱钻杆、三棱螺旋钻杆	外平钻杆、螺旋钻杆	领跑
		钻进介质	清水、泥浆、空气、雾、泡沫、干式	清水、泥浆	领跑
		钻进技术	低速和高速回转钻进技术、跟管钻进技术、冲击钻进、冲击回转钻进	低速回转钻进技术	领跑
		护孔技术	提钻后筛管护孔技术、不提钻筛管护孔技术、跟管护孔技术	无	领跑
	定向钻进技术	钻孔深度/m	1881	1761	领跑
		装备系列/m	600～1500	1000	领跑
		钻孔直径/mm	98、120	96	领跑

续表

施工空间	钻进方法	对比项目	国内技术	国外技术	技术评价
井下钻探技术	定向钻进技术	随钻测量方式	有线、电磁波无线、泥浆脉冲无线	有线	领跑
		随钻测量系统使用时间	2个月或不受限	45天	领跑
		钻进工艺	滑动定向、复合定向	滑动定向	领跑
		应用范围	中硬煤层、松软煤层及采空区瓦斯抽采，顶板水、底板水和老空水防治、隐蔽致灾地质因素探查与治理、火灾防治等	中硬煤层瓦斯抽采	领跑
		钻孔类型	集束型定向钻孔群、梳状钻孔、高位顶板和底板定向钻孔、多分支枝状钻孔、上下对接钻孔	集束型定向钻孔群、多分支枝状钻孔	领跑

3.1.3 竞争力分析

通过表 2.3.1 和表 2.3.2 的对比分析可知，我国地质保障技术在探测方法种类、新技术的研究和应用方面比国外要少，原创性的技术手段少。但在常用的主流技术研究方面，由于实际需要和复杂地质条件的推动，水平与国外先进水平差距不大；在定向钻进等技术上还处于领先水平。在装备的性能、探测精度、适应范围等方面，国内领先于国外，在设备的自动化控制、可靠性等方面还有差距。在市场服务对比上，国外通常都是专业公司提供成套的技术服务，专业化程度、服务全面性、规范化程度等方面都很高；国内从事地质保障探测技术开发和服务的机构多是高校和科研院所，以及从高校和科研院所衍生的技术公司，规模小、规范化程度不高，竞争力不强。

总体而言，在国内外地质勘探保障技术及装备的市场竞争中，我国的总体竞争力并不强。

3.2 建井技术指标对比与竞争力分析

我国建井条件远比世界其他国家复杂，建井的技术指标处于领先水平，但建井技术及装备、人员功效等还有较大差距。

3.2.1 地质和工程条件对比和分析

在地质条件对比方面，我国煤炭赋存条件复杂，需要穿过含水冲积层厚度大，西部弱胶结含水基岩深度大，建井难度大，需要特殊凿井工艺配合。进入 21 世纪以来，我国中、东部地区主要矿区浅部煤炭资源几近枯竭，新建煤矿立井井筒深达 800～1000m，具有冲积层深厚、地压大、含水丰富等特点。随着我国西部大开发战略的实施，陕西榆林、宁夏宁东、内蒙古鄂尔多斯等地区与中、东部地区新井建设相比，矿井上覆冲积层虽薄，但立井井筒穿越地层多以白垩系、侏罗系等深厚富含水岩层为主，如正在开发建设的内蒙古红庆河煤矿，井筒穿过白垩系岩层厚度超过 500m，立井施工难度大。

国外地质条件则相对简单，美国多数煤层呈近水平状态，断层少，顶板坚硬。现有煤矿的开采深度多不超过 100m，煤层多处于风化带，瓦斯含量低，属于低瓦斯矿井。内陆含煤区的煤层产状几乎近水平，埋藏浅，多采用露天开采，井工开采的深度一般不超过 300m。

俄罗斯莫斯科近郊煤田煤系地层几乎近水平，构造简单，但有些地方因岩溶作用而破坏。由于含煤岩系的上覆和下伏地层均有碳酸盐存在，富水的灰岩岩溶含水层相互连通，水文地质条件较为复杂。

3.2.2　建井工艺技术对比与竞争力分析

1. 普通凿井技术

普通凿井方面不论凿井直径、深度及月成井速度水平，基本达到国际先进水平，但这些成果的背后存在的问题是，我国凿井人员是国外同等水平的 1.5～2.5 倍，人均效率是国外的 0.5 倍以下；凿井的安全防护设施不完善，安全事故时有发生；凿井装备的噪声、粉尘、有害气体伤害的职业健康方面还存在较大差距；凿井装备的可靠性方面还存在问题，凿井设备完好率较低。

2. 钻井法凿井技术

我国在煤矿井筒钻井法凿井工艺、技术级装备方面处于国际先进或领先水平，主要依赖于我国煤矿建设的高速发展。进入 21 世纪后，为适应煤矿井筒建设的需要，对 AS-9/500 型、L40/800 型钻机进行了改造，使其在钻井直径、提升能力、扭矩、控制系统方面得到了很大地提高。同时从 2004 年开始，着手研制能力更大的新型钻机。先后研制出 AS-12/800 型钻机、AD120/900 型钻机和 AD130/1000 动力头型钻机。在此阶段共钻煤矿井筒 51 个，最大钻井直径 10.8m，最大钻井深度 660 m，井壁最大厚度为 1000mm，混凝土最大标号为 C85，成井最大直径 8.3m，全断面钻进最大直径 7.7m，创造了一钻成井施工工艺。钻井法凿井技术国际领先。AD130/1000 竖井钻机，扭矩达 620kN·m，提升力达 700t，装机功率 983.5kW。最大钻井直径 13m，最大钻井深度 1000m。能力比上一代竖井钻机提高 50%～60%。综合性能国际领先。

3. 竖井掘进机凿井

我国还未采用竖井掘进机工艺凿井。由于国外矿业工程限制，国外近些年竖井掘进机发展缓慢，常用的溜矸下排渣竖井掘进机钻井法（有导井的方法），最大钻井直径达 8.2m，深度达 1260m，最高效率达 458m³/d。美国曾用 32 天完成直径 7.0m，深 588m 的井筒。上排渣竖井掘进机钻井法方法（无导井的方法）在美国和德国均做过工业性试验，分"干式"和"湿式"2种。就是将破碎下来的岩碴，用压气、水力或者机械装置，将其提升到钻机的顶部的料仓中，之后再用吊桶或箕斗提升到地面上去。美国、德国也有实际应用但数量不多，而且还存在一些问题。在乌克兰顿巴斯矿区曾用 PD 型钻井机达到过 89.6m/月，最高达 177.5m/月，用 CK-1Y 型钻机达到过 160m/月的记录，钻井直径 7.8m，钻深达 1013m。

4. 冻结、注浆等特殊凿井技术

我国在地层人工冻结凿井方面取得全面突破，冻结深度达到 950m，成为已完成世界最深的冻结井，在冻结壁、冻结温度场、冻结井壁研究方面取得突破，在冻结孔钻进精度控制、冻结器结构形式、冻结其安装、冻结过程控制、冻结壁胶圈判识方面多处于国际先进水平，但我国冻结能量消耗大，在节能方面还比较落后。

3.3 开采技术指标对比与竞争力分析

1. 开采条件对比

在国际上，美国、澳大利亚等先进产煤国煤炭开采条件简单，煤层埋藏浅，井工煤矿开采深度一般不超过 300m，露天开采比重大；采高一般在 2～6m，太薄或太厚的煤层都不开采。中国大陆是由众多小型地块多幕次汇聚形成的，主要煤田经受了多期次、多方向、强度较大的改造，因而煤层埋深大（多数在 300m 以下）、地质构造复杂，薄煤层、大倾角、特厚煤层等占比较大，开采条件中等偏下，此外还有"三软"煤层、高瓦斯煤层等，真正适于高效开采的近水平工作面比例较小。

2. 矿井设计技术对比

在国内复杂的开发条件和快速发展的技术、装备支持下，我国矿井设计技术有着非常宽泛的适用范围，其中先进的设计技术已经处于国际领先水平，在矿井单井规模、采区规格、工作面单产、掘进月度指标、立井提升容器能力、开采深度、干法选煤等方面均已经处于国际领先或先进水平。

3. 开采技术对比

我国煤炭开采在开采工艺和技术方面处于世界先进水平。复杂的地质条件迫使我们不得不研究安全、高效的开采技术。从 20 世纪 90 年代引入放顶煤开采技术，先后发展出了高、中、低位放顶煤开采技术，目前我国放顶煤开采厚度达到 20m 以上，年产 1000 万 t 以上，并将核心技术输出到了澳大利亚。在巷道支护技术方面，通过对采场围岩的地质力学参数测试，揭示出采动巷道支护的本质是"三场"相互作用；提出了基于"三场"相互作用的采动巷道围岩扩容控制原理，及高预应力一次支护方法，为大变形巷道支护提供了理论基础与有效途径；开发出高预应力、高强度、高延伸率巷道支护成套技术，解决了最深、最软、全煤巷道等巷道支护难题，技术水平世界领先。此外，在高瓦斯工作面开采、急倾斜煤层开采、充填开采等方面都处于领先水平。

4. 开采装备对比

目前国内的井工开采装备在生产能力、功率、支护阻力、高度、运输能力等整体参数方面已经处于领先水平。但受制于国内基础工业水平，在制造工艺、材料、装配、密封、机加工精度、自动化技术等方面存在诸多不足，因而造成产品在质量、可靠性、寿命、自动化程度上与国外产品还有一定差距。

国外煤机装备虽然在本国应用较少，但其利用自身的制造优势针对我国的大采高、特厚煤层开采研制了新的大功率、高强度、耐磨损、高可靠性装备。采煤机最大装机功率近 3000kW，其中单截割功率 1100kW，单牵引功率 200kW，采用 690V 级交流变频调速，最大牵引速度达到 30m/min 以上，最大开采高度达到 7m，设备生产能力达到了 5000t/h 以上。国外长距离、大运量、高带速大型带式输送机已成为发展的主要方向，最大运距大于 20km，最大运量大于 2000t/h，最大带速大于 10m/s。

在自动化、智能化控制等方面，先进采煤国家的矿山数字化主要从开采过程的自动化、智能化入手，以求最大限度改善矿工的劳动条件，提高开采效率。采煤机电控系统应用嵌入式计算机及工业网络技术，结合先进的传感与信号处理技术，实现高性能运行控制、与配套设备的自动协同控制、故障自诊断、自动记忆截割和远程监控功能。

2004 年以来，国产煤机装备取得了长足进展，在矿井建设、巷道掘进、综采设备、辅助运输、露天开采、煤炭洗选等方面的装备研发取得了重要突破。但目前我国煤机装备仍总体落后于国际先进水平，装备可靠性、智能化和信息化等指标偏低。我国电牵引采煤机形成了割煤高度 0.8～7m、适应倾角 0°～60°、总装机功率最大达 2700kW 的系列产品，牵引速度超过 20m/min，最大落煤能力达 6000t/h。自主研发了支护高度 0.5～8.2m、工作阻力 2000～17000kN、支架宽度最宽 2.05m、立柱缸径最大 500mm、适应倾角 0°～60° 等 500 多种不同类型与支护参数的系列化液压支架。自主研发了最大中部槽槽宽 1400mm、最大中部槽长度 2050mm、最大装机功率 3×1500kW 的刮板输送机；最大槽宽 1600mm，最大装机功率 700kW 的转载机；最大破碎能力 6000t/h、装机功率 700kW 的破碎机。研发成功的 14～20m 特厚煤层大采高综放开采成套技术与装备在大同塔山矿年产煤 1039.1 万 t，刷新综放工作面年产世界记录。研发成功国内首套装机功率最大、开采高度最高、生产效率最高的综采工作面智能化成套装备，在陕煤集团红柳林煤矿成功应用。

5. 环境保护方面对比

国外注重采前的环境评估与监测；矿山"三废"排放少，环境和生态损伤小，修复率高，综合利用程度高。我国近年来在充填开采、煤层气抽采、地下水库等绿色开采技术方面取得较大进展。目前国内已建成 30 多座煤矿地下水库，储水量超过 3000 万 m³。在地表生态修复与重建技术方面，我国发展形成了采煤沉陷区的土地损毁评价技术、农业生态景观构建技术、工业利用成套技术等，不仅将沉陷区复垦成了农田、鱼塘等，还实现了在沉陷区上建设洗煤厂、新农村、百米高楼等。初步形成了适用于华北、华东煤矿区及晋陕蒙接壤区采煤沉陷地、煤矸石山生态修复技术体系。然而总体来看，目前我国矿区生态修复率仅 30% 左右，与国外差距主要存在于：在煤矿开采对生态环境影响定量评估、预测、诊断等方面技术研究落后；矿山生态修复技术落后，特别是针对西部环境脆弱区、东部积水沉陷区、蒙东典型草原区的生态修复与重建技术；法律法规及行业标准不健全，国外主要发达国家建立了一系列矿山环境保护法律，明确规定了矿山生态修复的程度并有配套措施。

3.4 安全技术指标对比与竞争力分析

3.4.1 煤层赋存条件对比

我国华南赋煤区的煤田最为复杂，其次是华北赋煤区，然后是东北和西北赋煤区。除鄂尔多斯盆地内部的侏罗纪煤田外，我国煤田地质条件比美国、印度、澳大利亚、俄罗斯近郊煤田复杂得多。导致这种差异的原因与大地构造条件不同有关。从世界各主要采煤国家的煤炭资源赋存状态及遭地质构造破坏情况来看，可以分为好、中、差 3 类。美国和澳大利亚是属于好的这一类，中国和乌克兰属于差的这一类，其余属于中等这一类。煤层的开采地质条件好，有利于煤矿实现安全高效生产；煤层的开采地质条件一般，各种灾害也严重威胁着安全、高效生产；煤层的开采、地质条件不好，非常难于实现安全高效生产。

各国煤炭赋存条件存在显著差异，开采地质条件及其复杂程度直接影响了该国煤矿安全生产水平，各主要采煤国百万吨死亡率如表 2.3.3 所示。可以看出，世界各主要采煤国家的地质条件复杂程度和该国煤矿安全生产水平关系明显，不同地质条件对应的百万吨死亡率大小分布于不同的数量级别，美国等开采地质条件好的国家的百万吨死亡率一般为 10^{-2} 级，俄罗斯、波兰、南非、印度等开采地质条件中等的国家的百万吨死亡率一般为 10^{-1} 级，而中国、乌克兰等开采地质条件差的国家的百万吨死亡率一般为 10^{2} 级。可见，煤炭开采地质条件对煤矿安全生产水平有显著影响，并起到主控因素的作用。

表 2.3.3　1990—2013 年世界主要产煤国百万吨死亡率描述统计（单位：人 / 百万吨）

取值	中国	美国	印度	南非	波兰	俄罗斯	澳大利亚
最大值	6.660	0.070	0.900	0.490	0.510	1.090	0.180
平均值	3.563	0.038	0.485	0.158	0.243	0.596	0.053

取值	中国	美国	印度	南非	波兰	俄罗斯	澳大利亚
最小值	0.288	0.018	0.266	0.051	0.090	0.100	0.000
样本数	24	24	21	21	21	23	14

3.4.2　开采方式对比

煤矿开采方法分地下开采（也称井工开采）和露天开采两大类。世界各主要采煤国由于资源条件的不同，地下开采和露天开采的比例也有较大区别。部分国家煤炭产量中露天矿产量所占比例见表 2.3.4。可以看出，目前煤炭产量最大的前 5 位中，除中国之外，美国、印度、澳大利亚、俄罗斯的露天开采产量占煤量总产量的比例都大于 50%。因此，在世界主要产煤国家中，除中国外多数是以露天开采为主。

表 2.3.4　部分国家煤炭产量中露天矿产量所占比例（单位：%）

国家	年份									
	1970	1980	1990	2000	2003	2004	2005	2006	2007	2008
美国	43.31	59.10	59.99	65.2	67.1	66.95	67.42	69.12	69.32	69.48
俄罗斯	36.3	46.0	54.2	64.75	66.2	64.2	65.1	64.7		
英国	—	—	20.1	3.1	—	—	—	—	—	—
乌克兰	—	—	4.5	3.1	—	—	—	—	—	—
南非	16	30	—	49.6	49.8	—	—	—	—	—
德国	76.6	80.4	83.6	90.1	78.8	—	—	—	—	—
印度	—	—	58.86	—	75.1	—	—	—	—	—
澳大利亚	27	60.6	76.2	—	72.9	—	—	—	77.5	—
波兰	18.7	16	31.2	34.8	31.7	—	—	—	—	—
日本	—	9.3	12.8	—	—	—	—	—	—	—

根据两类开采方法和工艺的特点，露天开采安全状况要明显好于井工开采。根据美国矿山安全与健康监察局（MASH）的统计数据，1993—2002 年美国井工煤矿共计因事故死亡 244 人，露天矿共死亡 94 人，井工煤矿的百万吨死亡率 0.0623，露天煤矿 0.0138，前者是后者的 4.54 倍。

地下开采和露天开采由于在进入煤层方式、生产组织、采掘运输方式等方面截然不同。露天开采一般机械化程度高、产量大、劳动效率高、成本低、工作比较安全，但受气候条件影响大，需要采用大型设备和进行大量基建剥离，基建投资较大。地下开采需要开凿一系列井巷进入地下煤层才能进行采煤，由于是地下作业，工作空间受限制，采掘工作地点不断移动和交替，并且受到地下的水、火、瓦斯、煤尘以及煤层围岩塌落等威胁，因此地下开采比露天开采复杂和困难。开采方法是影响煤矿安全开采的重要因素，由于受资源条件的限制，我国露天开采产量比重较小，仅占 5% 左右，在煤矿安全生产方面面临巨大的挑战。

3.4.3 机械化程度对比

煤矿安全与采煤机械化程度具有很大的相关性。20 世纪 50～60 年代，世界先进采煤国家大力发展和推广机械化采煤技术，采掘机械化程度迅速提高。到 20 世纪 70 年代，联邦德国、美国、英国的采煤机械化程度就达到 90% 以上，煤矿的安全状况也得到了明显改善。

我国煤矿的安全生产实践也充分说明了这一点。我国煤矿采煤机械化起步并不晚，但发展比较缓慢。20 世纪 80 年代，我国采煤机械化程度不到 10%。2000 年，全国采煤机械化程度达到 40%。最近几年，我国国有重点煤矿采煤机械化程度有明显的提高，2011 年全国采煤机械化程度达 76%，2016 年达到 85%。

随着采煤机械化程度的提高，煤矿百万吨死亡率逐年下降。对 1986—2016 年，全国采煤机械化程度与百万吨死亡率进行统计分析（图 2.3.1）。可见，二者间具有很强的相关性。

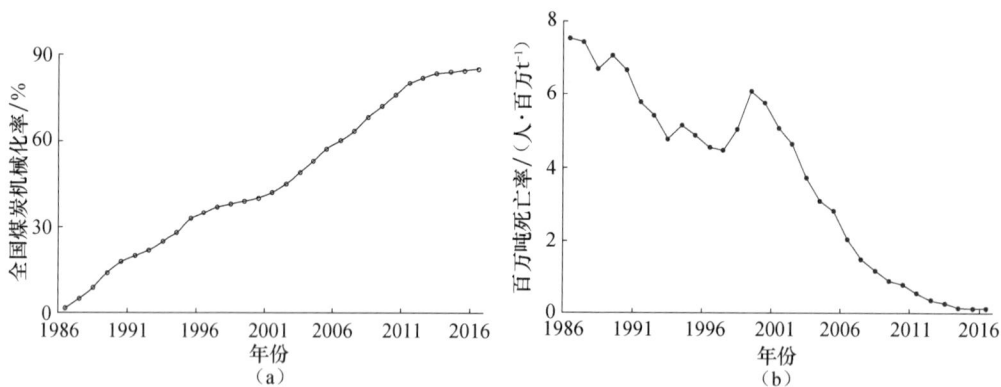

图 2.3.1 全国采煤机械化程度（a）与百万吨死亡率（b）

3.4.4 矿井规模对比

进入 20 世纪 80 年代后期，美国大型煤炭公司兼并联合，企业趋于大型化、集团化。1997 年，美国煤炭生产能力大于 90 万 t 矿井的产量为 746.08t，占当年全国煤炭产量的 75.5%。2004 年美国有煤矿 1586 个，生产商品煤 10.08 亿 t，平均每处产煤 63.56 万 t。其中前 5 家大型煤炭公司产量达 545.5 百万 t，占全国煤炭总产量的 54.1%。小型煤矿大约有 605 个，这些煤矿因储少，煤层薄，大多采用房柱式或连续采煤法开采，当年产煤量为 76.86 百万 t，仅占美国煤炭产量的 7.72%。

我国煤矿分布广泛，27 个省、直辖市、自治区，1264 个县均有分布，占行政区划的 44.2%。截至 2015 年年底，全国共有各类煤矿 1.08 万处，其中以小型矿井居多，生产能力 30 万 t/a 以下的小型矿井 7000 多处，占比达到 70%，但产量比重仅 10%。我国煤炭生产集中度过低，大多数小煤矿安全生产技术与装备水平低下、抗灾能力差，给安全生产管理带来困难。

3.4.5 从业人员素质对比

煤矿从业人员的素质是煤矿安全生产的根本保证。世界上煤矿安全生产形势较好国家的煤矿从业人员整体素质都较高。以美国为例，美国的煤矿工人大部分是高中毕业以上文化程度，而且法律规定新矿工进矿必须经过不少于 40h 的安全培训（露天矿不少于24h），然后是 90d 左右的岗位实习培训，以后每年脱产培训 35h。矿工更换工作也要接受再培训。对电工及大型设备操作人员还要进行专门的培训，经考试合格，取得专门证书后才能上岗工作。国家安全监察是在煤矿进行安全检查时，如发现没完成培训任务的矿工或无证上岗的矿工，要立即命令其撤离工作岗位。由于工人素质普遍较高，加之实行全是强制性安全培训，所以每个工人都能按工种责任制和操作规程尽职尽责地工作。如不遵守纪律和违章 3 次将被矿方解雇或开除。谁未尽到责任出了事故就追究到谁。法律明确规定：煤矿工人有拒绝在危险环境下工作的权利，同时也有报告不安全和卫生作业条件的法律权利。合理、正确地拒绝危险性作业，工人可以获得美国劳动者关系委员会的法律保护。因此，美国的矿工能尽量做到的不违章，也拒绝在违章的危险条件下工作，这就减少了很多不安全的事故的发生。

我国煤矿仍然伤亡事故居高不下，重特大事故频频发生的重要原因是矿工素质差、人才匮乏。目前，我国煤矿生产作业人员过多，农民轮换工为煤炭生产一线主体，因流动性大，许多煤矿企业不愿意进行过多的岗前安全培训。

总体说来，我国职工整体文化水平低、缺乏自我保护意识和能力，违章作业现象严重，成为我国煤炭生产百万吨死亡率居高不下的重要原因之一。据调查，在现代化大型煤炭企业中，拥有大学本科以上学历的人数仅占职工总数的 2.93%。30 万 t 以上大中型煤矿中，初中以下文化程度占 62.67%，大专以上只占 5.44%，高级工程技术人员占0.3%。30 万 t 以下小型煤矿中，中专以上文化程度的职工平均每矿不到 3 人。

3.4.6 竞争力分析

通过上述对比分析可知，由于煤层赋存条件、开采方式、设备性能及应用水平、从业人员素质等方面的不足，我国在安全保障方面的竞争力也不够强。这就需要我们加强煤炭安全生产的综合保障能力，尽快提升煤炭安全水平，增强行业竞争力。

3.5 利用技术指标对比与竞争力分析

3.5.1 煤炭提质加工技术

从表 2.3.5 可以看出，在煤炭洗选比例方面，国外产煤和用煤大国的煤炭大部分经过洗选，我国在煤炭洗选比例（特别是动力煤）较发达国家偏低；在选煤技术的先进性方面，洗选设备规模与国外相当，在自动化、智能化程度方面较发达国家还有一定差距，国产设备的稳定性方面也存在不足。在低变质烟煤提质方面，我国开发的中低温热解技术已经具有一定优势。

表 2.3.5   国内外煤炭提质加工技术比较

比较项目		国内	国外
煤炭入选率		我国原煤入选率 65.9%；动力煤入选不足 40%，而且洗选精煤主要用作化工、高炉喷吹等原料用煤，用于燃烧发电的很少	加拿大、德国等煤炭洗选产品以燃烧发电为主，原煤入选比例 95% 以上
选煤技术	单套设备能力	1000 万 t/a 以上	澳大利亚等 1000 万 t/a 以上
	自动化、智能化程度	较低（主要自动化控制系统的集成电路和元器件还完全依赖进口）	高
	设备稳定性	较低（一些大型、特大型选煤关键装备还需整机进口）	高
褐煤提质技术		研发	预干燥直接发电技术较成熟
低变质烟煤提质技术		工业化示范运行	研发

3.5.2   燃煤工业锅炉技术

从表 2.3.6 可以看出，我国先进的燃煤工业锅炉技术在运行效率和污染物排放方面与国外先进水平相当。

表 2.3.6   国内外燃煤工业锅炉技术比较

比较项目	国内			国外	
	煤粉锅炉	水煤浆锅炉	型煤锅炉	德国煤粉锅炉	抛煤机炉、横向给料锅炉
锅炉效率 /%	90	85	82	92	80～82
烟尘排放 /(mg·Nm^{-3})	≤10	≤20	≤10	≤5	≤25
SO$_2$ 排放 /(mg·Nm^{-3})	≤50	≤100	≤30	≤200	≤170
NO$_x$ 排放 /(mg·Nm^{-3})	≤200	≤200	≤100	≤150	≤169
操作水平	自动化	自动化	部分人工	自动化	自动化

3.5.3   燃煤发电技术

从表 2.3.7 可以看出，我国燃煤发电技术总体已经处于世界先进水平。在超（超）临界发电技术方面，我国具备制造 100 万 kW、25MPa、600℃ 等级发电机组的技术和能力，二次再热技术在百万千瓦机组上应用，是超（超）临界机组应用最多的国家。在循环流化床锅炉技术方面，我国自主研发的 600MW 超临界循环流化床锅炉技术成功示范运行。在烟气净化方面，超低排放技术应用已经超过 1 亿 kW 装机规模。

表 2.3.7　国内外燃煤发电技术比较

比较项目		国内	国外
超（超）临界发电	应用情况	100 万 kW 级机组超过 60 台，超（超）临界机组比例 35% 以上，超过世界其他国家装机总和（2014 年）	世界上超（超）临界机组比例的 27%（2014 年）
	技术参数	上海外三（276gce/kWh，世界第一）；泰州二次再热技术设计供电煤耗（257gce/kWh）2015 年平均供电煤耗 315 gce/kWh	日本火电机组供电标准煤耗为 299gce/kWh，韩国为 300gce/kWh，意大利为 303gce/kWh
循环流化床锅炉	应用情况	循环流化床锅炉 3000 多台，已投运的 30 万 kW 等级循环流化床锅炉机组达 60 多台	数量低于我国
	技术参数	超临界 60 万 kW 示范成功	超临界最大规模 46 万 kW
烟气净化		超低排放规模 1 亿 kW 以上	少数机组实现超低排放，大部分机组达标排放
CC（U）S		10 万 t/a 碳封存进入示范	100 万 t/a 封存示范

3.5.4　煤炭深加工技术

从表 2.3.8 可以看出，国外煤炭深加工转化技术研发速度放慢或停滞，我国煤炭深加工技术经过"十一五""十二五"的研发示范，目前总体已经达到国际先进水平。

表 2.3.8　国内外煤炭深加工技术比较

比较项目		国内	国外
煤制天然气	应用情况	已建成投产内蒙古克旗（13.3 亿 m³/a）、新疆庆华（13.75 亿 m³/a）、内蒙古汇能（4 亿 m³/a）等三条煤制气生产线	已建成美国大平原煤制气（16 亿 m³/a）
	核心技术	煤气化技术成熟；甲烷化技术处于研究示范阶段	煤气化、甲烷化技术成熟
煤炭直接液化	应用情况	建成 100 万 t 煤直接液化装置	曾在德国建立了 12 家煤炭直接液化生产厂（423 万 t/a），已经停产
	核心技术	直接液化粗油加氢精制工艺和催化剂技术处于商业示范阶段	发展停滞
煤炭间接液化	应用情况	建成了神华（18 万 t/a）、伊泰（16 万 t/a）、潞安（16 万 t/a）和兖矿（100 万 t/a）4 个项目	南非的 SASOL 公司建成三个合成油厂，年生产油品 460 万 t
	核心技术	采用低温费-托（F-T）合成技术成熟，以生产油品为主	采用高温费-托（F-T）合成技术成熟，生产油品的同时生产化工产品
煤制烯烃	应用情况	建成 7 套煤制烯烃装置（产能 408 万 t/a）能达 156 万 t/a	未见相关报道
	核心技术	DMTO 和 DMTO-II 技术成熟	MTO、MTP 技术成熟

续表

比较项目		国内	国外
煤制乙二醇	应用情况	建成 9 套煤制乙二醇装置（195 万 t/a）	日本宇部建成 6000t/a 中试装置，之后未见进一步报道
	核心技术	CO 氧化偶联法技术成熟	气相催化合成法处于中试阶段

3.6 煤炭工程技术国际竞争力评价指标体系及竞争力指数

3.6.1 煤炭工程技术国际竞争力评价指标体系

经过 3.1～3.5 节 5 个具体细分技术领域的国内外对比，对当前我国在这些领域的技术发展情况有了比较清晰的认识。为充分表征我国煤炭工程技术在国际上的地位和水平，综合衡量某国煤炭工程技术水平的关键指标，赋予其不同的贡献度，建立煤炭领域国际竞争力评价指标体系，并计算得出主要产煤国家的竞争力指数，从而直观评价我国煤炭科技的国际竞争力。

1. 关键指标的确定

（1）高效：作为煤炭技术强国的主体要素，包括地质保障程度、机械化、自动化程度、人均工效等指标。国内煤炭开采地质条件千差万别，赋存条件好、易于开采的中厚近水平煤层与大量 1m 以下薄煤层、大倾角、急倾斜、20m 以上特厚煤层等复杂难采煤层并存，年产 1000 万 t 以上的现代化矿井与年产几万 t 的小煤矿并存。效率是综合反映煤炭开采技术、装备及总体规划、管理等生产要素先进程度的最终指标，代表了煤炭工程技术"能力"的表征。

（2）安全：安全总是与先进生产技术和装备、管理水平等因素相关联的，这里主要从工程技术和行业整体安全形势的角度衡量我国煤炭安全生产的水平。有了先进的工程技术，安全保障就有了基础，在此基础上的深入应用、精细化管理则可以继续加强安全保障程度；安全是煤炭工程技术"深度"的反映。

（3）环保：这一要素主要是指运用先进的环境友好的技术和装备，最大限度地减轻因开采造成的地表环境损伤、植被破坏、地下水系破坏、有害气体排放等环境负外部效应，包括采用清洁生产和循环经济的手段与措施，对矿区生态和环境进行保护。生态环境保护是煤炭开采技术"质量"的表征。

（4）清洁利用：这一要素主要是指运用先进的环境友好的技术和装备，清洁高效的对煤炭资源加以转化和利用，包括原煤入洗率、煤制天然气、煤炭直接液化、煤炭间接液化等技术的成熟度、应用规模及技术发展前景等；燃煤清洁高效发电、CC（U）S 的技术进步与推广应用；煤炭清洁利用是煤炭工程技术"前景"的反映。

采用权重系数法，给定 10 个竞争力评价指标各自的权重值（贡献度）（表 0.2.1），总分 100 分，当总分超过 85 分时，认为是有较强国际竞争力的。

2. 主要指标的含义及计算方法

（1）地质保障程度：主要是指地质保障装备的性能、探测精度、适应范围等，包括地质保障技术的综合应用、设备的自动化控制、可靠性程度，以及地质保障技术的应用范围及频度等。

（2）机械化、自动化程度：采掘机械化程度反映矿井掘进、采煤及运输的机械化整体水平，是评价煤炭生产机械化程度的核心指标。机械化程度包括 3 个方面：采煤机械化程度、掘进机械化程度和运输机械化程度，具体计算公式如下：

$$采煤机械化程度(\%) = \frac{机械化采煤工作面产量(t)}{回采产量(t)} \times 100\% \qquad （2.3.1）$$

$$掘进机械化程度(\%) = \frac{机械化掘进工作面进尺(m)}{掘进总进尺(m)} \times 100\% \qquad （2.3.2）$$

$$运输机械化程度(\%) = \frac{掘进装载机械工作面进尺(m)}{掘进总进尺(m)} \times 100\% \qquad （2.3.3）$$

自动化智能化程度是指在煤炭生产过程中，机械设备与生产管理系统等方面的自动化与智能化的程度。主要包括生产调度、工作面自动化系统、井下安全监测设备与人员、井下通信系统、人员定位系统等 5 个方面。

（3）人员工效：人员工效体现了矿井生产中人员的整体工作效率，人员工效不仅受到采掘机械化水平的影响，还受到煤层赋存条件尤其是煤层厚度的限制。因此，不同煤层厚度原煤工效的评价标准不同。工作面人员工效与矿井人员工效计算公式如下：

$$工作面原煤工效（t/工） = \frac{报告期工作面产量（计校产量）(t)}{报告期该工作面生产人员实际工作工日数（工日）} \qquad （2.3.4）$$

$$矿井原煤工效（t/工） = \frac{报告期原煤产量（计校产量）(t)}{报告期参与计效的原煤生产人员实际工作工日数（工日）} \qquad （2.3.5）$$

（4）工人职业健康保障程度：职业健康保障程度反映了煤矿生产企业对从业人员尤其是直接从事井下煤炭生产工作的员工的安全保障程度。主要包括人员健康体检率、人员安全保险覆盖率、职业病发病率 3 个方面，具体计算公式如下：

$$人员健康体检率 = \frac{每年参加健康体康的人数}{该矿职工总人数} \times 100\% \qquad （2.3.6）$$

$$人员安全保险覆盖率 = \frac{参加安全保险的人数}{该矿职工总人数} \times 100\% \qquad （2.3.7）$$

$$职业病发病率 = \frac{职业病新发现的病例数}{从事该种职业的劳动者人数} \times 100\% \qquad （2.3.8）$$

（5）百万吨死亡率：百万吨死亡率是指每生产 100 万 t 煤炭所死亡的人数比例。

（6）生态保护与恢复率：生态保护与恢复率指实施恢复治理、环境保护措施的程度。包括矿山生态保护程度、生态恢复程度 2 个方面。

①矿山生态保护程度。矿山生态保护程度包括填充率和采煤塌陷系数 2 个二级指标。充填开采是目前煤矿开采中减少地表破坏的主要开采方式。采煤塌陷系数是评价一个区域在煤炭资源开采过程中地表的塌陷程度。

$$充填率 = \frac{充填的体积}{巷道掘进与工作面回采产出煤炭的体积} \times 100\% \qquad (2.3.9)$$

采煤塌陷系数指平均每开采一万 t 煤引发的当年土地塌陷面积。

②生态恢复度。对开采过程中破坏的生态环境进行恢复是煤炭资源绿色开采的重要内容，生态恢复度主要包括复垦率、塌陷土地绿化率 2 个二级指标，具体计算公式如下：

$$复垦率 = \frac{已恢复的土地面积}{被破坏土地的面积} \times 100\% \qquad (2.3.10)$$

$$塌陷土地绿化率 = \frac{塌陷土地恢复后绿化面积}{塌陷土地总面积} \times 100\% \qquad (2.3.11)$$

（7）资源保护与综合利用率：资源保护与综合利用率主要包括煤矸石综合利用率、矿井水利用率和瓦斯抽采利用率，具体计算公式如下：

$$煤矸石综合利用率 = \frac{当年生产煤矸石的利用总量}{当年煤矸石生产总量} \times 100\% \qquad (2.3.12)$$

$$矿井水利用率 = \frac{年矿井水利用总量}{年矿井水生产总量} \times 100\% \qquad (2.3.13)$$

$$瓦斯抽采利用率 = \frac{当年矿井抽采瓦斯利用量}{当年矿井抽采瓦斯量} \times 100\% \qquad (2.3.14)$$

（8）分级分质利用率：分级分质利用率主要是指原煤入洗率、分级分质利用占煤炭总消耗量比重等。

其中，原煤入洗率 = 入洗原煤量 ÷ 生产原煤量 × 100%

（9）高效燃煤发电水平：高效燃煤发电水平是指达到或超过天然气排放标准的燃烧发电技术的推广应用程度和水平。

（10）煤炭深加工技术：煤炭深加工技术包括煤制天然气、煤炭直接液化、煤炭间接液化、煤制烯烃、煤制乙二醇等技术的成熟度、应用规模及技术发展前景等。

3.6.2　我国煤炭工程技术国际竞争力评价及竞争力指数

在开采技术方面，晋陕蒙宁地区的煤炭开采技术水平与美国等世界先进产煤国相当，具有很强国际竞争力；但就全国平均而言，经济发展水平、地质条件复杂性决定了我国整体上的机械化程度、劳动生产率、安全保障程度、环保水平等都与国外还有一定差距。在煤炭利用方面，经过近年来的不懈努力，清洁发电及煤化工转化的工程应用已达到国际先进水平。根据3.6.1节的分析，总结出煤炭工程技术强国评价指标的国内外对比，参照表0.2.5。

通过对中国、美国、印度、南非、波兰、俄罗斯、澳大利亚等主要产煤大国的煤炭综合竞争力进行分析，总体竞争力得分见表2.3.9。

表 2.3.9　世界主要产煤国竞争力指数

竞争力指标	美国	印度	南非	波兰	俄罗斯	澳大利亚	中国	
							先进水平	平均水平
地质保障程度（8分）	7	5	6	7	6	6	7	5
人员工效（7分）	7	5	7	6	6	5	6	6
机械化自动化程度（15分）	15	10	11	11	11	15	14	12
职业健康保障程度（9分）	7	7	6	7	6	7	8	7
生态保护与恢复率（12分）	12	9	8	9	8	12	11	9
百万吨死亡率（18分）	18	10	13	13	13	18	15	9
资源保护与综合利用率（9分）	8	6	7	6	7	8	6	5
高效燃煤发电水平（8分）	8	7	7	7	6	8	8	8
分级分质利用率（8分）	7	5	5	6	5	7	6	5
煤炭深加工技术（6分）	6	4	5	4	4	6	6	6
综合竞争力（共100分）	95	69	76	76	72	92	87	71

根据表2.3.9可知，我国煤炭工程技术在许多方面都做到了世界先进水平，我国已经成为世界煤炭技术研发的中心和装备制造的中心。同时，煤炭技术的进步带动了煤炭的安全状况、矿区环境、作业条件、劳动强度、工人收入等大幅度改善，煤炭使用过程中的环境负效应正在大幅下降。因此，从工程科技的角度，我国现有的技术及装备支撑了行业的现代化发展，为煤炭资源强国提供了有力支撑。

与此同时，在目前煤炭行业转型发展的关键时期，大力推广先进的煤炭开发、利用技术及装备，提升我国煤炭工业的整体水平，提高煤炭作为我国主体能源的发展层次和水平，是今后煤炭行业的主要任务。

第 4 章 煤炭工程技术强国战略分析

我国煤炭产业经过多年的发展，工程技术领域具备一定的技术优势，部分已达世界领先水平。现有的先进工程技术可以实现我国煤炭的清洁高效开发与利用。只是目前行业整体水平还不高，亟须大力推广应用先进工程技术，实现产业链延伸与向全球拓展。

随着环境保护意识不断增强，环境约束日趋严厉，煤炭发展空间进一步被压缩转型，能源利用绿色低碳成为未来的主流趋势。煤炭工程技术与装备推动煤炭工业由粗放型向集约化、由单纯提高产量向效率优先、由环境负影响向清洁绿色开发的方向发展是必然趋势。煤炭行业的竞争力不仅仅体现为大，更重要的是强。"强"意味着更高效、更安全、更智能、更环保。在煤炭工业深度调整的大背景下，加速行业转型升级是必然选择。只有变得更强，才能参与国际行业竞争，甚至是能源竞争。目前我国煤炭工程技术的瓶颈已经基本突破，为产业的升级发展、走出国门进行产能输出、技术输出创造了有利条件，也为突破煤炭行业所面临的困境创造了条件。

在此情况下，必须更加坚定的发展先进的工艺技术及装备，实施煤炭工程技术强国战略，发挥我国在煤炭工程技术领域的优势，配合国家"一带一路"倡议的实施，奠定基础为提升我国在资源领域的竞争力。本章提出了技术强国的思路、目标和重点任务。

4.1 技术强国战略思路

煤炭是我国的基础能源，长期在能源结构中占据主体地位，对国家能源安全具有重要保障意义。尽管目前煤炭产能增长相对经济发展的需要是超前的，但不能否定其对经济社会发展的支撑作用。煤炭是我国储量最丰富的能源，具有不可替代性。煤炭行业目前出现的问题是经济快速发展后突然减速造成的，不只是煤炭一个行业存在问题。煤炭行业在快速发展的过程中，过于强调产量，忽视了其对环境的影响及清洁利用。我们不能"因噎废食"，不能因为存在问题就盲目地去煤炭化。

为了增强行业的影响力、竞争力和主导地位，必须制定长期的战略，克服煤炭开采复杂地质条件、需求放缓、环境制约等不利因素，充分应用已经取得的具有世界先进水平的工艺、技术和装备，在世界能源格局中占据一席之地，让中国煤炭像中东石油一样拥有重要的话语权。

以习近平总书记关于"实施创新驱动发展战略"和"推动能源生产和消费革命"的

重要讲话精神为指导，结合"中国制造2025""互联网+"等重大科技战略规划，实现煤炭生产智能化、生态环境友好化、转化利用洁净化、职工队伍知识化；以科技创新创造绿色能源的理念，推进煤炭科技进步，提高自主创新能力，提升煤炭工业发展的科学化水平，增强煤炭行业竞争力和主导权，将煤炭行业打造成具有国际竞争力和话语权的优势产业。

4.2　技术强国战略目标

在当前我国煤炭工业面临"煤炭需求增速的放缓期、超前产能与库存的消化期、环境制约的强化期、现代煤化工技术的发展期"四期并存的新形势下，站稳脚跟、重点突破，再全面铺开的战略是最符合实际的发展思路。各阶段的目标及主要任务如下：

（1）2025年，大力推广先进煤炭工程技术，弥补效率、安全和环保的差距，逐步打开发展空间，增强国际竞争力。基本建成勘探开发、矿井建设、煤炭生产、转化利用到污染物处理全程、全产业链的先进技术与装备体系。煤矿生产机械化程度达到90%，井下作业人员下降70%；安全形势根本好转，百万吨死亡率低于0.05；煤炭安全绿色开发、燃煤发电和煤炭转化技术达到国际先进水平；矿井水资源利用率达到70%以上，矿区生态环境明显改善，地表生态修复率达到60%以上；燃煤电厂超低排放和节能改造取得明显进展，现役电厂每千瓦时平均煤耗低于300g，大幅降低SCR入口处NO_x排放浓度50%；实现石油基油品及大宗化学品替代、焦化等工业用煤污染物超低排放，煤清洁转化综合能源效率提高5个百分点以上。

（2）2035年，全面推进自动化、智能化开采，地下气化、电子加热元件等材料转化技术等前瞻性技术取得突破，建立近零生态损害、近零排放的多元煤炭利用体系；井下作业人员下降90%，基本实现煤矿事故零死亡；矿井水资源利用率达到85%以上，地表生态修复率达到80%以上；电厂每千瓦时平均煤耗低于290g，排放全面达到天然气排放标准，煤清洁转化综合能源效率提高8个百分点以上，中国成为煤炭工程技术强国，在国际能源技术装备领域中具有强大竞争力和话语权。

煤炭是我国的基础能源，其技术发展水平也直接决定着我国能源强国战略的成败。我们要通过10～20年的努力，使煤炭勘探、开发到利用的各个环节都处于国际领先水平，煤炭成为现代化程度高、清洁环保、工人劳动条件好、安全保障程度最高的行业。

4.3　技术强国重点任务

要实现上述战略目标，就必须在战术上取得突破。在行业下行的阶段，技术创新是生存和发展的根本，是参与国际行业竞争、甚至是能源竞争的基础和保障。一切围绕增强煤炭行业核心竞争力，踏实做好每一个环节。为此，提出煤炭工程技术强国的重点任务。

1. 加强地质保障技术的研究应用，服务于煤炭生产工艺性、安全性、经济性指标的提升

重点发展井下智能化钻探技术与装备，实现地质勘探技术的精细化与科学性，大幅提升勘探精度和范围。理论研究以深层煤矿床赋存规律和多场综合勘探技术、应力场 – 裂隙场 – 渗流场高精度智能可视化测试技术为主，以应对深部资源开采以及复杂地质条件勘探的需要，保障煤矿资源的经济开发性、安全性及可持续性。

2. 提升矿井建设技术及装备自动化水平，提高建井施工效率、地质条件适应性及安全性

加强竖井钻机、竖井掘进机、反井钻机工艺技术及装备研究，实现机械破岩、排渣、支护平行作业，达到减少爆破作业和下井人员的目标；以节能、无害、高效、可靠为宗旨，发展千米冲积层冻结、深厚基岩注浆改性、斜井沿轴线冻结；改变破岩方式，在高矿压强度岩石内实现综合机械掘进成巷，改进工艺、装备提高爆破掘进效率和工艺、装备配套。

3. 大力发展智能、安全和绿色开采技术，推动行业科学化、精细化、人性化模式的发展

推动煤炭智能开发"自动化 – 智能化 – 无人化"的发展；实现煤炭安全开发"被动安全 – 主动安全 – 本质安全"的目标，以及煤炭绿色开发"降低损害 – 生态恢复 – 采补平衡"。重点突破综采工作面无人化控制系统、基于分布式决策的工作面控制系统及应用平台等关键生产技术，以及煤与煤系、伴生物共采一体化开发、地下水资源保护、采选充系统的监测预警和自动化控制、酸性废石堆的长效治理、生态修复等绿色开采技术。

4. 积极研发与生产全过程紧密结合的安全保障技术，使煤炭生产所有环节都在安全运行的前提下进行

以"煤矿隐蔽致灾因素 – 探测体系 – 动态探测技术 – 智能探测"为研究主线，从煤矿隐蔽致灾因素其形成条件、动态变化、空间分布等基础理论研究着手，研究构建主要灾害源的探测体系，研究煤矿水害、火灾、瓦斯、顶板、冲击地压灾害其主要隐蔽致灾因素动态探测技术与装备，实现大范围、高精度的动态智能探测。

5. 大力发展煤系地层资源综合开发利用、高效清洁燃煤发电及低污染物排放的煤炭转化利用技术

研发破断煤岩体中瓦斯导向流动控制技术、煤与瓦斯共采的时空协同控制技术、高突煤矿井上下联合（协同）抽采技术、单一低透煤层瓦斯高效抽采关键技术，抽采瓦斯阶梯利用和零排放技术等。研发矿区节水型洗选技术和洗选用水绿色高效循环技术。在现有先进燃煤工业锅炉基础上，开发适合工业锅炉的高效除尘、脱硫、脱硝等污染物排放处理技术。推进百万千瓦超（超）临界二次再热技术示范工程建设，适时推广应用；加快700℃超（超）临界高效发电核心技术和关键材料的研发。支持开展亚临界机组升级改造为超（超）临界机组的技术研究。进一步进行技术攻关，提高煤制天然气、煤制乙二醇、煤炭间接液化等示范工程项目的生产运行负荷，增强技术稳定性。

4.3.1　地质保障技术重点任务

1. 井下智能化钻探技术与装备

当前钻进施工以人工操作为主，干扰因素太大，易发生钻孔事故。智能化钻探技术即通过设置钻探参数监测系统，实时掌握钻进参数变化，并根据建立的模型实现钻进工况识别，在机械执行机构、液压控制系统和控制器三者的有效集成基础上，仅通过操作手柄或按钮结合视频显示和数据显示来完成钻进作业，降低了工人劳动强度和事故发生概率、提高钻进效率，同时可对各种地质异常体进行辅助判断和识别，结合地质导向技术，满足地质信息探测方面的新需求。

我国现有钻探设备多数以功能实现为主，智能化程度极低，严重制约着我国煤矿机械化开采。在相当长的时期内，煤炭作为我国的主导能源不可替代。为实现降低人工成本，以及提高钻进效率及钻进过程中的安全系数，钻探设备实现信息化、智能化、自动化是其发展的必然方向。

煤矿井下智能钻机以智能钻进专家系统为核心，辅以钻进参数采集系统、钻进数据处理系统和钻进实时控制系统，通过数据采集器、信号处理器、中控计算机组成的智能化控制体系，实时采集、处理钻机钻进参数，由专家系统智能判断并实时调整钻进工艺，同时配合钻机自动上杆装置等辅助自动化设备，最终实现智能化钻孔施工。

2. 深层煤矿床赋存规律和多场综合勘探技术

深部煤炭资源勘探模式与浅层有别。浅层的煤炭资源勘探，采用的是以地面钻探为主、辅之以地面物探的方法。从地面钻探须通过采空区的实际困难出发，面对深部更复杂的环境、更多的目标参数，对深部资源采用钻探为主的勘探模式并不现实，须从高精度的地震勘探、电磁法勘探、CT扫描等新型勘探方法入手，逐步解决相关技术的应用，探索一条深层煤矿床资源综合探测的技术体系。

在地质勘探的同时，要开展原地应力真值、地温梯度、渗透系数等参数的测量，不仅需要了解区域地应力场、地温场、渗流场，也需要知道局部的微观地应力场、地温场、渗流场，还需要弄清它们的演化历史，并在此基础上建立以煤田、煤矿区和煤矿床为中心的深部原地应力场、地温场、渗流场模型，为达到预测灾害、减灾、避免或防治灾害发生提供基础保障。

3. 煤矿应力场－裂隙场－渗流场高精度智能可视化测试技术

目前应力场的测量主要采用水压致裂法和应力解除法等，这些方法都需要在布置钻孔，施工难度较大，尤其是深部矿区应力测量难度很大。且通常只能测量单个的点，如需全面了解煤矿井下应力场分布，需要进行多个测站的布置。裂隙场的测量主要通过物探的方法，但目前测量精度普遍较低，尤其是微裂隙，无法实现准确探测。渗流场主要是瓦斯和水的渗流，目前也需要在井下采用测试仪器进行点对点的测试。

针对煤矿井下应力场、裂隙场和渗流场的分布与演化，需要开发煤矿应力场、裂隙场、渗流场高精度智能化测试分析技术。

煤矿井下应力场包括原岩应力场、采动应力场和支护应力场，上述 3 种应力场构成煤矿井下综合应力场。综合应力场随着煤矿开采过程在时间和空间上都不断变化，因此需要研究开发煤矿各采区甚至全矿井范围内非钻孔的综合应力场全面探测技术，结合物探的方法开发高精度裂隙场和渗流场探测技术，实现煤矿井下"三场"变化的全面、实时、透明化监测，实现"三场"监测人员不下井，监测精度高的目标。

4.3.2 建井技术重点任务

面对中东部地区浅层煤炭资源枯竭、深部开发遇到千米冲积层，西部远比想象复杂的弱胶结地层，以及安全、节能、环保建井形势，建井技术应该向以下方向发展：凿井，通过竖井钻机、竖井掘进机、反井钻机工艺技术及装备研究，实现机械破岩、排渣、支护平行作业，达到减少爆破作业和下井人员的目标；特殊凿井，以节能、无害、高效、可靠为宗旨，发展千米冲积层冻结、深厚基岩注浆改性、斜井沿轴线冻结；岩巷掘进，改变破岩方式，在高矿压强度岩石内实现综合机械掘进成巷，改进工艺、装备提高爆破掘进效率和工艺、装备配套。加强基础研究、实验研究、工艺研究、关键元部件开发，进行集成示范推广。

1. 不同形式的机器人取代人工作业

研究满足煤矿条件的不同形式的机器人，能够具备人的技能，从事矿井施工各个工序操作，包括钻眼机器人、装药机器人、出渣机器人、喷浆机器人、安装机器人等，或形成多功能机器人，一套设备，满足井巷施工的全部操作，基本达到建井无人化。

2. 基于深部地应力场－地温场－渗流场耦合模型的多元信息数字化矿山和三维矿井设计

随着信息技术的迅猛发展，数字化在矿山中的应用也越来越广阔。随着煤矿生产环节中信息化、自动化、集成化的不断提高，数字化矿山开始向自动化、系统化、多元化发展。当前数字化矿山建设主要是在矿井生产过程中逐步完成，按照生产的各个环节，针对各种地质体和仪器、设备的空间信息、功能参数进行数字化，并结合相应的管理模型实现各种辅助管理功能。

随着人们对深部煤矿床赋存规律的掌握和勘探技术的革命，数字化矿山的建立将具有更加重要的意义。在勘探阶段即建立的基于深部地应力场、地温场、渗流场耦合模型的多元信息数字化矿山，将对矿井建设和生产过程中的开挖、掘进、开采等操作对整个矿区的应力、渗流的影响进行模拟，为矿井设计、建设和生产管理提供更加强大的信息支撑。

同时，深部煤矿床赋存规律和采动效应的研究也将逐步应用到新型的矿井设计中，改变目前缺乏对深部矿床应力场、地温场、渗流场认识的情况下，主要以矿区地质资料为依据进行设计的现状，在以煤田、煤矿区和煤矿床为中心的深部原地应力场、地温场、渗流场模型基础上，采用三维设计技术，应用深部采动效应规律，设计现代化深部大型矿井。

4.3.3　开采技术重点任务

1. 煤炭智能化开采技术

煤炭智能化开采技术。综采工作面智能化开采，工作面三机协同联动控制。智能化快速掘进与支护，智能化运输系统，智能化提升系统，智能化供配电系统。

1）综采工作面无人化控制系统及无人操作运行模式

创建精准煤岩界面快速在线识别测试传感方法，开发采煤机智能调高控制系统，创建在井下复杂地形中装备运行绝对空间定位方法及其地质信息融合模型，安全隐患识别及预警机制；研究液压支架群组的自组织推进模型，创建大规模支护群组的协同排队控制机制，研制高可靠性智能耦合强力液压支架及其支护质量监控装置。创新实现运输设备运量的自动检测和功率匹配，建立运输系统的自动检测和故障诊断系统，实现远程监测监控和与其他设备的协同联动。

创新基于感知系统反馈的动态决策机制，建立系统级别的互联协议和控制机制，研制具备信息感知、智能监测、远程控制和自动执行功能的、能够实现煤矿无人化生产的高可靠性工作面成套装备协同控制系统。

重点突破工作面无人化开采系统配套关键技术，包括创新工作面无人化综采设备与煤岩耦合作用及自适应控制技术，两端部斜切进刀自动控制及实现方法，工作面自动清浮煤及端头支护自动化协同作业流程，工作面成套设备协同设计等技术。

2）基于分布式决策的工作面控制系统及应用平台

现有工作面设备、集控系统均来自于不同的厂商，遵从着不同的标准、数据格式、传输协议等。各个设备之间的信息交换非常困难，只能通过人工的方式完成设备间的协调配合，这对于越来越庞大的工作面生产系统来说是致命的，设备动作准确性、设备间动作的协调统一性都无法保证，不但生产效率受到影响，而且极易发生误操作导致设备损坏和生产事故。此外，现有的集控系统只是将各个设备的信息汇集到一起，但没有进一步的数据挖掘和应用，也就无从谈起智能决策和自动控制。除了技术原因外，很大程度上是因为集控系统提供商与其他设备提供商不是同一家，设备本身是不对其他厂商开放接口而受外部控制的。

为解决这些技术问题，改变目前的集中控制方式，提出基于分布式决策的工作面控制系统及应用平台。在该系统中，每个设备都是独立个体，自己决策、控制自身的行为动作，而分布式工作面控制系统来负责综合分析设备之间的信息，基于设备当前的状态、空间位置信息、即将运行的动作等做出决策，并发送系统级信息给某一个设备，控制该设备必须实现某一功能。然而，该设备如何实现该功能则不在系统级的控制信息中。同时，该控制系统基于大数据技术，将所有设备的信息集中写入数据库中，并留出统一接口供其他厂商调用。其他厂商可以在该系统基础上，开发各种数据分析和挖掘软件，为更加方便的控制工作面生产提供工具。

因此，基于分布式决策的工作面控制系统及应用平台为统一连接不同厂商的底层硬件提供了可能，同时也为上层的控制软件提供基础平台，是对当前工作面生产控制系统的颠覆性革命。

2. 煤与煤系共、伴生资源共采一体化开发理论与技术

1）高铝粉煤灰和矸石中镓的提取技术

针对准格尔煤田丰富的铝镓资源，研发煤的灰化产物、燃煤产物产品中铝和镓的提取技术，包括碱法烧结－碳酸化法、酸浸－树脂吸附法和 Kelex 100 萃取法的镓提取技术；针对铝和镓在不同对象（飞灰和矸石）中的赋存状态，优化铝和镓的提取工艺。

2）煤与瓦斯共采技术

研发破断煤岩体中瓦斯导向流动控制技术、煤与瓦斯共采的时空协同控制技术、高突煤矿井上下联合（协同）抽采技术、单一低透煤层瓦斯高效抽采关键技术，抽采瓦斯阶梯利用和零排放技术等；研发破断煤岩体中瓦斯导向流动监测及控制关键装备、煤与瓦斯共采的时空协同及控制关键装备、单一低透煤层瓦斯高效抽采关键技术及装备、抽采瓦斯阶梯利用关键技术及装备、抽采瓦斯的零排放关键技术及装备等。

3）煤炭与油气资源共采技术

针对鄂尔多斯盆地煤炭与石油天然气资源共存特征：①开发煤炭与油气资源共采技术，包括煤炭开发对天然气开发的影响规律、煤层开采对已有油气钻孔的影响规律、煤层开采对已有油气管网及地面设施的影响规律、煤层采空区岩层稳定规律研究等；②油气开发对煤炭开采影响规律研究，包括油气钻孔全孔封闭技术及对煤层开采的影响、新型可伸缩管材作为油气管网的研究；③煤炭与油气开发的资源共享，包括油气钻孔在煤炭勘探方面的利用、利用油气钻孔开发煤层气等。

4）煤铀协调开采技术

针对内蒙古和新疆煤铀共存现状，研发煤铀协调开采技术，包括：铀矿开采地下水运移规律和氡渗流机理研究，分析其对煤炭开采的影响；分析地下水利帷幕建造，调控

地下水位的技术可行性；煤炭与铀矿开采工艺的优化研究；煤铀共采生态环境评价指标体系和方法模型，预评估煤铀开采对生态环境的影响，提出资源开采生态环境保护措施；应用技术经济评价方法，对煤铀资源共采进行经济分析，对先采煤后采铀、先采铀后采煤两项技术方案进行经济可行性分析。

3. 生态环境低损害的煤炭绿色开发技术

地下水资源保护技术，覆岩离层快速探测技术，新型高性能充填材料，采选充系统的监测预警和自动化控制技术，地表生态环境采复一体化治理技术，酸性废石堆的长效治理技术、生态修复技术。

1）地下水库

为了适应我国西部浅埋深、薄基岩特点的煤炭资源保水开采需要，必须创新性研究和开发更加实用的保水开采技术及措施，实现水资源保护由"堵截"向"导储用"的转变，其中"导储用"是指"疏导含水层的地下水""储存疏导的地下水于适当的地下空间""利用储于地下空间的矿井水"。采取"导储用"为手段的保水开采技术，就是在掌握开采对水资源运移影响规律的基础上，将含水层的地下水疏导至采空区进行储存，并建设相应的水处理和抽采利用工程，对矿井水进行高效利用，达到疏导后矿井水不外排的目的，实现保水开采。实现矿井水"导储用"的关键是建设煤矿分布式地下水库。

煤炭开采后，在不同开采水平形成了大量的采空区，随着开采对上覆岩层扰动的结束，采空区趋于稳定，形成了较大的空隙空间，为矿井水存储提供条件。煤矿地下水库是对开采形成的采空区加以改造形成的地下储水空间，将同一水平、不同水平，甚至矿区的多个煤矿地下储水空间通过人工通道连通，根据采煤生产接续计划，对矿井水进行分时分地储存，形成分布式的地下储水空间，也即煤矿分布式地下水库。

煤矿分布式地下水库的作用是使煤炭开采过程中产生的矿井水，按其自身的运移规律或在人工干预下汇集和储存，并根据需要调出至地面使用，从而实现矿井水不外排，达到保护地下水资源和地表生态的目的。

煤矿分布式地下水库技术包括水库规划、设计、建设、运行、监控和管理，是一个复杂系统工程，涉及煤矿开采和水利水电工程等领域，技术难度较高，因此需要加大技术研发和工程示范力度。

2）充填开采

在目前的充填采煤实践中，需要针对不同矿区所处地理环境特点，发展适合安全高效充填开采的新型充填材料，研制低成本的充填材料输送系统及充填设备，打破充填能力不足的技术瓶颈，优化采充工艺，进一步提高充填采煤规模化程度，让充填开采发挥更大的作用。

（1）充填采煤对地表沉降控制能力与策略。

采煤过程中如何尽量减小和控制采动影响是实现采煤同时主动保护生态环境的关键。采动影响的表现形式就是矿压显现，因此，必须着力研究充填开采上覆岩层运移及矿压显现规律，减小和控制采动影响。

尽管通过多座煤矿的充填采煤实践，经过研究上部岩层弯曲变形各变量之间的关系，确定了不同岩性条件下的液压支架支护参数和充填密实度，控制了上覆岩层的移动，使上覆岩层位移最小，对地表影响最低，达到在采煤过程中控制地表下沉的目的，但需进一步研究不同地质条件，不同顶板条件下矿压显现规律，研究不同充填率与地表沉陷量的关系，从而针对特定充填目的做到地表沉陷可控，得到不同的控制策略。

（2）新型充填材料研制及配套输送系统。

充填材料的选择，直接涉及充填效果（即对地面开采沉陷的控制效果）、充填工艺、充填成本等，充填材料的输送特性直接关系到输送系统及充填装备的选型与设计，对采空区充填材料的研究与开发是一项重要研究内容。

3）采选充一体化

（1）采选充系统的自动化。

由于煤矿开采自身危险性及工作条件艰苦等客观存在的情况，实现井下开采的高度自动化是以后煤矿开采的大趋势，那么井下采选充一体化的自动化也是大势所趋，这样在保证安全开采的同时，由于控制系统的精确性，可大大提高整个系统的稳定性、可靠性。

（2）自动识别、报警系统的研发。

该系统是为解决在整个采选充过程中某个环节一旦出现异常，通过在各个工作设备安装的识别器，自动判断分析异常产生故障或事故的可能性，一旦达到某种可能就立即发出警报，提示需要紧急处理。

（3）自动处理异常及故障系统的研发。

根据自动报警系统发出的警报来源，分析是在哪个环节出现异常或可能导致故障的可能性，根据具体情况，自动及时的处理异常，使之恢复正常。

4）条带开采技术

尽管条带开采采出率偏低，资源损失率较大，但由于它能够有效地控制采场上覆岩层和地表移动，有利于保护地面建（构）筑物，有利于安全生产，而且一般不需要增加或较少增加生产成本，在现有的技术水平和经济环境下，条带开采还是我国解决村庄下、重要建筑物下及不宜搬迁建筑（构）物下压煤开采的有效技术途径。因此，研究探索新的理论和方法用于解决条带开采中的上述问题，对更好地利用条带开采技术解放"三下"压煤，提高煤炭资源回收率、预防或减轻采动损害、保护地表建（构）筑物和矿区生态环境具有重要的理论和实际意义。

（1）深部条带开采理论研究。

条带开采随着开采深度的增加，浅部开采时应用成熟的理论与经验逐渐变得不太适用，应用过程中地表沉陷控制的效果与预计的偏差较大，所以需要在理论研究上有所突破。深部条带开采研究在地表沉陷预计模型、地表沉陷下沉系数的选取，留设煤柱稳定性计算模型等都需要有突破性变革。

（2）二次条带开采地表沉陷规律研究。

一些低潜水位的矿区，即使煤层全部回采，地表也不会出现积水，地面村庄房屋不会受到积水的影响，这给村庄煤柱的全柱开采提供了可能性。

宽条带全柱开采技术的关键在于全柱开采阶段需要留设煤柱（多工作面）的同时开采，虽然宽条带开采后，全柱开采阶段需要同时回采的工作面要比单纯的全柱开采要少得多，然而对煤矿企业来说，在实际应用中，由于受现场机械化、通风、掘进及管理能力等的限制，一般难于实现，又成为现场新面临的技术难题。此时，把全柱开采转化为留设煤柱回采顺序的优化（可视作二次条带开采）显得尤为重要，同一煤柱相对于其他煤柱先采或后采对地面村庄的影响是有区别的，这需要针对具体情况作相应研究，以达到采出相同煤炭资源对地面保护对象影响最小的目的。

二次条带开采即留设煤柱回收的覆岩破坏机理与第一阶段条带开采完全不同，与工作面顺序开采也不完全一致，导致反映到地表沉陷规律也不尽相同，一般认为二次条带开采比工作面顺序开采地表变形要相对较小，但地表沉陷规律其他方面需要深入研究。

（3）条带开采设计的智能化。

条带开采由于在设计时，目前选取的采留宽范围较大，方案较多，特别是一旦设计在一处有些许变化，整个设计方案要重新计算，计算工作量大，设计不精确问题突出。条带开采设计的智能化要求，在输入相应的地质采矿参数后，根据设计要求，自动识别选取最合适的设计尺寸，并自动计算地表沉陷对地面保护对象的影响程度，大大提高设计的精度与准度。

5）地表生态环境恢复治理

（1）采矿对地表生态环境影响的机理与诊断技术。

针对开采条件日益复杂、开采强度日益增加、开采深度日益加深以及采矿处于矿–粮复合、生态脆弱等复杂区域生态环境条件，重点探讨不同开采条件和环境下的生态环境的影响机理和土地及生态演变规律、生态安全监测预警方法以及复杂条件的开采沉陷预计理论与方法和区域性的采动水循环的影响机制；重点研发地表生态环境损伤的监测诊断技术，尤其一些难以直接获取损毁信息的诊断，如地表沉陷裂缝全生命周期的监测技术、水田土壤中隐伏沉陷裂缝的探测技术、沉陷损毁边界的确定技术、自燃煤矸石山着火点的探测技术等；重点研究采动岩层移动规律与不同地形的耦合关系、采矿沉陷耕地损害边界的预计方法、丘陵山区的采煤沉陷地预计方法、黄土沟壑区的采煤沉陷预计方法、高强度快速开采的沉陷预计方法、深部开采的采煤沉陷预计、沙漠化地区采煤沉陷地预计方法、内蒙古草原下采煤的沉陷预计方法等；研究复杂矿区生态保护与恢复的信息支持问题，提出矿区沉陷变形、滑坡崩塌 GPS/InSAR/ 数字近景摄影 / 三维激光扫描等监测关键技术，提出一套实时、自动、精准提取矿区植被退化、土壤侵蚀、土地植被变化、水资源变化及污染、尾砂、废矿堆积等生态环境灾害信息的技术方法，建立矿区生态环境灾害预报预警、生态保护与恢复决策支持系统。

（2）减轻地表生态环境损伤的开采设计与技术。

传统的地表生态环境治理都是针对地表的损伤，头痛医头、脚痛医脚，缺乏源头治理技术。因此，需要研发基于地表生态环境的特点，进行保护性的开采布局和时序的设计；研发减轻地表损伤的充填开采、条带开采、协调开采、超大工作面开采等减损开采技术，在减损开采工艺、装备和材料上都有所突破；研究矿区环境容量与合理的开发强度、各种配采方案及其环境效应、资源与环境相协调的开采新技术新方法。

（3）酸性废石堆的治理技术。

矿山酸性废石堆主要因含有硫化物而造成酸性及产生次生环境问题，如造成强烈的酸性水并活化和挟带大量的重金属离子污染周边土壤和地表水以及地下水，是矿区最主要的污染源。此外，酸性矸石山极易在氧化过程中产热导致废石堆的自燃。我国不少矿山多年来为这一污染和自燃问题所困扰，治理难度大，特别是由于缺乏有效的防酸、防火、灭火技术，导致复燃率高、失败率高。因此，应在探讨矿山废石堆酸性产生机理的基础上，研发抑制氧化、产酸的物理 – 化学 – 生物联合治理的机理与材料，重点是研究化学改良方法和物理阻隔相结合技术、抑制微生物催化氧化的专性杀菌剂、抑制氧化的还原菌剂等，筛选经济、可靠、持久的阻隔材料、杀菌剂、还原菌剂和施工工艺，减缓酸性废石氧化的速度和酸性废水的产生量；研发原位固硫技术，如污泥固硫、化学固硫、生物固硫等；研发酸性中和的材料与施用方法；研发高效、长效灭火技术；研发基质改良、表土覆盖和优化配置技术，创造良好的立地条件；研发物理碾压的方法与施工技术及装备，研究最佳的碾压强度和不同介质的不同碾压方法，同时研发相应的施工设备；研发污染原位控制与生态恢复的一体化技术，重点研究污染原位治理技术与生态恢复的耦合关系，在污染原位控制的基质上如何构建植被恢复介质以及如何快速恢复植被的关键技术。

（4）生态工程复垦技术。

生态工程复垦技术是将土地复垦工程技术与生态工程技术结合起来，综合运用生物学、生态学、经济学、环境科学、农业科学、系统工程的理论，运用生态系统的物种共生和物质循环再生等原理，结合系统工程对破坏土地所涉及的多层次利用的工艺技术。其目的在于促进各生产要素的优化配置，获得较好的经济、生态和社会综合效益，走可持续发展的道路。它不仅包括各种土地复垦工程技术的优选，也包括农业立体种植、养殖、食物链结构、农林牧副渔业一体化等生态工程技术的选择，需要通过平面设计、食物链设计和复垦工程设计来实现。

（5）生物复垦技术研究。

生物复垦是根据待复垦土地的利用方向，采取包括活化土壤结构、微生物培肥等在内的生物方法，改变土壤新耕作层养分状况和土壤结构，增加蓄水、保水、保肥能力，创造适合农作物正常生长发育的环境。主要包括：利用植物、土壤微生物和土壤动物来改善土壤的理化性质的土壤基质改良技术，针对矿山的自然环境、气候和土壤条件的植被筛选技术等。其中，应用微生物技术加快生土熟化，加速植被恢复，是培肥矿区土壤和改善矿区生态环境的一个重要途径。

（6）地表生态环境治理的装备与材料的研发及产业化。

地表生态环境治理的装备与材料的研究十分缺乏。急需加大力度开发地表生态环境治理的装备、材料并进行产业化。重点研究地表生态环境治理的土壤改良材料；研发土地复垦质量的专用设备；开发酸性自燃煤矸石山治理的设备和材料。

（7）水土保持技术研究。

矿区广泛存在塌陷盆地的边坡、露天矿边坡以及矸石山边坡等坡面，这些坡面区域需要开展快速高效的水土保持技术研究，减少由于风蚀、水蚀造成的水土流失。研究煤矿边坡高效水土保持技术，主要包括：①高黏性、可分解表土覆盖物的研发。表土覆盖物需要足够的黏性，用来牢牢抓住表土，防止覆盖物被水、风等带走，另外表土覆盖物自身可降解，防止二次污染的发生；②表土覆盖物持水性研究；③表土覆盖物与草种、养分的混合比例研究；④草种与表土覆盖物等的混合物喷播技术研究。

4. 复杂条件煤炭开采技术

1）薄煤层智能机械化开采

薄煤层一般是指煤层厚度小于1.3m的煤层。我国薄煤层资源分布面广，80%以上的矿区都赋存有薄煤层。据统计，全国薄煤层的储量占全部可采储量的20%，在近80个矿区中的400多个矿井中就有750多层为薄煤层，保有工业储量98.3亿t，可采储量61.5亿t。其中，厚度在0.8～1.3m的共占86.02%，小于0.8m的占13.98%，0.8～1.3m的缓倾斜煤层占73.4%。

机器人集中了控制、材料、制造中最为尖端的技术；已经在工厂、信息、家庭等诸多领域成功应用，并且是未来人类发展的重要工具手段，所有的生产、服务性工作都能够采用机器人完成。机器人采煤也应该是未来煤炭生产的发展方向。

采煤机器人可直接代替人进入到危险的采煤作业区进行信息采集和设备的相关操作，包括自动控制和远程遥控，实现工作面生产情况监测、设备启停操作、工作面环境监测及预报（瓦斯、粉尘超限等）等功能，真正做到采煤工作面无人化生产。

开展基于采煤机器人的新型采煤方法的研究，重点研究集智能感知、视觉、听觉、决策于一身的采、支一体式机器人；研究并研制自适应采煤机器人的运输系统；研究工作面无人值守巡检机器人；研究环境感知及控制技术与装备等。应突破以下几方面的难题：一是机器人安全防护问题，机器人本身结构精密，在井下高温、高湿、粉尘，并伴有岩石崩落的条件下，如何实现其安全、无故障运行是首先需要解决的；二是机器人无障碍行走机构的研究，井下环境特别复杂，如何规避障碍物是其正常工作的前提；三是机器人动力系统的研究，要使其长时间的工作，动力保障必不可少。

2）急倾斜煤层高效开采

急倾斜煤层开采的难点在于煤层倾角大，长壁开采存在设备上蹿下滑问题，工人劳动强度大，安全无保障，回收率低。此外，大多数急倾斜煤层还存在巷道掘进量大的难题，使得经济效益普遍较低。

因此，研制急倾斜煤层"柔性钻煤破煤一体机"，同时摈弃现有的长壁采煤工艺，采用适合急倾斜煤层特点的原位采洗成套工艺。"柔性钻煤破煤一体机"一方面能实现在急倾斜煤层中的自由掘进，类似于盾构机，能自动前行和调正方向，无需支护；另一方面在该设备机身两侧密布有高速液压破煤机构，类似于地面液压挖掘机的破碎锤，但数量较多。

"柔性钻煤破煤一体机"的主要原理是将急倾斜煤层沿垂高从下至上划分若干阶段，在每个阶段中沿设定好的轨迹钻进，同时，机身两侧的液压脉冲锤高速捣向煤壁，块煤落下后充满机身后侧空间，"柔性钻煤破煤一体机"在每个阶段中反复穿行钻进，直到整个阶段完整煤体全部被破碎为松散块体，然后撤出"柔性钻煤破煤一体机"。向该阶段中注入循环水，水流从急倾斜煤层阶段顶部注入，从阶段底部专门出口流出，实现块煤原位清洗和水流循环复用。清洗后的块煤由底部放煤口放出，升井后即可作为洗精煤出售，整个放煤过程没有煤尘。该工艺采用上行开采工艺，洗煤过程产生的煤泥热值较低，可直接充填下方已采阶段。

3）特别复杂条件或残留煤炭资源开采

特别复杂条件或残留煤炭资源工作面单产和效率低，掘进率高，开采成本明显高于赋存稳定厚煤层。此外，由于作业空间小，作业条件差，难以开展大规模的机械化作业，致使工人劳动强度大，操作困难。由于特别复杂条件或残留煤炭资源赋存差异较大，技术思路也不尽相同。

（1）厚煤层复采或结构复杂煤层井下"采-选-充"绿色开采技术。厚煤层复采或结构复杂煤层开采往往矸石含量较高，地面处理矸石会造成环境二次污染，该研究主要针对采原煤中矸石含量较大情况。

（2）残留煤柱或边角块段煤炭资源机器人开采技术。残留煤柱或边角块段煤炭资源储量小，赋存不规则，难以布置现代化重型的长壁工作面，此外存在冒顶等危险，支护难度大。可采用具有临时支护装置的采掘机器人代替采煤机完成落煤作业，通过梭车或皮带对外输煤。

（3）呆滞煤炭资源化学开采技术。主要针对薄及极薄煤炭资源或机械化开采难度较大的煤层，可就地进行地下气化，对外输出天然气等清洁能源。

（4）"三下"压煤资源充填置换开采及井下发电技术。"三下"压煤资源地区往往经济较繁荣，靠近城市负荷中心，该类资源采出往往需要充填置换开采，以减轻地表下沉，保护地面附着物。充填物料中粉煤灰是一种高效的活性剂，产生于发电环节。

可将热电厂建于井下，工作面采出的原煤可直接输送至井下电厂，矿井涌水过滤后可直接用于锅炉降温，电厂热水供给井下洗浴中心，电厂产生的粉煤灰混合矸石后用于工作面充填。所有生产系统建于井下，没有给地面造成烟尘、噪声、矸石、污水等污染，能源输出形式为清洁的电力能源。工人干干净净下井，干干净净出井，此外，还节省了城乡繁华地带的建设用地。

4）巨厚煤层开采

虽然储量巨大，但我国大部分巨厚煤层矿井由于剥采比较高，实现露天开采并不经济。针对我国部分埋藏较深的巨厚煤层，且难以实现一次采全高开采的情况下，可采用基于井工条件下的露采技术开采。

针对深埋巨厚煤层，摒弃传统的长壁工作面回采工艺，采用巨型岩石穹顶下台阶式剥离工艺，剥离台阶采用水平分层，台阶高度根据煤层物理力学参数确定，全部采用单斗铲采装，即单斗－卡车开采工艺，岩石台阶与煤台阶均需穿孔爆破。工作线长度根据矿井产能确定。煤层台阶剥离时，工作帮煤层可采用单斗－卡车－破碎站－皮带直接运出。台阶岩层剥离高度则根据支护需要选择是否剥离，一般将软岩或不稳定顶板也采用台阶开采的方法剥离掉，留作稳定坚硬顶板作为岩石穹顶。剥离掉的岩石采用靠帮充填的方法直接充填在矿坑的内部排土场，辅助承载岩石穹顶。岩石穹顶采用高强度超长锚索锚固在坚硬稳定岩层里。所有锚固、钻爆、剥离、装卸、破碎、运输设备实现自动调度无人化作业。

巨厚煤层井工条件下台阶式剥离开采，开采强度高，产能大，关键技术在于岩石穹顶的稳定性。可选择性地将不稳定岩层剥离掉，留作稳定岩层外加超长锚索锚固技术结合内部排土场充填体共同支护顶板，实现安全高效开采。

5）煤与煤系伴生物共采技术展望

煤与瓦斯共采技术主要有以下 3 个方面：

（1）建立煤与瓦斯共采新理论和模型。

研究采动条件下含瓦斯煤岩体破断结构演化规律及时空分布特征，破断煤岩体中瓦斯吸附、解吸及流动规律，破断煤岩体中瓦斯导向流动的形成机制，单一低透煤层卸压增透机制及高效抽采新原理，煤与瓦斯共采的气液固多相新模式，煤矿瓦斯"零排放"工程的标准化体系及矿区循环经济发展模式等。

（2）开发煤与瓦斯共采新技术与装备。

破断煤岩体中瓦斯导向流动监测及控制技术和关键装备，煤与瓦斯共采的时空协同控制技术和关键装备，高突煤矿井上下联合（协同）抽采技术，单一低透煤层瓦斯高效抽采关键技术和关键装备，高瓦斯低透气性煤层卸压增透及高效抽采变频技术与装备，高突煤层内气体或液体互动强化驱动瓦斯解吸及抽采技术与装备，外加场及新型冲击波等有效改造煤层透气性与强化抽采瓦斯技术与装备，高瓦斯突出煤层钻孔内气液固高压脉动抽采技术与装备，抽采瓦斯阶梯利用关键技术与装备，抽采瓦斯的零排放关键技术与装备等。

（3）煤与瓦斯共采智能化协同系统及新模式。

建立一套煤与瓦斯共采智能化协同系统及新模式，使采煤工作在一个既能密封又能开放的空间中进行，改变当前采煤与瓦斯抽采相对分离的现象。当采煤机械运行，瓦斯涌出量大时，回采工作面上下风巷自动封闭，将回采工作面空间的瓦斯浓度保持在 30%以上、氧气浓度控制在 9% 以下，完全处于失爆的环境中，使机械的效率能充分发挥，实现高产高效的目标，同时在回采工作面风巷进行瓦斯高浓度抽采，实现煤与瓦斯的高效生产。当工作面出现故障，必须停产处理时，此时打开上下风巷的风门，恢复通风系统。由于采煤工作停止，少量的风量即可满足工作的要求。

4.3.4　安全技术重点任务

1. 煤矿隐蔽致灾因素动态智能探测技术

以"煤矿隐蔽致灾因素－探测体系－动态探测技术－智能探测"为研究主线，从煤矿隐蔽致灾因素其形成条件、动态变化、空间分布等基础理论研究着手，研究构建主要灾害源的探测体系，研究煤矿水害、火灾、瓦斯、顶板、冲击地压灾害其主要隐蔽致灾因素动态探测技术与装备，实现对探测对象（主要隐蔽致灾源）的动态智能探测，对富水采空区的智能探测精度达到95%，对富水陷落柱探测精度达到90%，对应力异常区（带）探测精度达到90%。

以煤矿高精度近钻头地质导向钻探技术为研究出发点，研究随钻地层条件探测探管，研究智能探测钻进工艺，研究智能钻探钻机；利用并行电法、孔巷电法等，研究煤层赋存产状、瓦斯赋存参数、应力动态探测技术；研究基于物探、化探的隐蔽型导水构造的精细探查预测技术；建立一整套适合不同地质形态的矿井突水水源判别模型，得出有机质、同位素等在水源识别中的特征组分或综合参数；研究两种及两种以上探测方法对主要煤矿隐蔽致灾因素的综合探测，配套研究智能解释软件、系统，实现多技术有机融合，达到对煤矿隐蔽致灾因素（源）的识别。

2. 基于大数据的煤矿重大灾害监控预警技术

研究瓦斯、水、火、冲击地压和顶板等灾害危险源辨识技术，并开发相关的瓦斯参数、地质构造、防突措施缺陷、风网参数、水文参数、应力参数、火源探测参数、机电设备状态、安全隐患管理等信息监测装备，同时研发井下高速有线、无线网络传输技术，实现警源信息的在线监测、传输与采集；应用大数据技术对监测信息进行深入挖掘和分析，建立煤矿重大灾害自分析、评价模型，实现灾害前兆信息有效识别；开发预警智能、一体化软件平台，实现煤矿重大灾害多因素全过程监控预警。达到大幅提高我国煤矿重大灾害预警自动化、信息化、智能化水平，有效提高我国煤矿灾害防治能力的目的。

3. 深部矿井煤岩、热动力灾害防治技术研究

形成以井下区域卸压增透和致裂卸压增透为主体的治理深部矿井动力灾害的技术体系；研发出成套化的卸压治理矿井动力灾害配套装备，保障未来1000m以深高复杂工程地质条件下矿井开采安全，提高矿井生产效率。

形成多因素耦合火灾机理研究－预警技术－防治技术与装备体系。研发形成一套

完整的深部矿井热害机理及控制体系，解决深部开采热害防治的技术瓶颈，实现安全高效开采。

1）深部矿井煤层开采瓦斯涌出规律及动态预测技术

研究深部煤层影响煤层瓦斯赋存及含量的主要因素，深部井田含瓦斯煤体赋存状态及运移规律；开发超前动态预测系统软件；研究多指标综合区域预测技术。

2）深部开采基于多因素耦合的冲击危险性评价技术

研究冲击地压的主要控制因素及其相互作用，构建冲击地压评价危险性指标体系，研发多参量指标海量数据信息的采集、提取、分析处理系统，开发冲击地压危险性的成套计算机评价技术。

3）深部矿井井下区域化卸压关键技术

研究深部极薄煤（岩）层钻采一体化卸压治理动力灾害关键技术。对高效钻采方法、卸压增透范围（效果）及其主控影响因素等关键工艺进行技术研究，研究水力化扩（冲）孔和大孔径钻扩孔卸压、抽注结合等关键技术。

4）深部矿井井下致裂卸压关键技术及装备

研究深部煤岩物理和地应力等储层参数一体化量测工艺技术，穿层压裂裂隙网络控制技术，研究长钻孔控制预裂爆破可靠起爆、协同预裂、强化致裂的综合控制工艺技术，研究顺差联动爆轰控制技术和高压空气（CO_2）爆破安全保障技术，多压裂方式压裂联合增透技术等关键技术。

5）高温矿井自然发火综合防治技术

以降温阻燃为基本条件，研究超深矿井阻化泥浆防灭火技术的适用性及工艺方案；研究液氮防灭火技术在超深矿井的适用性及井上下输送工艺方案，最终建立超深矿井自然发火综合防治技术体系。

6）深部煤层底板突水危险性评价关键技术

基于深部开采底板突水机理，量化分析深部开采突水影响因素，建立预测分类指标体系，研究预测数据获取方法，基于多源信息融合技术研究不同格式探查数据的综合分析技术。基于人工智能、数据挖掘方法，构建深部开采突水预测模型，结合空间分析技术，提出深部矿井突水的空间预测方法。

7）矿井制冷降温系统的优化研究

矿井降温系统优化的理论及方法研究；矿井降温系统的智能化控制研究；矿井集中降温系统的优化研究；矿井局部降温系统的优化研究；深埋长大隧道（洞）通风及降温系统研究；矿井冰（浆）制冷降温系统研究。

4.3.5　清洁利用技术重点任务

1. 煤炭提质加工技术

（1）在煤炭洗选加工方面，开发高性能、高可靠性、智能化、大型（炼焦煤 600 万

t/a 以上和动力用煤 1000 万 t/a 以上）选煤装备；推进重介、动筛等煤矿井下预选排研技术、大型高效分选与装备的示范与推广应用。

（2）在低阶煤热解方面，开发高效经济的低产尘热解技术、高温热解油气煤尘在线分离技术、干熄焦技术、粉焦钝化储运技术、热解污水深度处理技术。加大半焦规模化利用、提高焦油产率和收率等技术的研发和推广。

2. 燃煤工业锅炉技术

（1）开发先进低成本污染物处理技术。在现有先进燃煤工业锅炉基础上，开展研究进一步降低污染物排放，形成新型高效洁净燃煤技术及成套装备。开发适合工业锅炉的高效除尘、脱硫、脱硝等污染物排放处理技术。

（2）开发先进工业锅炉及改造成套技术。开发先进清洁高效的不同容量等级的燃煤工业锅炉技术、现有锅炉的改造技术、自动化控制技术和污染物控制一体化控制技术等成套技术和装备，推进先进燃煤工业锅炉及锅炉改造等成套技术和装备的应用。

3. 燃煤发电技术

（1）加强先进燃煤发电技术研发和示范。推进百万千瓦超（超）临界二次再热技术示范工程建设，适时推广应用；加快 700℃ 超（超）临界高效发电核心技术和关键材料的研发。支持开展亚临界机组升级改造为超（超）临界机组的技术研究。

（2）开发应用清洁高效电技术及对现有机组改造。

新建燃煤机组应采用 60 万 kW 级及以上超（超）临界机组；推广应用电除尘高频电源、低低温电除尘、湿式电除尘，大气污染防控重点地区和其他地区地市级以上城市新建燃煤发电机组烟尘、二氧化硫、氮氧化物排放浓度接近 5mg/m³、35mg/m³、50mg/m³ 的燃机排放标准。进一步推进燃煤电厂综合升级改造工作。开展现役燃煤机组环保改造示范工作，实现改造后大气污染物排放接近燃机排放标准。

4. 煤炭深加工技术

（1）提高煤炭深加工示范工程技术的稳定性和可靠性。进一步进行技术攻关，提高煤制天然气、煤制乙二醇、煤炭间接液化等示范工程项目的生产运行负荷，增强技术稳定性，产品质量符合国家相关标准。如乙二醇的质量达到国家优等品的标准，适应高品质涤纶的要求。

（2）提高关键技术和装备的国产化水平。开发自主知识产权的 20 亿 m³/a 及以上甲烷化工艺及催化剂成套技术，实现 CO 转化率高于 99%，催化剂选择性达到 100%。开发 50 万 t/a 及以上 MTP 技术工艺及催化剂，反应器实现满负荷运行，甲醇转化率大于 99%，丙烯质量达到聚合级工业要求。提高需要精密控制的特大型动设备、关键部位的阀门等设备的国产化水平，如 8 万 Nm³/h 及以上等级空分设备的空压机、增压机、膨胀机、液氧泵等，压力等级在 900LB 及以上的高参数阀门，水煤浆气化装置配套的高压煤浆泵、磨煤设备，煤液化反应器循环泵、高压煤浆进料泵等。

（3）进一步提高能效和降低能耗、环境排放。按照最严格的能效和环境标准进一步优化工艺流程，在现有示范工程基础上，能效提高2～5个百分点，水耗降低50%左右。

第5章 | 主要结论与对策建议

尽管我国在煤炭工程技术与装备的多个领域取得了突破，但受行业发展及能源格局变化的影响，煤炭行业总体生产水平仍有待提升，竞争力依然不强。需尽快推广利用先进的技术及装备，提升行业现代化水平，实施煤炭资源强国战略，增强总体竞争力和话语权，在能源格局变化中占据有利地位。为此提出如下对策与建议。

（1）支持先进煤炭清洁高效开发利用技术的产业化，实施绿色煤炭资源勘查开发重大工程和绿色煤炭开发重大科技创新工程，以煤炭工程科技创新发展助力我国能源强国。

我国煤炭工程技术已经处于国际先进水平，当前受市场、资金、政策等多种因素的影响，煤炭行业整体水平仍与我国经济社会发展水平并不相符，应以提升行业总体工程技术水平为目标，强化工程科技支撑与科技创新，明确国家支持发展的产业重点方向和关键技术领域；进一步加强煤炭科技创新和成果推广，推进煤炭生产由以需定产向科学开发方式转变，推进煤炭产业发展由资金和资源推动向以技术创新驱动为主的方式转变，全面提高煤炭可持续发展能力，提升我国能源资源开发利用的国际形象。

积极开展与煤质对应的转化方式和利用方式研究，围绕煤炭安全开采与职业健康保障技术，煤炭开采地下水保护利用与地表生态修复技术，煤炭洗选、提质加工与煤系地层资源综合开发利用技术，实施绿色煤炭科技创新重大工程。近10年以内煤炭工程科技创新的重点应在资源开发过程中的生态环境保护（水资源保护、地表沉陷治理、土地复垦与生态修复等）和煤炭资源高效回收，强化煤炭洗选加工、转化与利用过程中的污染物控制与能效提升，跟踪国际碳减排的研究动向，积极开展前期研究和工程示范。

（2）加强煤炭前沿科学的战略性研究，深入思考煤炭资源未来的发展，建立以煤炭国家实验室为核心的煤炭科技研发体系。

科学技术是第一生产力。我国煤炭工程技术已经处于国际先进水平，但受市场、资金、政策等多种因素的影响，行业仍以粗放发展的模式为主，整体生产力水平与我国经济社会发展水平并不相符。在煤炭工业深度调整的大背景下，加速行业转型升级，向更高效、更安全、更智能、更环保的方向发展是必然选择。因此，应以组建煤炭国家实验室，加强煤炭前沿科学的战略性研究，深入思考煤炭资源未来的发展；尽快打破目前行业面临的产能过剩、环境破坏等约束，大力研发能够促进行业自身升级发展的核心技术，例如煤炭地下气化、煤制石墨烯、电子加热元件等材料转化技术等，打开煤炭绿色开发利用的空间，实现煤炭资源的可持续发展。

专题篇三

煤炭人才教育强国战略

摘　　要

煤炭资源强国战略的基石在于"科教兴煤"，人才队伍是我国建设煤炭资源强国的关键。随着煤炭行业竞争力的不断提升，我国煤炭行业的发展对从业人员素质要求越来越高。随着新设备、新技术、新工艺的推广和使用，以及新的经营理念、现代管理方法的导入，煤炭行业迫切需要一批掌握专门知识和具有熟练技能的工程技术人员以及懂经营、会管理的经营管理人员，煤炭人才的培养与开发的重要意义尤为突出。

当前我国煤炭行业从业人员规模过大，高层次专业人才短缺，人才培养开发体系不健全。本专题通过选取年龄结构、学历结构、职称结构、薪酬水平等指标，对国内外煤炭行业人力资源现状进行了对比分析，评价煤炭人才教育的能力水平，总结我国煤炭行业人力资源弱势，分析并借鉴国外在人才培养方面的优势经验。建设煤炭资源强国，必须实施煤炭人才教育强国战略，重塑煤炭行业人才体系，以人才战略目标为依据，优化煤炭行业从业人员队伍，培养复合型、专业型、管理型综合人才，构建精英人才培养体系，加强行业技能型等紧缺人才的培养和人才国际交流合作。

实现煤炭人才战略强国必须牢固树立"人才资源是第一资源"的理念，立足行业发展需要，以复合型专业人才培养为主线，扎实推进煤炭从业人员素质提升工程。着力建设党政人才、经营管理人才、专业技术人才"三支队伍"，形成一支爱岗敬业、技能精湛、结构合理的煤炭人才队伍，为建设煤炭资源强国提供强有力的智力支撑和人才保障。本专题明确了我国煤炭行业人力资源目标：优化人才队伍的年龄结构，建立和培养合理的人才梯队，提高从业人员文化素质和职业技能，合理化从业人员的职称结构，提高从业人员薪酬水平。通过构建人才创新体系和机制，调整从业人员薪酬结构，优化院校人才培养体系，加强煤炭企业员工培训管理体制和人才交流与国际化来实现我国煤炭行业人力资源目标。

重塑煤炭行业人力资源结构，严把煤炭从业人员准入关，瞄准建设煤炭资源强国的人才需求，对政府主管部门、人才培养院校和企业分别提出建议措施，以保障煤炭资源强国建设的人才需求。对政府主管部门，提出了优化煤炭行业薪酬体系，完善行业高技能人才激励制度，规范证书、学位、学历和职业岗位要求，规范高校专业设置标准的建议措施。对人才培养院校，提出了建设"双师型"师资队伍，探索本科生双学位制度，校企合作实行"订单培养"。对煤炭企业，提出了定期开展员工职业技能培训，实行"首席制"建立人才激励机制，建立专业人才和管理人才引进制度的建议措施。

第1章　我国煤炭行业人力资源现状与问题

1.1　煤炭行业从业人员现状

根据 2015 年 12 月国家统计局统计数据，我国煤炭开采和洗选业从业人员 442.4 万人，较 2013 年底高峰时期的 611 万人员精简了 169 万人（降幅 27.66%）。与国外煤炭行业相比，我国从业人员规模巨大，但并不缺少高素质人才，其中工程技术人员约为 32 万人，大专以上学历人员约为 67 万人，为经济发展和社会稳定做出了巨大贡献。

1.1.1　行业从业人员区域分布特征

结合我国经济发展和煤炭资源开采的特点，分不同区域对从业人员分布特征进行分析，如表 3.1.1 所示。

表 3.1.1　区域划分表

东部	北京、天津、河北、上海、江苏、浙江、福建、山东、广东、海南、辽宁、吉林、黑龙江
中部	山西、安徽、江西、河南、湖北、湖南
西部	内蒙古、广西、重庆、四川、贵州、云南、西藏、陕西、甘肃、青海、宁夏、新疆

根据分地区分行业就业人员数据（《中国劳动统计年鉴》2004、2009、2015 年），计算得出各个区域 2003 年、2008 年和 2014 年煤炭从业人员分布情况（表 3.1.2 和图 3.1.1）。

表 3.1.2　2003 年、2008 年和 2014 年份区域煤炭从业人员占比（单位：%）

区域	年份		
	2003	2008	2014
东部	38	36.5	31
中部	41	42.5	44
西部	21	21	25

注：资料来源于《中国劳动统计年鉴》2004、2009、2015 年。

可以看出，由于我国东部地区煤炭资源自然分布相对较少且经过前期的高强度开发，目前东部地区煤炭产能、环境容量已接近极限，从 2003 年到 2014 年，东部地区煤炭行业从业人员占比总体呈下降趋势；我国中部地区煤炭资源丰富，是煤炭主产区，该时期中部地区煤炭行业从业人员占比最大且逐步增加；西部地区作为我国重要的能源接替区和战略能源储备区，煤炭资源开发的战略地位逐步凸显，尽管该地区煤炭行业从业人员占比最少，但 2014 年与 2008 年相比增幅超过 19%，呈现出明显的增加趋势。

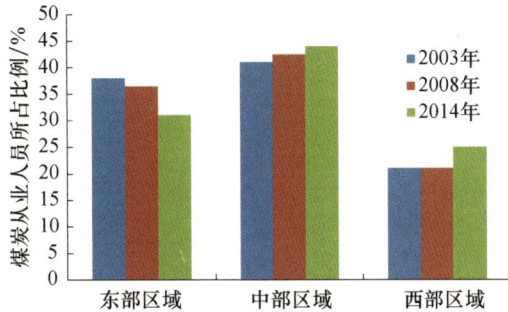

图 3.1.1　2003 年、2008 年和 2014 年区域煤炭从业人员占比情况

1.1.2　行业从业人员年龄分析

根据《中国劳动统计年鉴》（2004 年、2009 年和 2015 年）数据，得到自 2003 年至 2014 年我国采矿行业从业人员的年龄构成，如表 3.1.3 所示。

表 3.1.3　2003 年、2008 年和 2014 年我国采矿行业从业人员的年龄构成（单位：%）

行业	2003 年		2008 年		2014 年	
	40 岁以下	40 岁以上	40 岁以下	40 岁以上	40 岁以下	40 岁以上
全行业	61.4	38.6	52.5	47.5	52.4	47.6
采矿业	63.9	36.1	49.9	50.2	41.2	58.8

注：资料来源于《中国劳动统计年鉴》2004、2009、2015 年。

由表 3.1.3 可知，与全国就业人员年龄构成相比 2003 年我国采矿业 40 岁以下的从业人员占行业人员总数的 63.9%，高于全国就业人员 40 岁以下的比例。然而 2003 年之后，我国采矿业 40 岁以下从业人员的比例低于全行业 40 岁以下的比例，且有进一步减少的趋势。

1.1.3　行业从业人员学历及职称分析

根据各省份第一次、第二次经济普查年鉴数据，及煤炭行业统计数据，整理得 2003 年和 2014 年煤炭行业从业人员文化程度、职称等情况（表 3.1.4～3.1.6）。

表 3.1.4　2003 年煤炭行业从业人员学历结构（单位：%）

区域	学历结构				
	研究生	大学本科	大专	高中	初中及以下
东部	0.05	2.58	5.92	25.86	65.59
中部	0.06	2.03	5.49	27.72	64.70

区域	学历结构				
	研究生	大学本科	大专	高中	初中及以下
西部	0.05	1.77	5.51	23.90	68.77

注：资料来源于各省份第一次、第二次经济普查年鉴及煤炭行业统计数据。

表 3.1.5　2014 年煤炭行业从业人员学历结构（单位：%）

区域	学历结构				
	研究生	大学本科	大专	高中	初中及以下
东部	1.76	4.28	8.22	32.11	56.03
中部	1.35	3.57	9.32	29.76	58.95
西部	0.13	3.1	7.47	23.3	66.67

注：资料来源于各省份第一次、第二次经济普查年鉴及煤炭行业统计数据。

表 3.1.6　煤炭行业从业人员职称结构对比（单位：%）

年份	高级技术职称	中级技术职称	初级技术职称
2003	8.26	33.03	58.71
2014	11.25	37.6	51.15

注：资料来源于各省份第一次、第二次经济普查年鉴及煤炭行业统计数据。

由表 3.1.4、表 3.1.5 可知，2014 年我国煤炭行业从业人员中，具有高中以上学历的人员占比较 2003 年均有不同程度上升。但西部地区高学历人才占比增幅明显低于东部。

由表 3.1.6 可知，2003—2014 年，我国煤炭从业人员中拥有技术职称的专业技术人员数量不断增加，中高级职称人员占比明显增加。从总体分布看，西部地区具有中高级技术职称的专业技术人才增幅较东部低，且各层次人才总量明显偏少。除这一时期煤炭资源开采重心仍集中于中部地区外，地理位置偏远、自然环境恶劣、地区经济发展滞后仍将是制约人才向西部流动的主要因素。

1.2　煤炭行业人才培养现状

1.2.1　全国煤炭院校招生概况

1. 煤炭高校硕博招生专业及规模

根据我国矿业相关高校的数据，煤炭相关院校煤炭类相关研究生招生规模和分布如图 3.1.2、图 3.1.3 所示。以具有代表性的中国矿业大学（北京）为例，比较近几年的煤炭相关专业研究生（包含博士和在职硕士）招生规模，结果如图 3.1.4 所示。

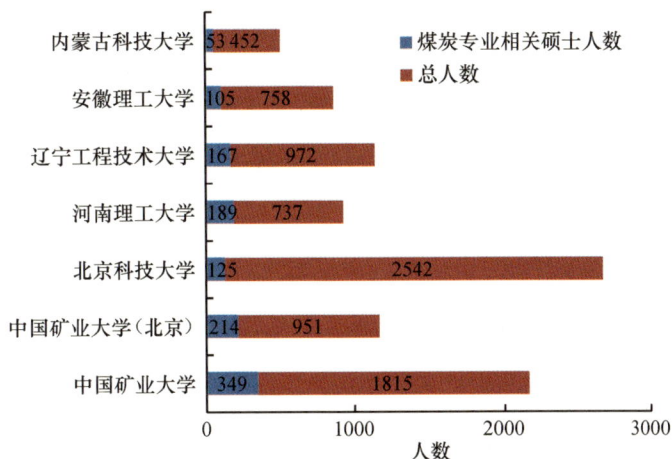

图 3.1.2　部分矿业院校研究生招生及煤炭相关专业人数分布图

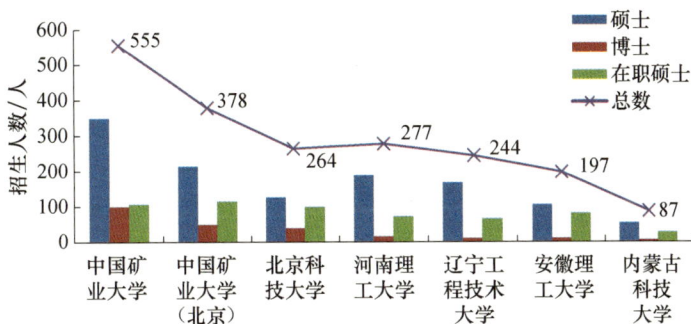

图 3.1.3　各高校煤炭类相关专业研究生招生人数分布

由图 3.1.4 可知，2008—2010 年，矿业类研究生招生规模逐步增大，2010 年达到最多为 340 人，随后 2011 年减少 50 人，共招收 290 人，2012 年与 2011 年基本持平，共招收 299 人。2012 年以后招生数目较之前有大幅的增长，2013 年共招收 437 人，2014

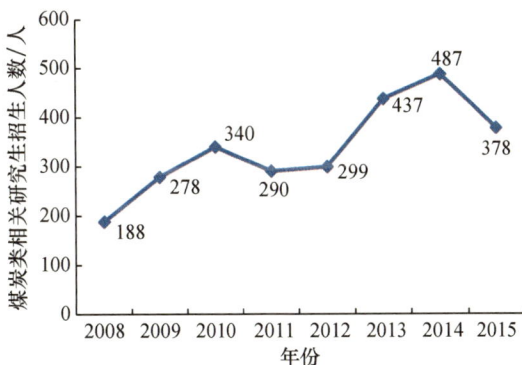

图 3.1.4　中国矿业大学（北京）煤炭类相关研究生历年招生规模

达到 487 人，2015 年有所回落，招收 378 人，这仍远高于 2012 年之前的招生规模。2012 年煤炭行业开始走下坡路，随后几年，绝大多数煤企陷入亏损甚至关停。过剩的产能以及经济形势的低迷导致煤炭行业举步维艰，降薪、裁员、分流等措施在煤矿屡见不鲜，由此所带来的社会问题也日渐凸显。这在很大程度上影响了相关专业本科生的就业，就有更多人选择读研深造，寻求更高的平台。

2. 本科院校专业设置及招生规模

表 3.1.7 和表 3.1.8 为 2014—2015 年我国矿业类相关高校本科专业招生情况统计，总体看，招生人数基本持平。中国矿业大学、中国矿业大学（北京）、太原理工大学、河南理工大学、辽宁工程技术大学、安徽理工大学等几所煤炭行业人才重点培养院校，专业设置齐全，且各专业招生规模相对平衡，尤其是采矿和安全工程专业占比较大；而中南大学、北京科技大学、昆明理工大学、呼伦贝尔学院、攀枝花学院等几所院校在矿业类专业设置和招生方面都偏少，与院校所属行业性质密切相关。

表 3.1.7　2014 年我国矿业类相关高校本科招生专业及规模统计

煤炭相关高校（本科院校）	专业设置（招生规模）	不同专业招生规模 / 人							
		采矿工程	安全工程	机械工程及相关	测绘工程及相关	矿物加工工程及相关	资源勘查工程及相关	地质工程及相关	非矿业类相关专业
中国矿业大学	59（5598）	180	128	338	194	136	—	356	4266
中国矿业大学（北京）	26（1710）	90	80	150	60	120	80	30	1100
中南大学	92（5826）	—	54	—	52	—	—	—	5720
北京科技大学	48（3500）	42	48	—	—	41	—	—	3379
山东科技大学	78（7294）	160	110	—	160	105	120	80	6559
太原理工大学	76（7680）	300	150	—	90	90	120	—	6930
河南理工大学	75（8946）	310	310	—	360	90	—	300	7576
辽宁工程技术大学	73（6084）	145	145	68	120	120	120	60	5306
安徽理工大学	62（5650）	160	160	—	144	76	—	160	4950
昆明理工大学	96（5180）	80	30	280	80	80	60	—	4570
西安科技大学	72（4831）	180	175	—	115	90	105	175	3991
武汉科技大学	71（5845）	85	75	420	—	115	—	—	5150
内蒙古科技大学	63（5440）	120	80	—	80	100	—	70	4990
武汉工程大学	59（4360）	157		—	—	—	—	—	4203
华北理工大学	75（5353）	120	65	—	61	62	60	—	4985

续表

煤炭相关高校（本科院校）	专业设置（招生规模）	不同专业招生规模/人							
		采矿工程	安全工程	机械工程及相关	测绘工程及相关	矿物加工工程及相关	资源勘查工程及相关	地质工程及相关	非矿业类相关专业
河北工程大学	71（5520）	90	60	—	90	—	90	—	5190
长春工程学院	52（3252）	—	40	—	83	—	83	—	3046
山东理工大学	75（8280）	80	—	—	80	80	—	—	8040
山西大同大学	58（6393）	10	100	—	48	—	—	—	6235
河南工程学院	43（4000）	100	100	—	120	—	80	—	3600
江西理工大学	59（3884）	104	74	105	80	99	—	112	3310
中国地质大学	60（3862）	—	63	—	69	—	179	100	3451
中国石油大学（华东）	54（4860）	—	90	—	60	—	150	—	4560
东华理工大学	57（4178）	40	—	—	105	—	41	—	3992
新疆工程学院	59（5600）	75	80	—	120	—	80	—	4960
	—	85	45	50	65	20	20	—	

注：资料来源于我国矿业类相关高校官网。

表 3.1.8 2015 年我国矿业类相关高校本科招生专业及规模统计

煤炭相关高校（本科院校）	专业设置（招生规模）	不同专业招生规模/人							
		采矿工程	安全工程	机械工程及相关	测绘工程及相关	矿物加工工程及相关	资源勘查工程及相关	地质工程及相关	非矿业类相关专业
中国矿业大学	59（5568）	179	121	346	217	122	—	334 地质类	4249
山东科技大学	78（6270）	108	137	—	150	105	105	80	5585
太原理工大学	70（7680）	240	150	—	90	90	90	60	6960
河南理工大学	70（8920）	270	220	—	300	90	—	300	7740
辽宁工程技术大学	73（5095）	120	150	150	120	60	60	60	4375
昆明理工大学	96（5180）	80	30	280	80	70	60	—	4580
西安科技大学	72（4421）	130	130	—	110	70	100	130	3751
武汉科技大学	71（5024）	85	75	360	—	105	—	—	4399
内蒙古科技大学	63（5390）	110	80	—	80	120	—	60	4940
武汉工程大学	59（4355）	132			—	—	—	—	4223

煤炭相关高校（本科院校）	专业设置（招生规模）	不同专业招生规模/人							
		采矿工程	安全工程	机械工程及相关	测绘工程及相关	矿物加工工程及相关	资源勘查工程及相关	地质工程及相关	非矿业类相关专业
华北理工大学	75（3142）	90	39	—	25	37	48	—	2903
河北工程大学	71（5720）	60	60	60	90	—	90	—	5360
长春工程学院	52（4101）	—	50	—	138	—	87	—	3826
山东理工大学	75（7830）	80	—	—	80	80	—	—	7590
山西大同大学	58（7000）	190	100	—	100	—	—	—	6610
河南工程学院	43（4200）	70	128	—	150	—	70	—	3782
江西理工大学	59（3948）	99	80	102	104	90	—	116	3357
中国地质大学	60（3896）	—	44	—	64	—	150	117	3521
中国石油大学（华东）	54（4800）	—	90	60	60	—	120	—	4470
东华理工大学	57（4305）	40	—	—	125	—	100	—	4040
新疆工程学院	59（5000）	63	160	—	43	—	128	—	4312
		164	40	50	40	—	—	—	

注：资料来源于我国矿业类相关高校官网。

进一步分析煤炭行业人才重点培养院校可知（图 3.1.5、图 3.1.6），30 多所院校矿业类专业招生年均 1.2 万人，其中，中国矿业大学招生人数占 16.3%，且不同院校各专

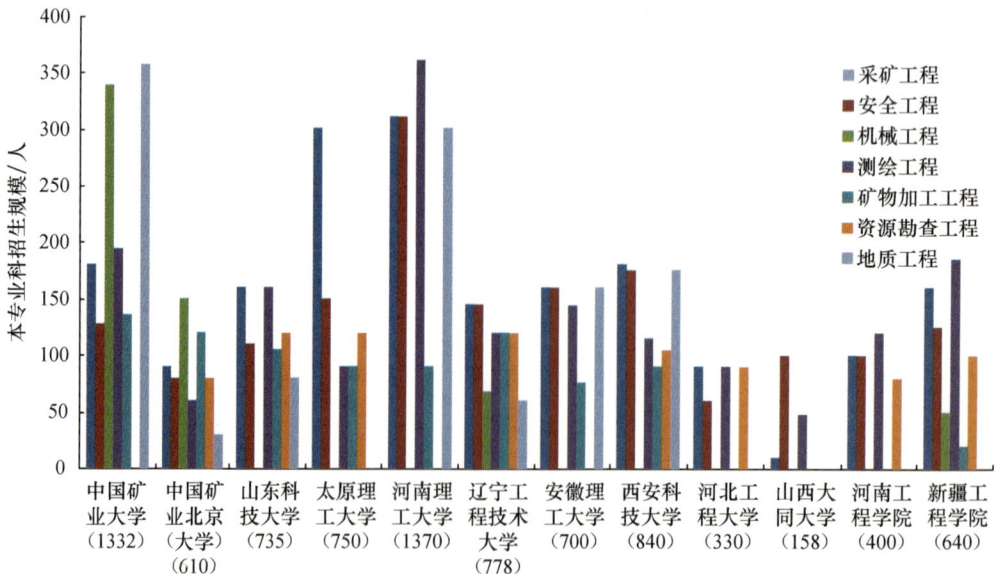

图 3.1.5　2015 年煤炭行业人才重点培养院校本科专业招生规模

业招生规模存在显著差异，招生规模与院校所在地区的资源禀赋和产业结构特点的相关性较大。太原理工大学、河南理工大学和河北工程大学的采矿工程专业招生规模占煤炭相关专业招生比例均接近或超过 30%，其中太原理工大学采矿专业招生高达 40%；而山东科技大学、辽宁工程技术大学、西安科技大学、河北工程大学、河南工程学院等院校各专业招生人数基本相当。

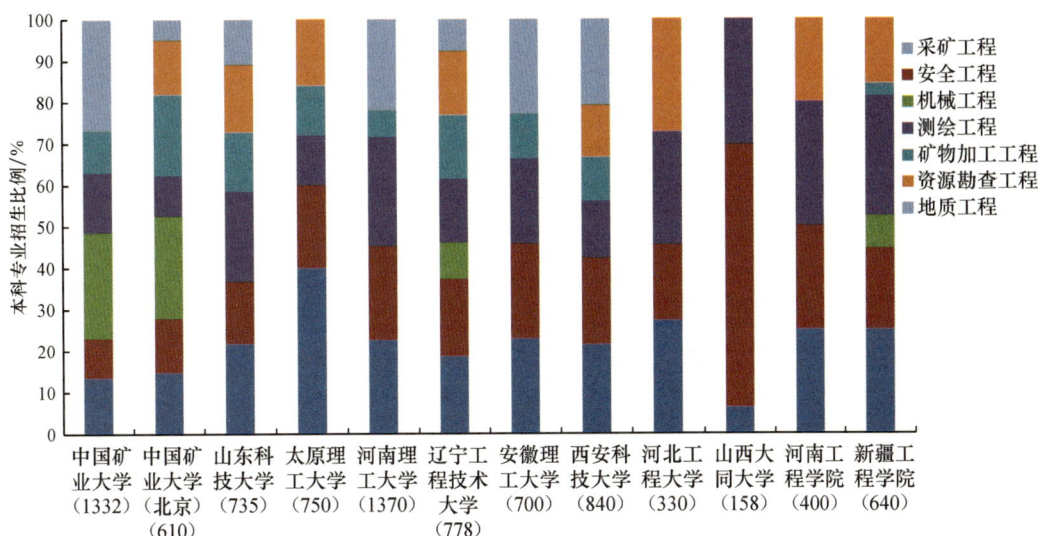

图 3.1.6　煤炭行业人才重点培养院校本科专业招生比例

3. 专科院校专业设置及招生规模

表 3.1.9 是 2014 年我国煤炭行业专科院校专业设置和招生情况，我国煤炭专科院校年均招生 4600 余人，且招生规模相对稳定。与本科院校相比，由于专科院校更侧重学生岗位技能的培养，因此在专业设置上划分得更细，还包括矿井运输与提升、选煤技术、煤化工生产技术、煤层气抽采技术、煤质分析技术、安全技术管理等专业。同时，专科院校招生规模与学生就业直接相关，因此各专业招生人数相对本科院校要少。

表 3.1.9　2014 年我国煤炭行业相关院校专科招生专业及规模统计表

煤炭相关院校（专科院校）	专业设置（招生规模）	不同专业招生规模 / 人										
		煤矿开采技术	矿井通风与安全	煤炭深加工与利用	矿山机电	煤化工生产技术	煤层气抽采技术	矿井建设	矿山地质	矿山测量	矿业类其他相关专业	非矿业类相关专业
延安职业技术学院	42（2290）	—	—	40	—	44	—	—	—	—	—	2202
重庆工程职业技术学院	50（2643）	38	46	—	34	39	28	—	—	—	34（安全技术管理）	2424

续表

煤炭相关院校（专科院校）	专业设置（招生规模）	不同专业招生规模／人										
		煤矿开采技术	矿井通风与安全	煤炭深加工与利用	矿山机电	煤化工生产技术	煤层气抽采技术	矿井建设	矿山地质	矿山测量	矿业类其他相关专业	非矿业类相关专业
兰州资源环境职业技术学院	59（4180）	140	50	45	200	—	—	50	112	109	50（煤田地质与勘查技术）	3424
山西煤炭职业技术学院	31（3000）	355	135	100	480	—	60	90	90	90	70（矿井运输与提升）90（选煤技术）80（煤质分析技术）	1360
山西煤炭管理干部学院	15（800）	60	50	60	60	—	—	40	—	40	—	490
郑州工业安全职业学院	20（2000）	108	108	—	108	—	—	—	—	—	108（安全技术管理）	1568
平顶山工业职业技术学院	42（6290）	250	230	140	310	—	—	80	—	130	—	5150

注：资料来源于我国煤炭行业相关专科院校官网。

图 3.1.7 对比了各煤炭专科院校的专业招生规模。其中，山西煤炭职业技术学院相关专业招生人数最多，年均招生 1600 余人，除煤化工生产技术外，其余各专业招生占比都较大；仅有延安职业技术学院和重庆工程职业技术学院煤化工生产技术专业有招生，且招生不足 100 人；而煤层气抽采技术专业也只有山西煤炭职业技术学院和重庆工程职业技术学院有招生，年均招生不足 100 人。

4. 煤炭企业自主办学及专业设置

煤炭专业人才的培养，除高校和专科院校外，企业自主办学培养模式在煤炭行业黄金 10 年也得以迅速发展，为满足行业发展对人才的需求做出了突出贡献。企业自主办学目标，主要是培养专业技能人才，根据企业的岗位需要设置课程，学生还有条件在一线实习，提前熟悉相关业务，毕业后很快能够熟悉相应岗位的工作。

表 3.1.10 为我国煤炭企业自主办学招生专业和规模统计，在统计的 3 所职业技术学校中，淮南职业技术学院招生规模居首，年均招生 400 人。招生主要集中于煤矿开采技术、矿井通风与安全、矿山机电、矿山地质、矿山测量及煤化工等专业，学生完成学业可直接入职本企业。

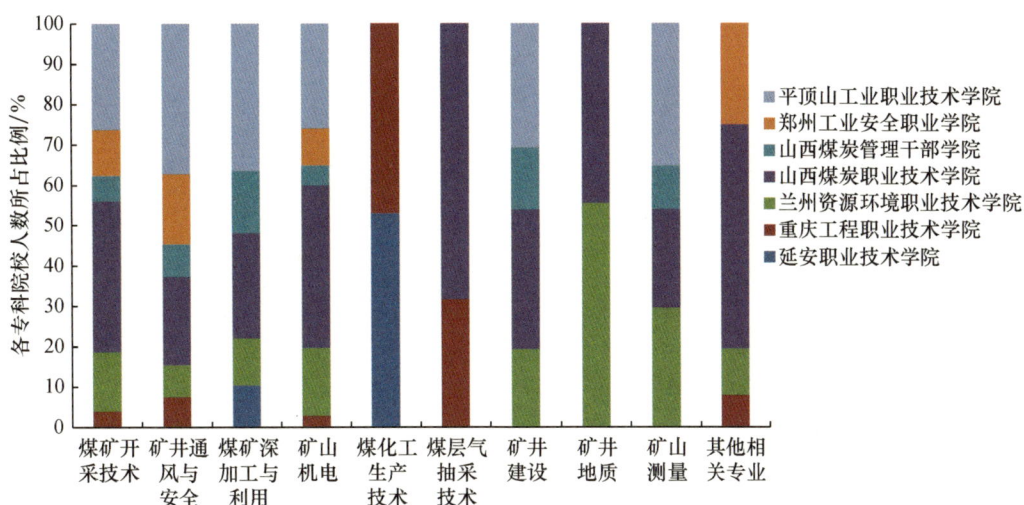

图 3.1.7 各煤炭专科院校专业招生规模对比

表 3.1.10 2015 年我国煤炭企业自主办学招生专业及规模统计

院校	专业设置（招生规模）	不同专业招生规模/人										
		煤矿开采技术	矿井通风与安全	煤炭深加工与利用	矿山机电	煤化工生产技术	煤层气抽采技术	矿井建设	矿山地质	矿山测量	矿业类其他相关专业	非矿业类相关专业
河北能源职业技术学院	32（1963）	45	—	—	44	—	—	—	45	30	44 矿物加工技术（煤化工方向）	1755
潞安职业技术学院（普高.对口）	13（698）	60	45	—	90	—	—	—	45		106 应用化工技术（煤变油技术方向）50 矿物加工技术（煤炭清洁能源利用方向）	302
淮南职业技术学院	27（3192）	100	118	—	93	—	—	—	59	30	—	2792

注：资料来源于我国煤炭企业自主办学的各高校官网；河北能源职业技术学院隶属于开滦（集团）有限责任公司（以下简称"开滦集团"），潞安职业技术学院隶属于潞安矿业集团公司，淮南职业技术学院隶属于淮南矿业集团公司。

1.2.2 煤炭类不同性质院校招生情况分析

2014 年和 2015 年，煤炭类不同性质相关院校招生人数占比见图 3.1.8 和图 3.1.9。煤炭类不同性质相关院校本科招生占比由 2014 年的 84.38% 下降到 2015 年的 83.50%，专科和企业自主办学的招生规模没有明显变化。由图 3.1.10 可以看出，在煤炭行业相关的 2016 年研究生教育当中，全日制硕士生为主体，占到 54.30%；在职研究生所占比例次之，为 30.39%；博士研究生占比最少，仅为 12.11%。

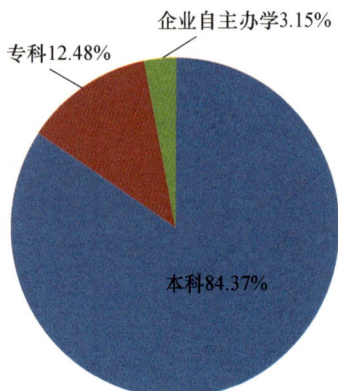

图 3.1.8　2014 年煤炭类不同性质相关院校招生
人数占比

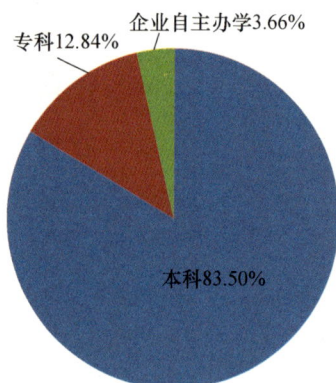

图 3.1.9　2015 年煤炭类相关院校本科招生
人数占比

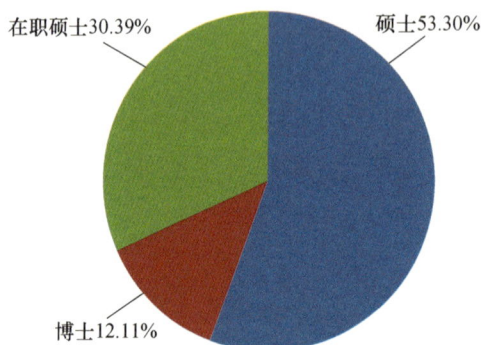

图 3.1.10　2016 年煤炭相关院校矿业类不同类别研究生招生规模人数占比

1.2.3　煤炭主体专业设置及课程体系

本研究选择煤炭高等工程教育的主体专业及课程体系设置进行重点分析。煤炭本科、专科相关主体专业及课程体系设置见表 3.1.11、表 3.1.12。

由表 3.1.11 和表 3.1.12 可以看出，与采煤直接相关的专业设置，煤炭类高校有 7 个本科专业（分别为采矿工程、安全工程、机械工程、测绘工程、矿物加工工程、资源勘查工程和地质工程）和 12 个专科专业（分别为煤炭开采技术、矿井通风与安全、矿井建设、固体矿床露天开采技术、矿山机电、矿井运输与提升、煤炭深加工与利用、选煤技术、煤质分析技术、煤化工生产技术、矿山测量和矿山地质）。课程体系中的理论课较多，与之配套的实践课程相对偏少。其中，本科专业中的采矿工程、安全工程、测绘工程、矿物加工工程、资源勘查工程和地质工程与专科专业中的煤炭开采技术、矿井通风与安全、矿山测量、煤炭深加工与利用、选煤技术和矿山地质等专业课程安排相近。

表 3.1.11 煤炭院校（本科）各专业及课程设置

采矿工程	安全工程	机械工程	测绘工程	矿物加工工程	资源勘查工程	地质工程
岩体力学、工程力学、特殊采矿技术、矿山压力及岩层控制、井巷工程、矿井设计、矿井通风与安全、电工与电子技术、采矿机械与设备、矿山企业管理及采矿课程设计、岩体控制实验、矿山模型、矿井通风等	安全学原理、安全系统工程、安全法规及安全评价、燃烧与爆炸理论、灾害学和矿山地质学。矿山安全方向：采矿学、机械安全工程、工业用电安全、矿井通风与安全、电工与电子技术、矿山安全技术和安全监测与监控。化工危化消防安全方向：化工安全工程、工业消防、电气安全工程、安全检测技术和工业防毒技术等	力学、电工电子技术、测试技术与控制工程基础、机械原理、机械设计、机械制造技术基础、特种加工、CAD/CAM、自动化制造系统、制造装备设计和精密加工、模具设计制造技术、机电一体化系统设计、机电传动控制、数字化网络化应用、单片机原理及应用、机器人技术、机械优化设计技术、现代设计技术等	普通测量学、数字化测图原理与方法、大地测量学、误差理论与测量平差、摄影测量学、工程测量学、地图学、变形监测与数据处理、地籍测量学、GPS 原理与应用、遥感原理与应用等空间精密定位理论与方法等	矿物加工学、矿物加工专业实验、矿物加工机械及设计、非金属矿加工与利用、物理化学、工程流体力学、选矿学、矿物加工工艺设计、矿厂工艺设计、加工试验研究方法、技术经济分析与生产管理等	地质学基础、矿物岩石学、地层与古生物学、构造地质学、遥感地质学、水文地质学、矿床学、煤田地质学、石油地质学、灾害地质学、应用地球物理、矿产资源与水资源及工程地质勘查与政评价、矿业经济与政策法规、环境科学等	工程力学、矿物学（含晶体光学）、岩石学、构造地质学、地层古生物学、水文地质学、煤田地质学、油气地质学、地球物理勘探、岩土钻掘工程、环境地质学、矿产地质勘查与评价、井地质与矿产地质勘查与评价、地理信息系统

注：资料来源于我国各煤炭类高校官网。

表 3.1.12 煤炭院校（专科）各专业及课程设置

专业	课程设置
煤炭开采技术	煤矿地质、矿图、煤矿测量、采矿CAD、煤矿供电、煤矿机械、煤巷道施工、矿井通风、矿井安全、矿山压力观测与控制、采煤工作面生产组织、煤矿生产系统、井巷工程设计、通风安全设计、采煤工艺设计、工种操作训练等
矿井通风与安全	煤矿地质、矿图、矿井测量、矿井CAD、矿山机械、矿井瓦斯防治、矿井粉尘防治、矿井通风、矿井防灭火、矿山救护、矿井安全监测监控、采煤工艺技术、安全生产技术、煤矿企业管理、安全法规、生产组织、矿井通风实习、矿井CAD实习、工种操作训练等
矿井建设	地质与测量、岩石力学、矿山地质、工程测量、岩石力学、石门眼爆破、钻眼爆破、建筑结构、井巷设计与施工、特凿井施工、机械绘图、生产计算、井巷设计、安全施工课程设计、钻眼爆破设计、课程设计等
固体矿床露天开采技术	岩石力学、矿山地质测量、工程测量、露天矿采掘机械、控制爆破技术、露天矿运输与道路、采矿工艺、露天矿设计原理、露天矿边坡稳定、采矿系统工程、计算机绘图、露天矿开采设计、露天矿采区设计、矿山爆破设计、采矿工艺实训、边坡地质工程分析实训等
矿山机电	电工电子技术应用、机械识图、机械应用、识图与绘制（CAD）、井下电气设备安装与维修、电气传动及系统应用、液压传动及系统应用、采掘设备维修、安装、通风设备、煤矿运输设备安装维修、煤矿供电设备安装、运输与提升设备安装维修、煤矿生产技术管理、煤矿生产安全与法律法规案例分析等
矿井运输与提升	机械识图与绘制、电工电子应用、机械测试技术应用、液压传动应用、矿井运输供电设备安装维修、矿井运输设备维修、提升设备安装维修、矿山运输电器控制安装、煤矿设备概述、煤矿设备维修、运输与提升技能训练、煤矿生产技术管理、煤矿生产安全法律案例分析等
煤炭深加工与利用	计算机应用基础、电工学、化学分析操作、煤化学及煤焦配煤、炼焦单元操作、选煤生产操作与管理、炼焦工艺及生产管理、煤炭化产回收、煤化工安全与环境保护、煤炭综合利用、煤化工艺实训等
选煤技术	计算机应用基础、电工学、煤化学、重力选煤、浮选、煤泥水处理、选煤机械、选煤工艺设计、选煤工艺技术、煤炭综合利用、选煤生产工艺实训等
煤质分析技术	电工学、无机化学、有机化学、物理化学、煤质化学、煤质化验检验、仪器分析、煤炭环境保护、化验综合分析实训等
煤化工生产技术	化工原理、电工学、化工化学、无机化学、煤化学、煤炭综合利用、有机化学、分析化学、物理化学、煤化学、化工基础、机械设备基础、化工工艺（化学反应工程）、炼焦工艺及生产、化产回收化工仪表及自动化、环境保护、煤化工生产工艺实训等
矿山测量	全野外数字测图、矿区控制测量、井下测量、矿产测量、矿山工程测量、煤矿岩层与地表移动观测、数字测量、摄影测量、露天矿测量、全野外数字化测图实训、GPS控制测量实习、矿山测量生产实习等
矿山地质	普通地质学、矿物岩石学、古生物、地层构造地质学、矿井地质、矿井水文地质、煤田地质学、煤田勘探方法、普通地质实习、测量地质实习、地质测量实习等

注：资料来源于我国各煤炭类高校官网。

1.2.4 煤炭主体专业毕业生情况分析

尽管国内煤炭相关院校较多，但部分高校毕业生就业数据较难获取，故收集了具有代表性的煤炭相关院校毕业生赴煤炭相关行业的就业数据，此数据根据各高校 2015 年毕业生就业质量报告整理，详见表 3.1.13。

表 3.1.13 2014、2015 年毕业生采矿业就业情况比较

学校	2014 年			2015 年		
	本科毕业生就业人数 / 人	本科毕业生赴采矿业就业人数 / 人	采矿业就业人数占比 /%	本科毕业生就业人数 / 人	本科毕业生赴采矿业就业人数 / 人	采矿业就业人数占比 /%
中国矿业大学（北京）	670	140	20.90	621	117	18.80
河南理工大学	5355	1071	20.00	4651	937	20.15
中国矿业大学	4894	900	18.40	4617	438	9.49
太原理工大学	3263	600	18.38	4019	278	6.91
辽宁工程技术大学	5582	749	13.42	5582	907	16.25
山东科技大学	4990	668	13.38	5277	384	7.21
西安科技大学	3746	436	11.64	4024	248	6.16
内蒙古科技大学	4490	517	11.51	4218	191	4.50
华北科技学院	2767	307	11.10	2679	131	4.90
安徽理工大学	4415	406	9.20	4223	189	4.47
河北工程大学	3231	254	7.86	3516	54	1.36
华北理工大学	3668	136	3.70	3942	34	0.86
中南大学	4472	165	3.69	4391	149	3.39
北京科技大学	1354	41	3.03	1380	47	3.37
重庆大学	4251	67	1.58	4261	15	0.35

注：资料来源于各高校 2014、2015 年毕业生就业质量报告。

从表 3.1.13 可以看出，除煤炭院校的毕业生在就业时会考虑煤炭行业外，其他高校毕业生选择煤炭行业就业的很少。15 所高校中，只有 3 所高校煤炭行业就业的毕业生占比超过 15%，4 所高校的占比在 5%～10%，其余 8 所高校占比都在 5% 以下。重庆大学的毕业生去煤炭行业就业的仅为 15 人，仅占当年毕业生就业总数的 0.35%。

辽宁工程技术大学和中国矿业大学的本科毕业生煤炭行业就业人数较多，分别为 907 人和 819 人，分别占到了其学校就业总人数 17.36% 和 16.25%，这与这两所学校所处的地理位置、行业性质、以及煤炭相关专业招生规模直接相关。

表 3.1.13 中所统计的为 15 所高校所有专业去煤炭行业就业情况，从数据可以看出，高校毕业生赴煤炭行业就业人数的占比较低，煤炭行业对高校毕业生的吸引力较差。

综上所述，在煤炭行业整体不景气的形势下，一方面，相当一部分煤炭企业基本停止招收应届毕业大学生；另一方面，多数的毕业生不愿意去煤炭行业就业。如何提高行业吸引力，建立优胜劣汰的人才体制，全面提升行业人员素质显得尤为重要。

1.3 煤炭行业人力资源建设取得的成绩

1. 从业人员规模大，培养了大量高素质人才

截至 2015 年年底，我国煤炭行业从业人员达 440 余万人，其中工程技术人员约为 32 万人，是美国的 10 倍；大专以上高学历人员约为 67 万人，为美国的 32 倍。这些高素质人才为我国经济发展和社会稳定做出巨大贡献。

2. 西部煤炭从业人员占比显著增加

煤炭行业从业人员情况：东部地区 2003 年、2008 年和 2014 年，占比依次为 38%、36.5% 和 31%，呈现下降趋势；中部地区 2003 年、2008 年和 2014 年占比分别为 41%、42.5% 和 44%；西部地区由 21% 上升到 25%。可以看出随着煤炭开采重心的逐步西移，中西部煤炭行业从业人员占比不断增加，尤其是西部欠发达地区增幅最快，一定程度上缓解了西部行业人才紧缺的问题。

3. 文化程度不断提高

我国煤炭从业人员整体素质不断提高。从 2003 年到 2014 年，东部地区煤炭行业从业人员中高中及以上学历人员占比由 34.4% 提高到 46.4%，中部地区的由 35.3% 增加到 44%，西部地区的由 31.2% 增加到了 35.3%。西部地区煤炭从业人员中高中及以上学历人员增幅最小。

4. 专业素质整体提升

从 2003 年到 2014 年，我国煤炭行业从业人员中拥有高级技术职称的人员增幅 45.5%，拥有中级技术职称的人员增幅 20.3%，拥有初级技术职称的人员增幅 8.0%。

5. 薪酬水平持续增加

煤炭行业经过 10 年的高速发展，行业从业人员薪酬由 2003 年的人均 11050 元/年增加为 2013 年的人均 52704 元/年，超过全行业平均薪酬。其中，我国中西部地区 2008 年、2013 年煤炭从业人员薪酬均超过该地区全行业从业人员薪酬，而东部地区的煤炭从业人员薪酬自 2008 年起则低于该地区全行业从业人员薪酬水平。

6. 人才培养课程设置与课程种类十分丰富

我国矿业类高校课程设置与国外矿业类课程设置基本相同，但课程种类与课时更多（多出 12 门课、60 以上学分），并且实践类课程丰富。

7. 不断向行业输送高素质的专业人才

招生人数中，不同类别的研究生所占比例如图 3.1.11 所示：

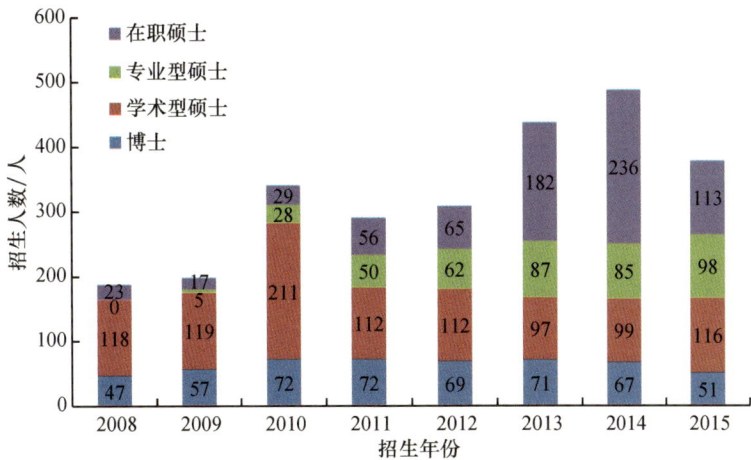

图 3.1.11　各类研究生占比与趋势分析

由图 3.1.11 可知，博士的招生规模每年都比较稳定（50～70 人），为相关学科的理论研究培养了大批的后备力量。学术型硕士是每年研究生招生的主体，但是招生规模在 2010 年之后逐步减小，现今维持在 100 人左右。专业硕士则逐年递增，在 2015 年的时候达到了 98 人。呈现这种趋势主要有以下两个原因：第一是国家招生政策的改变，调整了专业硕士所占的比例，更加重视和强调学生的实践以及现场的应用；第二是采矿相关学科的应用性较强，选择专业型研究生会有更多机会接触现场，了解生产一线的实际情况以及所面临的各种问题，更有助与加深对所研究学科的认识。在职硕士的数量也在逐年增加，2012 年以后更加明显，招生人数达到了原来的 3 倍甚至 4 倍。这说明在煤炭"黄金 10 年"结束后，有更多的从业人员选择攻读研究生，不断丰富提升个人理论水平和实践能力。

由图 3.1.12 可知，在矿业类研究生范围内，工程硕士所占比例约为 20%～40%，其中比例最小的中国矿业大学为 19.10%，最大的安徽理工大学则达到了 41.62%。由此可见，工程硕士在矿业类研究生招生当中是很重要的。

工程硕士的培养不仅提高从业人员的专业素质，也将相关领域最新的研究成果带到了现场，指导生产实践。与此同时，也加强了企业与高校的合作，实现校企共赢。

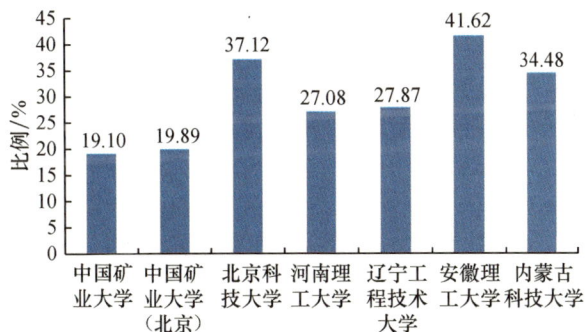

图 3.1.12　2016 年部分院校矿业类工程硕士占矿业类研究生比例

第 2 章 | 人才需求判断及需求分析

2.1 行业人才需求的形势判断

1. 需要大量的复合型专业技术人才

现代煤炭行业是技术密集型行业，行业竞争力的提升，不仅需要专业技能过硬的专业技术人才，更需要一批高素质的复合型人才。与传统的专业技术人才相比，复合型人才应具备知识复合型、技术复合型和管理复合型等方面的特质。然而长期以来，由于受培养理念和传统教育模式的影响，我国煤炭高校在专业设置、课程安排、教学计划等方面过于强调专业性人才的培养，人才专业面偏窄、适应能力不强等问题已无法满足行业发展对复合型专业人才的需求。

2. 要求煤炭企业不断培养和引进专业与管理人才

专业人才与管理型人才是煤炭行业实现安全、高效、绿色发展的必要条件。然而，当前煤炭行业高层次专业人才与管理型人才短缺问题已严重影响着行业的健康发展。我国煤炭行业管理人员，大多是从生产技术岗位逐步走到管理岗位，缺乏相关管理与专业知识。因此，企业需要培养引进金融、法律、财务相关专业人才与职业经理人形式的管理人才，做到各司其职。

3. 需要一支有活力和创造力的员工队伍

新技术的不断应用和人类对环境问题的持续关注，客观上要求煤炭行业必须走清洁、高效、绿色的发展之路。我国煤炭行业正经历着新一轮的变革，行业发展比任何时候都更加需要高素质的员工队伍。具体而言，不仅需要具有丰富管理经验和远见卓识的高级管理队伍，还需要一支具有活力和创造力的员工队伍。

2.2 人力资源强国的指标体系

煤炭行业走出困境的必由之路在于实施"科教兴煤"战略，人才队伍建设是关键。从煤炭行业整体来看，随着新设备、新技术、新工艺的推广和使用，以及新的经营理念、现代管理方法的导入，都迫切需要一批掌握专门知识和具有熟练技能的工程技术人员以及懂经营、会管理的经营管理人员。根据煤炭资源强国的战略目标，人力资源评价指标体系如表 3.2.1 所示。

表 3.2.1　煤炭资源强国之人力资源评价体系

一级指标	二级指标	2020 年	2025 年	2035 年
年龄结构 （青∶中∶老）	专业技术人才	4∶3∶3	5∶3∶2	4∶4∶2
	经营管理人才	2∶4∶4	3∶4∶3	3∶5∶2
	技术工人	<45 岁占 35%	<45 岁占 50%	<45 岁占 55%
学历结构 （专科∶本科∶研究生）	专业技术人才	6∶8∶1	6∶9∶1	8∶8∶1
	经营管理人才	13∶5∶1	3∶5∶1	4∶12∶3
	技术工人	专科以上>16%	专科以上>20%	专科以上>40%
职称结构 （高级∶中级∶初级）	专业技术人才	2∶3∶5	6∶9∶5	8∶9∶3
	经营管理人才	3∶7∶10	4∶9∶7	7∶8∶5
	技术工人	25% 以上拥有高级工、技师和高级技师职称	40% 以上拥有高级工、技师和高级技师职称	60% 以上拥有高级工、技师和高级技师职称
薪酬水平	从业人员人均薪酬	薪酬水平与电力、热力、燃气等煤炭消耗行业薪酬水平持平	薪酬水平与教育、科学研究、技术服务业持平	

2.3　煤炭行业人力资源存在问题分析

根据人力资源评价体系中行业人才发展的目标，结合我国煤炭行业人力资源现状，对当前行业人才队伍存在的问题分析如下。

2.3.1　企业高层次人才占比仍然较低

我国煤炭从业人员中，生产人员占比约为 74%，大多为一线工人，因此拉低了整体员工文化与职称水平，并且年龄偏低，企业薪酬成本增加。根据 2015 年《中国劳动统计年鉴》，煤炭从业人员初中及以下文化程度人员占比高达 55%（图 3.2.1），虽然煤炭从业人员初中以上大专以下文化程度人员占比高于全国，大专及以上文化程度人员占比与全国基本持平，但是煤炭从业人员的文化程度仍然偏低。

尽管经过近 10 年的发展，煤炭行业从业人员职称结构有很大改善，但与全行业工业企业比，具有职称人员比例和中高级职称人员比例仍然偏低。

综合以上分析，煤炭行业从业人员的学历层次和拥有中高级职称人员的占比仍与目标存在一定差距。

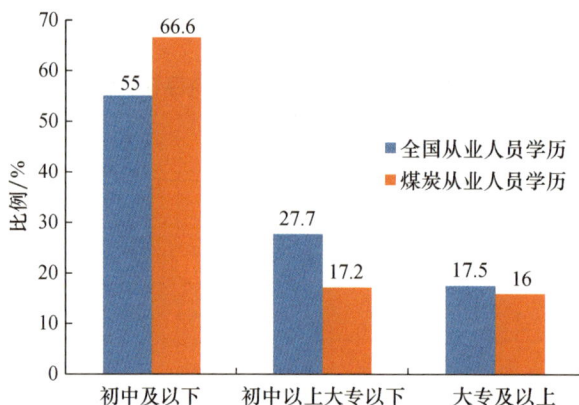

图 3.2.1　2014 年全国从业人员和煤炭从业人员文化程度对比

2.3.2　矿业类学科专业及课程设置缺乏统一标准

不同学校在矿业类学科的专业设置上存在一定的差别，专业设置的种类不一，同一专业开设的课程不同，没有统一的专业设置标准。比如，中国矿业大学的地质类专业包括地质工程、地球物理学、人文地理与城乡规划、水文与水资源工程，河南理工大学的地质类专业则包括含地质、资源勘查、地球信息科学与技术等。课程设置方面，不同院校相同专业的专业核心课程存在一定的差异，主要表现为办学层次高的院校开设课程相对较多，课程设置缺乏统一规范，存在一定的随意性，这也造成了毕业生在知识结构上的差异。

2.3.3　院校毕业生不能满足行业对复合型人才的需求

研究认为，煤炭资源强国建设，需要更多的知识型复合人才、技术型复合人才和管理型复合人才。知识型复合人才即有较强的知识学习和知识创新的能力，是企业创新的主力军；技术型复合人才即除通晓本专业知识外，还具备其他相关专业的知识和能力；管理型复合人才即工科专业的学生，具备经济管理专业领域的理论和水平。而从目前我国矿业类专业课程体系设计看，更多地体现出"专"和"精"的特点，在复合型人才培养方面考虑不够，如采矿类专业课程体系中涉及机电、建筑、地质、管理、人文等专业的课程较少。即便是选修课安排了这些课程，也因学生不重视而影响了其综合能力的培养和提升。

第 3 章 国外煤炭行业人力资源分析及启示

3.1 国外煤炭行业从业人员现状

3.1.1 澳大利亚煤炭行业从业人员现状

1. 澳大利亚采矿业人数分布特征

采矿业是澳大利亚的支柱产业之一，提供了大量的就业机会，常住居民从事采矿业的占比也较高。2014 年，澳大利亚采矿业从业人数达 19.37 万人。图 3.3.1 为澳大利亚主要矿业城市从事采矿业的从业人员占比。

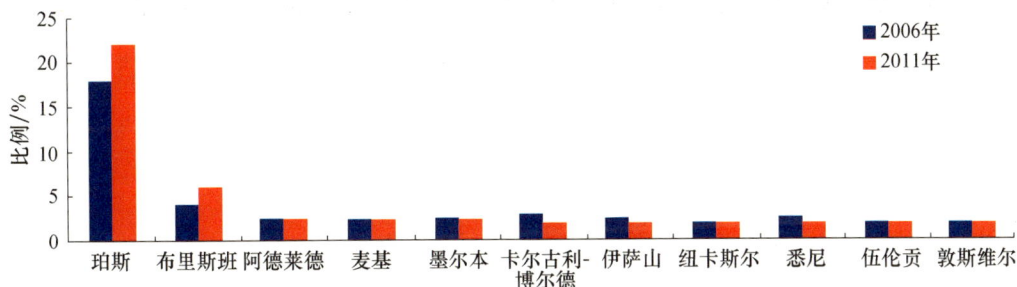

图 3.3.1　澳大利亚主要城市常住居民从事采矿业人数占比

由图 3.3.1 可看出，珀斯是澳大利亚采矿业从业人员最多的城市，2011 年其采矿业从业人员占比由 2006 年的 18% 上升到 22%；第二大矿业小镇布里斯班采矿业从业人员从 2006 年的 4% 上升到 6%；其他主要矿业城镇也均达到或高于全国平均水平的 2.3%。

从行业发展看，澳大利亚矿业发展快速的城镇中，从事采矿业的人数占城镇总人口的比例也较高，如图 3.3.2 所示。

2. 澳大利亚采矿业薪酬水平分析

在澳大利亚，采矿业是人人崇敬的职业，也是待遇最好的行业之一。根据澳大利亚统计局网站的信息，从事采矿业的人优中选优，职工薪酬水平高于全国的平均水平，从而能够吸引更多有才华、有能力的人加入采矿队伍，有利于形成稳定的高素质人才队伍。煤矿从业人员工资是全国平均工资的 2 倍以上，其在社会就业方面的重大贡献为社会各界共识。2012 年澳大利亚分行业的非管理层员工平均每小时薪资对比详见图 3.3.3。

由图 3.3.3 可以看出，2012 年澳大利亚从事采矿业的全职成人非管理层员工平均每

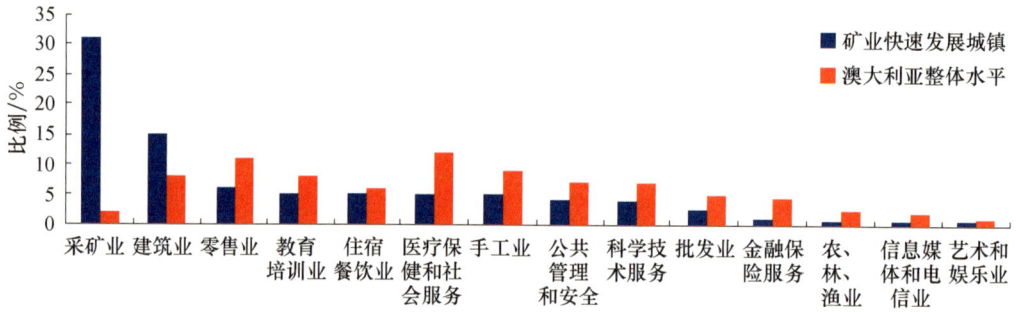

图 3.3.2 2011 年澳大利亚各行业从业人员占比

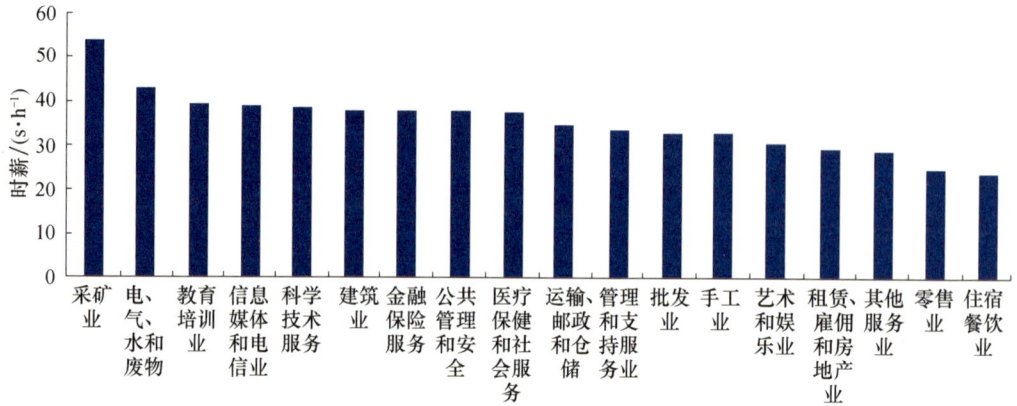

图 3.3.3 2012 年全职成人非管理层员工的平均每小时薪资

小时薪资为 52.30$，远高于全国最低工资水平 15.51$/h。

3. 澳大利亚采矿业从业人员周工作时间分析

行业的优厚待遇和良好的工作环境使得采矿从业人员愿意更多的付出劳动来换取报酬。澳大利亚采矿业的从业人员每周工作时间明显高于其他行业，见图 3.3.4。

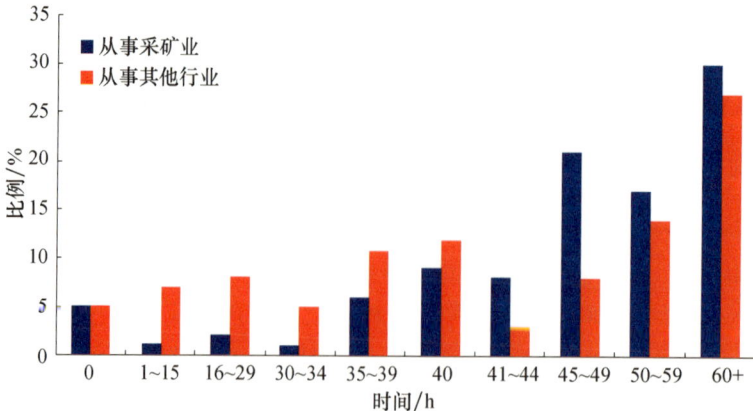

图 3.3.4 2011 年澳大利亚采矿行业与其他行业从业人员每周工作时数占比

2011 年，从事采矿业的员工每周工作在 60h 以上的占 30%，50～59h 的占 17%，45～49h 的占到 21%，41～44h 的占 8%。可以看出澳大利亚从事采矿业员工工作时数大部分较高，68% 的员工周工作时间超过 45h，76% 的采矿从业人员周工作时间超过 41h，远多于其他行业，促进了采矿业的稳定发展。

4. 澳大利亚煤炭行业从业人员数量分析

煤炭行业是澳大利亚采矿业的重要组成部分，其从业人员数在该国采矿业总人数中的占比始终保持在 20% 以上，但受供给需求等因素的影响，人数有波动。自 2012 年 5 月以来，澳大利亚建筑活动趋稳，矿产品价格下跌，加之澳大利亚经济还处于矿产投资、地产和矿石出口刚刚恢复的经济转型期，导致采矿业就业增长停滞。2013 年，采矿业总就业人数和煤炭行业就业人数均有所下降，其中煤炭行业在采矿业总人数中的占比也呈下降趋势。之后澳大利亚经济温和复苏，加上世界范围对煤炭需求的稳定性和持久性，矿产品价格回升，2014 年煤炭行业从业人员和采矿业从业人员都呈现出增加的态势，分别达 5.49 万人和 19.37 万人（表 3.3.1）。

表 3.3.1　澳大利亚煤炭行业从业人员现状

年份	煤炭行业从业人员数 / 万人	采矿业从业人员数 / 万人	占比 /%
2012	4.49	19.33	23.23
2013	4.33	18.97	22.83
2014	5.49	19.37	28.34

总体来看，澳大利亚采矿业薪资水平高、员工素质好，优良的行业环境吸引更多的高素质专业人才，形成良性发展的态势。

5. 人才引进

澳大利亚矿产丰富，相关产业发展迅速，采矿行业从业人员待遇优厚，吸引大批人才进入该行业。不仅有来自本国一流高校的优秀人才，也有来自世界各地的煤炭人才加入其中。正是这些人才的加入，使澳大利亚的采矿业发展更加高效快速。

3.1.2　美国煤炭行业从业人员现状

1. 美国煤炭行业从业人数分析

2001—2013 年，美国煤炭行业从业总人数基本是缓慢的增长趋势。从业总数最少的年份是 2003 年，为 71023 人；最多的年份是 2011 年，达到 91611 人。之后两年略有下降趋势，特别是 2013 年下降了近 10% 的从业人数，2013 年美国煤炭市场需求不佳，2013 年 4 月美国煤炭出口量同比下降 22%，煤炭行业效益不好导致从业人数的快速下降。

美国煤炭行业从业人员数量按地区划分，总共分为6大区，分别为：中大西洋地区占10.42%；中部东北地区占13.58%；南大西洋地区占31.35%；中部东南地区占22.04%；中部西南地区占4.18%；山区地区占16.45%。具体数据见表3.3.2。南大西洋地区煤炭从业人数占比最多，而在南大西洋地区又以西弗吉尼亚州煤炭从业人数最多，达到了20281人，占煤炭行业从业总人数的25%。

表3.3.2　2001—2013年美国煤炭行业从业人数（单位：人）

地区	年份												
	2001	2002	2003	2004	2005	2006	2007	2008	2009	2010	2011	2012	2013
中大西洋地区	8386	7663	6920	7524	7609	7526	7649	8220	8081	8268	8665	8927	8382
宾夕法尼亚州	8386	7663	6920	7524	7609	7526	7649	8220	8081	8268	8665	8927	8382
中部东北地区	8918	8846	8833	8913	9034	9248	9410	9200	9990	9817	10651	11638	10919
伊利诺斯州	3453	3577	3655	3573	3817	3977	3946	3368	3548	3649	4105	4512	4164
印第安纳州	2543	2702	2772	2830	2683	2858	2968	3083	3435	3342	3540	3935	3612
俄亥俄州	2922	2567	2406	2510	2534	2413	2496	2749	3007	2826	3006	3191	3143
南大西洋地区	22504	21799	20076	21742	24247	25828	25187	27232	26705	26470	29056	28260	25207
弗吉尼亚州	5455	5041	4720	4842	5134	5262	4763	4797	4646	4957	5261	4998	4521
西弗吉尼亚州	16579	16247	14905	16403	18611	20076	20049	22034	21671	21091	23307	22786	20281
中部东南地区	21561	21185	19432	20012	22012	22992	21579	23953	24089	23085	24119	21966	17723
阿拉巴马州	3333	3389	3415	3633	4138	4195	3850	4270	4258	4341	4756	5041	4212
肯塔基州	17534	17042	15255	15522	16990	17959	16986	18906	18850	17966	18634	16351	12905
中部西南地区	2826	2745	2752	2693	2636	2648	2779	2866	3047	3294	3449	3460	3357
得克萨斯州	2470	2375	2369	2274	2196	2138	2216	2326	2506	2787	2936	2918	2819
山区地区	11070	11473	11303	11286	11903	12834	13416	14088	14470	13823	14203	14076	13223
科罗拉多州	1951	2065	2118	2092	2226	2229	2249	2285	2445	2247	2405	2505	2175
新墨西哥州	1728	1674	1415	1388	1408	1372	1356	1445	1422	1269	1292	1291	1286
犹他州	1485	1548	1552	1533	1817	2036	2012	2077	1991	1822	1797	1611	1437
怀俄明州	4365	4699	4800	4953	5050	5837	6383	6827	7054	6857	7039	7004	6673
总计	77088	75466	71023	73912	79283	82959	81278	86859	87755	86195	91611	89838	80396

2. 美国以煤矿类型划分的从业人员分布

2001—2013年，美国煤炭井工矿人数占煤炭行业总人数基本保持在58%左右，占比最低的一年是2003年，为56.49%；占比最高的一年是2013年，为61.58%。露天矿人数占总人数基本保持在42%左右，最高的一年是2003年，占43.35%，最低的一年是 2013 年，占 38.19%。详见表 3.3.3。总体来说，从 2001 年至 2013 年，井工矿和露天矿员工比例变化都不大。

表 3.3.3　2003—2013 年美国煤炭从业人员情况（单位：人）

煤矿类型	年份										
	2003	2004	2005	2006	2007	2008	2009	2010	2011	2012	2013
井工	40123	42016	45614	47475	46723	49575	50100	50515	54395	54426	49504
露天	30795	31785	33572	35398	34450	37144	37492	35542	37087	35310	30705
总计	71023	73912	79283	82959	81278	86859	87755	86195	91611	89838	80396

3. 美国煤炭从业人员周工作时间

2001—2013 年，美国煤炭从业人员周工作时间都高于 40h，再除去美国一些法定节假日，煤炭从业人员每日工作时间远大于 8h。周工作时间最低的一年是 2002 年，为 40.78h；最高的是 2011 年，达到 44.15h。由于煤炭行业的丰厚待遇和工作环境的改善，使得美国煤炭从业人员愿意付出更多的劳动来换取报酬。

4. 美国煤炭从业人员年龄分布

2014 年，美国采矿业从业人员年龄主要分布在 25～54 岁，约占 70.05%；此年龄段内的煤炭从业人员占煤炭从业人员总数的 70.24%，说明采矿业从业人员更加集中在年轻力壮的人员当中，这也符合采矿业更需要年轻力壮人员这个环境。采矿业中位数年龄为 40.5 岁，而煤炭开采业为 44.5 岁，说明相对于其他采矿业而言，煤炭开采业员工的年龄偏大（表 3.3.4）。

表 3.3.4　2014 年美国采矿从业人员年龄分布（单位：%）

行业	年龄区间							中位数年龄
	16～19 岁	20～24 岁	25～34 岁	35～44 岁	45～54 岁	55～64 岁	65 岁以上	
采矿业总就业	0.92	9.47	29.32	20.86	20.86	14.8	3.77	40.5
煤炭开采业	0	7.14	25	17.84	27.38	21.43	2.38	44.5

注：中位数年龄表示年龄分布的中点，是将全体人口按年龄大小排列，位于中点的那个人的年龄，年龄在这个人以上的人数和以下的人数相等。

5. 美国采矿业工资水平

2014 年美国采矿业每年的平均工资为 58664 美元，平均每小时工资为 28.20 美元，每小时工资中位数为 27.27 美元，美国采矿业注册结构工程师占比为 4.36%。相对于美国全行业每年平均工资 47230 美元，平均每小时工资 22.71 美元，每小时工资中位数 17.09 美元，采矿业的工资明显高于全国平均水平的，这也吸引了更多有能力有学历的人加入到采矿行业，而注册工程师的 4.36% 远高于平均水平的 0.1%，也从另一个方面说明了这个问题。

3.2 国外煤炭行业人才培养现状

3.2.1 澳大利亚

1. 高等教育

1）西澳大学

西澳大学 1911 年创校，位于西澳大利亚的首府珀斯，在澳洲被归为 6 所砂岩学府（sandstone universities）之一。西澳大学自创校以来，一直是澳洲的最具历史、代表性和实力的顶尖研究型学府之一，在众多权威的澳洲大学排名中名列前茅。

西澳大学的人才培养体系。在采矿方面，设置了采矿工程专业，开设了十多门与之相关的课程：岩土工程矿石、矿山资源、岩石机械学、环境地质学、露天开采、地下开采、矿山管理、工程设计、工程勘察、项目管理工程实践和风险管理等。此外，学校为丰富学生课程内容及了解国际经济动态和人力雇佣关系，还开设了多门选修课程：初级财务会计、环境与资源经济学、经济管理与策略、雇佣关系、全球化和组织变革、国际雇佣关系、冶炼、数值方法和模拟、介绍人力资源管理、管理与组织和组织行为学和领导力。

英国教育研究公司西蒙兹夸夸雷利公司的世界大学排名将西澳大学列为全球第 84 位，不仅大量接收本国优秀人才求学，也成为世界各国学者向往的学府，仅国外学生就占到总人数的约 17%。招生人数也是逐年增加，详见表 3.3.5。

从 2005 年到 2014 年，除了研究生学位在 2012 年有小幅波动及更高等的研究学位从 2012 年后开始下降以外，其他年份及学位招生规模都在稳步上升，总人数也在持续增加。

表 3.3.5　2005—2014 年入学学生人数（单位：人）

类型	年份									
	2005	2006	2007	2008	2009	2010	2011	2012	2013	2014
高等研究学位	1816	1981	1931	1986	2059	2104	2052	2058	1995	1976
研究生	2301	2114	2237	2499	2875	3267	3310	3252	3378	3991
本科	12986	13348	14085	15035	16157	17219	18430	19125	19674	19839
总计	17103	17543	18253	19520	21091	22590	23792	24435	25047	25806

注：数据来源于西澳大学 2014 年年报。

2）科廷大学

科廷大学（Curtin University）建校于 1967 年，它是澳大利亚西海岸规模最大的综合性大学，全澳名列榜首的科技大学，同时被澳大利亚高等教育质量认证委员会评为全国一流大学之列。

科廷大学人才培养体系。科廷大学为澳大利亚科技大学联盟（ATN）成员，素有澳洲的"麻省理工"之称，作为澳大利亚的一流大学，科廷大学在采矿方面设置了多个专业，并提供丰富全面的课程学习，使学生全方位掌握采矿业相关的理论知识与实践技能。不仅学习专业的矿业技能知识，也学习资源评估及矿山管理规划等管理学课程。这样的课程设置，不仅培养了学生的专业素养，学生还掌握了矿山管理、项目规划等方面的理论，为复合型人才的培养奠定了基础。

作为国际一流的高等学府，科廷大学现有五个校区，招生规模和在校人数情况详见表 3.3.6 和表 3.3.7。

表 3.3.6 科廷大学 2010—2014 年招生人数

年份	2010	2011	2012	2013	2014
招生人数 / 万人	5.96	6.35	6.40	6.17	6.08

科廷大学招生人数逐年升高，但在 2012 年后，受到国际经济影响，澳大利亚主要矿产资源煤炭的市场动荡，求学人数减少，2013 年及 2014 年招生人数有所下滑，但仍不影响工程类专业在学校所有专业中人数的比例。

表 3.3.7 科廷大学分专业学生在校人数（单位：人）

专业	年份				
	2010	2011	2012	2013	2014
农业、环境及相关研究	350	279	219	197	212
建筑	2083	2155	2268	2309	2366
创意艺术	3446	2140	1390	1064	988
教育	1653	1666	4231	4675	4531
工程及相关技术	5766	6161	6484	6541	6965
医学健康	7753	8066	8617	9313	10486
信息技术	962	887	871	718	600
工商管理	17159	16294	15300	14407	14373
自然和物理科	3018	3065	3262	3693	3809
社会与文化	4673	6815	7626	8894	10486
无学位	1293	1093	819	886	900

在 2014 年，采矿所在的工程类专业学生人数共计 6965 人，仅在工商管理（14373人）、社会与文化（10486 人）及医学健康（10486 人）之后。与工商管理的下降趋势相比，工程及相关技术类的专业人数反而逐年升高。

3）昆士兰大学

昆士兰大学始建于 1910 年，是昆士兰州的第一所综合型大学，也是澳大利亚最大最有声望的大学之一，同时还是六所砂岩学府（sandstone universities）之一。昆士兰大学是澳洲八大名校（group of eight）的盟校成员。昆士兰大学近年招生人数均在 4 万多人以上，并在 2014 年突破 5 万人，详见表 3.3.8。

表 3.3.8　昆士兰大学 2010—2014 年按院系招生人数（单位：人）

专业	年份				
	2010	2011	2012	2013	2014
商务、经济与法律	9413	9577	9534	9746	9986
工程、建筑和信息技术	5174	5488	5690	6093	6565
健康和行为学	6060	6349	6829	7074	7342
人文与社会科学	8616	8907	9068	9336	9531
医学与生物医学科学	3153	3316	3501	3461	3445
科学	7092	7361	7336	7858	8172
非院系专业	4323	4550	4905	5236	5708
总计	43831	45548	46863	48804	50749

昆士兰大学在采矿业方面设置了工程、建筑和信息技术系，其下煤炭相关的专业有采矿与岩土工程和采矿工程。开设的课程有：工程设计、地球过程和地质材料、工程力学、工程建模、结构力学、工程科学数据分析、构造地质学、资源地质与矿山测量、物理及矿物的化学处理、勘察及测试、资源估算、矿山地质力学、挖掘系统、水文、矿山计划、矿井通风、破岩、矿岩土工程、挖掘研究项目、硬石煤矿设计及可行性研究、煤矿顶板管理、高级岩石力学、矿山管理、挖掘研究项目、煤矿设计和可行性等。

而在选修的课程设置中，采矿工程为：岩土工程、工程资产管理、专业实践和商业环境、能源、矿体建模、计算流体动力学、传感器与执行器等。采矿与岩土工程的选修课程为：化学、软件工程导论、简介电气系统、工程热力学、研究实践、电磁与现代物理学。

2. TAFE（technical and further education）教育模式

TAFE 是技术与继续教育的简称，是澳大利亚的一种人才培养模式，简称 TAFE 模式。这种 TAFE 模式被归纳为一种综合性、多层次的人才培养模式，首先由国家制定框架体系，同时以产业推动发展，政府、行业、企业与学校密切配合。办学过程以学生为中心，与中学和大学有效衔接。澳大利亚开办了多所公立的 TAFE 学院，是职业技术教育的主要提供者。每年向社会输送大量接受过职业教育的人才，为各行业提供高质量的技术、服务、管理培训，由澳大利亚政府、各类行业协会、TAFE 学院、企业、学生共同组成的职业技术教育体系（简称 TAFE 体系）是一个相对独立的、多层次的综合性职业教育培训体系。

1）TAFE 体系的主要内容

政府对高等职业技术教育投资管理，行业和企业参与高等职业技术教育活动，各行业的技术人员和管理人员主导职业技术教育和培训，并参与 TAFE 学院办学，负责教学质量评估。

2）TAFE 体系的特点

（1）充分发挥市场机制的作用，与行业紧密联系。

TAFE 学院既是政府的教育和培训机构，又是经营实体。政府鼓励 TAFE 学院进入市场，国家培训局建立了行业培训咨询机构和各州教育服务部，确保职业教育、政府和行业之间的紧密联系。在国家培训总局中，行业代表有时会占全部成员的多数。所有 TAFE 学院均有院一级的董事会，主席和绝大部分成员均是来自企业一线的资深行业专家。行业咨询委员会 ITAB 是澳大利亚联邦政府 TAFE 管理的权威机构，也是澳大利亚行业参与职业教育与培训的主要机构。

（2）拥有全国统一的证书、文凭和培训资格。

澳大利亚政府以各行业不同岗位、不同技术等级的技术要求标准为依据，建立了国家职业资格框架，规范就业市场、证书、学位、学历和职业岗位要求，国家行业职业能力标准是由八级能力水平构成的能力标准体系，规定只有取得 TAFE 证书才能从事相关岗位的技术性工作，即便是本科生、硕士生，甚至博士生，也必须取得 TAFE 学院的培训证书，才能从事生产经营岗位的工作。教育界与产业界采用统一的能力标准和证书体制（表 3.3.9）。

表 3.3.9　能力标准与证书体制

初高中	职业教育与培训	高等教育	职业要求
—	—	博士学位	高级专业人员 / 高级经理
—	—	硕士学位	
—	—	研究生文凭	
—	—	研究生证书	
—	—	学士学位	专业人员 / 经理
—	高级文凭	高级文凭	专业辅助人员 / 管理人员
—	文凭	文凭	专业辅助人员
—	证书Ⅳ	—	高级熟练工人 / 监工
—	证书Ⅲ	—	熟练工人
高中毕业证书	证书Ⅱ	—	高级操作员
	证书Ⅰ		半熟练工人
已参加部分培训的证明			

（3）办学机制和课程设置灵活。

TAFE 的办学机制、课程设置都非常地灵活，学制有长有短，长则 2 年短则几个月，根据政府及企业所签订的培训协议需求而定，澳大利亚的 TAFE 教育旨在为各行业培训人才，重视学员实用职业能力的培养及专业职业培训，使他们能较快适应社会职业岗位的需要。TAFE 的课程安排方面既有阶段性的又有连续性的，学员可以在不同时期，针对不同需求选择相应的课程。课程以模块化设置为主，学生可以进行全日制学习，也可以在就业后进行业余学习，使就业前教育和就业后教育有机结合起来。学生可以先通过短期的学习获得证书Ⅰ，再在下一阶段通过其他课程模块的学习获得证书Ⅱ，以此类推。

（4）拥有"双师型"的高素质教师队伍。

TAFE 学院的教师一般至少有 3~5 年专业对口的实践工作经历，具有行业的相关资格证书，有些专业性强的行业还要求教师有 5~10 年的工作经验，不招聘应届大学毕业生。一般采用合同制（1~5 年）的形式而非终身制，定期进行考核。TAFE 学院的教师全部从有实践经验的专业技术人员中招聘，例如，会计专业课程的教师是从注册会计师中招聘的。新聘教师在进入教学岗位前，须到大学教育学院进行为期 1~2 年的进修学习，获得教师资格证书。要求教师经常参加专业协会的活动，接受新的专业知识、技能和信息。学院会从各行业聘请一些兼职教师，以确保学校所授课程能与技术的发展相吻合，兼职教师约占教师总数的 2/3。

3.2.2 美国

1. 高等教育——科罗拉多矿业大学

科罗拉多矿业大学是依托当地采矿业而建公立的高等学府，主要致力于工程及应用科学研究，是世界上资源开发、开采及利用方面研究实力最强的机构之一。其招生规模及专业设置见表 3.3.10、表 3.3.11。

1）规模及专业设置

表 3.3.10　科罗拉多矿业大学春季学期在校生总人数（单位：人）

春季学年	总人数	本科		研究生		非学位	
		人数	占比 /%	人数	占比 /%	人数	占比 /%
2015	5523	4210	76.20	1222	22.10	91	1.70
2014	5283	4005	75.80	1178	22.30	100	1.90

表 3.3.11　2014 年科罗拉多矿业大学分专业招生规模（单位：人）

学院	系	专业	人数
应用科技与工程学院	化学与生物工程系	化学与生物工程	374
		化学工程	362
	化学系	化学	35
		生物化学	51
		环境科学	4

续表

学院	系	专业	人数
应用科技与工程学院	冶金与材料工程系	生物材料	6
		陶瓷与电子材料	1
		物理冶金	6
		物理化学材料	2
		冶金与材料工程	239
	物理系	物理工程	338
	小计		1418
地球资源科学与工程学院	经济与工商系	经济学	7
		工商管理	18
	地质工程系	地质工程技术	211
		地质工程	39
	地球物理系	地球物理工程	235
	采矿工程系	采矿工程	221
	石油工程系	石油工程	891
	小计		1622
计算机科学与工程学院	应用数学与统计系	计算数学	61
		统计学	24
	文化与环境工程系	文化工程	279
		环境工程	144
	电子与计算机系	电子与计算机工程	678
	机械工程系	机械工程	957
	小计		2143

2）课程特点

采矿专业的课程旨在教学生的基本知识和技能，为学生就业和从事研究打下坚实的基础。此外，还开设人文和社会科学的课程，帮助学生培养跨学科角度的伦理、社会和文化意识。最后，所有的学生都有大量的自由选修课程。学生通常在前两年完成公共课和专业课的学习，后期主要集中于选修课程的学习。

2. 职业教育——CBE（competency based education）教学模式

CBE 是近年来国际上比较流行的职业教育模式，始创于美国，后在加拿大、英国、澳大利亚等其他国家和地区盛行，其中加拿大社区学院是最大的载体。CBE 意为"能力本位教育"或"能力基础教育"，它强调的是职业或岗位所需能力的确定、学习、掌握和运用。以能力表现为教学目标、教学进程的基准，以学生的学习为中心，不受时间和环境限制组织课程与实施教学的系统方法。与德国双元制、澳大利亚 TAFE、英国的 BTEC 成为当今世界比较典型的四大职教模式。CBE 体系的实质是：以岗位能力为基础、产业界参与、适应劳动力市场对人才的需求。

CBE 教学内容包括：市场调查与分析、职业能力分析、课程开发、教学实施与管理、教学评价与改进等 5 个环节。

CBE 的特点体现在：以职业能力培养作为教育的基础、培养目标和评价标准；强调学生自我学习和自我评价；办学形式的灵活多样性和严格的科学管理。

3. 美国煤炭行业从业人员的培训

美国主管矿山安全的政府机构是美国矿山安全与健康监察局（MSHA）其下设教育政策与发展司，负责矿山安全与健康的教育、培训工作。教育政策与发展司总部设在阿灵顿，由三部分组成，政策与规划协调处、现场教育处和国家矿山健康与安全学院。

1）矿工的课堂培训要求

成为煤矿工人的第一步是获得必要的教育培训，其中包括完成由矿山安全和健康管理局批准的培训课程。新的井下矿工必须得到至少 40h 的教学，在课堂上 32h 的培训和 8h 的矿井工作。露天矿的工人被要求接受至少 24h 的教学，在课堂上 16h，在一个矿山 8h。如在 12 个月内没有完成其中一项培训，都需要进行额外的培训（表 3.3.12）。

表 3.3.12 肯塔基州露天和地下开采煤矿工人的培训需求

露天矿工人培训需求	地下开采矿工培训要求
24h 美国矿山安全与监察局（MSHA）认证培训机构的培训	40h 美国矿山安全与监察局（MSHA）认证培训机构的培训
通过州特定测试 / 获得临时矿工卡 / 得到 8h 的矿井现场培训 / 在矿山工作 45d / 最后得到永久卡	通过州特定测试 / 获得临时矿工卡 / 得到 8h 的矿井现场培训 / 在矿山工作 45d / 最后得到永久卡
有经验的矿工每年必须接受 8h 的年度复训。如果在两年内没有进行复训的矿工，就要重新进行 24h 的培训课程，再通过州测试	有经验的矿工每年必须接受 16h 的年度复训。如果在两年内没有进行复训的矿工，就要重新进行 40h 的培训课程，再通过州测试

2）煤矿检察员的安全培训

美国法律规定，矿山安全监察员须至少具有 5 年以上实际采矿经验，并要在国家矿山安全与健康学院进行培训。该学院 2002 年对煤矿安全监察员的培训分为三类，即初步培训、定期培训和地下煤矿安全监察员培训。

（1）初步培训。为煤矿监察员设计的初步培训课程也可用来培训联邦、州、采矿工业和劳工组织人员。其课程设置分为 7 个单元，除第一单元培训为四周外，其余每单元的培训时间均为三周，受训人员可根据需要选择所需课程。

（2）定期培训。所有煤矿安全监察员，每年要在国家矿山安全与健康学院参加一周培训或每隔一年参加两周培训。该培训以研讨班形式，按各专业领域的科目进行，通过这种形式的培训，可使矿山监察员始终具备较高的业务水平。

（3）地下煤矿安全监察员培训。矿山安全与健康局地下煤矿监察员，必须每隔一年接受至少两周的培训。培训内容包括相关法规，重大违规的确定。

4. 矿区教育服务

这是近年开始实施的一项培训工作，旨在充分利用矿山安全与健康局的各种资源，帮助各地区，尤其是偏远的小型矿山实施安全与健康培训计划，达到预防矿山事故的目的。

矿区教育服务人员在全国矿山领域同矿山管理人员、矿工和培训教师密切合作，研究改进培训方式，利用教育和培训委员会的培训资源最大可能地满足每个矿山的特殊需求。

5. 美国煤炭行业认证的培训机构（表 3.3.13）

表 3.3.13 美国各州矿山安全与监察局（MSHA）认证培训机构

州	部门	主要负责内容
阿拉巴马州	劳资关系部	矿山安全、非燃料材料露天开采和废弃矿山复垦计划
阿拉斯加州	自然资源部	公告、特别报告和部门区分功能
亚利桑那州	矿山在线监察部	对所有开采矿山进行健康和安全检查；调查致人员死亡事故或其他严重的矿山事故以处理及员工或有关公民的投诉）
	矿产和资源部	促进和发展矿产资源
	劳工安全部	执行和保障阿肯色州工人的安全
	地质委员会	地质、资源、矿产生产
加利福尼亚州	加州资源局	保护、强化和管理加州的自然和文化资源，包括土地、水、野生动植物、公园、矿物和历史遗迹
	矿产开采保护部	制定矿物分类图，以帮助地方政府进行土地利用规划决策
	职业安全与卫生司	对加利福尼亚州中不在联邦管辖范围内的工作场所进行管辖和监督
科罗拉多州	自然资源部、采矿矿山安全和矿山复垦部	煤矿、矿山、废弃矿山、矿山安全训练、矿区填海计划
肯塔基州	矿山矿产部	管理列克星敦总部办公室、培训和教育司、煤矿信息中心、油气公司、民政事务处
路易斯安那州	自然资源部、采矿保护部	调节煤炭开采，确保煤矿以保护公民和环境的方式运作，确保采矿后土地恢复利用，减轻以往采矿的影响
马里兰州	环境部矿业局	管理与地表活动、深层煤矿环境控制和矿井废弃土地开采有关的方案
明尼苏达州	铁矿资源与保护委员会	为除铁以外的矿物质勘探提供激励计划，以及其他倡议，以促进铁矿石行业和弃土
密西西比州	环境质量部地质处	制定新露天采煤新法规

州	部门	主要负责内容
内华达州	矿产资源委员会、矿产部	矿井土地废弃、环境、矿产教育、矿业纠纷和采矿投资、石油、天然气和地热、新闻稿、出版物（部门）、填海区债券池规定、内华达州主要煤矿图、油田和地热植物
	矿业地质局	研究矿产资源、工程地质学、环境地质学、水文地质学和地质测绘等
新墨西哥州	能源矿产自然资源部、采矿矿业部	规范煤矿以及硬岩矿，回收弃土，鼓励经济发展
北卡罗来纳州	环境与自然资源部	负责采矿页面
北达科他州	土地部	发放煤炭租赁、监测采矿活动，并与地面部门合作，确保以无害环境的方式发展国家土地收益；管理管道、输电线路、县道路和高速公路、砾石和采矿的租赁并管理其他机构的收购物业
俄亥俄州	矿产资源管理部自然资源部	负责矿产管理部（煤矿开采历史、煤矿开采规则、煤炭监管计划），工业矿产开采（工业矿产历史、工业矿产监管、工业矿产监管计划），矿山安全（矿山安全计划），地下矿山安全，（煤矿安全）和废弃矿山
俄勒冈州	地质矿产部	所有矿物有关的提取，加工和回收的许可证
宾夕法尼亚州	环境保护部、矿产资源部	废弃矿山回收、深部矿井安全，区域采矿作业，采矿和填海，以及石油和天然气管理
南达科他州	环境与自然资源部、矿产开采部	为企业提供咨询，向企业普及适用于矿物的法律和法规，管理矿物和采矿计划的运营人员，编写采矿管理史
德克萨斯州	铁路委员会地表采矿和填海处	露天采矿和回收处、联系人、煤炭/褐煤、铀矿、铁矿石监管计划、废弃矿场复垦计划、集体采石场和矿坑安全法案
	经济地质局	地质科学研究、油气勘探优化、地球物理学、环境、废物处理和水文地质学研究、海岸形成过程、煤矿矿产资源
犹他州	自然资源部、石油天然气开采部	各种石油，天然气和采矿资源
	自然资源开采部	煤炭监管计划评估、爆破认证、废弃矿山安全、废弃矿山复垦计划、采煤规范、非采煤规范等矿山环节
弗吉尼亚州	矿产和能源部	管理煤炭、天然气、石油以及金属/非金属矿物开采活动的安全和回收计划，提供矿物研究，并就资源的合理使用提供建议
华盛顿州	自然资源部地质与地球资源司	负责露天矿山开采
西弗吉尼亚州	矿工健康安全和培训办公室	负责最新人员死亡的采矿事故的摘要，严重事故的摘要，矿工认证考试时间表，采取矿工认证课程
怀俄明州	环境质量部土地质量司	管理和执行与采矿和填海有关的所有法规和规章制度，要求对地下和地下矿井设施的所有操作人员进行许可认证

3.2.3 俄罗斯

1. 莫斯科国立矿业大学人才培养概况

莫斯科国立矿业大学人才培养体系。莫斯科国立矿业大学始创于 1918 年，现有在职教师 2000 余人，9 个俄罗斯国家科学院院士，97 个俄罗斯国家自然科学院和其他科学院的院士，259 个教授、博士，396 个副教授、副博士。在校全日制学生 4200 人，夜大与函授 1400 人。

作为一所国立的矿业类专业院校，莫斯科国立矿业大学开设的院系与专业全部与煤炭开采相关。院系分别为：煤矿开采与地下建筑工程系、矿床与非矿床开采系、物理技术系、自动化与信息技术系、采矿机电系、夜大函授系。各个系别开设不同专业，但都与煤炭开采相关：矿山测量专业、环境保护工程专业、矿物勘探专业、设备程控专业统专业、选矿专业、经济管理专业、矿井建筑专业、矿山经济及管理专业、露天开采专业、矿山机械设备专业、矿山电力供应专业，爆破开采专业等。

课程的设置也涵盖与矿山开采相关的所有内容，有矿山测量学、地下采矿、选矿、矿井与地下建筑工程、露天采矿、矿业生产的物理过程、矿业生产的电力供应、机器制造工艺、工程技术环保、管理学、经济学与企业管理、技术系统的管理与信息技术、信息处理自动化系统与管理、自动化设计系统、材料艺术加工工艺学、工业设备和工艺综合体的电力驱动与自动化、自然资源利用的机器设备与环保、操作程序和生产过程的安全等。

2. 圣彼得堡矿业学院人才培养概况

圣彼得堡矿业学院人才培养体系。圣彼得堡矿业学院成立于 1773 年，是俄罗斯成立最早的一所高等技术学校，直到 1899 年，该校一直是俄罗斯唯一的一所矿冶类高等学校。目前，该校有 80 多位俄罗斯和外籍院士，110 多位教授、科学技术博士，涵盖 8 个学士方向（矿产地质与勘探、矿业工程、冶金学、测量与城市规划，经营管理学、机械学、电工与电子技术，自动控制），24 个工科专业和 6 个硕士方向的教育。在校学生共 5500 多人。自学校成立以来，该校为俄罗斯、苏联及世界其他国家培养了 3.9 万多名各类工程技术人员，其中包括许多世界知名的科学家。

作为一所矿业类院校，圣彼得堡矿业学院的院系设置也大多与采矿业相关，详见表 3.3.14。

表 3.3.14 圣彼得堡矿业学院院系设置

院系	专业
地质与勘探系	矿产地质普查专业、矿产地质与勘探专业、水文地质与工程地质专业（水文地质专门化和工程地质专门化）、矿产普查与勘探地球物理方法专业、矿产勘探工艺与技术专业、石油与天然气钻井专业
矿业系	地下采矿专业（层状矿床采矿专门化和砂矿采矿专门化）、露天采矿专业（砂矿和煤矿露天采矿专门化和建筑材料露天采矿专门化）、矿山和石油天然气生产的物理过程专业（地质勘探、矿山、冶金、石油天然气生产）、石油天然气开采与运营专业、环境保护工程专业（矿山周围保护专门化和冶金工业周围保护专门化）
机械系	矿山机械与设备专业（矿山机械设备设计与制造专门化、矿山机械设备运营专门化）、冶金机械与设备专业、工业设备与工艺系统的电力驱动和自动化专业（矿山机电设备与自动化专门化、地下建筑机电设备与自动化专门化）

院系	专业
石油天然气系	油气田开发和操作专业，钻探专业，石油天然气储存及运输专业
经济系	会计学专业（矿山与地质勘探企业）、经济与管理专业
化学冶金系	选矿专业、有色金属冶炼专业、工业熔炉的热物理学和自动化和生态学专业、冶金工艺和生产过程自动化专业
土木工程系	矿山测量专业、实用大地测量学专业、城市规划专业、矿山与地下建筑专业（专用地下建筑与隧道建设专门化、城市地下建筑的建设与运营专门化）

3.2.4 德国

1. 埃斯林根应用科技大学人才培养概况

德国工程教育属于实用工程人才培养模式，它以培养适用性较强的高级工程科学与工程人才为目的。以埃斯林根应用科技大学为例，埃斯林根应用科技大学以培养应用型高级人才，特别是工程师及相应层次的职业人才为目标，培养的是掌握科学方法、擅长动手解决实际问题的工程人才。

埃斯林根应用科技大学自 2005 年起实行三年制学士和一年制硕士培养方案，学制四年，分为 1 个预学期和 7 个正式学期，包括：基础阶段、专业基础阶段、专业阶段等 3 个阶段，共同学习和专业学习两个学习过程，预实习、工业实习、毕业实习与设计等实践环节。首先是 12 周的预实习，即预学期，主要是为了认识实践。进入到正式学期后，分为 3 个学习阶段：①第 1~2 学期是基础阶段，包括，完成校级平台的基础课程，主要是自然科学基础课。②第 3~4 学期是专业基础阶段，主要完成系级平台针对所有专业及专业方向的共同技术基础课。需要注意的是，在第 3 学期有一个阶段考试，只有通过考试的学生才能进入专业学习。埃斯林根大学也以此为界，把所有课程分为 1~3 学期的共同学习过程和 4~7 学期的专业学习过程。③第 5~7 学期是专业课阶段，这个阶段需要完成工业实习以及各专业方向的特有模块。其中，第 5 学期是 4 个月的工业实习，第 6 学期是实践教学模块和各专业特有的限选课模块，而第 7 学期则是毕业设计与毕业论文（表 3.3.15）。

表 3.3.15 埃斯林根应用大学工程专业课程体系

专业课程阶段	第 7 学期毕业论文与毕业设计	专业学习过程阶段考试
	第 6 学期含项目制作 II、专业限选课	
	第 5 学期实习	
专业基础阶段	第 4 学期（含项目制作 I）	共同学习过程
	第 3 学期系统平台共同技术基础课	
基础阶段	第 2 学期校级平台基础课	
	第 1 学期	

2. 埃斯林根应用科技大学人才培养的特点

埃斯林根应用科技大学人才培养模式的特点为：工程实践性的全程体现；培养过程重视工程实践教育的质量；学校与企业之间的紧密合作；致力于培养"解决实际问题的人"。

1）工程实践性的全程体现

埃斯林根应用科技大学的课程开发源于对企业现状、对技术与产品未来发展趋势的分析，并邀请一定的企业界人士共同参与设计。同时，其课程体系中实践环节所占比重较大，尤其是进入专业学习过程后，包括项目制作Ⅰ、项目制作Ⅱ、工业实习和毕业设计等环节，占专业学习总学时的一半以上。

2）培养过程重视工程实践教育的质量

工程专业的大学教授被要求至少具有5年以上的工程实践经历，教师教学与工业界形成了自然联系的网络，在学生的学校教育和企业实践训练之间存在较好的结合。

3）学校与企业之间的紧密合作

埃斯林根应用科技大学邀请企业人士，针对目前企业的现状以及未来的发展来进行课程体系的设计。在实践环节，项目制作和毕业设计都是跟企业间有着密切接触和联系，学生可以进入企业亲身体验工作环境。

4）致力于培养"解决实际问题的人"

埃斯林根应用科技大学课程体系中，第4学期的项目制作Ⅰ，属于课程设计；第6学期的项目制作Ⅱ，属于创新设计；而第7学期的企业毕业设计，属于综合训练。不难看出，这些实践环节被精心安排为一个循序渐进的过程。基于此，学生在实践环节可以由浅入深，从而逐步提高动手解决实际问题的能力。

3.2.5　南非

1. 金山大学人才培养模式

金山大学是南非著名的百年名校，成立于1896年，前身为南非矿业学校。工程与建筑环境学院（Engineering & the Built Environment Faculty）下设采矿工程（mining engineering）专业。其专业学士课表如表3.3.16所示。

表3.3.16　南非金山大学采矿工程学士课程设置

第一年		第二年		第三年		第四年	
第一学期	第二学期	第一学期	第二学期	第一学期	第二学期	第一学期	第二学期
数学	数学Ⅰ	矿山测量	岩土力学	数学Ⅱ	应用数学Ⅱ	岩土力学	管理原则
物理Ⅰ	物理Ⅰ	采矿A	计算机化矿山设计	地质ⅠA	地质ⅠB	金矿	管路技术
机械	机械	技术评估	矿山安全与健康	采矿计算机应用	采矿工程计算机应用	采矿C	采矿C（煤矿）

续表

第一年		第二年		第三年		第四年	
第一学期	第二学期	第一学期	第二学期	第一学期	第二学期	第一学期	第二学期
工程技术（采矿）	采矿制图介绍	采矿实验课	矿体建模	挖掘工程	控掘工程	汇报工程	采矿E（露天）
	化学I（辅助）	研讨课	选矿和提取	工程测量	电气工程	研讨课	毕业设计
		矿山运输	实验课			财务评估	研讨课
			研讨课				

2. 金山大学人才培养特点

1）课程数目设置不多

金山大学从第一学期到第四学期的课程数目并不多，但每一门课都是围绕专业特点设置的。

2）实践课比重较大

除第一学年外，几乎每学期都有研讨课和实验课，而且所占比重较大，从中可以看出学校十分鼓励学生通过实验课培养独立思考和解决问题的能力，注重学生的实践能力。

3）采矿专业计算机技术课程设置较多

金山大学采矿工程专业从第一学年到第四学年一共设置了计算机化矿山设计、矿体建模、采矿计算机应用、采矿计算机软件等四门计算机技术课程，鼓励学生掌握先进采矿计算机技术。

3.2.6 印度

在工程人才的培养上，印度体现出产业合作的特点，即：大学通过与企业产业合作共同开展科技领域的研究，各自从中获取收益。通过充分利用学校与企业、科研单位等多种不同教学资源以及在人才培养方面的优势，把以课堂传授知识为主的学校教育与直接获取实际经验、实践能力为主的生产、实践有效结合起来。

1. 印度理工学院

1）印度理工学院人才培养模式主要内容

（1）产业咨询顾问。产业咨询顾问是学院与产业达成互通的一个重要方式，是由学院为在校教师和学生所提供的从事具体项目工程的机会。这一举措使师生能够亲自处理实际的产业问题，从而提高专业知识和技能，也为印度全国业界树立了良好互动与合作的典范。

（2）资助研究。这一合作方式主要是在基础和应用科学及技术领域进行工程人才的培养、基础设施的发展和交付成果的研究。通常这些研究项目的资金大多是由各个国内机构、公共事业、私人组织或国际机构负责出资。与产业咨询不同的是，资助研究的周期较长，大约是2～5年，还有定期评估，以确保研究的结果与目标保持一致。

2）印度理工学院人才培养的特点

（1）与产业密切合作。印度理工学院通过充分利用学校与企业、科研单位等多种不同教学资源以及在人才培养方面的各自优势互补，把以课堂传授知识为主的学校教育与直接获取实际经验、实践能力为主的生产、实践有效结合起来。

（2）业界提供赞助。一方面，受到赞助的核心研究往往是企业和学校双方的兴趣所在；另一方面，企业通过对学校的本科生和研究生提供相应的奖学金或开发研究项目，或投资建设研究实验室来进行资助，学生可以使用一些高端的先进化设施，从而能更好地进行研究。

2. 印度矿业学院

印度矿业学院成立于1926年，经过多年建设，现已建成为以采矿业为主、多学科全面发展的综合类高校。

印度矿业学院培养体系的特点之一是，双学位在整个在校生中占比较高，2012—2013年本科双学位在校生总数为255人（表3.3.17），占全校总人数的9.32%，培养的学生是跨学科的复合型人才，更能适应社会对人才的多方位需求。另一方面，学院培养体系中突出实践教学，从大学二年级开始，每学期实践课学时分配均超过23%。

表3.3.17　2012—2013年本科双学位在校生人数（单位：人）

学科	采矿与材料	采矿与MBA	采矿与矿物资源管理	采矿与采矿管理	石油与石油管理	总数
人数	49	50	34	48	74	255

3.2.7　波兰

1. 波兰冶金矿业学院概况

波兰冶金矿业学院始建于1919年，是一所多院系多专业的公立综合性大学，在波兰排名第五，是全球顶尖高校之一，2014年学院各专业规模见表3.3.18。

表3.3.18　2014年波兰冶金矿业学院各专业规模（单位：人）

学院	专业	全日制学生	在职学生	总计
采矿学院	建筑学	551	192	743
	采矿和地质学	865	765	1630
	环境工程学	552	131	683
	生产工程与管理学	519	139	658

续表

学院	专业	全日制学生	在职学生	总计
地质和地球物理学院	环保型能源学	157	0	157
	地球物理学	265	0	265
	采矿和地质学	1194	22	1216
	计算机应用科学	236	0	236
	环境工程学	687	25	712
	环境保护学	448	0	448
	旅游与娱乐学	274	0	274
大地测量与工程学院	大地测量和制图学	906	763	1669
	环境工程学	699	231	930
铸造学院	冶金学	493	82	575
	金属加工技术学	189	0	189
有色金属学院	物料工程学	256	0	256
	冶金学	248	0	248
	生产工程与管理学	329	0	329
石油与天然气钻孔学院	采矿和地质学	652	280	932
	石油与天然气钻孔学	606	391	997
总计		26314	5931	32245

2. 课程设置特点

波兰冶金矿业学院强调理论与实践的紧密结合，在培养学生的实践和创新能力方面具有突出特点。除第一学年外，其余每学年中实践课的年均课时约为 17%。

3.3 国外行业人才培养的启示

1. 教育模式密切配合行业发展

把职业岗位的要求作为教育模式的基础和逻辑起点，使专业设置和教学内容更具针对性。依靠企业，形成校企间优势互补，产教结合，最大限度地统筹利用社会资源，向煤炭行业输送行业急需的实用型人才。

2. 构建以能力为基础的教学体系

在培养方式上加强现场教学和实践环节，重点训练学生实际工作能力，锻炼学生的动手能力，使学生毕业后就从事相应岗位的工作。同时培养学生的沟通能力、管理能力和解决问题的能力等，培养出全方位发展的优秀人才。

3. "双师型"师资队伍的构建

工程科技教育需要既懂教育又有职业资历的"双师型"教师。培养煤炭行业的优秀人才，就要求教师具有较高的专业职业能力。聘请企业一流的技术人员和工程师兼任高校教师，同时组织教师定期到企业学习进修，逐步构建起一支既具备较高理论水平，又具有丰富实践经验的师资队伍。

第4章 人才强国战略思路与实施路径

4.1 煤炭行业人力资源建设的战略思路

牢固树立"人才资源是第一资源"的理念，立足行业发展需要，以复合型专业人才培养为主线，扎实推进煤炭从业人员素质提升工程。着力建设党政人才、经营管理人才、专业技术人才"三支队伍"，形成一支爱岗敬业、技能精湛、结构合理的煤炭人才队伍，为建设煤炭资源强国提供强有力的智力支撑和人才保障。

4.2 煤炭行业人力资源建设目标

1. 优化人才队伍的年龄结构，建立和培养合理的人才梯队

（1）到2025年，专业技术人才队伍的"青、中、老"结构比例总体达到"5∶3∶2"，经营管理人才队伍的"青、中、老"结构比例总体达到"3∶4∶3"，优秀技能人才队伍中，45岁以下的占50%，逐步优化人才队伍结构。

（2）到2035年，专业技术人才队伍的"青、中、老"结构比例总体达到"5∶3∶2"，经营管理人才队伍的"青、中、老"结构比例总体达到"3∶4∶3"，优秀技能人才队伍中，45岁以下的占55%，形成较为合理的人才梯队。

2. 提高从业人员文化素质和职业技能

（1）到2025年，煤炭行业人才队伍学历结构力争达到：经营管理人才队伍中，90%以上达到大专以上学历，60%以上达到本科以上学历，10%左右为研究生学历。专业技术人才队伍中，80%以上达到大专以上学历，50%以上达到本科以上学历，5%左右为研究生学历。专业技能人才队伍中，20%以上达到大专以上学历，煤炭开采、设备操作、电器仪表、洗煤人员中高级工、技师和高级技师的比例提高到20%以上。

（2）到2035年，经营管理人才队伍中，95%以上达到大专以上学历，75%以上达到本科以上学历，15%左右为研究生学历。专业技术人才队伍中，85%以上达到大专以上学历，45%以上达到本科以上学历，5%左右为研究生学历。专业技能人才队伍中，40%以上达到大专以上学历，煤炭开采、设备操作、电器仪表、洗煤人员中高级工、技师和高级技师的比例提高到45%以上。

3. 从业人员职称结构趋于合理

（1）到 2025 年，煤炭行业人员职称结构力争达到：经营管理人才队伍中，具有高级职称的人员占职称人员总数的 20%，中级职称人员占 45%，初级职称人员占 35%。专业技术人才队伍中，具有高级职称的人员占职称人员总数的 30%，中级职称人员占 45%，初级职称人员占 25%。专业技能人才队伍中，40% 以上拥有高级工、技师和高级技师职称。

（2）到 2035 年，经营管理人才队伍中，具有高级职称的人员占职称人员总数的 35%，中级职称人员占 40%，初级职称人员占 25%。专业技术人才队伍中，具有高级职称的人员占职称人员总数的 40%，中级职称人员占 45%，初级职称人员占 15%。专业技能人才队伍中，60% 以上拥有高级工、技师和高级技师职称。

4. 从业人员薪酬水平显著提高

到 2025 年，煤炭行业从业人员年平均工资与电力、热力、燃气等煤炭消耗行业水平持平。到 2035 年，煤炭行业从业人员年平均工资达到教育、科学研究、技术服务业水平。

4.3　实施路径

4.3.1　构建人才创新体系和机制

煤炭企业构建合理的人力资源结构，需要人才创新体系和机制的保障。坚持"以用为本、绩效优先、高端引领、服务发展"，健全培养开发、选拔任用、流动配置、考核评价、激励保障等机制，营造充满活力、富有效率的人才制度环境。

1. 复合型人才体系建设

构建结构优化、配置合理的人才体系；以创造优秀经营业绩为尺度，以重大科技研发项目为载体，以职业培训和岗位技能训练为手段，培育一批高素质的经营管理人才、科技人才；构建一体化人才资源管理信息系统和共享信息库，建立人才梯队发展机制；构建开放式人才引进通道，吸纳国际化高层次人才，提高人才市场化配置水平，促进人才结构与企业发展相协调。

2. 深化人才管理机制建设

构建有序流动、充满活力的人才管理机制；完善轮岗交流、区域间对接、属地化管理和员工转型发展机制；制定能够吸引更多人才投身外部基地创业的激励政策；建立客观公正的考核评价体系和差异化的薪酬分配制度，建立高层次人才市场化薪酬制度，完善技术技能人才专项津贴制度，推行骨干人才股权期权激励措施；畅通管理、技术、技能三大序列人才职业发展通道，设立人才奖励基金，拓宽人才创业平台和发展空间。

3. 专业人才和管理人才引进

煤炭企业要想在今后获得长期、稳定的人才来源，最根本的还是要改善行业形象，提升行业的社会影响力，给予人才一种职业荣誉感和自豪感。煤炭企业通过提高经济效益，增强竞争能力和发展后劲，加大专业人才（金融、财务、法律等）和管理人才引进力度，吸引更多的优秀人才为企业的发展贡献才智，则会进一步促进企业的繁荣与发展。

4.3.2 调整从业人员薪酬结构

人才的培养有其特殊的规律，而吸引、稳定人才也需要特殊的政策。特别是对于煤炭这一经济相对困难、工作条件艰苦的劣势行业，要想吸引和稳定人才就必须以超前的眼光，采取超常的手段和措施，为人才创造比其他行业更为优惠和更具吸引力的工作生活条件。

1. 薪酬激励人才

薪酬体系的要点在于"对内具有公平性，对外具有竞争力"。合理的薪酬体系一定是公平的，所以煤炭企业必须实行以市场为导向的薪酬变革，要树立人力资源的投资理念。建立人力资源会计模型，对人员招聘、岗位培训、工作调整和薪酬待遇等重点环节进行成本收益比较分析，在薪酬福利制度设计和管理上体现效率优先、兼顾公平的按劳分配原则，发挥薪酬福利的弹性杠杆作用，合理拉开分配档次，形成奖勤罚懒、奖优罚劣的"马太效应"，形成和促进潜能－绩效－薪酬－开发的良性循环。同时，薪酬要充分考虑短、中、长期报酬的关系，并为特殊人才设计特殊的极具竞争力和刺激性的整套"薪酬方案"。

2. 职工持股体制

职工持股即指公司内部个人出资认购本公司部分股份，并委托公司工会持股会进行集中管理的产权组织形式。该制度的实施对提高企业效率作用十分明显，当职工股达到一定比例后，就能增加职工在各个不同层次上的参与机会，当职工提高对企业资产的关切度后，就具有自我激励，自我约束的功能，有助于吸引留住素质高、经验丰富的职工；有助于员工通过科学合理地安排企业资金，提高企业资金的利润率，最大限度地提高企业长期的竞争力和生产效率。马克思曾说过，股份制将导致出现"工人自己的合作工厂"，这个合作工厂就是企业全体职工利益的共同体。从某种意义上说，职工持股计划正是这种共同体的体现。职工持股计划可以通过建立职工持股会、设立职工股、技术入股等方式实现。

3. 建设良好的生产和生活环境

煤炭企业应为员工建设良好的生产和生活环境。对煤炭企业的周边环境进行改造，营造富有人文气息的环境。增强员工在此生活和工作的信心和稳定人才，获得人才来源的条件。煤炭企业应积极加强自身环境建设，改善企业形象，提升企业环境的美誉度。煤炭企业应重视生态环境建设，企业生产应采取机械化方式，提高安全性和保护环境，营造优美的生态环境，同时加强煤炭企业文化建设，营造和谐的生活和工作氛围。

4.3.3　优化院校人才培养体系

1. 构建创新复合型人才培养体系

（1）以复合型、经济型、管理型综合人才为培养目标。针对当前煤炭工业的发展新形势，及时调整、更新教学大纲，密切结合国内外新技术、新成果，大幅消减陈旧的教学内容，精选教学计划中主干课程的教材。增加管理学、经济学等相关课程。

（2）增加实践与创新课时。校内做到积极开放实验室，加快多功能型实验室的建设，改善实验室的教学环境，提高实验教学内容创新度，增加实验教学课时量等。校外要建立良好的校企、校校合作关系，开设第二课堂，建设稳固的实践基地。同时，鼓励学生积极参与科技创新活动，提高学生的创新精神与创造能力。加强与国际名校的合作交流，同国际院校联合培养采矿工程专业学生，打造面向国际化的一流采矿人才。

（3）实习基地建设。与煤矿企业建立资源共享机制，建设实习实训基地，强化工程实践教学。利用闲置矿用装备建立模拟工作面进行模拟训练，在不影响生产的情况下进行安全教学。同时，根据各实习单位的实际情况，共同制定实习计划，安排矿上具有丰富经验的技术人员跟班实习，和带队老师一起协作。学生亦可分成小组到不同的科室轮班上岗，了解矿上的工作制度，确保实习质量。

丰富毕业设计内容。针对目前煤炭行业的发展趋势，适时改进毕业设计题目、丰富设计内容。强化中间过程的管理，提供完善的硬件设备，实时掌握学生的出勤情况、设计进度、出现的问题等。实行导师制，鼓励学生提前1～2学年参与导师的科研项目，并深入煤矿生产实践，为毕业设计提前进行实践方面的准备工作。答辩时严格落实考核机制，实施设计成果奖惩制度，严格控制通过率。

2. 加强行业紧缺人才培养工作

煤炭行业紧缺人才培养包括两方面内容：一是保持煤炭行业特有专业高层次人才的培养力度，采取有力措施保证高层次专业人才流向煤炭企业，以提高行业整体竞争力；二是要加快煤炭企业急需的应用型技能人才的培养与输送工作，制定政策对行业发展急需专业实行订单式、定向培养（对口单招）。

3. 加强煤炭企业与教育机构联系

煤炭企业要充分认识到，煤炭院校由于长期服务于煤炭行业，无论是人才培养的模式、目标、专业设置和结构，还是人才培养的经验与传统，都最贴近煤炭企业的需要，最了解煤炭企业的需要。在今后的新体制下，要继续保持并不断加强煤炭企业与煤炭教育单位业已建立的紧密联系，加强相互间的沟通和了解，继续通过原有的各种组织形式，加大企业对煤炭院校的支持，在煤炭院校相关专业学生中增设各种类型的奖学金，同时加强企业在煤炭院校毕业生中的宣传，吸引优秀的煤炭院校毕业生到煤炭企业工作。

煤炭企业要积极为煤炭教育单位提供实习场所和设备，接受院校毕业生和教师到企业现场进行实践和考察；企业要支持现场工程技术人员、管理人员和有特殊技能的人员到院校担任专、兼职教师或作专门报告；发挥各自优势，联合建立教育培训基地、研究开发机构和实验中心等。

4. 探索新型人才培养方式

面对当前人才培养的格局，单纯依靠现有煤炭教育单位的力量还不能解决当前的人才短缺的矛盾，必须以创新的思想，积极探索多种形式，以拓宽人才培养培训的路子，在最短的时间内缓解人才供需求之间的矛盾。一是试验并探索在煤炭行业实行对口单独招生的路子，即针对煤炭专业的特点，在具有专业基础的中等职业学校中和有经验的现场技术人员中进行单纯招生，进行更高学历的教育，毕业后对口分配到煤炭企业工作；二是根据煤炭企业人员培训面广量大、脱产培训较难安排等实际情况，探索和试验利用现代手段，推行远程网络教育培训；三是根据国务院关于推进职业教育发展的决定，行业组织和企业可根据实际需要，创办和设立职业教育培训机构；四是行业组织、煤炭企业、院校几方面联合，建立相应的教育培训基地，进行联合办学或合作培养。

5. 争取国家政策支持

一是减轻煤炭企业税赋，用于建立企业人才培养培训、人才引进以及稳定人才的基金，或给予煤炭行业、企业用于人才培养和人才引进的专项资金。

二是重新设立和给予煤炭高校煤炭相关专业学生奖学金。中华人民共和国成立以来，国家一直非常重视对特殊行业艰苦专业学生的奖励和扶助，对相关专业学生实行专业奖学金和助学金制度。原煤炭工业部、国家煤炭工业管理局自 1993 年起，从吸引优秀青年学生到煤矿企业工作，保障行业人才需求出发，在煤炭院校实行了艰苦专业奖学金制度。该制度的实行，在人才市场化的形势下，起到了良好的效果，有相当一部分品学兼优的毕业生奔赴煤炭生产建设第一线，在很大程度上满足了煤炭企业对各类高层次人才的需求。针对当前行业困难的形势，为保障煤炭行业专业人才需求，建议国家通过一定渠道，继续给予煤炭行业艰苦专业学生奖学金。

4.3.4　加强煤炭企业员工培训管理体制

为了适应煤炭企业发展战略的需要，培养转型发展所需要的人才，必须理顺煤炭企业培训管理体制，进行专业化管理；创新管理方式和运行机制，着力抓好培训资源建设，进行培训能力建设；完善培训计划管理、培训实施过程管理，实施培训现代化管理；提高培训实施、培训管理体系运行的质量，实现培训管理信息化。

吸纳内外部优秀师资，建立完善企业培训师资库；以煤炭现代远程教育网为依托，制作具有企业特色的课件，建立企业课件资源库；以岗位技能比武工种试题库为突破口，建立各岗位工种试题库，逐步建立和充实培训课程库，开发建立培训案例库。提高人才培养质量，建设企业要所需要的高素质人才队伍。

通过人才培养和市场引进，畅通人才成长通道，拓展人才创业平台和发展空间，落实鼓励优秀人才投身外部基地创业的政策措施，让想干事的员工有机会、能干事的员工有舞台、干成事的员工有地位，用良好的机制培养和吸引更多高层次、复合型优秀人才，为煤炭企业发展提供强大的人才保证。

1. 完善现有教育培训体系

在每年年初制定培训计划和日常根据需要制定培训方案前，都应充分开展前期调研工作，了解员工培训需求，做好培训前的需求分析，充分掌握企业共性要求和员工个性要求，并以企业的发展战略、人力资源战略为导向，对培训的内容、方式、教师、教材、参加人员、时间等做系统的规划和安排。

对培训结果的评价和反馈是保证培训有效性的重要因素。培训结束后，及时进行培训成效评估和反馈，除了常规的课程设置、教师水准、培训环境等要素，更应对培训内容本身的可实践性、受训对象的绩效改善程度进行全面掌握和跟踪了解。并对统一组织的培训课程实行培训效果评估工作。

2. 充分利用培训资源

外部培训资源有专业培训机构、高等院校的专家教授以及其它著名企业的认证培训师等。内部培训资源是目前企业应该充分利用起来的重要资源，主要包括：公司高层管理人员是公司发展战略和企业文化培训的最佳内训师；公司内部在某领域有突出成绩或专长的管理人员进行相关知识讲座；有经验的退休人员进行经验传播；定期组织集团部门、分公司、各矿处进行横向间的交流。

3. 培训形式要多样化

培训形式要实现多样化，如创办公司职工大学、举办专题培训班、专家讲座、岗位培训、论坛交流、考察学习等。另外日常工作中很多常用的形式也是培训的一种延伸途径。

4. 优化培训体系

（1）改善新职工培训体系措施。延长培训时间至一个月左右，包括技能培训、安全培训。同时向新职工讲解公司概况、发展方向、面临的机遇、前景等内容。培养员工的认同感，带领他们树立整体意识，讲解公司改革、创新工作的目标和方向，培养团队意识。

（2）改善员工日常培训体系措施。组织参加社会上的职称和任职资格考试，达到以考代培的目的；加大教育投入，培训费用不应低于工资总额的 1.5%；建立全方位、多渠道、多形式的培训体系，通过请进来、走出去，和高校联合办班等多种形式，让员工实现工作期间的再教育，对员工进行知识更新和素质提高。

5. 加强企业德育教育

煤炭企业开展的德育教育内容包括政治教育、思想教育和道德教育。德育教育能够促进企业的稳定，正视人的存在和发展，能够将企业的发展与个人的发展相结合，协同发展。当前的德育教育，在科学发展观的指引下，更加注重以人为本的理念，尊重人才的价值和尊严，鼓励人才的自我实现。在单位和企业的德育教育中，使人们理解人才、信任人才，为人才的发展建立良好的人际关系。德育教育的开展能够确立尊重人才的理念，并且能够促进人才的可持续发展。

4.3.5 人才交流与国际化

在矿业领域，国际化"走出去"勘探和开发海外矿产资源是符合我国矿产资源形式和特点的适当选择。在过去的几年时间里，中国矿业企业对外投资有了突飞猛进的发展。根据商务部公布的资料，截至 2013 年，我国在海外矿业投资总额为 1061 亿美元，占海外投资总额存量的 16%。中国公司已经在海外超过 40 个国家拥有矿产投资项目，涉及企业有 1397 家。然而，与矿产资源领域国际化发展格格不入的是，国际型矿业人才短缺，人才评价和培养没有得到足够重视，影响了我国矿业海外投资开发水平的提升。关于国际型人才，一般应具有以下几个特征：具备跨国沟通能力，了解国际法律和规则，具备国际化的视野等。因此，我国院校人才培养应继续加强国际化交流，煤炭企业加强国际化合作，共同提高我国煤炭行业的国际影响力。

第5章 | 对策建议

5.1 对政府主管部门的建议

（1）优化煤炭行业薪酬体系。

随着新技术新工艺的广泛应用，煤炭行业正呈现出"智能化、少人化"的发展趋势，高级技能型人才缺口不断增大。当前，煤炭行业不景气而被迫裁员的企业中仍有相当数量的技能型人才还未找到合适的岗位，为了吸引和留住这些人员，行业主管部门应把薪酬体系优化作为重点任务，新的薪酬体系应体现"潜能－绩效－薪酬－开发"的人力资源开发思路，吸引和留住优秀人才，从而逐步形成稳定的高素质人才队伍，为行业升级提供坚实的人力资源保障。

（2）完善行业高技能人才激励制度。

建立健全煤炭企业高技能人才培养系统与培训系统，构建以能力导向为基础的宽带薪酬的人才激励制度，构建煤炭企业高技能人才"明星员工"考核的激励保障制度，促进行业高素质技能人才的成长。高技能人才培养系统包括培训体系、考核体系、选拔体系、人才交流体系和成长管理体系；煤炭企业可依托煤炭院校以及企业下属教育培训单位或机构，充分调动员工的积极性，采取技术交流、岗位培训、技术攻关、技能大师竞赛等多种形式，构建科学、全面、完善的培训体系。

（3）规范证书、学位、学历和职业岗位要求。

建议行业主管部门根据不同岗位、不同技术等级的技术要求，研究制定煤炭行业职业资格框架，以规范证书、学位、学历和职业岗位要求，教育界与产业界采用统一的能力标准和证书体制，为高校人才培养体系的优化调整提供依据，从而实现人才供需的全方位对接。

（4）规范高校专业设置标准。

目前，我国一些高等院校煤炭专业设置和人才培养模式还是依据苏联模式设置的，经过几十年的发展，我国经济发展水平和各行业发展水平与中华人民共和国成立初期已有很大的不同，各行业对人才需求也已发生了很大的变化，现行的专业人才培养模式已不能满足社会对人才的需求。我国煤炭类人才培养院校专业设置不规范、课题体系不合理、教材老化的问题愈发突出，对行业人才培养产生了一定的负面影响。国内很多高校结合行业发展及人才需求特点正在探索复合型专业人才的新型培养模式，部分高校如汕头大学、北京化工大学等已取得明显效果。建议教育主管部门根据煤炭行业人才需求趋势，组织专家集中研究、抓紧制定高校煤炭专业设置标准及课程体系。组织专业带头人、骨干教师和现场技术人员编写体现新的矿井生产技术装备水平的教材和讲义，率先着手编写《采矿工程技术》《矿井通风与安全》《煤矿机电与运输》《煤矿地质测量技术》等煤炭专业核心教材，最短的时间内减小高校培养与人才需求之间的缺口。

5.2 对人才培养院校的建议

（1）建设"双师型"师资队伍，构建以能力为基础的教学体系。

煤炭行业专业人才培养需要既懂教育又有行业背景的"双师型"教师。培养煤炭行业的优秀人才，要求教师具有较高的理论水平和专业技能。通过聘请企业一流的技术人员和工程师兼任高校教师，同时定期选派教师到企业挂职学习，逐步构建起一支既具备较高理论水平，又具有丰富实践经验的师资队伍。

合理调整专业设置和教学内容，制定既与社会经济和行业发展相适应，又符合学生职业生涯规划的课程体系。以培养复合型煤炭人才为目标，在不同专业增设相关专业的课程。改革传统的教学模式，将启发式、讨论法、小组学习法等方法广泛运用于理论教学中，培养学生发现问题和解决问题的能力。精心安排实践教学环节，通过项目教学法、导引式教学法，强化学生关键能力的培养。

（2）探索本科生双学位制度。

针对我国矿业类高校存在的专业设置过细、人才技能较为单一的问题，高校应大胆探索本科生双学位制度，如在采矿类专业本科生中，开设经济管理类、计算机类、机电类和环境类专业的双学位，在工商管理类专业的本科生中开设采矿类、计算机类、环境类等专业的双学位。通过双学位制度的实施，有效拓宽不同专业学生的知识面，更好地满足行业发展对复合型人才的需求。

（3）开展校企合作，实行"订单培养"。

围绕煤炭行业技能型人才的培养，根据"工程"的要求，积极进行课程体系的改革，开展校企合作，实行"订单培养"，突出实践教学，提高学生的岗位适应能力，是技能型人才培养的有效途径。委托单位一方面承担学生的部分培养费用，同时还可为教师提供现场调研和学生实习实训基地，能够极大地调动学校、委托单位和学生三方面的积极性。

参与"订单式"培养的院校和企业，建议首先成立由学院和委培单位组成的委托培养教育领导机构。在委托培养教育过程中，学院与委托单位在教学计划制定、课程设置、教材建设、学生管理、教学监督和实习实训等方面共同管理，确保培养质量；二是及时将新工艺、新设备、新技术编入讲义和教材，使"订单式"学生较快适应岗位要求；三是从培养和提高学生的专业素质、身心素质、社交素质等方面入手，建立实用的素质教育体系，以提高"订单式"人才的综合素质和适应新岗位工作的能力；四是通过专业技能操作比赛、教学实践产品或成果评比，强化学生的专业素质，特别是将"双证"教育纳入专业教学计划中。

5.3　对企业的建议

（1）定期开展员工的职业技能培训。

企业和企业之间的竞争就是人才的竞争。煤炭企业可以通过继续教育、内外部培训来提升员工的业务技能与综合素质，以满足公司对高文化层次人才的需求。通过培训既能提高员工的业务水平，进一步提升工作效率，还能够使员工和企业的管理层进行"双向"沟通，增强企业的凝聚力。首先，要规范煤炭企业员工培训管理体制，完善办学条件，完善企业培训师资库。其次，通过与高校合作培养定向本、专科毕业生或中专毕业生等多层次人才。

（2）实行"首席制"建立人才激励机制。

为加快亟须的技能人才培养，企业可对主要专业工种实行"首席工程师""首席职工""首席技师"和"专业工种带头人"评聘制度，制订向"首席"系列职工倾斜的薪酬分配政策，设定津贴标准，实行动态管理；建立青年技术能手培养和选拔机制，开展"技术、创新能手"等评选活动；启动管理岗位、工程专业技术和高技能人才"三条线"的职业生涯设计工程，为职工提供全方位的成长通道，有效激发职工岗位成才的积极性。

同时，还可实施"内聘技师""导师制培养""拜师学技""考技上岗"以及"绩效与政治待遇、薪酬分配和职业生涯设计三挂钩"的激励机制，促进职工技能人才特别是高技能人才队伍的不断壮大。

（3）建立专业人才和管理人才引进制度。

推行职业经理人制度。实施职业经理人任期制、契约化管理，明确责任、权利、义务，保持合理的稳定性和流动性；加大社会化选聘力度，建立职业经理人市场化聘用机制；按照市场定价原则，建立职业经理人薪酬协商机制；严格任期管理和业绩考核，建立职业经理人评价奖惩机制。

煤炭企业应建设学习型企业，培养学习型员工，增强员工的持续学习能力，不断为煤炭企业培养专业型人才及复合型人才，培养员工的开拓、进取、创新精神，以此调整和优化煤炭企业的人力资源结构。

专题篇四

煤炭企业强国战略

摘　要

煤炭开采和洗选业是我国工业部门的重要组成部分，为我国国民经济和区域经济发展做出了重要贡献，同时支撑了电力、钢铁、建材、化工等部门的发展。在经济全球化和市场竞争日益加剧的背景下，提高煤炭工业可持续发展能力，建设煤炭资源强国的目标要落实，则必须关注执行的主体，即煤炭企业。建设煤炭资源强国，就是建设资源禀赋强、生产经营能力强、自主创新和成果转化能力强、走出去能力强的煤炭企业，煤炭企业强则煤炭资源强。

本专题为达到提升我国煤炭企业国际竞争力、推动煤炭行业健康可持续发展、建设煤炭企业强国的目标，展开了关于我国煤炭工业与国民经济发展关系、煤炭企业发展现状、煤炭企业竞争力分析、建设煤炭企业强国战略以及政策建议等内容的研究。

（1）煤炭工业发展与我国经济发展密切相关，对我国经济做出了巨大的贡献，保障了能源供应、解决了人员就业、缴纳了高额的税费。就区域经济而言，煤炭工业既是主要产煤省（区）的支柱产业，也支撑了煤炭消费省（区）的发展。虽然能源系统优化将使得煤炭在能源消费中所占比重不断下降，但煤炭从资源禀赋、经济性、清洁利用快速发展等角度来看，仍将是我国主体能源。

（2）我国煤炭行业产业集中度逐步提高，企业规模和实力将逐渐增强，排名前10的企业带动作用愈发明显。煤炭企业产业布局向纵向一体化和横向相关多元化方向发展；煤炭企业由生产企业逐步转向生产和服务并重，在创新发展战略指引下，企业为提高质量和效益将更加注重全面创新；信息化和工业化逐步融合将带来企业新一轮技术进步、经营管理模式转变和新的业态。

（3）在企业竞争力理论基础上，建立煤炭企业竞争力评价指标，通过与澳大利亚、美国、印度、印度尼西亚等主要产煤国煤炭企业相比，我国处于发展前列的煤炭企业实力不断增强，部分指标处于国际领先水平，与国外的企业相比，我国煤炭企业国际竞争力逐步增强。

（4）煤炭企业强国即为我国拥有一批具有国际竞争力、世界性著名品牌的大型跨国煤炭公司，中国煤炭企业在整个世界煤炭工业领域的国际竞争和发展中占据强势地位，具有引领作用，能够发挥重要影响。

（5）为保障建设煤炭企业强国战略顺利实施落地，应落实煤炭企业兼并重组，化解过剩产能、形成支持煤炭企业发展的财税和金融政策体系、深入推行企业混合所有制，激发企业发展活力。

第 1 章 | 煤炭在中国经济发展中的重要地位

煤炭是中国重要的基础能源和工业原料，作为重要的工业产业部门，煤炭产业为我国经济发展、能源安全提供了有力支撑。作为上游基础产业，煤炭产业链直接影响到电力、钢铁、建材以及化工等部门，间接影响到其他一些相关部门发展，与国民经济其他产业部门相互依存，紧密相连。本章定量研究煤炭产业对国民经济和区域经济发展的关系和贡献。

1.1 煤炭生产和消费与中国经济发展关系

我国历年来煤炭生产、消费增速与 GDP 增速的对比，如图 4.1.1 所示，可以看出，我国 GDP 增速呈现与煤炭生产和消费增速基本相同的变化趋势。

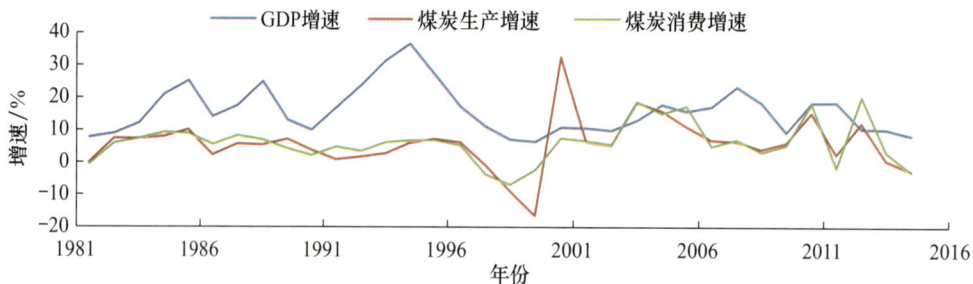

图 4.1.1　1981—2014 年中国 GDP 增速、煤炭生产和消费增速变化趋势图

在煤炭消费和 GDP 增长因果关系研究方面，选取 1981—2014 年间煤炭消费数据，并按照基准年 1991 年的不变价格，将名义 GDP 转化为实际 GDP 代表中国经济增长。通过格兰杰因果关系分析，可以看出长期情况下，GDP 增长是煤炭消费增长的格兰杰原因，也就是说，经济的增长需要煤炭作为支撑。

1.2 煤炭产业对整体经济发展贡献

煤炭产业对经济发展贡献体现在煤炭产业创造产值和煤炭对产业链上重点关联产业创造产值的贡献以及煤炭产业税费对我国税收贡献。

1.2.1 煤炭产业产值贡献

以规模以上工业企业营业收入衡量煤炭产业的经济贡献。在 2005—2012 年的 39 个主要工业部门和 2012—2015 年的 41 个主要工业部门中（因工业部门划分变化，2012 年后主要工业部门为 41 个），煤炭工业企业主营业务收入排名情况如表 4.1.1 所示。可以看出，煤炭工业企业对国民经济发展贡献基本处于国家主要工业部门的 1/3 水平，贡献较大，占工业企业收入总值比重较高，超过了各部门工业企业收入占比的平均值。

表 4.1.1 规模以上煤炭企业主营业务收入排名及占比

类别	2005 年	2006 年	2007 年	2008 年	2009 年	2010 年	2011 年	2012 年	2013 年	2014 年	2015 年
煤炭企业排名	16	16	15	13	13	13	13	12	14	16	17
煤炭企业占规模以上工业企业总产值比 /%	2.38	2.38	2.40	3.06	3.20	3.38	3.73	3.66	3.17	2.74	2.14

注：数据来源于国家统计局《中国统计年鉴（2005—2016）》。

相关煤炭重点关联产业在煤炭行业支撑下取得了快速发展。煤炭产业链上主要煤炭需求部门有电力、化工、钢铁和建材。截至 2014 年年底，电力产业耗煤量约占煤炭消费总量的 45%，煤电发电比重约为 75%。钢材产量 11.3 亿 t、水泥产量 24.9 亿 t、焦炭产量 47980 万 t、合成氨产量 5699 万 t、甲醇产量 3741 万 t。作为燃料和原料，煤炭支撑了四大主要耗煤行业的发展。

1.2.2 煤炭行业税费对我国税收贡献

自 21 世纪以来，煤炭行业进入了快速发展时期，取得了一系列令人瞩目的成就，国家相应的调整了煤炭行业税费政策，提升了煤炭行业税费征收标准，煤炭行业对我国税收贡献大幅增加。研究显示，2014 年煤炭行业执行新的资源税改革方案之前，2011—2013 年煤炭行业企业总体税费水平占到了企业销售收入的 34.19%、35.04% 和 34.11%。税费总体平均水平达到了 35.04%，其中税负总体水平为 21.03%，是全国平均水平的 2～3 倍。

1. 煤炭行业与其他相关主要工业行业税负水平比较

2014 年 12 月，煤炭行业实施资源税改革后，煤炭企业上缴税种主要为增值税、营业税、城市维护建设税、资源税和企业所得税，根据统计数据可得性和税负影响，采用增值税指标与相关主要工业行业进行税负水平对比。

根据《中国统计年鉴》（2006—2016 年）统计数据，2005—2015 年，煤炭行业上交的增值税在 2012 年前呈不断走高趋势；2012 年后，煤炭行业受经济增速降低等因素影响而低谷运行，煤炭企业 80% 以上亏损，虽然上交增值税有所下降，但依然保持较高水平，如图 4.1.2 所示。

从图 4.1.3 中可以看出，2012 年、2014 年煤炭行业增值税税负分别为 6.78% 和 5.77%，约为全国工业行业增值税整体税负水平的 2 倍。与钢铁、电力、化工等相关行业对比，增值税税负也处于较高水平。

总体来看，煤炭行业税负高于我国税负平均水平，为我国税收事业做出了较大贡献，推动了国民经济发展。与相关行业对比，煤炭行业税负也处于较高水平。但在当前

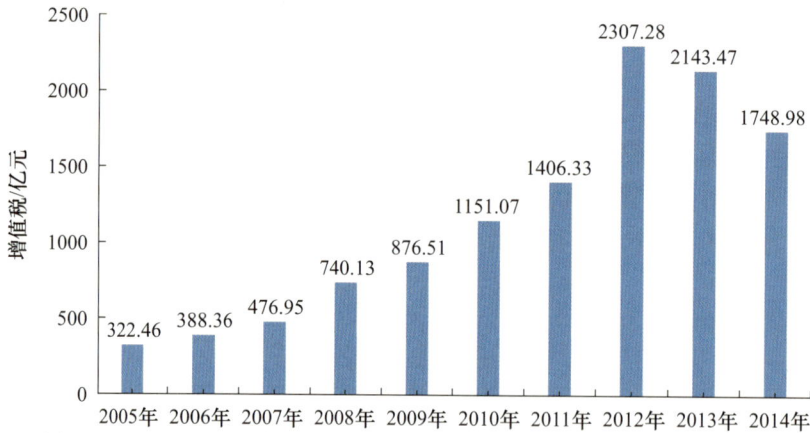

图 4.1.2　2005—2014 年煤炭开采和洗选业规模以上工业企业应交增值税

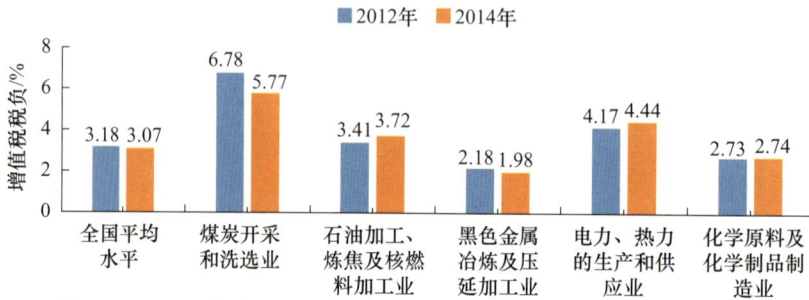

图 4.1.3　2012 年和 2014 年煤炭及相关主要工业行业应交税负对比图

煤炭供需形势发生变化、煤炭价格下跌、企业利润下降、应收账款增加的新背景下，过高的税负增加了煤炭企业的负担，不利于煤炭企业的转型升级和可持续发展，不利于煤炭企业提升国际竞争力。

2. 国外主要产煤国税费政策

1）美国税收政策

在美国，对煤炭企业征收的税分为两类：一类是企业税，即社会各类企业一般都需缴纳税种；另一类是煤炭企业特殊税。美国实行分税制，联邦、州和地方三级政府都实行独立的预算，没有共享税。联邦政府以个人所得税、公司所得税和社会保险税为主，三大税收约占联邦预算收入的 90%。州和地方政府则以财产税和销售税为主。联邦政府对州和地方政府实行转移支付，以补助金、贷款和收入分成的方式给予补助，其中补助金约占联邦预算支出的 20%。在美国，煤炭产业最主要的是所得税和采矿税，整体税负平均水平约占总收入的 20%。

美国会对矿业进行税收减免政策，包括以下几种：

（1）矿权地购置现金成本，即一部分费用可以资本化；

（2）勘察支出费用，允许税前扣除费用的 70%；

（3）生产前期开发支出费用，允许税前扣除费用的 70%；

（4）设备投资折旧，允许在 7 年内 200% 余额的递减；

（5）专门减让，耗竭补贴率 14%～22%；

（6）亏损移后扣减。

2）澳大利亚税收政策

澳大利亚对煤炭产业税收包括联邦政府和州政府对煤炭产业的税收两部分。澳大利亚对采矿业实行低税收政策，联邦政府和州政府都属主权政府，均可自主决定税制。对煤矿项目的税收大多数都由澳大利亚联邦税务局征收，税种主要有所得税（包括资本收益税）、一定的出口关税和福利补贴税。州政府也有征税权，对采掘业来说主要是资源使用税。

税收减免政策是澳大利亚矿业税收制度中一个重要的部分。包括以下几种：

（1）矿权地购置现金成本，不可扣减，除非买主和卖主达成协议，双方同意现有扣减转让；

（2）勘察支出费用，可扣减或无限移后扣减；

（3）生产前期开发支出费用，10 年内扣减或在服务年限内扣减；

（4）应计折旧资产成本，按直线法或余额递减法（设备一般为 30% 的余额递减）；

（5）专门减让，应计折旧 10% 的开发减让和 150% 的研究发展减让；

（6）亏损移后扣减，亏损可以无限移后扣减。

3）印度尼西亚税收政策

印度尼西亚主要的矿业税收类别包括：公司所得税、预扣税、土地和建筑税、土地荒废费、组织成本、权利金、增值税、附加税、关税、印花税及工资税等。

印度尼西亚对煤矿的税收减免政策，主要包括以下几种：

（1）矿权地购置现金成本，在生产开始时，用余额递减法以 25% 的速度摊销；

（2）勘察支出费用，在生产开始时，用余额递减法以 25% 的速度摊销；

（3）生产前期开发支出费用，在生产开始时，用余额递减法以 25% 的速度摊销；

（4）应计折旧资产成本，一般为 10%，进行通胀调整；

（5）专门减让，对某些边远开发实行免税；耗竭补贴根据产量单位法计算采矿成本补贴，除油气工业外，每年不超过 20%；

（6）亏损移后扣减，经营亏损可移后 5 年。

从国外煤炭税收政策体系可以看出，国外税收政策可以达到以下几个目标：通过调整税率，达到促使能源供需总量趋于平衡的目标；通过税收扶持政策给能源生产者补贴，或达到某特定的政策目标；通过税收把一部分人的收入转移给另一个部分人，起到重新分配收入、缩小收入差距的作用；通过税收促进环境保护。

1.3　煤炭产业对区域经济发展贡献

按照"井"字形分布格局和我国经济区域划分，分别研究煤炭对东北（黑龙江、吉林、辽宁等省）、黄淮（河北、山东、河南、北京、天津、安徽等省）、东南区（福建、浙江、江苏、湖北、湖南、海南、江西、广西、广东等省）、晋陕蒙宁区（山西、陕西、内蒙古、宁夏等省（区））、西南区（贵州、云南、四川、重庆等省市）、西部区（新疆、甘肃、青海等省（区））以及西藏区的区域经济发展贡献和未来趋势。

1.3.1　东北地区

东北三省是中国传统重工业基地。黑龙江是重要的煤炭调出省，仅黑龙江煤矿业控股有限责任公司累计生产煤炭就达到了 30 多亿 t。煤炭工业为黑龙江、吉林和辽宁经济发展作出了较大贡献。据统计数据显示，截至 2015 年，工业对黑龙江经济贡献率在50% 以上，其中能源工业占工业比重在 53.8%～72.9%。

在煤炭消费方面，根据《中国能源统计年鉴 2015》，2014 年，黑龙江、吉林和辽宁煤炭消费量分别为 1.36 亿 t、1.04 亿 t 和 1.8 亿 t，分别占到了能源消费总量的 81%、87% 和 59%，经济发展对煤炭依赖度较高。

1.3.2　黄淮地区

在黄淮地区中，河北、山东、河南、安徽为主要的煤炭生产省份，煤炭工业对其经济贡献率较高，是经济发展的重要支撑。就煤炭消费而言，2014 年，黄淮地区各省煤炭消费和所占比重如表 4.1.2 所示。从表中可以看出，北京、天津在大气污染治理政策影响下，煤炭在能源消费中所占比重有所降低；河北、山东、河南、安徽的占比较高，在安徽能源消费所占比重高达 94%，煤炭依然是这些省份能源消费的重要支撑。

表 4.1.2　2014 年黄淮地区煤炭消费量及所占比重

省（市）	北京	天津	河北	山东	河南	安徽
煤炭消费量 / 万 t	1737	5027	29636	39562	24250	15787
在能源消费中所占比重 /%	18	44	72	77	76	94

注：数据来源于《中国能源统计年鉴 2015》。

1.3.3　东南地区

东南地区是中国经济最为发达的地区之一，东南地区普遍煤炭资源赋存状况较差，但能源消费较高，根据《中国能源统计年鉴 2015》，2014 年煤炭在东南区各省消费量及所占比重如表 4.1.3 所示。从表中可以看出，东南地区除海南能源消费水平本身较低，广东非化石能源消费量比重较大，其他省份煤炭依赖度都在 50% 以上。

表 4.1.3　2014 年东南地区煤炭消费量及所占比重

省（区）	福建	浙江	江苏	湖北	湖南	海南	江西	广西	广东
煤炭消费量 / 万 t	8198	13824	26912	11888	10900	1018	7477	6797	17014
在能源消费中所占比重 /%	48	52	64	52	51	40	66	51	41

注：数据来源于《中国能源统计年鉴 2015》。

1.3.4　晋陕蒙宁区

晋陕蒙宁区煤炭资源丰富、煤种齐全、煤质优良、开采条件较好，是中国重要的煤炭生产区和调出区，煤炭产业是该区的核心支柱产业，为区域经济发展做出了重要贡献。根据《中国能源统计年鉴 2015》，2014 年，山西、陕西、内蒙古、宁夏的煤炭消费和所占比重如表 4.1.4 所示，可以看出，煤炭是该区主要能源来源，支撑了该区域第一、第二和第三产业发展。

表 4.1.4　2014 年晋陕蒙宁地区煤炭消费量及所占比重

省（区）	山西	陕西	内蒙古	宁夏
煤炭消费量 / 万 t	37587	18375	36466	8857
在能源消费中所占比重 /%	95	85	90	89

注：数据来源于《中国能源统计年鉴 2015》。

1.3.5　西南区

贵州省工业发展对自然资源的依赖程度较高，主要是以资源开发和原材料粗加工为主的资源密集型工业，煤炭工业作为贵州省重要的产业之一，2015 年完成工业增加值 684.68 亿元，占全省工业经济比重为 19.3%，位列第二。云南 2015 年采矿业实现增加值 326.69 亿元，同比增长 10.6%，采矿业增加值占全部规模以上工业增加值的比重为 9.0%，拉动规模以上工业增加值增长 1.0 个百分点，增长贡献率为 15.0%。

在煤炭消费方面，根据《中国能源统计年鉴 2015》，2014 年，贵州、云南、四川和重庆煤炭消费量如表 4.1.5 所示，可以看出，贵州省与云南省经济发展对煤炭依赖度较高。

表 4.1.5　2014 年西南区煤炭消费量及所占比重

省（市）	贵州	云南	四川	重庆
煤炭消费量 / 万 t	13118	8675	11045	6096
在能源消费中所占的比重 /%	97	59	40	51

注：数据来源于《中国能源统计年鉴 2015》。

1.3.6　西部区

根据《中国能源统计年鉴 2015》，2014 年西部区煤炭消费量及所占比重如表 4.1.6 所示，可以看出，新疆与甘肃经济发展对煤炭依赖度较高。

表 4.1.6　2014 年西部区煤炭消费量及所占比重

省（区）	新疆	青海	甘肃
煤炭消费量 / 万 t	16088	1817	6716
在能源消费中所占的比重 /%	77	33	64

注：数据来源于《中国能源统计年鉴 2015》。

1.4　煤炭产业对劳动力就业贡献

我国人口基数庞大，劳动力供过于求，因此在劳动力就业问题一直是我国政府致力于解决的主要问题。

作为我国主要的工业产业，煤炭行业提供了大量就业岗位，缓解了我国就业压力，为劳动力就业做出了贡献。国家统计局第三次全国经济普查数据显示，截至 2013 年年底，全国煤炭开采和洗选业从业人员 611.3 万人，截至 2015 年 4 月，煤炭行业从业人员约有 580 万人。

根据《中国劳动统计年鉴 2014—2015》，截至 2014 年年末，全国城镇单位煤炭开采和洗选业从业人员为 414.6 万人，位于工业行业前列。对比 2014 年年底煤炭开采和洗选业、石油和天然气开采业、黑色金属矿采选业、石油加工炼焦和核燃料加工业、黑色金属冶炼和压延加工业以及电力热力生产和供应业等相关行业（图 4.1.4），可以看出，煤炭行业就业人数远高于相关其他行业：2014 年煤炭行业就业人数约为电力行业就业人数的 1.29 倍，是石油开采和加工行业就业人数的 2.9 倍，是黑色金属加工业的 1.65 倍。

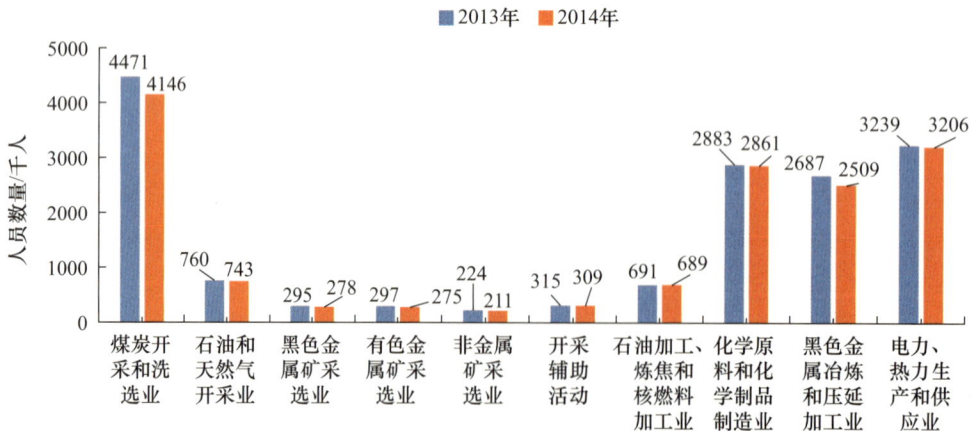

图 4.1.4　2013—2014 年煤炭开采和洗选业与其他行业从业人员数量对比

统计数据不包括劳务派遣、临时工等

随着煤炭去产能步伐的加快和煤炭开采自动化程度的提高，煤炭行业从业人数将会有所下降，但还将是我国工业行业中解决就业的"大户"，还将承担减轻国家就业压力的重任。

1.5 煤炭资源经济性分析

根据国家发改委、中国城市科学研究会、沈镭等研究预测成果，我国能源消费将在 2040 年达到峰值，到时我国能源消费总量将达到 76 亿 t 标准煤，2050 年将达到 60 亿 t 左右标准煤。中科院院士严陆光预测，为满足中国 2050 年能源需求与保障供应，化石能源在中国能源消费结构中的比重仍将达到 70%，而非化石能源所占比例达到 30%，即煤炭、石油和天然气依然是主要消费能源。

（1）就资源储量来讲，我国目前主要消费能源为煤炭、石油、天然气以及可再生能源。截至 2015 年年底，我国煤炭可查明储量为 1.6 万亿 t，处于世界前三位，石油为 35 亿 t，天然气储量为 5.2 万亿 m^3，页岩气储量为 1301.8 亿 m^3。相比于石油和天然气，煤炭资源储量丰富，开采条件相对较好，开采技术成熟。

（2）从资源节约和安全高效开发方面来讲，煤炭将在 2030 年达到全面实现科学开采，科学产能比重力争达到 90% 以上；在 2050 年，煤矿将实现清洁生产，煤炭、水、土地及煤炭伴生资源得到节约化开发利用，环境友好（井下作业环境和地面环境），资源安全高效开发与环境保护一体化。煤炭生产能够达到以最少的环境代价，获取最大的经济效益和资源节约水平。

（3）从价格上来讲，以同等发热量计，国际原油价格、天然气价格和煤炭价格按照 2014 年价格计算，石油价格为煤炭价格 3.5 倍，天然气价格为煤炭价格 4 倍。我国煤炭资源储量丰富，产能较大，煤炭市场供小于求出现概率较小，煤炭价格不会有大幅度上涨，基本不会出现煤炭价格高于石油、天然气价格的情形。

（4）从排放上来讲，煤炭生产和利用效率将会大大提高、污染物排放减少、水资源破坏减少、CO_2 排放量减少。700℃超（超）临界发电技术、燃煤污染物超低排放和多种污染物联合脱除技术的应用，均会大幅降低污染物排放，甚至可以达到低于天然气燃烧排放标准的目标。

（5）从能源安全保障方面来说，化石能源中石油消费在能源消费结构中的比例将维持在 20% 左右，估计到 2050 年将超过 8 亿 t，而受资源和生产能力的影响，国内石油产量仍将维持在年产 2 亿 t 左右，届时，原油的进口依赖程度将高达 75%。从 2014 年我国原油进口依赖程度已经高达 59.5% 来看，2050 年原油进口依赖程度达到或者超过 75% 可能性很大，BP 则在《2035 世界能源展望》中预测到 2035 年就可达到 75%。同时，石油贸易受到世界原油供需基本面、地缘政治、运输风险、国际原油期货投机交易等影响巨大，油价波动剧烈，给我国能源供给带来了一定的风险和不确定性，如若提升石油在化石能源中比重，则将会付出较大的经济代价。

对于天然气而言，我国常规天然气大多分布在中国西部地区，地表条件多为沙漠、黄土源、山地，地理环境恶劣。部分勘探对象低孔、低渗、埋藏深、储层复杂、高温高压，且远离消费市场，开发、运输和利用这些储量存在许多技术难题。非常规天然气方面，我国页岩气储量 30 万亿 m³ 以上，但开采技术尚不成熟，开采难度较大，页岩气商业和规模化生产短期内还不能实现，从美国页岩气开采经验来看，从勘探到大规模商业化开采至少经历了 30 年的时间，因此页岩气在"十三五"甚至"十四五"期间都难以有较大贡献。此外，我国天然气产需缺口较大，对外依存度也不断升高，2014 年天然气对外依存度达到了 32.2%，BP 预测我国 2035 年天然气对外依存度将超过 40%，随着我国能源消费量的增加，若国内天然气开采未取得重大进展，则对外依存度还将不断升高。同时，天然气也会面临着地缘政治、运输等风险因素的影响。

石油、天然气或存在储量不够丰富，存在开采技术难度大、技术不够成熟的问题，国内生产能力和能源消费存在较大缺口，对外依存度逐年升高。石油和天然气受国际市场影响很大，我国政府缺乏对国际市场的主导权，因此存在能源供应和价格风险。作为世界上最大的煤炭生产和消费国，我国在煤炭市场方面具有主导权，煤炭具备了能源供给和价格主导权优势，随着煤炭革命的逐步开展，煤炭开采和利用效率不断提高，污染物排放将达到或超过国际发达国家水平，甚至达到燃油、燃气污染物排放标准，满足环境可持续发展需求。尽管需增大投入，但考虑价格和能源供应安全，煤炭则会体现出较大的经济性优势。

1.6 中国煤炭工业取得成就

1.6.1 煤炭产量大幅增加，保障了国家能源稳定供应

我国煤炭产量由 2005 年的 23.65 亿 t 增加到 2015 年的 36.85 亿 t，年均增长 4.5%。煤炭产量约占世界煤炭总产量的 50%。

2006 年以来全国煤炭投资累计完成约 3.64 万亿元，累计新增产能 30 亿 t，目前全国煤炭产能超过 40 亿 t，在建项目规模超过 10 亿 t。其中，"十二五"期间累计投资近 2.35 万亿元，年均投资近 5000 亿元。

1.6.2 煤炭产业结构调整取得新进展

（1）大型基地建设稳步推进。14 个大型煤炭基地产量占全国的 92.3% 左右，比 2010 年提高 4.3 个百分点。内蒙古、山西、陕西、贵州、河南、山东、新疆、安徽等 8 个省（区）产量超亿 t，产量占全国的 84.1%。建成了神东、准格尔、大同、朔州等一批千万 t 级矿井群（建成和在建共计约 70 对）。

（2）大型煤炭集团保持较快发展。9 家企业原煤产量超过亿 t，总产量 15.03 亿 t，占全国的 38.86%；10 家煤炭企业超过 5000 万 t，总产量占全国的 17.7%。通过企业兼并重组，有 53 家大型煤炭企业产量超过 1000 万 t，总产量占全国的 70%，12 家煤炭企业进入了 2015 年《财富》世界 500 强；31 家煤炭企业进入中国企业 500 强。

（3）生产结构不断优化。截至 2015 年年底，全国煤矿数量约 1.08 万处。年产 120 万 t 以上的大型煤矿 1050 多处，比 2010 年增加 400 处，产量占全国总产量的比重由 58% 提高到 68%。其中，已建成年产千万吨级特大型现代化煤矿 54 处，产量近亿吨，占全国的 18%。小型煤矿 7000 多处，数量比 2010 年减少了约 4000 处，产量占全国的比重由近 21.6% 下降到 10% 以下。

（4）生产集中度不断提高。神华集团、同煤集团、中煤集团、山东能源集团有限公司（以下简称"山东能源"）的生产集中度为 23.6%，比 2010 年提高了 1.6 个百分点；以上 4 家企业，加上陕西煤业化工集团有限责任公司（以下简称"陕煤集团"）、山西焦煤集团有限责任公司（以下简称"山西焦煤"）、兖矿集团有限公司（以下简称"兖矿集团"）、冀中能源集团有限责任公司（以下简称"冀中能源"）的煤炭生产集中度为 35.5%，提高了 5.4 个百分点。煤炭行业仍然是竞争性较强的市场。

1.6.3　煤炭科技创新体系逐步完善

"十一五"以来政产学研用相结合的技术创新体系逐步完善。截至 2015 年年底，全行业共建成国家重点实验室 18 个，国家工程实验室 7 个，国家工程研究中心 8 个，国家工程技术研究中心 4 个，国家工程技术研究院 1 个，国家能源研发中心 5 个，国家能源重点实验室 6 个，国家级企业技术中心 27 个，全行业共培育成立了 1 个国家级、2 个行业级和 14 个省级协同创新中心。全行业共荣获国家科技奖励 35 项，其中技术发明奖 5 项、科技进步奖 30 项，其中"特厚煤层大采高综放开采关键技术及装备"获国家科技进步一等奖。初步测算，"十二五"期间，行业科技贡献率达到 49%，比"十一五"时期提高了近 10 个百分点。千万吨级高效自动化开采矿井、智能矿山、绿色开采生态矿山等重大科技工程示范取得长足进展。

1.6.4　绿色开采、生态矿山建设稳步推进

煤矿保水开采、充填开采、"三下"开采等示范工程取得突破，冀中能源、新汶矿业集团有限责任公司（以下简称"新汶集团"）充填开采技术示范取得成功；陕北矿区、神东矿区保水开采、地下水库技术示范稳步推进；"三下"开采技术日趋成熟。

煤炭入选能力提高，2015 年原煤入选能力 26 亿 t，原煤入选率 65.9%，比 2010 年提高 15%。全年原煤入选能力 26 亿 t，原煤入选率 65.9%，比 2010 年提高 15 个百分点。资源综合利用水平不断提升，煤矸石综合利用率达到 64.2%，提高 2.8 个百分点；矿井抽采瓦斯利用率达到 46.4%，提高 15.7 个百分点；土地复垦率达到 47%，提高 9 个百分点；大中型煤矿原煤生产综合能耗、生产电耗分别比 2010 年下降 14.6%、14.8%。同煤塔山煤矿循环经济、神华宁东煤化工产业等一大批循环经济园区相继建成，实现了集中生产、集约发展，初步形成了资源环境和区域经济协调发展的产业新格局。

1.6.5 煤炭市场机制不断健全和完善

（1）煤炭订货制度改革。2007 年，取消了延续 50 多年由政府主导的煤炭订货制度；将每年的年度"全国煤炭订货交易会"改为"全国重点煤炭产运需衔接会"，突出了企业的市场主体地位；2012 年 12 月，国务院办公厅发布了《关于深化电煤市场化改革的指导意见》，取消了重点合同，实现了电煤价格并轨。2014 年国家发展改革委印发《关于深入推进煤炭交易市场体系建设的指导意见》。

（2）煤炭期货合约上市。2013 年 5 月和 9 月我国炼焦煤、动力煤期货合约先后经国务院批准，分别在大连商品交易所和郑州商品交易所上市交易。

（3）煤炭市场合作机制不断健全。构建了"7+2""4+1""6+1""三省两公司"煤炭市场交流、联系与合作机制，建立了煤炭经济运行分析与行业信息发布制度，发布"中国煤炭价格指数""全国煤炭市场景气指数"和产业预测预警报告。

（4）全国煤炭市场交易体系不断推进。成立了全国煤炭交易市场体系建设协调机制，建成了中国太原、大连东北亚、鄂尔多斯、华东等多个区域性煤炭交易中心，初步形成了以全国煤炭价格指数为主体，环渤海、太原、西安、鄂尔多斯、东煤城市指数等区域价格指数为补充，综合指数与区域指数相衔接的全国煤炭价格指数体系。

第 2 章　我国煤炭企业总体发展现状

煤炭企业是煤炭工业发展的承载体。经过多年的发展，我国煤炭企业在煤炭开采、管理经营、科技创新方面取得了一系列成就，涌现出了一批生产科学化、管理现代化，具有可持续发展能力的大型煤炭企业。

2.1　我国煤炭企业基本情况及存在问题

2.1.1　煤炭企业数量及区域分布

在市场调节和政府大力推动兼并重组背景下，近些年规模以上煤炭企业数量呈下降趋势。据中国统计年鉴数据显示，截至 2015 年年底，全国规模以上煤炭企业数量为5924 家，同比减少 1174 家。

在国家"控制东部，稳定中部，发展西部"煤炭开发总体布局下，我国西部地区主体开发煤炭企业数量有所增长，中部和东部地区基本稳定，截至 2014 年，我国主要产煤省（区）主体开发煤炭企业分布见表 4.2.1。

表 4.2.1　我国各主要产煤省（区）主体开发煤炭企业分布

主要 产煤省（区）	主体开发煤炭企业
新疆	新汶集团、开滦集团、潞安集团、国投新集等几十家大型企业
内蒙古	伊泰集团、伊东集团、汇能集团、神华集团、华能伊敏、中国电力、中国大唐等
山西	同煤集团、山西焦煤、阳泉煤业、晋城集团、潞安集团、中煤集团、山西煤运等
陕西	陕煤集团等
甘肃	国电华亭、窑街煤电、靖远煤业等
河北	开滦集团、冀中能源等
山东	兖矿集团、山东能源等
安徽	淮南集团、淮北集团、国投新集等
河南	平煤神马、河南煤化、郑州煤电、义马煤业等
东北	龙煤集团、吉林煤业、铁法煤业、抚顺煤业、沈阳煤业、阜新煤业、南票矿务局等
西南	川煤集团、盘江煤电、重庆煤业、东源煤业、小龙潭矿务局等

2.1.2 经营状况

1. 主要产品或服务

近些年来，我国多数煤炭企业在多元化发展战略指引下，形成了多种产品和多类服务，构建了多元化产业格局，以增强企业可持续发展和抵抗市场风险的能力。根据2014年中国煤炭企业100强分析报告，表4.2.2列出了我国20家煤炭企业产品和服务种类。

表 4.2.2 我国部分煤炭企业产品和服务种类

企业	主要产品或服务
神华集团	煤炭、电力、航运、铁路、煤化工、清洁能源
山西焦煤集团	煤炭、焦化、盐化、装备制造、物流贸易、电力
冀中能源集团	煤炭、物流、制药、装备制造、建材、电力、煤化工
山东能源集团	煤炭、物流、化工、机械制造、医疗器械
晋能集团	煤炭生产、电力、燃气、清洁能源、物流贸易
河南能源化工集团	煤炭、化工、冶金、机械制造、物流
同煤集团	煤炭、电力、煤化工、冶金、机械制造
潞安集团	煤炭、化工、电力
晋煤集团	煤炭、化工、煤层气、机械制造、电力
阳泉煤业集团	煤炭、煤化工、铝业、电力、建筑房地产、机械制造
开滦集团	物流、煤炭、焦化、建材、建筑施工
陕煤集团	煤炭、煤化工、钢铁、电力、铁路投资
中国平煤神马能源化工集团	煤炭、焦炭、尼龙66盐、尼龙67切片、树脂
中煤集团	煤炭、物流、煤机制造、煤化工、电力
兖矿集团	煤炭、煤化工、铝锭、机械制造、电力
淮南矿业集团	煤炭、电力、房地产、金融、物流
淮北矿业集团	煤炭、煤化工、建筑安装、电力、物流
伊泰集团	煤炭、铁路、地产、医药、煤化工

适度多元化战略已经成为企业降低经营风险、拓宽盈利渠道的重要实施战略。对于产业选择：其一，企业主要是依靠自身优势资源向产业链上下游延伸，向煤炭相关领域，如电力、钢铁、煤化工、装备制造、煤层气等领域发展一体化业务；其二，在国家政策导向下，发展战略新兴产业，如物流、医疗、金融和新能源等。

2. 生产情况

受国家政策和市场调整等多重因素影响，我国煤炭产量增速逐步下降，到2014年出现首次出现了产量总量下降，2014年全年煤炭产量38.19亿t，同比减少2.5%，2015

年煤炭总产量为 36.85 亿 t，同比减少 1.34 亿 t，下降 3.5%。近些年来我国煤炭生产集中度逐步提高。2014 年大型煤炭企业煤炭总产量达 27.47 亿 t，占煤炭总产量的 71%。产量在 1000 万 t 以上的企业共有 51 家，其中，产量达到 1 亿 t 以上的煤炭企业共有神华集团、中煤集团、同煤集团等 9 家，产量在 5000 万～1 亿 t 的有潞安矿业集团、开滦集团、华能集团等 10 家，产量在 3000 万～5000 万 t 的有龙煤矿业集团、华电煤业集团、伊泰集团等 9 家，具体如表 4.2.3 所示。

表 4.2.3　我国部分煤炭企业煤炭产量分类表

产量范围	煤炭企业
1 亿 t 以上 （包含 1 亿 t）	神华集团、中煤集团、同煤集团、山东能源集团、陕煤集团、山西焦煤集团、兖矿集团、冀中能源集团、河南能源化工集团
5000 万～1 亿 t（包含 5000 万 t）	潞安集团、开滦集团、华能集团、中国电力投资集团、阳泉煤业集团、晋能集团、中国国电集团、晋煤集团、淮南矿业集团、伊东集团
3000 万～5000 万 t（包含 3000 万 t）	龙煤矿业集团、华电煤业集团、伊泰集团、蒙泰集团、中平能化集团、淮北矿业集团、汇能集团、徐州矿务集团、国投煤炭有限公司

根据 2014 年中国煤炭企业 100 强分析报告和各省（区）统计数据，选取部分煤炭企业进行 2012—2014 年煤炭产量对比，如表 4.2.4 所示。

表 4.2.4　我国部分煤炭企业煤炭产量对比（单位：万 t）

企业	煤炭产量		
	2012 年	2013 年	2014 年
神华集团	46146	49550	47351
山西焦煤集团	10540	10317	10690
冀中能源集团	11564	12352	10200
山东能源集团	12292	13166	13926
晋能集团	5041	6027	7031
河南能源化工集团	7520	10627	10186
同煤集团	13267	14645	16754
潞安集团	8008	8878	9018
晋煤集团	5393	5709	5018
阳泉煤业集团	6881	7144	7272
开滦集团	8354	9300	8964
陕煤集团	11368	12761	12712
中国平煤神马能源化工集团	4727	4468	3948
中煤集团	17552	19084	18304
兖矿集团	7617	8419	10212
淮南矿业集团	7107	6375	5544
淮北矿业集团	3733	3664	3540
伊泰集团	5390	4824	4346

从所选取的大型煤炭企业 2012—2014 年生产数据可以看出，其中有 11 家煤炭企业煤炭产量呈逐步下降趋势，其余煤炭企业产量递增，但增幅普遍不大。其原因主要是由于企业应对当前经济增速放缓、煤炭产能过剩导致的供需失衡等外部变化，采取降低或稳定煤炭产量策略。

3. 经营状况

受宏观经济形势影响，大部分煤炭企业出现营业收入和利润下滑，根据 2014 年中国煤炭企业 100 强分析报告及企业官网统计数据，截至 2014 年年底，利润达到 2 亿元以上煤炭企业共有 22 家，多家煤炭企业出现不同程度亏损。此外，企业间收入和利润差距增大，"强者愈强，弱者愈弱"的态势明显，产业集中程度逐步提高；非煤业务收入在企业总收入中所占比重有所提高。我国部分煤炭企业经济指标如表 4.2.5 所示。

表 4.2.5 2014 年我国部分煤炭企业经济指标（单位：亿元）

企业	经济指标		
	资产总额	营业收入	利润总额
神华集团	9567	3286	640
山西焦煤集团	2451	2577	7.9
冀中能源集团	1899	2292	0.013
山东能源集团	2275	2005	2.6
河南能源化工集团	2748	2043	−9.5
同煤集团	2210	2138	5.8
潞安集团	1716	2047	6.2
晋煤集团	2102	2051	13.6
阳泉煤业集团	1828	1941	2.1
开滦集团	1111	1832	−29.9
陕煤集团	4020	1766	9.9
中煤集团	3096	950	5.1
兖矿集团	1998	1124	20
淮南矿业集团	1445	563	−53
淮北矿业集团	911	619	−13
伊泰集团	949	271	25

根据中国煤炭工业协会（以下简称"协会"）统计数据显示，进入 2015 年，煤炭企业面临形势愈发严峻，2015 年前 11 个月，全国规模以上煤炭企业主营业务收入 2.28 万亿元，同比下降 14.6%，同比降幅扩大 8 个百分点；企业利润额 425.5 亿元，同比下降 61.2%，降幅比 2014 年同期扩大 16.8 个百分点。协会统计的 90 家大型煤炭企业（产量

占全国的 69.4%）合计利润 51.3 亿元，比去年同期减少 500 亿元，下降 90.7%。煤炭企业的营业收入、利润水平的大幅下降主要受到以下四方面因素影响：一是宏观经济形势变化，我国经济增长更加注重质量和效益，经济增速由高速转为中高速，经济增速放缓，导致能源消费增速持续降低，国内市场对煤炭需求萎缩，煤炭由过去的需求快速递增转向需求绝对量的降低，同时主要耗煤行业通过技术进一步降低单位煤耗，也将使煤炭消费进一步降低；二是煤炭产能过剩，截至 2015 年年底，我国煤炭产能约为 57 亿 t，供给明显大于需求，供大于求导致煤炭价格走低，多数企业出现成本与价格倒挂出现亏损。而在现有产能中非科学产能仍占有相当比例，随着去产能等一系列政策的实施，煤炭生产结构性过剩的情况将得以缓解，煤炭生产结构将进一步优化，也将促使煤炭企业经营情况好转；三是气候变化和环境治理约束增强，随着政府对生态文明建设工作的逐步推进以及落实在世界气候大会上承诺的各项举措实施，我国能源结构将持续得以优化，可再生能源比重逐步提高，煤炭在能源消费中的比重还将继续下降，对于煤炭企业而言，实现煤炭安全高效绿色智能化开采和清洁高效低碳集约化利用将成为煤炭企业下一阶段发展的重点；四是煤炭企业生产经营成本高，相比于其他工业部门，煤炭行业企业承担税费负担较重，多数大型煤炭企业人力成本支出费用高，在煤炭市场急转直下的背景下，高成本运营使企业盈利能力和水平都受到了很大影响。虽然企业通过改进技术、提高管理效率等办法降低成本，在一定程度上缓解了企业经营困难的情况，但仍需寻找有效途径扩大降低成本空间。

2.1.3 科技发展状况

在国家创新驱动战略引导下，各煤炭企业以自主和合作等多种方式积极开展科研创新活动，发挥政产学研用创新合作体系中的平台作用和主导作用，在安全、高效、绿色煤炭开采和绿色、低碳煤炭利用以及企业其他相关板块技术和装备方面进行创新，并取得丰硕成果。

（1）神华集团构建了"决策层－管理层－研发层－转化层"多层次创新体系，看站产学研协同创新和技术创新示范工程建设，在煤炭、电力、煤化工、运输与港口等领域展开研究工作，支撑产业板块发展。煤炭领域围绕现代化矿井建设、煤炭采掘关键装备国产化研发、煤矿安全生产风险预控体系研发、高瓦斯突出煤层群保护层开采与地面钻井抽采卸压瓦斯关键技术、煤矿现代化开发煤尘防治关键技术、特大型矿区群资源与环境协调开发技术等多个课题进行了深入研究，部分课题获得国家科技进步奖。电力领域围绕发电安全、高效、节能降耗、环保、信息化、智能化等关键技术和重要问题进行研究，并推广应用，多项研究成果获省部级和国家级奖项。煤化工领域积极开展煤液化技术及装备、煤炭提质、二氧化碳捕集及地质封存技术等的研究，部分成果获取国内和国际发明专利。运输和港口领域以提高"安全、运输、智能化"效率和水平为导向，抓住世界铁路港口科学技术前沿问题，针对路港运输生产中的关键技术展开研究。

（2）中国煤炭科工集团在矿井建设、煤炭开采、煤矿安全保障和煤炭资源加工和综合利用方面取得一系列成果。矿井建设方面冻结法凿井最大冻结深度可达 950m，创造了世界纪录；特厚煤层大采高综放开采技术成功解决了 14～20m 厚煤层一次开采的世界难题，获得 2014 年国家科技进步一等奖；开发了国内外首台套 7.2m 超大采高液压支架及配套超大运力刮板输送机和巷道组合式超前支护液压支架，年产能力达 1200 万 t；薄煤层自动化综采成套装备，成功实现了 0.6～1.3m 薄煤层工作面无人化、安全高效开采，成果获得 2013 年国家科技进步二等奖；研发成功大断面煤巷高效快速掘支系统，首次实现了掘支运平行连续作业，月进尺达到 3880m，创造了世界煤巷掘进新纪录。研发了煤矿综采工作面智能化开采技术与装备，实现了"有人巡视、无人操作"远程可视化割煤；煤矿安全技术和设备方面，用于隐蔽构造探测的井下槽波探测仪、遥控地震仪、新型瞬变电磁探测技术及装备达到了国际领先水平。井下千米定向钻机实现无线随钻测量，应用后取得了新的世界纪录；煤炭资源加工和综合利用方面，开发了高效煤粉工业锅炉系统，燃烧效率 ≥ 98%，锅炉热效率达 90% 以上，排放达到天然气燃烧标准；干法联合脱硫脱硝技术与装备，脱硫效率 ≥ 95%，脱硝效率 ≥ 70%，经鉴定，性能达到国际领先水平。

（3）陕煤集团的薄煤层国产综采装备无人化技术研究与应用研究成果使综采工作面实现了无人化、智能化采煤，使煤炭地下开采技术产生质的飞跃，成果的整体技术达到国际领先水平；高瓦斯突出矿井沿空留巷技术研究与应用成果扩大了资源回收率，降低了生产成本，提高了效率，缓解了接续紧张，实现了安全生产，成果达到国际领先水平；"中低温煤焦油全馏分加氢""甲醇制烯烃 DMTO-II""混合 C4 裂解制烯烃""甲醇甲苯制对二甲苯联产低碳烯烃"的 4 项新开发的煤化工新技术均处于国际领先水平。

（4）冀中能源集团的"建筑物下综合机械化充填采煤技术""矿井回风源热泵系统及配套技术研究""矿井水控制、处理、利用、回灌与生态环保五位一体优化结合技术研究""掘进机智能型恒功率自动成形截割与定位控制系统"等多项成果被鉴定为国际领先水平。

2.1.4　海外投资情况

我国煤炭企业近些年加快了走出去步伐，但由于海外经营起步较晚，经营规模和经营领域都比较窄。根据商务部不完全统计结果，2014 年财富世界 500 强上榜的中国煤炭企业境外投资企业数目合计约 30 个，神华集团境外投资企业数为 11 个，山西焦煤集团境外投资企业 5 个，冀中能源集团、山东能源集团、开滦集团的境外投资企业各为 3 个，晋煤集团境外投资企业数为 2 个，同煤集团、潞安集团和阳泉煤业集团境外投资企业数各为 1 个。

我国煤炭企业海外收入的投入力度较小，根据学者研究所得统计数据显示，2013 年，山西焦化海外业务收入为 13.7 亿元，海外业务收入为 23.4%；兖州煤业海外业务收入为 91 亿元，海外业务收入投入力度为 15.5%；神华集团海外业务收入为 60.8 亿元，海外业务收入投入力度为 2.14%。

2014 年最新公布的联想控股的海外收入占到总营业收入的 57%，与其他行业企业相比，煤炭企业海外收入投入力度都较小，海外投资发展规模仍处于起步阶段，发展潜力大，发展前景可观。

2.1.5　管理现状

近些年，煤炭企业现代化企业制度逐步完善，组织结构不断优化，先进的管理理念和管理工具被引入到企业管理中来。互联网＋思想促进了生产模式创新；电子平台建设推动商业模式创新，全面信息化建设提升管理效率。精益生产、全生命周期设备管理、内部市场化、全面预算管理、企业内部控制体系建设在煤炭企业管理中得到了广泛的应用，极大地提高了煤炭企业管理水平，推动煤炭企业向先进的现代化企业方向发展。

2.1.6　企业社会履行状况

在政府的倡导和社会的要求下，各大煤炭积极履行社会责任，并主动发布企业社会责任报告，到 2014 年，已经有 22 家煤炭企业连续发布企业社会责任报告。尤其在煤炭行业转型发展，经历严峻考验的时期，各企业积极应对困难，进一步增强了责任意识和履行能力，在经济、环境、社会整体效益最大化的目标下，在经营收入、安全责任、环境责任、创新责任和利益相关者责任等各方面取得了积极的进展。

2.2　我国煤炭企业发展趋势

从我国当前的发展形势和煤炭企业发展现状来看，未来我国煤炭企业发将向以下方向发展。

1. 煤炭行业将逐步走出低谷，煤炭企业经营状况将逐步好转

在我国经济从高速进入中高速的换挡期，受需求不足、超前建设等多种因素影响，煤炭行业出现了严重产能过剩，供大于求导致煤炭价格急速下跌，煤炭行业整体收入和利润水平下降，应收账款不断增多，亏损面积不断增大。但伴随着全球经济逐步复苏，供给侧改革的推进，不符合市场发展规律的落后产能将逐步退出，僵尸企业被逐步清理。对于煤炭企业来说，将通过减人提效、盘活并高效利用资源等各种手段实现"瘦身强体"，增强竞争能力。此外，在不断提高煤炭"安全、绿色、高效"生产能力和"绿色、清洁"利用技术和方式提升的发展趋势下，煤炭供需将逐步趋于平衡，煤炭市场恢复阶段性均衡。而在市场竞争中生存下来的煤炭企业，也将更加注重核心竞争力的提高，现代化的企业管理方式、不断改进的技术、多元化的产业格局都将推动煤炭企业经营状况的好转。

2. 产业集中度还将进一步提高，企业规模和实力持续增强，前十强企业的引领和带动作用逐步增强

在经历了一轮多种形式大规模的整合后，煤炭产业集中度进一步提高，企业规模扩大，形成了 8 家亿 t 级、17 家 5000 万 t 级、52 家千万 t 级以上的煤炭生产企业。截至 2013 年末，神华集团、中煤集团、同煤集团、山东能源、冀中能源等 9 家煤炭企业产量超过亿 t，总产量 14.24 亿 t，约占全国总产量的 40%。52 家千万 t 级以上的企业总产量达到 28.63 亿 t，站到全国总产量的 77.8%。

随着国家供给侧改革的推进，煤炭行业去产能逐步展开，安全条件差、质量环保不达标、技术落后和规模小的煤矿将被淘汰，扭亏无望的"僵尸企业"将被淘汰。国有企业混合所有制改革也将推动新一轮的兼并重组浪潮，我国煤炭行业产业集中度还将进一步提高，煤炭行业更易进行全面协调和集中管控，这将更加有利于进行煤炭行业调整结构、抵御市场风险，增强煤炭企业在市场上的话语权。

3. 煤炭企业还将顺应经济形势变化，以主营业务为核心，辐射相关产业，大多数煤炭企业将形成多元化产业格局

受到世界经济整体放缓的影响，能源消费增速下降，多数行业出现产能过剩，主要耗煤行业如钢铁行业、电力行业、建材和煤化工行业都处于不同程度的结构化过剩阶段，极大地影响了煤炭企业主营业务的收入。为顺应经济环境，保持企业的健康可持续发展，煤炭企业已经开始以主业为基础，逐步拓展到其他相关产业领域。从煤炭企业现状来看，多数企业多元化发展战略格局已经基本形成，但非煤产业还处于培育阶段，对于企业发展难以起到支撑作用。未来，非煤产业收入在总收入中所占比重将逐步提高，对企业发展的支撑作用也将逐步增大。

4. 煤炭企业在国际上影响力逐步增强，在国际能源市场上将占据重要的地位

近些年来，为扩大国内国外两个市场，利用国内国外两种资源，政府制定了并逐步实施"一带一路"等"走出去"倡议。对于煤炭企业来说，也是向外拓展的有利时机。煤炭企业在海外投资方式上进行了实践，利用直接投资、技术输出、劳务输出等方式和手段增加海外资产，取得了一定成绩。

随着我国煤炭企业在管理理念、科学技术、商业模式等方面的不断创新和发展，我国一流的煤炭企业已经和世界顶尖能源企业的差距逐步缩小。随着不断地融入国际竞争环境，对于海外环境和国际竞争规则的深入了解和掌握，中国煤炭企业在国际竞争中的优势将会越来越强，在国际上的地位和话语权将不断提升。

5. 煤炭企业将更加注重全面创新，以提高发展质量和效益

煤炭企业在科技创新方面历来十分重视，多家企业都成立了研究中心，建立了完善的产学研合作平台，同国内外高校、科研机构等建立了科研合作关系。随着经济增长从高速转为中高速，以密集的劳动力投入和资金投入的发展方式已经难以为继，中国经济面临转型升级，煤炭企业也面临着结构调整和转型升级，此时，全方位的创新，包括技术创新、管理创新、商业模式创新等都将成为企业发展的驱动力。除技术创新外，煤炭企业也将逐步重视全面创新，在技术创新带动下，以管理创新和商业模式创新激发企业获利，开拓新的发展领域，增强企业利润的增长质量。

6. "绿色"将成为煤炭企业内涵式发展重要方面

随着国内外对气候和环境的重视程度提高，煤炭开采和利用作为主要的节能减排和降低环境损害的环节受到广泛关注，这也对煤炭产业链上企业提出了严峻的考验。为实现可持续发展，煤炭企业将更加注重"绿色"技术的研发和利用，如煤炭"高效、安全、绿色"开采技术、环境恢复和治理技术、废弃矿井利用技术等。

7. "互联网+"在煤炭企业中得到广泛普及和应用，煤炭企业生产和管理将上升到新的层面

"互联网+"理念和工具将在煤炭企业中得到普及和应用。"互联网+生产""互联网+销售""互联网+管理""互联网+科研"等一系列平台的建立，将推动煤炭企业转型升级。企业也将更加注重管理全过程的效率提升和新业态的培育，煤炭企业生产和管理将上升到新的层面。

第3章 我国煤炭企业竞争力分析

随着我国市场经济改革的推进和与世界经济融合程度的加深，我国煤炭企业面临着更加激烈的市场竞争，同时也面临着更大的市场机遇。与其他行业企业相比，煤炭企业具有自身的特征，本章根据煤炭企业特征，建立煤炭企业国际竞争力评价指标体系，并选取国内外 9 家煤炭企业进行企业竞争力分析。

3.1 煤炭企业竞争力概述

3.1.1 煤炭企业竞争力概念

竞争是社会经济活动中的普遍现象。在市场经济条件下，企业间通过有序的竞争，促进企业发展和社会劳动生产率的提高。国内外学者针对企业竞争力的概念的内涵展开了深入研究。波特认为，企业竞争力是指企业对产品的设计、生产、销售和服务的能力，通过产品和服务在市场环境中相对于竞争对手能够吸引市场寻求利益最大化的能力。格兰特和巴尔奈等人认为，企业竞争力是由企业内部差异引起的，企业由资源、资产与能力组合而成，竞争优势正式建立在独特的、难于模仿和替代的、有价值的资源基础上。普拉哈拉德和哈默尔将企业看作是一个能力企业，强调企业的资源整合能力，认为技术在能力形成中占有重要位置。中国社科院工业经济所的金碚则将企业竞争力的内涵界定为"在竞争性市场中，一个企业所具有的能够持续地比其他企业更有效地向市场提供产品或服务，并获得盈利和自身发展的综合素质"。

结合国内外学者对企业竞争力概念的研究，考虑煤炭企业特征，本专题认为煤炭企业竞争力是指在一定的外部条件下，煤炭企业在动态市场环境中把握竞争态势、控制以及综合运用资源，达到提高资源及产品的价值，降低产品运营成本，实现企业利益动态最大化的目标，且能够持续保持竞争优势，保障国家能源供给，适应社会对企业要求的能力。

企业竞争力是一个动态的概念，它不仅体现了企业现有的竞争力水平，还体现了企业未来发展的基础；企业竞争力同时也是在企业内部要素与外部环境之间的相互作用下所成的，是企业能够有效配置资源的相对优势。

3.1.2 煤炭企业竞争力影响因素

煤炭企业竞争力的强弱，从结果来看主要体现在企业自身经济利益的实现和对社会发展的贡献，能够比竞争对手更好地满足客户的需要，并获得比对手更好的盈利和发展，能够适应社会的需求。综合考虑煤炭企业竞争力影响因素和本专题研究需求，提炼影响和决定煤炭企业综合竞争力高低结果的原因，有两类因素：一类是煤炭企业的生产成本控制、科学生产能力（高效、安全、绿色）、营销活动；另外一类因素是间接影响因素，包括煤炭企业拥有资源、技术创新情况、人力资源情况、管体制机制等。两类因素共同作用于煤炭企业当前竞争力和未来竞争力。

1. 生产成本

煤炭企业与其他企业存在明显的产业差异，其重要特征是产品同质性很大。一般而言，制造业企业生产的产品多数有自己的系列、品种丰富、种类丰富，可以根据客户需求和体验进行产品创新。然后，对于煤炭企业来说，仅生产煤炭或是其他相关煤化工、电力产品，产品是高度同质的，市场细分有限，煤质差别有限，成本领先是煤炭企业在行业内竞争地位的最主要决定因素之一。

2. 科学生产能力

科学生产的能力包括了安全生产、绿色生产和高效生产三个方面。我国煤炭企业历来把"安全"放在生产的首位，良好的安全生产状况是企业开展竞争的前提；绿色生产是为实现资源开采和环境的协调发展的目标，在煤炭开采过程中减少对环境的破坏，增加对环境的修复；高效生产是提高采煤机械化程度，达到全员效率高，开采成本低，经济效益好。

3. 产品营销

煤炭生产出来，必须经过销售才能转化为企业的利润，煤炭长期存储会影响煤炭质量，增加企业运营成本。因此，企业的营销能力成为影响煤炭企业在产业内的竞争地位。

4. 资源情况

企业获取资源如位于煤种优良、开采条件好的富集区，则开采成本会大大降低，煤炭价格较高，企业收益相应较好。其次，企业若能够持续获取资源，则有利于企业的可持续发展，由于资源的不可替代和不可模仿性，作为资源型企业，煤炭企业的竞争能力将很大程度上受到资源状况的制约。

5. 技术创新

技术创新是企业发展的原动力。资本密集投入和人力密集投入显然已经不适合新常态下煤炭企业的发展。在知识经济和市场经济的时代，技术变革将成为未来煤炭企业加强竞争力的基础。技术创新对企业的影响主要体现为两方面：一是直接提高企业机械化生产水平，降低企业成本，提高企业盈利能力；二是通过技术创新改变整个产业的产业结构，这类技术创新主要是指突破性、颠覆性的技术创新。

6. 人力资源状况

人才是企业的宝贵财富，也是企业发展的后劲。知识经济时代，企业的竞争也体现在人才之间的竞争，挖掘人才潜力、激发人才创新能力和活力，是企业发展的动力。

7. 公司产权结构和管理体制机制

我国煤炭企业以国有独资为主，为适应经济改革、激发市场活力、增强企业竞争力，国家提出要大力发展混合所有制经济，煤炭企业能够以发展混合所有制经济为契机调整企业的产权构成和公司治理结构，能够很好地激发企业活力，获取竞争优势。此外，现代企业的发展需要有明确的战略目标、恰当的发展策略以及科学的运作和管控体系，这将是一个企业在竞争中占据有利地位的企业内部条件。

3.2 煤炭企业竞争力评价指标体系构建

3.2.1 指标体系构建原则

指标体系是由若干个相互联系不同的统计指标所组成的有机整体。必须要明确指标体系的构建原则，才能建立合理的、适应当前发展形势的煤炭企业综合竞争力评价指标体系，才能够依据这些原则合理的选择指标。

煤炭企业综合竞争力指标体系是建立综合评价体系的核心内容，只有正确设计煤炭企业的竞争力评价指标体系，才能正确反映出煤炭企业竞争力水平，从而找到提高煤炭企业综合竞争力的根本途径。

根据煤炭企业竞争力概念，在能源－经济－环境的发展体系下，结合煤炭企业的特殊性，提出构建煤炭企业综合竞争力的指标体系五大原则。

1. 目的性和独立性相结合原则

评价指标的建立总是有一定的目的性。本专题所建立的指标体系目的在于从竞争力的角度来评价煤炭企业，最终达到提高煤炭企业在国际上的竞争力的目的。独立性原则是指每一层次的各个指标之间没有交叉，彼此相互独立，虽然指标体系由多个层次的指标构成，但各层指标之间不存在重叠和交叉关系。

2. 完备性和动态性相结合原则

完备性原则是要求把反映煤炭企业综合竞争能力的各个指标充分展现出来。动态性原则是指指标体系的选择要有能够反映企业变化情况的指标，并且较容易获得。

3. 科学性和合理性相结合原则

科学性原则是指模型指标体系中指标的选取要规范科学，每一个指标都能反映出煤炭企业综合竞争力特征的一个方面。合理性是指指标在量化与计算过程中所使用的方法一定要合理有其科学依据。

4. 主导性与可比性相结合原则

主导性原则是指在每一个企业的生产经营情况与所面临的环境各不相同，因此要求在评价中认真调查与抽象推理抓住竞争力评价的主要方面，剔除其他不密切的因素。可比性原则是指指标体系是对多个公司的竞争力进行的综合评价，因此选择的指标必须是各企业所共有的，且统计的范围和口径也尽可能保持一致。

5. 通用性与特殊性相结合原则

通用性原则是指设立的指标体系中每一个指标的代表性应该很强。特殊性原则是指能够反映出煤炭企业不同于其他行业的一些行业特征。

3.2.2 评价指标体系构建

1. 煤炭企业综合竞争力影响因素

考虑煤炭企业特征，认为煤炭企业综合竞争力体现在 5 个方面，即资源及区位优势、科学生产能力、企业经营能力、企业国际发展水平、企业可持续发展潜力。

1）资源及区位优势

资源条件主要是指企业当前获取的资源状况。具体来讲，煤炭资源禀赋是对煤炭企业所拥有的煤炭储量、煤炭种类、煤矿条件等因素的综合评价。煤炭企业的资源禀赋是企业存在和发展的基础，煤炭产业属于资源制约型产业，煤炭资源条件的优劣在一定程度上决定了煤炭企业的竞争实力。煤炭资源禀赋优势是通过成本优势和价格优势影响煤炭生产企业竞争力的，这是由煤炭资源自身的特点决定的。只有同时在成本和价格方面都具备相应的优势，才可称之为煤炭资源具有经济优势，企业才能在资源方面称得上是具有竞争力的。

煤矿所处区位条件指对煤炭企业产品需求和生产成本产生影响的地区位置因素。我国煤炭赋存丰度及地区经济发达程度呈逆向分布，交通运输能力相对滞后，导致交通运输条件成为制约我国煤炭企业发展的因素之一。煤炭企业所处地区的区位条件对煤炭企业竞争力影响有较大的影响。主要表现在中国煤炭资源东部构造相对复杂，西部相对简单，南部相对复杂，北部相对简单，由此形成中国煤炭资源的开采成本为东部高、西部低、南部高、北部低的总态势。我国经济东部相对发达，西部相对滞后，南部相对发达，而北部相对滞后。因此，人力、物力、成本东部和南部相对较高，西部和北部相对较低。另外，发达地区对煤炭的需求量大，其市场容量相对更大。我国煤炭运输主要以铁路运输为主，铁路运输较公路运输成本更低，故而煤炭企业所在地区的铁路交通状况对煤炭运输成本有着很大影响。

2）科学生产能力

煤炭生产能力水平是指在一定储量的前提下，能够采用绿色、安全、高效的方法将资源最大限度采出的能力。煤炭企业竞争力与其生产能力水平有着密切的联系，生产能力的大小直接关系到煤炭产品的成本。影响煤炭生产能力水平的主要有矿井规模、采煤机械化水平、全员效率、"三废"排放等。

3）企业经营能力

煤炭作为一种赋存于地下的自然资源，在开采之前，其所具备的只是潜在的资源存量优势，只有通过企业进行合理的生产和经营，才一能把这种潜在的资源存量转化为货币收入流量。随着我国社会主义市场经济的不断发展和完善，煤炭企业的改革和发展也取得了明显的成效，企业管理水平不断提高，经济效益也不断改善，但是作为煤炭企业，受传统管理模式的影响深刻，需要更新煤炭企业的经营管理者更新观念，以市场为导向来经营和管理煤炭企业。

4）企业国际发展水平

随着经济全球化趋势的加强和我国逐步加入世界贸易组织（WTO），企业不但面临国内同行业的竞争压力，而且国际上所有的竞争对手都可能对企业的生存构成挑战。因此，企业必须建立起有关企业国际竞争能力的指标体系，不断调整和完善自己的经营战略，以应付瞬息万变的国际市场。

5）企业可持续发展潜力

企业可持续发展能力主要是指企业能够在未来竞争中获取竞争优势的资源基础，包括科技研发、人力资源储备等。企业的发展潜力主要是对目前企业适应社会与市场程度的判断。如果一个企业的发展潜力不强，就应在充分利用现有生产能力的同时积极进行科技创新，进行技术改进或采用其他方法解决发展潜力不足的问题。

2. 煤炭企业评价指标体系

对应煤炭企业综合竞争力 5 个方面，根据数据的可得性，通过专家法，提出如下的具体指标体系（参照表 0.2.3）。

1）资源及区位优势

（1）经济可采储量。考察煤炭企业的资源储量主要采用煤炭经济可采储量，经济可采储量是目前技术经济条件下扣除设计损失量后实际可采出的煤炭数量。

（2）煤炭质量。煤炭质量决定了煤炭的销售价格，其主要由煤种和煤质来进行综合评判，以煤种为主，煤质为辅。

（3）运输条件。煤炭企业主要产煤矿区所在区域的交通运输条件，拥有便利交通运输条件的煤炭企业运输成本更低，产品更具有竞争力。

2）科学生产能力

科学生产能力主要包括安全、绿色和高效生产。

（1）百万吨死亡率。百万吨死亡率＝每生产 100 万 t 煤炭所死亡的人数比例。

（2）节能环保资金投入。节能环保资金投入＝每年在节能环保方面的投入资金量。

（3）采煤机械化程度。采煤机械化程度＝机械化采煤工作面产量／回采产量。

（4）原煤工效。原煤功效＝年度原煤产量／参与计效的原煤生产人员实际工作工日数。

（5）原煤产量。

3）企业经营能力

（1）产品销售率。

产品销售率＝工业销售产值／工业总产值。

产品销售率是反映工业产品已实现销售的程度，分析工业产销衔接情况，研究工业产品满足社会需求程度的指标。

（2）资产负债率。

资产负债率＝公司财年负债总额／资产总额。

（3）总资产周转率。

总资产周转率＝营业收入净额／平均资产总额。

总资产周转率反映指企业在一定时期业务收入净额同平均资产总额的比。

（4）企业经营成本。

4）企业国际发展水平

企业国际发展水平主要通过海外资产占比体现。

海外资产占比＝海外资产额／总资产额。

5）企业可持续发展潜力

（1）科研经费投入比重。

科研经费投入比重＝科研经费投入／营业收入。

（2）企业的专利数。

企业的专利数＝年度企业获取的专利总和。

（3）主营业务利润率。

主营业务利润率＝主营业务利润／主营业务收入。

主营业务利润率反映公司的主营业务获利水平，只有当公司主营业务突出，即主营业务利润率较高的情况下，才能在竞争中占据优势地位。

（4）净资产收益率。

净资产收益率＝净利润／平均净资产。

总资产报酬率是企业一定时期内获得的报酬总额与平均资产总额的比率，该指标越高，表明企业资产利用效益越好，企业盈利能力越强，经营管理水平越高。

（5）成本费用利润率。

成本费用利润率 = 利润总额 / 成本费用总额。

成本费用利润率指标表明每付出一元成本费用可获得多少利润，体现了经营耗费所带来的经营成果。该项指标越高，反映企业的经济效益越好。

3.3 国内外煤炭企业竞争力分析

在全球煤炭企业中，按照主要产煤国具有代表性的煤炭企业选择竞争力分析对象（表4.3.1）。

表 4.3.1 竞争力对比对象表

国家	代表性企业
中国	神华集团，中煤集团，大同煤业，兖矿集团
印度	印度煤炭公司（CIL）
美国	皮博迪能源公司（Peabody Energy Company），阿奇煤炭公司（ACI）
印度尼西亚	阿达罗能源公司（Adaro Energy TBK）
澳大利亚	必和必拓公司（BHP）

注：皮博迪能源公司于2016年4月向美国破产法院正式申请破产保护。

3.3.1 国外企业概况

（1）美国皮博迪能源公司是世界最大的私营煤炭公司，为2015美国企业500强第398名。截至2014年年底，皮博迪公司拥有位于美国和澳大利亚的26个煤炭企业的多数股份和澳大利亚的Middlemount煤矿的50%股份。除了煤矿开采外，皮博迪公司还作为委托人和代理人，从事煤炭贸易和煤炭运输，皮博迪在中国、澳大利亚、英国、德国、印度、印度尼西亚、新加坡、英国和美国均设有办事机构。皮博迪公司的发展目标为"做全球领先的煤炭供应商，为股东创造卓越的价值，促进经济繁荣，提高生活质量"，公司发展战略为：保持在美国煤炭企业的领先地位，保持较高的增长速度和较低的成本水平；继续发展在澳大利亚的金属矿和煤电平台；积极扩展全球业务，尤其是亚洲煤炭市场。

（2）阿奇煤炭公司（ACI）是美国最大的煤炭生产商和销售商之一。ACI核心业务为提供清洁燃烧、低硫、高热煤，主要用于冶金和发电，用户为电厂和钢铁制造商。2014年ACI的煤炭销售量为1.34亿t。ACI的煤炭储量约为50亿t，目前，ACI提供怀俄明、伊利诺伊、西佛吉尼亚、科罗拉多河肯塔基五大洲约13%的煤炭需求量。未来，ACI还将在煤炭清洁利用、煤液化和煤气化技术方面进行深入研究。

（3）澳大利亚必和必拓公司（BHP）是一家全球领先的能源企业，必和必拓在2015年世界企业500强排名中位于139位。

必和必拓的战略是发展成为拥有和运营大规模、可持续、低成本、可扩展的、多元化的企业。必和必拓致力于用提供优质多样的资产组合，以确保满足客户需求的变化和经济发展对能源增长的需求。必和必拓的主要产品为矿产、原油和天然气，生产基地位于澳大利亚、美国和南非。必和必拓现有员工 12.38 万人，主要客户分布在 21 个国家的 130 个区域。

（4）印度煤炭公司（CIL）是印度最大的国有企业，煤炭产量占印度煤炭总产量的85%，每年向国有和私营的发电厂、钢铁厂和水泥厂供应约 4.5 亿 t 煤炭，价格比国际市场上便宜近一半。印度 57% 的能源来印度煤炭公司的煤电。

（5）印度尼西亚 Adaro Energy TBK 是印度尼西亚市值最大的煤炭企业、第二大动力煤生产商。公司以煤炭开采、采矿服务和物流为三大主要业务。公司的发展目标是建立一个伟大的印度尼西亚公司，为印度尼西亚煤炭产业创造可持续价值。2014 年，采矿服务和物流业为表现良好，电力项目也取得了良好的进展。企业还获得 2014 年印度尼西亚最佳投资者关系企业，2014 年印度尼西亚社会责任奖。

3.3.2　竞争力对比分析

指标权重采取专家打分法设定，竞争力排序采用综合指数法进行排序。数据选取表4.3.1 中 9 大企业 2014 年各指标值数据（数据来源为各公司企业年度经济情况报告以及各公司官方网站公布资料，定性指标根据相关资料进行专家打分，定量指标直接从报告中摘取，部分指标数值根据相关数据估算得到）。综合指数评价法是一种综合指标体系评价法。该方法对选定的定性指标以及定量指标值进行无量纲处理，通过统一量化达到比较目的，再通过加权计算，计算具体的企业竞争力指数，适用于行业内多个企业之间的比较分析。

通过比较分析，9 家企业国际竞争力排名如表 4.3.2 所示。

表 4.3.2　9 家国内外煤炭企业国际竞争力排名

排名	企业	国别
1	必和必拓公司（BHP）	澳大利亚
2	神华集团	中国
3	印度煤炭公司（CIL）	印度
4	中煤集团	中国
5	皮博迪煤炭公司（BTU）	美国
6	大同煤业集团	中国
7	阿奇煤炭公司（ACI）	美国
8	Adaro 煤炭公司（Adaro Energy TBK）	印度尼西亚
9	兖矿集团	中国

（1）资源方面，我国煤炭企业拥有资源丰富，神华集团煤炭资源储量246.56亿t，可采储量159.79亿t，远高于美国BTU92亿t的可采储量；煤种方面，相比于国外企业，我国煤炭企业大多煤炭品种丰富；但在运输方面，我国运输条件要弱于美国和澳大利亚。煤炭产量方面，我国企业远高于其他国家企业。

（2）科学生产方面，我国企业百万吨死亡率不断降低，2014年神华集团百万t死亡率为0.009，中煤集团百万吨死亡率为0.011，低于澳大利亚的0.014、印度的0.15。相比于其他国家，我国煤炭企业采煤机械化程度较低，全员工效不高。

（3）企业经营能力方面，神华集团资产负债率为44%，中煤集团为62.3%，同煤集团为82.7%，兖矿集团为74.9%。高于澳大利亚BHP的35.69%和美国BTU的31.86%。企业经营成本方面BTU较低，神华集团、BHP等企业较高。

（4）国际化发展水平方面，我国企业普遍海外投资和收益占比低，跨国经营能力弱。

（5）企业可持续发展方面，我国企业科研经费投入高于其他国家企业；主营业务利润率神华集团为32.6%，BHP为19.42%，我国企业主营业务利润情况较好。

总体上来说，目前我国煤炭行业产业集中度正在提高，处于发展前列的企业实力不断增强，部分指标处于国际领先水平，与国外的企业相比，我国煤炭企业国际竞争力逐步增强。

第4章 煤炭企业强国战略分析

建设煤炭企业强国对于保障国家能源安全，维护国家经济发展稳定，推动煤炭企业健康可持续发展具有重要意义。本章分析了我国典型煤炭企业先进的发展模式，并在此基础上阐释了煤炭企业强国内涵，提出建设煤炭企业强国目标和重点任务。

4.1 典型煤炭企业先进发展模式

4.1.1 神华集团"矿－路－港－电－化"一体化运营模式

神华集团成立近30年来，创造了和创造着一种中国煤炭企业新的运作模式，即"矿、路、港、电、化"一体化，"产、运、销、储"一条龙的经营模式。通过推进跨行业、跨产业的一体化发展，提高产业集中度，加大现货煤销售，增加产品附加值，积极参与国家储煤基地建设，形成规模优势；同时重视资源共享、深度合作、协同效应、低成本运营，最终形成一体化运营模式的核心内涵，构成神华的核心竞争力。

1. "一体化运营"模式

神华集团模式的核心和关键是集约化、规模化的发展方式，在此基础上推进全集团煤、电、路、港、航、化各板块的协同效应、深度合作、资源共享和低成本运营，推进产业升级和结构调整，实现神华集团持续、稳健的发展。

（1）产、运、销一体化，形成完善的内部子市场和完整的内部产业链。业务延伸到产煤、洗煤、运煤到煤发电、煤制油、煤化工等多条完整产业链，供产运销快捷流畅，降低外部风险。

（2）煤、电、油产品加工一体化，提高资源利用效率。同时生产多种相关的煤、电、油产品，降低了综合成本。

（3）矿、路、港设施平台一体化，实现高效调度总协调。通过综合调度管理信息系统平台，对主要生产矿井、铁路运输、港口接卸等信息进行实时监测和调度，保证货运组织均衡稳定。

（4）人、财、物、技、价值管理一体化，有效消除了"短板"。协调组织人财物信息的配比和协作关系，最大限度发挥整体优势。

神华集团模式的建设中，煤炭产业是基础，完善的产业链是支撑。煤炭是神华集团的发展之本、扩张之基、利润之源；电力、煤制油化工是煤炭向下游延伸形成的产品，路、港、航运是围绕煤炭构建的物流系统。收购兼并、战略重组、资本运作等基本都是围绕煤炭产业展开的。神华集团在坚持矿、路、港、电、化一体化的基础上，因地制宜，致力于相关产业一体化发展，如煤电一体化、煤路电一体化、煤路港电一体化、煤–煤焦化一体化、煤–煤制油一体化及煤–煤化工等，有力地推动了煤炭深加工和循环经济的发展。

2."一体化运营"经验

神华集团一体化模式，从所有权开始，就控制了供应链的上下游，使集团内的每一部分都受供应商和购买者的影响较小，增加了集团的整体竞争实力。

（1）集中资源，统筹调配。神华集团的一体化模式首先是集中的管理和调配所有可用资源。通过科学测算，了解煤矿的生产能力、铁路的运输能力、电厂的发电能力、港口的吞吐能力、航运的运载能力，然后根据这些数据，计算出能利用所有能力的解决方案，根据这个方案发布生产指令。所以，神华集团模式从决策开始，就是高度精确和科学的。

（2）目标科学，上下联动。经过科学的分配，将最优解决方案，分解成年、月、日的生产任务，下达到各子分公司。任务目标的分配，由必须完成的硬性指标和弹性的奋斗目标组成。硬性指标完不成有惩罚；奋斗目标完成有奖励。赏罚分明，奖惩兑现，大大调动了子分公司的生产积极性。

（3）自主经营，统一规划。神华集团下属各子分公司，都有充分的经营自主权，可以根据自身条件，调整经营策略，发展方向等。在集团生产任务较重的前提下，经营自主权给了生产单位足够的调整空间，鼓励自主创新、大胆实践，从而创造一个又一个的生产奇迹，最终推动集团整体发展。同时，神华集团给子分公司提供互相沟通和衔接的平台，使其可以互相沟通、互相学习借鉴先进经验；统一规划生产，协调产能，最终将子分公司的优势都吸收转化成集团的整体竞争力。

（4）信息对称、高效沟通。在神华集团内部，以各种平衡会、计划会、调度会的形式，各子分公司之间，子分公司与集团之间，保证了高效畅通的沟通渠道，实现了在集团内部的信息对称。

4.1.2　中煤两大新业态发展模式

中煤集团是中国大型煤炭生产企业。中煤主要业务包括煤炭生产和销售、煤化工、电力和煤机制造以及其他业务。经过多年的经营，中煤集团形成了两种新业态：即"煤–电–化"循环经济新业态和"工程建设–装备制造–设计咨询"与研发新业态。

1. 两种新发展业态

1）"煤–电–化"循环经济新业态

中煤集团煤炭总产能 2.77 亿 t，煤炭销售方面拥有完善的物流配送中心和分销网络。发展电力是中煤集团调整产业结构，发展煤电一体化的重要途径，中煤集团着重发展环保型坑口电厂和参股建设下游电厂项目，电力现有总装机容量 809 万 kW，权益装机容量 270 万 kW，即达到了转型升级目标，还消纳了自有煤炭，有效利用了煤矸石、煤泥等洗精煤副产品。发展现代煤化工是中煤集团延伸煤炭产业链的另一重要举措。在煤化工产品生产方面，中煤集团重点发展煤制烯烃、煤制尿素，优先发展煤焦化，改变了以焦炭和甲醇为主的传统煤化工产业结构。当前，中煤集团现代煤化工逐步形成规模，煤制烯烃（120 万 t/a）、甲醇（100 万 t/a）、尿素（200 万 t/a）项目投产见效，煤炭转化规模不断扩大，形成新的经济增长点。

2）"工程建设 – 装备制造 – 设计咨询"与研发新业态

中煤集团所属中煤建设集团有限公司共拥有 2 家大型勘察设计企业和 4 家大型施工企业，在工程建设方面，以矿山施工、市政房建为核心业务，整合资源，提高项目运作能力和一体化服务能力，做出了品牌。在市场方面，出国内市场外，还积极拓展国外市场，在国外承建了摩洛哥、土耳其、孟加拉国、越南、印度等数十项国际工程。同时，以设计企业为龙头，整合矿建业务资源，推动煤矿工程总承包，实践了煤矿建设新模式。中煤集团煤机装备制造方面，是井工煤矿工作面输送设备、支护设备和采掘设备的先进制造企业，技术装备水平高、成套服务全、综合竞争实力前，还建成了国际领先水平的煤机装备实验平台。

2. 两种新业态发展模式经验

1）以市场决定企业产品种类和价格

在煤化工产品生产方面，积极开拓现代煤化工市场，以市场为导向，重点发展煤制烯烃、大型煤制尿素，优先发展煤焦化。建立了产品牌号随市场切换的联动机制，仅 2015 年，煤化工产品销售中心就对尿素产品定价了 29 次，对聚乙烯、聚丙烯定价了 85 次。

2）提升服务满足客户需求

中煤集团以客户需求为导向，煤炭销售方面满足客户的差异化需求，尝试进行了"一户一策"等新的促销政策，巩固了华东、华南等传统市场份额，拓展了华中、西南等新兴市场；煤机方面加快服务转型，在主机订购率大幅下降的形势下，拓展煤机配件和维修业务。

3）强化区域产业协同

在蒙陕地区，实现了煤炭集中销售、煤化工用煤集中供应、煤化工产品集中销售管理，实现了区域产业系统发展，整合资源，提高效率。

4）注重现代化管理理念的应用和管理方法的实施

为降低成本，提高效率，中煤集团优化营销体系和价格决策系统，建立了电商平台，形成了科学合理的营销模式。中煤电商平台满足了用户线上交易、产品定制、在线查询、供应链金融和第三方物流等需求，提升了对用户的快速响应能力和增值服务能力。

5）积极进行非煤和海外市场布局

在非煤市场方面，煤矿建设产业拓展非煤矿山、运营服务、地铁、公路隧道、市政工程市场，非煤合同比重大幅提高，在开展非煤业务时，创新商业模式，以公共私营企业是（PPP）、建设－经营－转让（BOT）、建设－移交（BT）等方式承揽项目。中煤集团积极进行海外布局，煤机装备成功开发了印度尼西亚井工矿设备市场，印度江基拉总厂包项目成套装备顺利出口；煤矿建设产业积极承揽摩洛哥、土耳其、孟加拉国、越南、印度的国际工程。非煤业务和海外业务增长，形成了中煤集团新的市场，支撑了产业发展。

4.1.3 兖矿集团"国际化企业集团"发展模式

兖矿集团把握国内外经济发展动态和国家产业政策导向，自 2000 年后围绕"建设主业突出、核心竞争力强、国际化的企业集团"战略目标，采取产业一体化、布局区域化、发展国际化"三向并进"的发展策略，稳本部、增新区、拓国外"三地支撑"的生产策略，生产经营、资本运营、物流贸易"三位一体"的运营策略，着力推动公司由本土化企业向国际化企业转型，由实施低成本竞争战略向差异化竞争战略转型，由单一追求规模扩张向规模效益并重转型。

1. 国际化历程

依靠综采放顶煤一整套自主技术，2004 年并购了澳思达煤矿，主要从事煤炭生产、加工、洗选、营销等经营活动，总资源量约 1.4 亿 t，可采储量约 4800 万 t。煤炭产品为低灰、高发热量半硬焦煤，属国际煤炭市场紧缺煤种，矿井的煤层厚度较大，非常适合利用自身的专利技术——综采放顶煤技术进行开采。

2009 年并购的菲利克斯公司的煤炭资产包括 4 个运营中的煤矿、2 个开发中的煤矿以及 4 个煤炭勘测项目，总资源量为 25.21 亿 t，探明及推定储量合计为 5.10 亿 t，是兖矿集团本部资源储量的 2 倍。这次并购是中国第一个煤炭企业大规模跨国成功收购的战略行为，具有标志性、引领性和示范性的战略意义。

2010 年 1 月兖矿集团与澳大利亚铝土矿资源有限公司（BRL）签署合作协议，参股其 11.5% 的股权，获取 $1000km^2$ 优质铝资源 60% 的股权，$10000km^2$ 铝钒土的 49% 股权，10000 t 的氧化铝项目占有 50% 的股权，铝土矿资源储量 10 亿 t 以上，优质铝土矿可开采量 3 亿 t 以上，是目前国内已探明铝土矿储量的两倍。

2. 国际化发展经验

1）牢固树立国际化定位、全球化视野、现代化理念

掌握国际通行的法律法规、贸易规则、会计准则、技术标准和质量标准，不断提高对国际市场和企业国际化建设的认识。实施国外公司本土化运营管理，严格遵守所在国的法律法规、商业规则和文化习俗，在生产组织、技术标准、劳动用工等方面积极融入当地经济社会发展格局。学习和借鉴国外一流企业的管理理念、经营方式和生产技术，建立国际化的生产体系、销售网络和融资渠道。建立澳洲公司资金预算管理系统（ZPG），制定实施《澳洲公司煤炭营销管理办法》，实现了国内国外资金管控、营销体系的对接和融合，初步形成了国际化经营发展格局。

2）强化全面风险和对标管理

完善全面风险管理体系，建立风险管理信息基础平台，开展风险评估，落实风险控制措施，实现动态监控和有效管理；对照国内外同行业的先进水平，进行逐系统、逐环节、逐设备对比分析，明确赶超目标，制定实施赶超措施。

4.1.4　淮南"煤电一体化"模式

"煤电一体化"的基本特征是煤炭企业与发电企业的纵向一体化，其意义则是通过煤电联营，产生"1+1＞2"的协同效应。2004年，浙江、安徽两省省委省政府着眼于建立长期稳定、优势互补、互惠互利的能源合作战略伙伴关系，贯彻落实国家"皖电东送"的战略决策，决定大力推进淮浙煤电一体化合作。2005年6月28日，淮南矿业集团和浙江省能源集团组建淮浙煤电有限责任公司（以下简称"淮浙煤电公司"），双方各出资50%建设年产600万t煤炭的顾北煤矿和装机容量4×60万kW的凤台电厂。淮南"煤电一体化"运营模式将过去的"四忧"变为了"四无忧"：无缺煤之忧、无市场之忧、无铁路运力之忧、无煤电行业壁垒之忧。这一模式突破了原有的行业束缚，实现了市场、体制、机制、管理和技术的创新，减轻了华东地区交通拥挤，缓解了华东电网电力缺口，降低了华东地区的电力供应成本，减少了煤炭长途运输导致的风险，实现了变"皖煤东送"为"皖电东送"，促进了安徽、上海两地经济的发展。

1."煤电一体化"运营模式

淮浙煤电公司是真正意义上的煤电一体化企业，产权清晰，股比简单，股东双方各占50%股权，资产优良，双方股东均为省属国有大型能源企业。产业发展符合国家政策导向，盈利能力和还贷能力强，发展后劲足。所属煤矿和电厂视为生产车间，煤矿生产出来的产品作为半成品转运到电厂，就地消费，终端产品为电量，其所发电量全部由浙江省消纳。电厂既解决了上游燃料供应，又落实了下游电力市场，有效地解决了煤电之间角逐关系，也降低了市场煤价波动对煤电一体化企业的影响。

淮南"煤电一体化"模式体制机制创新具有以下特点：投资双方均股，淮南矿业集团持采矿权作价充股，电厂燃料供应和电量销售市场有保证，公司章程明确了维护公司及股东方合法利益的约束性条款；在双方均股和涉及煤炭、电力两个行业背景下的组织构架与管理体制、机制同其他企业具有显著不同，在任期内董事会、经理层、监事会均由股东双方人员交叉任职，届满轮换推荐；煤电公司不设专业技术部门，所属煤矿和电厂的技术支持系统分别依托两个股东方管理，煤矿和电厂主要职能是安全生产，是成本控制中心、结算中心、利润中心。

2."煤电一体化"模式经验

（1）和谐共赢。淮南矿业集团是煤炭行业百年老企，具有煤矿管理专业优势。浙江省有电力市场需求优势，浙江省能源集团具有发电企业技术、管理优势。两优合作组建的淮浙煤电公司则具有强强优势。煤电双方干部员工逐步形成了"合作才能和谐、合作才能发展、合作才能得到两个股东集团的认可"的理念。这种理念也在制度上得到了保证。如双方干部交叉任职，协商共事，权力制衡，集体决策。在目标利润确定、预算计划考核、人力资源管理、薪酬结构激励等制度设计和实施中都较好地体现了均股特点和协作优势。

（2）体制创新。煤电一体化项目集中了两家股东集团的资源、资金、技术、市场、管理和人才等诸多优势，发挥了较强的耦合效应。创新性的均股投资、煤电一体运行模式打破了行业和区域界限，解决了"市场煤""计划电"之间由来已久的矛盾，延长了企业产业链，增强了抵御市场风险的能力；变运煤为输电，克服了铁路运力瓶颈制约，减少了运输成本和环境污染。

（3）风险对冲。作为煤电一体化企业，把长期以来煤电上下游行业的价格博弈关系真正转变成唇齿相依、一荣俱荣、一损俱损的利益共同体，真正实现了"无煤炭供应之忧，无运输压力之忧，无电力市场之忧，无煤电壁垒之忧"。据统计，采用煤电联营模式，一方面规避了燃煤电厂供应受制于煤矿的风险，另一方面可以节约大量中间环节的费用。按 4 台 60 万 kW 机组、以煤电联营模式运作不完全统计，只煤炭运输一项每年就可节省成本约 4 亿元。

（4）管理创新。根据两个股东各自对煤矿和电厂的管理优势，通过向两个股东公司分别交纳 3000 万元 / 年管理费用，将安全生产的管理职能以"委托管理"形式转移给两个股东集团，突出体现了自身"衔接市场、制度建设、组织创新、监管服务""有所为、有所不为"的管理特点，提高了管理效能。

4.1.5 煤炭企业发展方向

未来，煤炭企业将在本行业优势特色发展基础上，逐步转向与之关联的能源、资源、环境、材料、高科技技术等有潜力、有前景的新型产业，以安全、高效、清洁、低碳的理念，构建多元清洁能源体系。创新将成为引领企业转型升级的主要渠道，企业将在互联网基础上寻求新业态。

在企业内部管理方面，将在治理结构、内控建设、风险管控、劳动用工、收入分配等方面构建完善的机制，提高科学决策水平，改善企业经营质量，提高企业管理水平和整体竞争力。

4.2 煤炭企业强国内涵及差距

4.2.1 煤炭企业强国内涵和衡量标准

煤炭是我国的基础能源，是我国能源安全的重要保障，是我国工业发展的后盾和支撑。打造具有国际竞争力的煤炭企业，建设煤炭企业强国是我国经济结构调整，建设世界强国的重要组成部分。

我国学者已经就强国展开了关于工业强国、海洋强国、教育强国和民航强国等方面的研究，对相关概念了理论进行了阐述。

借鉴已有研究基础，认为煤炭企业强国是指国家拥有一批具有国际竞争力、世界性著名品牌的大型跨国煤炭公司，中国煤炭企业在整个世界煤炭工业领域的国际竞争和发展中占据强势地位，具有引领作用，能够发挥重要影响。

煤炭企业强国的内涵包括：

（1）企业规模达到一定水平，企业盈利能力强；

（2）能够适应市场快速变化，并在国内外市场竞争中具备优势；

（3）企业处于全球煤炭产业链中高端水平；

（4）企业的煤炭开采、利用技术和装备研发居于世界领先地位；

（5）企业具有较强的可持续发展能力，建立了绿色生产体系；

（6）企业能够实现安全、低能耗、高效率生产；

（7）企业海外投资达到一定规模，海外业务逐步成长为企业新的支撑；

（8）企业具有完善的现代化管理体系和科学管理能力。

根据煤炭企业强国的内涵，达到煤炭企业强国要拥有位于世界排名前列的大型煤炭企业、企业盈利能力较强、企业占据了全球煤炭产业链关键环节及企业具有一定的海外资源经略能力。

4.2.2　煤炭企业强国差距

与美国、澳大利亚、印度、印度尼西亚、俄罗斯等煤炭国家企业相比，我国煤炭企业在国际上排名情况较好，根据2014年全球煤炭企业排行榜前20家企业排名，我国煤炭企业在排行榜中占据4席，其中神华集团排名第5。我国煤炭企业开采等各技术位居世界前列，在煤矿生产经营方面具有"走出去"的能力和优势。但与国际煤炭企业相比，还存在一定差距，主要体现在虽然煤炭企业在经营、科技等各方面取得了一定的成绩，但依然存在着一定的差距。

（1）产业集中度仍然偏低。根据国家统计局数据和煤炭工业协会数据计算，截至2015年年底，排名前10的大型煤炭原煤产量占全国原煤产量的约40%，而根据美国能源信息管理局（IEA）资料显示，2014年美国行业前四大煤炭企业煤炭产量就已超过全行业半数。因此，相比而言我国煤炭行业产业集中度依然较低，应借助去产能契机，进一步集中煤炭生产，实现企业规模化。

（2）管理理念和管理手段相对比较落后。煤炭行业是传统能源企业，其管理比较粗放，在产量换效益的时代，很多经营和管理问题被掩盖，但宏观环境的变化，凸显出企业内部存在的各种问题，如信息化管理工具和手段应用不足、绩效管理流于形式落实不足等，极大地影响了企业核心竞争力的形成和发展。应该看到，国内一流煤炭企业如神华集团、中煤集团等管理水平相对较高，但大部分煤炭企业包括一些大型煤炭企业内部管理还是比较落后的，距离国内一流煤炭企业和国际先进煤炭企业还有较大差距。

（3）企业运营模式还比较陈旧，竞争力较弱。国外煤炭企业多数已经形成了成熟的经营权和所有权分离、专业化分工生产运营的发展模式，这是一种低成本的、灵活的、高效的运营模式。我国煤炭企业也开始在创新运营模式方面进行积极的探索，但仍不成熟。此外，对利用互联网技术和新的理念来创新新业态，形成新的商业模式，以实现可持续发展，我国煤炭企业还没有找到较好的路径。

4.3　煤炭企业强国战略

4.3.1　煤炭企业强国战略指导思想

塑造煤炭企业强国的主要指导思想包括创新驱动、信息化支撑、效益为重、绿色发展、结构优化和人才为主。

（1）创新驱动。坚持以全面创新引领企业发展。在技术方面，企业要加强自主创新能力和产学研结合协同创新，积极开展实现行业可持续发展所需要的煤炭"高效、安全、绿色"生产、环境修复和治理、废弃矿井再利用、煤炭清洁转化利用的基础研究和应用型研究；加强知识产权保护和管理；拓展科研经费来源渠道，加大研发投入力度；加强科研人才培养，建立合理的激励制度，激发人才的创新积极性。除技术创新外，还要注重管理创新和商业模式创新，依托全面创新，凝聚核心竞争力，积极探索新的发展方向，坚持走创新驱动的发展道路。

（2）信息化支撑。积极推进两化融合在企业中的应用，推动智慧矿山建设，提高企业生产效率；推行"互联网+"思想，借助先进的信息化手段，改变企业管理模式，创新企业管理体系，实现企业管理思想现代化、组织现代化和控制现代化，提高企业管理水平和管理效率。

（3）效益为重。充分利用企业内外部资源，以提高企业效益为首要任务。提升企业管理水平，降低企业生产成本，以技术创新带动产品和服务附加值增加，提高企业产品和服务质量，塑造先进企业文化，积极履行社会责任，提升企业发展质量和经济效益，以一流企业作为对标对象，走科学可持续发展的道路。

（4）绿色发展。以绿色理念贯穿企业生产和全生命周期过程。坚持"安全、绿色、高效"的煤矿开采技术和装备的研发和利用、"清洁、高效"煤炭利用技术和装备的研发利用，实现各类装备"节能、高效、环保、低排放"生产等。实施循环经济，推广使用低碳环保装备，构建资源节约，环境友好的企业。

（5）结构优化。在市场需求的引导下，有效合理配置资源，逐步清除企业内部无效资源和落后产能，优化产业布局，实现产业间协同发展，推动煤炭企业从单纯的生产型企业向生产和服务并重型企业转变，提高煤炭企业发展质量。

（6）人才为本。企业建立高效的人力资源运作体系，加快培育煤炭企业多元化发展急需的各类专业技术人才、经营管理人才和技能人才。为人才发展营造良好的企业环境，建立合理的人才激励机制，激发人才的创新主动性和热情，形成一支素质优良、结构合理的人才队伍，增强企业参与国际竞争的后劲。

4.3.2　煤炭企业强国战略目标

到 2025 年，企业盈利能力进一步增强；企业生产效率大幅提升，井工煤矿原煤生产全员工效不低于 2000t/a，露天煤矿原煤生产全员工效不低于 10000t/a；企业现代化管理水平大幅提升，一是建立科学化的成本管理体系，二是建立"因事设岗、因岗择人、管理人员能上能下、员工能进能出"的高效人力资源管理体系；企业形成开放式科技创新体系，能够有效利用资源，实现内外部协同创新。两化进一步融合，企业能够实现生产、管理的自动化和信息化。到 2025 年，形成 2～3 家具有较强国际影响力的企业，排名前 10 煤炭企业产量占总产量比重不低于 70%。

2025—2035 年，基本培育出具有国际竞争力的企业集群，形成 5～8 家具有国际影响力的品牌企业。在全球产业链分工中，我国煤炭企业能够掌握煤炭开采和利用各关键环节的核心技术，从事产业链上高附加值环节工作；企业实现了两化深度融合，现代信息技术和"互联网＋"的先进理念得到广泛应用和实施，推动新业态出现；企业高效利用开放式科技创新体系，创新能力大幅提高，关键技术和关键装备等重点领域创新工作取得重大突破，对全球创新具有引领能力；企业成功从"生产"专向"生产＋服务"模式；我国煤炭企业在国际上影响力进一步加强，处于国际引领地位，能够主导一批国际上煤炭开发和利用标准的制定，企业国际业务占比不断加大；煤炭产业集中度进一步提高，产量排名前 10 煤炭企业产量占总产量比重不低于 90%。

4.3.3　煤炭企业强国战略重点任务和实施路径

建设煤炭企业强国，需要以市场为导向，积极拓展国内国外两个市场，充分利用资源、合理配置资源。根据市场需要和企业资源情况，提升企业科学生产能力，科学进行产业布局和产业发展规划，降低经营风险，提高盈利能力。在创新方面，要增强技术和管理创新能力，在关键领域形成核心技术，以技术进步提升煤炭企业产出质量和水平，提高煤炭企业对国家经济的贡献。在现代信息技术的支撑下，以先进的管理理念指导企业发展，创新商业模式，提高发展质量和增长效率，形成核心竞争力，在竞争中占据有利地位，带动和引领国际煤炭市场发展。

1. 提升技术水平，增强煤炭企业科学生产能力

大规模提高先进机械在煤矿开采中的使用范围，提高机械化开采程度，实现、高效率的现代化开采。加大安全投入水平，在先进的安全技术和装备的支持下，提高煤矿安全生产水平，降低百万吨死亡率和职业病发病率。实现煤炭生产和环境和谐发展，通过

环境保护技术的研发和应用，降低煤炭开采对环境的破坏。发展循环经济，加大对煤炭开采伴生资源的利用。

2. 建立开放式科技创新体系，增强煤炭企业创新能力

要以全方位的创新驱动企业发展。建立多层次、开放式科技创新体系，发挥煤炭企业在产学研用创新链上的功能和作用。结合市场需求，在我国能源革命政策导向下，进行煤炭全产业链的"设计－生产－加工－利用－回收"关键环节进行核心技术攻关，加速科研成果转化。

在国家鼓励企业进行创新的背景下，有效利用政策红利，积极争取成为国家企业技术创新中心和示范企业，参与国家科技计划的决策。通过申请并承担国家科技重大专项和其他国家级、省部级科研项目，加强以绿色、智能、高效等为特征的核心关键核心技术研发，在项目研发过程中，逐步培养一支创新能力强，科研水平高的研究队伍，培养企业的科研带头人和科研骨干。加强对知识产权的保护和有效利用，运用知识产权去参与市场竞争，与专业机构在重点领域合作开展专利评估、收购、运营、风险预警与应对。知识产权申请逐步由国内走向国外。

煤炭企业要加强内部标准体系建设，制定满足市场需求的产品生产、安全、服务和科研标准，以标准为抓手，规范企业内部管理，提升企业管理水平。并通过与政府和行业协会合作，实现各类标准在国内和国际的推广。

企业要积极吸收国内外先进的管理理念、管理工具和管理制度，通过管理创新，增强盈利能力，降低经营成本，适应国内外竞争环境。

企业要营造良好的创新氛围，完善企业创新奖励制度，激发企业员工的创新主动性和创新热情，实施全员创新工程。

3. 向平台化方向发展，有效盘活和利用企业内外部资源

增强企业对内外部资源的盘活和整合能力。要围绕提升核心竞争力，推进业务结构优化和调整；建立专业板块内部的统一管理平台，促进资源共享，发挥规模优势；推动资源向煤炭产业链高端方向集聚；创新企业体制机制，增强集团公司的管控能力；科学甄别外部资源，借助"走出去"等政策和市场机遇，通过兼并、收购等多样化合作方式，高效利用外部资源。

4. 加强现代信息技术在企业中的应用，推动企业管理升级

加快信息化与工业化深度融合进程，推进企业生产过程智能化，培育新型生产方式，全面提升企业研发、生产、管理和服务的智能化水平。运用信息技术，对生产过程进行智能化改造，实现供需透明、资源自动配置，减少因计划不匹配带来的效益损失，并通过自动化作业实现现场无人少人作业和值守，提高工作效率、作业安全和节能降耗。同时配合新的生产模式，建立新型的生产组织模式，实现组织架构变革，大幅度实

现减人提效和降本增效。

在"互联网+"和大数据思想下，利用信息化技术和工具，通过数据集成和分析，在安全管理、设备管理、计划控制、节能环保等各个方面寻找动态最佳生产策略，能够提出科学合理决策；构建一体化智能管理平台，整合生产、市场、物流等企业内部和外部的资源，实现对市场更快速的反应，实现产业链各环节的协同运作；打造电子商务平台，实现线上线下相互协作、相互促进的运营模式，拓宽营销渠道，吸引优质社会资源，打造能源生态圈，提供更多种类能源产品、煤炭转化产品、碳配额，并提供物流、金融、保险等辅助服务。此外，企业要根据自身信息化建设水平，逐步推行基于互联网的个性化产品、服务、云制造、众包设计等新型制造模式，培育智能安全、生产监测，远程设备诊断管理等新型服务。

5. 建立质量管理体系，提高企业产品质量

建立企业内部质量管理体系。以国际先进企业为标杆，生产、技术和安全全面达到国际先进水平；在企业生产和经营过程中，推行卓越绩效、六西格玛、精益生产、质量诊断、质量持续改进等先进生产管理模式和方法；开展提升产品和服务质量的技术和管理办法的研究，稳步提高产品质量；建立质量奖惩制度，明确各职能部门质量管理职责，加强产品的抽样和检验，普及全员质量提升意识，优化质量发展环境，努力实现煤炭企业质量大幅提升。

6. 实施品牌战略，加强企业品牌建设

企业要追求卓越品质，形成具有自主知识产权的名牌产品，不断提升企业品牌价值整体形象。制定品牌管理体系，围绕研发创新、生产制造、质量管理和营销服务全过程，提升内在素质，夯实品牌发展基础。建设品牌文化，增强以质量和信誉为核心的品牌意识，树立品牌消费理念，提升品牌附加值和软实力。通过多种渠道，加大企业品牌宣传推广力度，树立中国煤炭企业品牌良好形象。

7. 落实生态建设理念，实现企业绿色发展

加大先进绿色节能环保技术、工艺和装备的研发力度；积极推行低碳化、循环化和集约化，提高资源利用效率；努力构建高效、清洁、低碳、循环的绿色生产体系。推进资源高效循环利用。企业强化技术创新和管理，增强绿色生产能力，大幅降低能耗、物耗和水耗水平；提高煤矸石等固体废弃物、废水等的综合利用水平。严格遵守节能环保法规、标准体系，按时发布企业社会责任报告制度。

8. 加快商业模式创新，实现生产和服务的协同发展

加快生产与服务的协同发展，推动商业模式创新和业态创新，煤炭企业从提供产品向提供产品＋服务转变，逐步实现个性化定制生产，利用"互联网＋"实现产品全生命

周期管理、网络精准营销和在线支持服务。发展到一定阶段，煤炭企业可以由提供产品向提供整体解决方案转变，通过逐步建立企业财务公司、金融租赁公司等金融机构，以产融结合促进企业产业发展。

9. 拓展"走出去"路径，提高煤炭企业国际化发展水平

抓住国家实施"一带一路"倡议契机，做好"一带一路"上国家的前期考察和评估工作。加强与外企在技术等多方面的多种形式合作，提高国际合作水平和层次；利用好国内国外两种资源、两个市场，通过全球资源利用、业务流程再造、产业链整合、资本市场运作等方式，加快提升我国煤炭企业核心竞争力。企业可根据自身发展水平在境外开展并购和股权投资、创业投资，建立研发中心、实验基地和全球营销及服务体系；依托互联网开展网络协同设计、精准营销、增值服务创新等，建立全球产业链体系，提高国际化经营能力和服务水平。核心竞争力强的优势企业可以发展国际总承包、总集成；企业间可以联盟方式，形成集合体共同参与国际竞争；企业要增强投资和经营风险防范意识，做好项目前期调研和中后期控制工作，建立海外业务内外部风险防控体系。

第 5 章　建设煤炭企业强国政策建议

（1）落实煤炭企业兼并重组，化解过剩产能相关政策，培育一批先进的大型煤炭企业集团。

在"十三五"期间，第一，国家及各地政府应通过给予加强奖补支持、人员安置政策支持等综合措施，引导地方综合运用兼并重组、债务重组和破产清算等方式，加快处置"僵尸企业"，实现市场出清，力争"十三五"末将煤炭企业数量控制在 3000 家以内。要把各地区化解过剩产能目标落实情况列为落实中央重大决策部署监督检查的重要内容，加强对化解过剩产能工作全过程的监督检查；第二，国家要推动成立中央和地方的煤炭资产管理平台，实现煤炭企业瘦身健体、优化资源、提质增效、结构调整和改革脱困。目前，中国国新、诚通集团、中煤集团、神华集团出资组建的中央企业煤炭资产管理平台公司，即国源煤炭资产管理有限公司已经成立运行。一段时间运行后，政府要适时推广运行经验和模式，在地方也逐步实施相应政策或扩大现有资源管理平台服务范围，解决煤炭企业遗留的各种历史问题。通过一系列整合和优化措施，在"十三五"期间，培育出一批大型煤炭企业集团，提高企业安全、环保、能耗、工艺等办矿标准和生产水平。在"十四五"及未来更长阶段，要实现煤炭上下游行业链一体化整合，通过处于行业链不同位置的企业进行整合，实现上下游一体化。

（2）在财税政策和金融政策方面，要形成支持煤炭企业转型发展的支撑体系，促进煤炭企业提升发展质量。

煤炭在我国的一次能源中占据着重要的地位，资源存量逐渐减少，自中华人民共和国成立以来煤炭产业在我国经济建设和发展中发挥着很大的作用，除了提供生产资料之外，还为国家贡献了巨额的利税。在市场化的今天，财税政策作为促进煤炭经济增长的有力手段，需要坚持其连续性和稳定性，并不断改革和完善。随着煤炭资源开发年限的延伸，开发的难度增大，其成本也增高，从而导致煤炭经营企业的收益递减，因此，在我国煤炭消费总量控制对经济增长约束越来越强的客观条件下，政府应给予煤炭产业相应的财税政策支持，以鼓励煤炭企业未来发展方向，实现煤炭产业可持续发展。如完善矿山环境恢复治理保证金制度、成立产业发展基金以促进煤矿落后产能退出和企业转型升级等。运用市场化手段妥善处置企业债务和银行不良资产，落实金融机构呆账核销的财税政策，完善金融机构加大抵债资产处置力度的财税支持政策。研究完善不良资产批量转让政策，支持银行加快不良资产处置进度，支持银行向金融资产管理公司打包转让不良资产，提高不良资产处置效率。鼓励保险资金等长期资金创新产品和投资方式，参与企业并购重组，拓展并购资金来源。完善并购资金退出渠道，加快发展相关产权的二级交易市场，提高资金使用效率。

（3）为企业发展混合所有制营造良好环境，激发煤炭企业内在活力。

国有企业是煤炭行业的主力军，随着煤炭市场竞争逐步趋于自由化，煤炭行业国企进行混合所有制改革是国家发展和行业发展的必经之路。政府要细化国企改革政策，推动政策落地。鼓励国有煤炭企业以提高企业效益为核心，优化产权结构，引入其他国有资本和各类非国有资本，实现股权多元化；鼓励非公有资本以出资入股、股权收购、股权置换等方式通过参与煤炭行业上市国有企业增资扩股参与，出资方式包括货币、实物、股权、土地使用权等方式；在"走出去"过程中，协助企业通过海外并购、投融资合作等方式吸收外资，同时深入参与国际竞争，有效利用国际资源；加大国有独资公司的改革力度，有序推进职工持股和管理层收购，通过增资扩股和出资新设的方式，分配企业内部优秀骨干人才部分股份，激发人才积极主动的投入企业建设，增强企业活力和凝聚力。

专题篇五

"一带一路"倡议与
煤炭资源强国战略

摘　　要

　　"一带一路"倡议是我国政府综合当前国际国内形势推出的重大举措，对于促进沿线各国经济繁荣与双边、多边区域经济合作具有重要意义。能源领域合作是"一带一路"的重要组成部分，是将地理毗邻、资源优势转化为经济增长优势的关键领域。"一带一路"沿线国家大多数是新兴市场国家和欠发达国家，与我国具有资源互补、经济互助的合作基础，尤其是具有较强的资源互补性。加快煤炭走出去，是改革开放以来煤炭业内人士早已形成的共识。在"一带一路"倡议支持下，更多的重大国际项目有望得到中央政府层面的协调和国家的担保和支持，带动包括煤炭在内的产业加速走出去，使更多的企业能够与大型跨国公司同台竞技。

　　本专题选取"一带一路"沿线及相关区域国内7个省（区）和国外11个国家，对其煤炭资源、产业进行深入分析与研究，提出了煤炭行业"一带一路"倡议布局和实施路径，这将有助于我国煤炭企业遵循市场化规律，制定国际化发展战略，确保其与包括"一带一路"沿线国家宏观战略一致，优化选择目标国及其资源项目，采取适用和有效的开发方式和策略。通过与"一带一路"沿线国家优势煤炭企业强强联合，共同参与全球煤炭资源治理，提升我国在煤炭领域的国际话语权和竞争力。

　　结合国内外经验和启示，根据我国煤炭行业特点，我们提出以下措施与政策建议。①创造良好的外部环境：充分利用现有国际合作机制，积极推动能源供应国、消费国、过境国之间的对话，共同讨论能源政策、市场建设、定价机制、运输通道安全等重大问题，参与全球能源治理，参与国际能源规则的制定。②加强宏观指导：从国家能源整体发展战略的高度，实施国外煤炭资源开发战略；制定国外煤炭资源开发的国家整体发展规划，加强宏观指导，指导企业国外投资行为。③健全法律法规：尽快制定一部保护、鼓励和管理海外投资的综合性基本法《对外投资法》，将现有的对外投资政策和条例纳入法制化的轨道，增加透明度，规范和管理我国的对外投资。④完善管理体制：加快改革行政审批制度，简化和规范审批程序，参照国际标准和对象国标准确定对外投资具体的量化审批标准，特别是环保标准和安全标准；成立专门的国外资源开发协调机构，在国家层面协调国与国之间的外交、商业与行业的关系；建立国外煤炭资源开发的信息平台，使投资主体能及时获得国外投资方面的各种信息。⑤建立风险预警机制：由政府部门组织开展风险预测和甄别，排查风险源，定期或不定期发布国外煤炭资源开发风险指数，发布国外投资预警。⑥加强政策支持：完善金融支持体系，积极拓宽融资渠道，完善财税支持政策，加大保险支持力度，合理使用关税等措施进行调控，出台有利于培养、引进国际化人才的政策，完善中介服务体系。

第1章 "一带一路"区域划分与煤炭资源总体情况

1.1 "一带一路"倡议与中国煤炭工业的可持续发展

2013 年 9 月和 10 月，中国国家主席习近平在出访中亚和东南亚国家期间，先后提出共建"丝绸之路经济带"和"21 世纪海上丝绸之路"的重大倡议，得到国际社会高度关注。2015 年 3 月，经国务院授权，国家发改委、外交部、商务部联合发布《推动共建丝绸之路经济带和 21 世纪海上丝绸之路的愿景与行动》，成为"一带一路"地区合作、规划对接的指导性文件，明确从政策沟通、设施联通、贸易畅通、资金融通、民心相通五大方面加强合作，宣告了"一带一路"倡议进入了全面推进阶段。

"一带一路"区域一头是活跃的东亚经济圈，一头是发达的欧洲经济圈，还包括中间广大腹地国家。丝绸之路经济带重点畅通中国经中亚、俄罗斯至欧洲；中国经中亚、西亚至波斯湾、地中海；中国至东南亚、南亚、印度洋；涵盖东南亚经济整合、涵盖东北亚经济整合，并最终融合在一起通向欧洲，形成欧亚大陆经济整合的大趋势。21 世纪海上丝绸之路重点方向是从中国沿海港口过南海到印度洋，延伸至欧洲；从中国沿海港口过南海到南太平洋；从海上联通欧亚非三个大陆和丝绸之路经济带形成一个海上、陆地的闭环。

"一带一路"倡议是我国政府综合当前国际国内形势推出的重大举措，对于促进沿线各国经济繁荣与双边、多边区域经济合作具有重要意义。而矿产资源领域合作是"一带一路"的重要组成部分，是将地理毗邻、资源优势转化为经济增长优势的关键领域。"一带一路"作为一项重要的中长期国家发展计划，将对我国各个行业发展带来深远影响。西部地区作为我国"一带一路"倡议西进、纵深发展的桥头堡，迎来了堪比当年特区建设类似的政策利好，吹响了新时期西部大开发的集结号，国家的支持有望从过去号召为主向政策保障、产业支持、资金支持方面转变，国家对西部的支持必将更加务实有效。

西部是我国煤炭主产区和相对落后地区，2002 年以来煤炭产业快速发展推动了当地经济社会快速发展，与东部的差距在缩小，当前煤炭及相关产业对西部 7 省（区）经济发展的贡献相当大，2014 年煤炭、煤电、现代煤化工总产值 1.22 万亿，占 7 省（区）GDP 的 16%，其中宁夏、内蒙古、贵州比重均超过了 20%，特别是宁夏和内蒙古两区，其 1/3 和 1/4 的 GDP 靠煤炭及下游产业拉动，可以说这两个自治区离开煤炭，其经济发展是难以想象的。未来很长一段时间，我国仍然离不开煤炭，西部作为煤炭主产区和调出区的角色更加重要，煤炭对当地经济的拉动作用是不可忽视的。在未考虑物价上涨等因素情况下，预计到 2025 年，西部 7 省（区）煤炭及下游产值将超过 1.5 万亿元，至 2035 年将进一步达到 1.6 万亿元，虽然占 GDP 的比重分别下降到 8% 和 5.5%，但考虑拉动乘数效应，煤炭及下游产业仍是西部经济发展的重要支柱。

由于煤炭形势不景气，全国规模以上煤炭采选业从业人员从 2010 年的 527.2 万人下降到 2014 年的 388.4 万人，下降了 26.3%，但西部 7 省（区）煤炭就业人数一直稳定在 100 万以上，一方面说明西部煤炭产业的巨大竞争力，另一方面说明西部煤炭对稳定当地就业做出了巨大贡献。未来随着西部 7 省（区）区域内煤炭生产和消费量的进一步增加，就业人数还有增长。通过测算煤炭下游的煤电、煤化工两个产业，2025 年前可以创造 14 万个就业机会，2035 年前还能够新增就业 1 万人。此外，与煤炭相关的其他配套产业，如装备制造、资源综合利用、土地复垦、生态修复、物资物流等发展方兴未艾，也将创造出大量就业机会。更重要的是未来西部 7 省（区）煤炭及相关产业主要体现在升级发展，将逐步成为安全高效的科技密集型产业，在用工方面，通过机械化换人、自动化、智能化减人，工效得到不断提高，从业人员的劳动技能及产业素质必将得到大幅提升，这将有效带动西部 7 省（区）产业工人队伍的结构优化及整体素质提升。

我国煤炭工业的希望在西部，煤炭开发布局西移是大势所趋，"一带一路"将进一步促进加快西移。西移不仅是我国煤炭工业技术水平提升的过程，也是积蓄力量加速走出去的过程，历史上煤炭对西部经济和就业拉动是显著的，未来随煤炭就地加工转化规模扩大，煤炭对西部的意义更大。

"一带一路"沿线国家大多数是新兴市场国家和欠发达国家，与我国具有资源互补、经济互助的合作基础，尤其是具有较强的资源互补性。加快煤炭走出去，是改革开放以来煤炭业内人士早已形成的共识。与美国、日本、瑞士等国大型跨国煤炭企业相比，我国煤炭企业走出去时间短、规模小，与我国作为世界最大的煤炭生产和消费国地位不匹配。在"一带一路"倡议支持下，更多的重大国际项目有望得到中央政府层面的协调，得到国家的担保和支持，必将带动包括煤炭在内的产业加速走出去，使更多的企业能够与大型跨国公司同台竞技。

我国西部严重落后于东中部地区，"一带一路"倡议的实施，首先需要强化基础设施的建设、实现互联互通，包括我国西部和大部分"一带一路"国家，然后是推进相关国家工业化、城镇化，能源需求量很大，可以为西部过剩煤炭产能找到出口。我国在煤矿设计咨询人员、煤矿工人、采掘装备等领域同样存在严重的产能过剩，也需要走出去。我国煤矿开采技术先进、煤矿工人吃苦耐劳、煤炭技术装备物美价廉的优势决定了走出去大有可为。

我国煤炭资源的科学开发利用，要充分考虑国内、国外"两个市场、两种资源"，尤其在当前"一带一路"倡议实施背景下，必须积极鼓励和支持煤炭企业"走出去"，以保障我国能源安全，推进国家对外开放，促进我国煤炭产业转型升级和可持续发展，提升我国煤炭企业国际竞争力。

我国煤炭及煤炭机械企业从引进国外装备与技术起步，坚持引进 - 消化 - 吸收 -

再创新的原则，以技术研发体系为依托，通过产学研相结合，开展关键技术攻关，加大研发力度，形成了一批具有自主知识产权、对煤炭产业进步有重要影响的核心技术和装备，具备了输出技术和装备的实力。在资源勘探领域，改革开放以来，中国煤炭企业在国际煤炭资源勘探市场上不断取得新的成果，资源勘探也成为中国煤炭企业"走出去"的重要方式。

尽管我国煤矿生产力水平有所提高，但在安全生产、人均产量、机械化程度、矿区环境治理等领域与采煤发达国家还有一定差距。"一带一路"倡议的深入实施，我国煤炭工业既面临难得历史机遇，也面临挑战，很多跨国公司在"一带一路"沿线国家经营了很多年，我们必须苦炼内功，增强自身竞争力，才能在国际版图上立于不败之地。

"一带一路"倡议有助于我国煤炭企业遵循市场化规律，制定国际化发展战略，确保其与包括"一带一路"沿线国家宏观战略一致，优化选择目标国及其资源项目，采取适用和有效的开发方式和策略。通过与"一带一路"沿线国家优势煤炭企业强强联合，共同参与全球煤炭资源治理，提升我国在煤炭领域的国际话语权和竞争力。"一带一路"倡议要求我国煤炭企业重视管理、专业技术、高技能人才队伍建设，构建市场化、开放式的人才管理体系。通过借助"一带一路"倡议构建企业"走出去"信息系统，与国家、行业协会和中介机构信息平台的无缝对接，使企业能够及时、准确掌握信息，在市场竞争中获得优先行动权和形势导向权，显著提升我国煤炭企业的竞争力和话语权。基于以上分析与考虑，本报告选取"一带一路"沿线及相关区域国内 7 个省（区）和国外 11 个国家，对其煤炭资源、产业及战略布局进行深入分析与研究。国内区域包括：西北 5 省（区）（内蒙古、陕西、甘肃、宁夏、新疆）与西南两省（云南、贵州）。国外区域包括：南亚（印度、巴基斯坦、孟加拉国）、东南亚（印度尼西亚、越南）、中东亚（蒙古、哈萨克斯坦、乌兹别克斯坦）、欧洲（俄罗斯、乌克兰）及澳大利亚。

1.2 "一带一路"区域煤炭资源与产业总体情况

"一带一路"国内区域包括了我国除山西之外的主要煤炭资源和生产大省（区），蒙陕甘宁新云贵西部 7 省（区），煤炭资源丰富、煤质总体优良、开采条件相对较好。2014 年，查明保有资源储量总量 10843 亿 t，占全国的 70.8%；是我国煤炭主产区和主要调出区，2014 年原煤产量 20.1 亿 t，占全国的 51.9%，调出 10 亿 t，占全国的60.6%；煤炭产业发展质量总体较好，内蒙古、陕西、宁夏、甘肃等省（区），煤矿技术装备水平、安全生产水平、生产效率等指标位于全国前列。

从"一带一路"国外区域而言，这 11 个国家涵盖了全世界除美国、加拿大和南非之外的主要煤炭资源、生产和贸易大国。煤炭资源方面，印度尼西亚、澳大利亚、俄罗斯、蒙古都属于富煤国家，尤其是澳大利亚，储量大、煤种齐全、煤质好。从资源开采条件上看，澳大利亚、印度尼西亚、蒙古、哈萨克斯坦、越南综合条件较好，开发较容易。煤炭产业发展方面，澳大利亚最为发达，煤炭全产业链均处于国际一流水平，以出口为主,已经成为继中国、美国和印度之后的世界第四产煤国和世界第一煤炭出口国。巴基斯坦、孟加拉国、乌兹别克斯坦煤炭产业不发达,年产量均不足 500 万 t,且煤炭在一次能源结构中占比较低,技术设备均需从他国进口,有较大发展空间。印度尼西亚煤炭产业发展成熟,以动力煤出口为主,且近年来国内燃煤发电需求增长较快。越南以向亚洲和欧洲出口优质无烟煤著称,煤炭产业集中度高。蒙古煤炭产业受政治因素影响较大,产品以出口中国和亚洲国家为主。哈萨克斯坦煤炭产业基础好,产品以本国自用为主。俄罗斯煤炭产业较发达,开采量居世界第五位,出口量居第三位,传统销售地为欧洲国家。乌克兰煤炭历史产量大,以自用为主,但受 2012 年以来的武装冲突影响,煤炭产量大幅下降。煤炭贸易方面,澳大利亚、印度尼西亚、俄罗斯、越南都是世界煤炭主要出口国家,而印度随着国内经济发展带来的需求增加,煤炭进口量不断攀升,2014 财年达到 2.12 亿 t,成为世界最主要的煤炭进口国。总体来看,沿线 11 个国家情况各异,煤炭产业发展情况不一,但均存在不少投资机遇。

第2章 | 国内区域煤炭资源与产业发展现状

2.1 国内区域煤炭产业发展现状

西部7省（区），煤炭资源丰富、煤质总体优良、开采条件相对较好。根据2015年国土资源部地质矿产储量表，2014年，西部7省（区）的查明保有资源储量总量10843亿t，占全国的70.8%；是我国煤炭主产区和主要调出区，2014年原煤产量20.1亿t，占全国的51.9%，调出10亿t，占全国的60.6%；煤炭产业发展质量总体较好，内蒙古、陕西、宁夏、甘肃等省（区），煤矿技术装备水平、安全生产水平、生产效率等指标位于全国前列。

2.1.1 内蒙古

1. 煤炭资源

内蒙古煤炭资源十分丰富，截至2014年年底，查明保有资源储量4062.4亿t，占全国的26.5%，排第1位。已探明含煤面积12万km²，占全区国土面积的1/10。内蒙古煤炭资源主要集中于蒙西的鄂尔多斯市和蒙东的呼伦贝尔市、锡林郭勒盟、通辽市，分别占全区的44.9%、29.1%、21.6%、1.8%，合计占全区的97.39%。从已经探明储量的煤田中，超过10亿t的大中型煤田（矿区）64处，超过100亿t的煤田有东胜煤田（128亿t）、准格尔煤田（175亿t）、胜利煤田（180亿t）、霍林河煤田（120亿t）、伊敏煤田（190亿t）等，探明储量在50亿t以上的煤田有五一牧场、乌尼特、乌海、白彦花、白音乌拉、哈日高毕、巴彦宝力格等。

煤种以动力煤为主，不粘煤占全区煤炭资源查明储量的37.4%；长焰煤占全区查明储量的16.5%，主要集中在鄂尔多斯等中西部地区，整体具备低灰、低硫，特低磷、中高热值特征，是良好的民用及动力用煤，适用于火力发电、各种工业锅炉；褐煤占全区查明储量的54%，主要集中在蒙东地区，具备低至中灰、特低硫、低磷、中等发热量、高挥发分特征，适宜坑口发电。炼焦煤主要集中在乌海市、包头市，趋于枯竭，无烟煤主要分布在西部的阿拉善盟，数量很少。

煤炭资源具有大型整装、煤层厚度大、埋藏浅、赋存稳定、水文地质条件简单等特点，资源优势突出，适合建设大型、特大型煤矿，具有广阔开发前景。蒙西东胜煤田的东胜、新街、呼吉尔特、纳林河等矿区成煤于侏罗纪时期，开采条件很好；准格尔煤田开采条件好，且部分资源适合露天开采，发热量稍低；卓子上煤田、阿拉善盟等蒙西其他资源煤层赋存条件较差，自然灾害严重。蒙东绝大部分资源为褐煤，其次是长焰煤，普遍适合露天开采,生产成本低。

2. 煤炭产业发展现状

(1)煤炭生产消费增长很快。截至2014年年底,全区生产及在建煤矿572处,产能11.4亿t,2014年煤炭产量9.84亿t,居全国第一位。其中,鄂尔多斯市62000万t,锡林郭勒盟12000万t,呼伦贝尔市8699万t,通辽市5074万t,赤峰市2673万t,包头市2438万t,其他盟市合计5541万t。2014年全区实际入选原煤40162万t,入选率40.80%。区内煤炭消费量3.1亿t,煤炭转化率达32%,外运6.7亿t。

(2)培育了一大批优秀企业。经过煤炭资源整合、企业兼并重组,内蒙古煤炭企业从2011年的353户减少到324户,企业最低生产规模120万t。神华集团、中电投集团、国电集团等央企控股煤炭企业和自治区地方煤炭企业伊泰、伊东、蒙泰、汇能等集团发挥管理、技术、融资等优势,先后重组了区内的部分煤矿企业,实现了快速成长。2014年原煤产量1000万t以上的大型煤炭企业11家,产量3.42亿t,原煤产量5000万t以上的特大型煤炭企业2家。

(3)煤矿技术水平提升到很高程度。平均单井产能200万t,是美国平均水平的2倍,全区无小型煤矿。已建成投产千万吨级以上现代化煤矿15座,总生产能力2.96亿t/a,占总产能的37%。区内煤炭企业技术面貌发生了较大的变化,采煤机械化程度100%,掘进机械化程度90%,全员效率20t/工,采区回采率82%。粉煤灰中提取氧化铝技术日益成熟,国内最大放顶煤液压支架在布尔台煤矿投入使用,世界最大载重煤矿井下运输车在大柳塔煤矿投入运行,智能综采机械化得到应用,露天煤矿数字化矿山建设成就显著,煤矿技术装备水平、生产效率和安全生产等与美国处于同一水平。

(4)存在的主要问题。违规煤矿建设突出,产能严重过剩,还存在一些落后产能,部分煤矿由于成本高、煤质差难以扭亏,矿区生态环境状况有待进一步改善。

2.1.2 陕西

1. 煤炭资源

陕西煤炭资源丰富,截至2014年年底,查明保有资源储量1642.7亿t,占全国的10.7%,排第4位。资源富集程度高,渭河以北的五大煤田总含煤面积约5.49万km²,总资源储量4096.9亿t,占全省总资源储量的99.96%。

陕北侏罗纪煤田以长焰煤、不粘煤为主,具有特低灰、特低硫、特低磷、高发热量、高挥发份、高化学活性,有"环保煤"的美誉,已被全国多城市指定为城市环保专用煤,可用作动力用煤、气化液化用煤、低温干馏生产半焦。黄陇侏罗纪煤田以长焰煤、不粘煤和弱粘煤为主,主要特征是低灰、特低硫、低磷、高发热量、高挥发分、富油、有一定粘结性,可用作动力用煤、气化液化用煤、炼焦配煤。陕北石炭纪—二叠纪煤田、陕北三叠纪煤田和渭北石炭纪—二叠纪煤田变质程度较高,主要是炼焦配煤、贫瘦煤、贫煤及少量无烟煤。

陕北侏罗纪煤田包括神府、榆神、榆横矿区，煤炭厚度大、埋藏浅（大部分位于300m以浅）、倾角小、地质构造简单、水文地质条件简单、瓦斯含量低，开采条件很好，适合建设大型特大型矿井，综合来看资源条件上乘。黄陇侏罗纪煤田的彬长、旬耀等矿区煤层埋藏深度500～800m，部分区域水文地质条件复杂、瓦斯比较大，开采条件稍逊于陕北。渭北石炭纪—二叠纪煤田韩城、澄合、蒲白、铜川矿区所剩资源不多、开采条件差、地质灾害严重。陕北三叠纪煤田府谷矿区水文地质条件复杂，煤炭市场竞争力弱。

2. 煤炭产业发展现状

（1）煤炭生产消费增长较快。2014年全省原煤产量为5.15亿t，占全国总产量的14%左右，仅次于晋、蒙，继续居全国第三位，在全国煤炭产量下降2.5%的形势下，原煤产量逆势增长4.5%。2014年省内消费煤炭2亿t，其中，火力发电消费8324万t，冶金行业消费5390万t，化工行业消费1942万t，建材行业消费1450万t，民用及其他行业消费3375万t。全省煤炭就地转化率38.8%，净调出量3.1亿t。

（2）产业集中度进一步提高。陕西省积极培育发展大型企业集团，培育壮大陕煤化集团、延长集团等省属企业，组建了陕西能源集团、陕西榆林能源集团，形成了以神华集团、陕煤化集团2个亿t级企业为龙头，陕能集团、榆能集团、延长集团等千万t级企业加快做大做强的良好局面。神华集团、陕煤化集团、陕能集团、榆能集团总产量占到全省50%以上，初步形成了以大型企业集团为主体的开发格局。

（3）技术水平得到长足发展。一批制约煤炭安全高效生产和建设的技术难题得到破解，陕煤化集团神府矿区煤炭开采水资源动态及保水技术研究、韩城极薄煤层上保护层瓦斯抽采及安全高效开采技术研究、柠条塔浅埋深1.6m煤层日产万t综采工作面成套装备技术研究、浅埋煤层风积砂似膏体机械化充填采煤技术及应用等7项科研成果达到国际领先水平，黄陵一号煤矿国产综采装备智能化无人开采技术研究与应用，填补了我国煤矿综采工作面智能化无人开采的空白。积极推进落后产能淘汰，2010年以来关闭矿井163处，淘汰落后产能1000万t，已建成红柳林、柠条塔等16个千万t级特大型矿井。继续保持了良好的安全生产形势。2014年百万吨死亡率0.101，低于全国平均水平60%。

（4）存在的主要问题。陕北煤矿产能过剩，违规建设比较严重，部分煤矿需要技术改造；渭北老矿区资源枯竭，开发成本高，转型升级困难重重；煤炭产业仍未形成煤电、煤化、煤电化、煤焦化一体化的产业集群和规模效应，产品附加值低；资源开发与生态环境保护治理矛盾加剧。

2.1.3 甘肃

1. 煤炭资源

甘肃资源比较丰富，截至2014年年底，甘肃省保有查明资源储量227.7亿t，占全国的 1.5%，排第 11 位。煤炭资源地理分布很不平衡，保有查明煤炭资源储量的绝大部分都集中分布在陇东，庆阳、平凉两市占 83.6%，中部白银、兰州两市占 8.1%，河西酒泉、张掖、武威、金昌四市占 8.2%，其他区域只有零星分布。

庆阳、平凉煤田可采煤层 2～3 层，主要可采煤层最大厚度 15m 左右，平均厚度 6.56m，煤种为长焰煤；靖远煤田可采煤层 2～4 层，煤种为不粘 - 弱粘煤；窑街煤田可采煤层 5 层，煤种为长焰煤。整体上看，甘肃煤炭资源大多属于低灰、中硫、高热值的长焰煤、弱粘煤、不粘煤，是优质的动力用煤和化工用煤。

大部分煤矿构造简单，没有大的断裂构造，裂隙不发育，水文地质条件及地质构造简单，煤层瓦斯含量低，适合机械化开采，具有建设现代化大型矿井的开采技术条件。但与鄂尔多斯、榆林相比，甘肃煤炭资源埋藏普遍较深，华亭矿区煤层埋藏深度大约在 200～700m，庆阳煤炭煤层埋藏深度 700～1000m，开采成本偏高。

2. 煤炭产业发展现状

（1）煤炭生产消费增长缓慢。截至 2014 年年底，全省共有生产矿井 143 处，核定生产能力 6540 万 t/a。2014 年全省煤炭产量 4574.5 万 t，比 2010 年增加了 27.3 万 t，平均每年增加 6.8 万 t，年均增长率 0.15%，低于全国 4 个百分点。煤炭产量达到 1000 万 t 以上的市州为平凉、白银，产量共 3675 万 t，占全省的 80.3%。建成选煤厂 22 处，洗选能力达到 3015 万 t/a，2014 年全年入选原煤 2200 万 t，入洗率 48%。

（2）全省行业集中度较高。截至 2014 年年底，华亭煤业集团有限责任公司、靖远煤业集团有限责任公司、窑街煤电集团有限公司等甘肃省三大煤业集团核定生产能力 4380 万 t/a，占全省的 70%。2014 年煤炭产量 3648 万 t，占全省的 80%。

（3）煤矿技术水平逐步提高。通过加大安全投入，推进矿井技术改造、设备设施升级，安全生产管理体制机制和保障体系更加完善有效，安全生产状况逐年好转，煤矿百万吨死亡率由 2010 年的 0.77 下降到 2014 年的 0.252，低于全国平均水平 0.003。2010—2015 年，通过关闭退出、兼并重组、改造升级等方式全省共淘汰 170 处小煤矿，淘汰落后产能 583 万 t。

（4）存在的主要问题。甘肃资源条件一般，煤炭竞争力弱，煤炭市场受新疆、内蒙古、宁夏等省 (区) 煤炭冲击；陇东煤矿建设超前，未来一个时期一些煤矿面临停产半停产状态；煤炭生产结构不合理，30 万 t 及以下小型煤矿处数占全省的 77.6%；窑街煤电、靖远煤业等老企业，资源枯竭，历史包袱重，人多效率低，转型压力大。

2.1.4 宁夏

1. 煤炭资源

宁夏资源比较丰富，截至 2014 年年底，全区查明保有资源储量 325.3 亿 t，占全国的 2.1%，排第 7 位。宁夏煤炭资源主要分布在宁东、贺兰山、香山和宁南四大煤田中，宁东煤田 274.9 亿 t，占全区的 84.5%。

全区 70% 的资源为不粘煤、长焰煤，主要分布在宁东煤田的灵武、鸳鸯湖、石沟驿、马家滩和积家井等矿区；25.9% 为 1/3 焦、主焦煤和炼焦配煤，主要分布在贺兰山煤田的石嘴山、石炭井矿区；比重不高的无烟煤和贫煤主要分布在贺兰山煤田汝箕沟、石炭井矿区。

宁东煤田含煤地层为侏罗系延安组，多以缓倾斜 – 倾斜的中厚、特厚煤层为主，大部分煤层稳定，总体地质构造简单，瓦斯含量较低，具备建设大型现代化矿井的条件。贺兰山煤田含煤地层为二叠系山西组和石炭系太原组，构造以断层和褶皱为主，开采条件属于中等偏下，部分区域存在煤与瓦斯突出现象，且大部分矿区煤炭资源渐进枯竭，开采条件较差。香山、固原煤田多以倾斜 – 急倾斜的薄、中厚煤层为主，赋存条件一般，地质构造较为复杂，煤炭资源开采条件一般。总体上，宁东资源条件不如鄂尔多斯、榆林，但稍强于陇东，在全国区域中山水平。

2. 煤炭产业发展现状

（1）煤炭生产消费快速增长。2014 年全区煤炭产量 8560 万 t，比 2010 年增加 2400 万 t，年均增长率 8.4%，高于全国平均水平 4 个百分点。截至 2014 年年底，累计建成选煤厂 18 个，洗选能力 1.1 亿 t/a，2014 年原煤入选率达到 90.6%，高于全国平均水平 30.4 个百分点。2014 年，全区消费煤炭 9867 万 t，其中，电力工业用煤 4938 万 t，化学工业用煤 1087 万 t，炼焦用煤 1481 万 t，无烟煤 817 万 t，其他工业及地销 1544 万 t。2014 年净调入 1300 万 t，主要来自内蒙古西部。

（2）产业集中度高。全区煤矿企业数量由 2010 年 58 家，减少到 2014 年底 54 家，神华宁煤集团产量占到全区的 84.4%，中铝、中电投、宝丰、中石化、庆华等大型企业集团发展也很快，产业集中度快速提高。

（3）煤矿生产力水平得到提高。国有重点煤矿采煤机械化和掘进机械化程度分别达到 98% 和 92%，处在全国先进水平。共建成安全高效矿井 13 个，建成羊场湾、梅花井、枣泉、红柳等矿井无人值守系统。2010 年以来，全区累计关闭煤矿 44 个，已没有 15 万 t 以下煤矿，宁夏成为率先完成淘汰落后小煤矿任务的 6 个省（区）之一。

（4）存在的主要问题。受煤、油、电等价格低位的影响，煤炭企业普遍出现经营困难；部分煤矿开采条件变差，贺兰山煤田瓦斯大、宁东煤田部分主力矿井受水害、软岩危害，部分矿井高灰、高硫、低发热量煤比重增大，增加了配采难度。

2.1.5　新疆

1. 煤炭资源

新疆煤炭资源十分丰富，截至 2014 年年底，保有查明资源储量 3746 亿 t，占全国的 24.4%，占全国的 24.0%，仅次于内蒙古排第 2 位，资源优势突出。与 2010 年相比，保有查明资源储量增加 1313 亿 t，占全国增量的 66.8%。新疆煤炭资源呈北富南贫格局，92.7% 的煤炭资源分布在北疆的准噶尔、吐哈和伊犁地区，南疆的阿克苏、喀什、克州、和田四地州仅占 1.6%，而且主要集中在阿克苏地区，其他三地州仅有一些零星的煤矿点。

新疆煤种比较齐全，主要以中低变质的长焰煤、不粘结煤和弱粘结煤为主，其次为中变质的气煤、肥煤和焦煤，占资源总量的 80.9%，总体上具有低灰、特低硫、特低磷、高中发热量特点，是优质动力煤和化工原料煤，有适合远距离输送的资源条件，分布在准噶尔、吐哈和伊犁地区平原地带；炼焦用煤次之，占预测总储量的 19.0%，主要分布在天山北坡的准南煤田和南坡的库拜煤田；贫煤、无烟煤、褐煤很少，仅占 0.1%。

新疆煤炭资源具有煤层厚度大，煤层多，单位面积产能高，地质构造简单，瓦斯等有害气体含量低，地下水少等特点，基本不受关键自然灾害约束（如煤与瓦斯突出、严重水害、冲击地压等），适合建设大型、特大型现代化安全高效矿井（露天），资源优势突出，开采成本低。但新疆距离东部煤炭消费中心遥远，运输距离是其最大短板，严重影响新疆煤炭竞争力。

2. 煤炭产业发展现状

（1）煤炭生产消费大省（区）地位得以确立。截至 2014 年年底，全区共有生产矿井 349 处，核定生产能力 9673 万 t/a。2014 年全区煤炭产量 1.43 亿 t，比 2010 年增加 5300 万 t，平均每年增加 1325 万 t，年均增长率 12.3%，高于全国 8 个百分点。"十二五"以来，自治区电力、新型煤化工等行业处于加速发展期，大量惠民工程在天山南北有序开展，能源项目固定资产投资规模不断扩大，直接拉动煤炭需求快速增长，2014 年全区煤炭消费量 1.29 亿 t，其中，电力工业消费 7791 万 t，钢铁行业 876 万 t，化学工业 932 万 t，建材工业 619 万 t，生活及其他 2710 万 t。2011 年新疆煤炭外运量首次突破 2000 万 t，2013 年突破 3000 万 t，2012 年下半年开始全国煤炭市场不景气逐步传导至新疆及周边，2014 年区外煤炭市场疲软，新疆调出量下降到 2340 万 t，主要调往甘肃嘉峪关、金昌酒泉等兰州以西地区。

（2）煤炭企业发展迅速。新疆大力实施优势资源转换和大企业大集团战略，全国煤炭百强企业、煤炭产量 50 强企业中，分别有 30 家和 20 家到新疆发展，已投入生产的企业 17 家，占全区煤炭总产量的 59.7%。神华集团、潞安集团、新汶、徐矿、特变和广汇等大型企业集团发展迅速，已成为新疆煤炭开发建设的主导力量，对推动新疆煤炭工业快速发展、科学发展、安全发展具有积极意义。

（3）储备了一大批项目。截至 2014 年年底，全区建成 120 万 t 及以上大型煤矿 20 处，能力 3410 万 t/a；全区共有在建煤矿 29 处，能力 5000 万 t/a；7 个项目已获得"路条"，总规模 2.2 亿 t/a。加大了中小型煤矿资源整合力度，鼓励大型煤炭企业兼并重组中小煤矿，要求兼并重组后的煤矿规模不小于 45 万 t/a，已有 20 余家大型企业集团对 73 处地方及乡镇煤矿进行了兼并重组，除南疆三地州及边远缺煤地区以外，基本淘汰了 9 万 t/a 以下小煤矿。截至 2014 年底，全区已编制完成或正在编制的矿区总体规划 42 个，共规划井（矿）田 368 个，规划总能力 17.9 亿 t/a，储备了一大批百万吨级、千万吨级的大型、特大型煤矿项目。

（4）存在的主要问题。煤矿违规建设比较严重；煤炭产业结构不够合理，大型煤矿占全区核定生产能力的 35.3%，比全国平均水平低 29 个百分点；煤矿安全生产水平不高，2014 年百万吨死亡率 0.46，是全国平均水平的 1.8 倍；由于地处边疆地区，规模化开发建设时间短，煤炭专业人才比较匮乏。

2.1.6 云南

1. 煤炭资源

云南是我国南方少数富煤省之一，截至 2014 年年底，云南查明保有煤炭资源储量 333.4 亿 t，占全国的 2.2%，排第 6 位，在南方 14 省（区）居第 2 位，仅次于贵州省。云南煤炭资源呈现东多西少的格局，近 90% 的煤炭资源在滇东的曲靖、昭通、红河三州（市），滇西的资源相对集中在保山、大理、丽江等三州（市）。滇东曲靖、昭通两州（市）为省内主要煤炭调出区，除满足区内需求外，可调往昆明、玉溪、楚雄、普洱等滇中（南）州（市）。

成煤时期跨度长，早石炭世、早二叠世、晚二叠世煤质为中 - 高灰、高硫、低磷、高发热量的瘦煤、瘦焦煤、无烟煤；晚三叠世为低 - 中灰、低中硫、低磷、高发热量的焦肥煤；上第三纪煤类为褐煤，个别点为长焰煤，焦油、腐植酸一般含量较高，适合露天开采。按煤种分，褐煤占 57%、烟煤占 23%、无烟煤占 20%，褐煤所占的比例较大；按煤质分，中、高硫煤多，硫分大于 2% 的资源储量占 45.6%，灰分大于 20% 的中高灰煤占 72.6%，高硫、中高灰煤偏多。

云南主要矿区地质条件复杂，煤层瓦斯含量高、压力大、透气性差、抽采难度大，矿区规模小，除富源老厂无烟煤矿区、昭通褐煤矿区、开远小龙潭褐煤矿区等少数几个矿区外，其余矿区均不具备建设大型煤矿的条件，开发潜力有限。地质构造复杂、适合建设大中型煤矿的资源少、高硫、中高灰煤偏多是云南煤炭产业发展的不利因素，资源条件在全国处于下游水平。

2. 煤炭产业发展现状

（1）煤炭生产消费量明显下降。2014 年云南省煤炭产量 4413 万 t，同比下降 57.5%。为深刻吸取近期发生的煤矿事故教训，有效遏制煤矿重特大事故，2014 年 4 月 15 日，云南省政府办公厅下发《云南省人民政府办公厅关于全省 9 万 t/a 及以下煤矿立即停产整顿的通知》，立即对全省 992 个 9 万 t/a 及以下煤矿实行停产整顿。除煤炭市场需求疲软外，停产整顿是云南煤炭产量下降的主要原因。云南煤炭生产集中分布于滇东地区，滇西及滇南除一平浪煤矿、小龙潭煤矿外，均为地方小煤矿零星开采。云南煤炭生产呈现"乡镇煤矿为主、国有煤矿为辅;小型煤矿为主,大中型煤矿为辅;滇东地区为主,其他地区为辅"的格局。大型生产煤矿只有先锋露天煤矿、小龙潭露天坑、布沼坝露天坑 3 个露天矿、能力 1900 万 t/a、中型生产煤矿 7 处、能力 351 万 t/a。

(2)大型煤炭企业发展缓慢。已建成 3 家规模较大的煤炭企业。云南省小龙潭矿务局 1953 年建矿,下辖小龙潭、布沼坝两个露天矿,主要生产褐煤,是国家批准的大型煤炭基地——云贵煤炭基地重点矿区之一,是云南省重要的能源生产基地,2007年即进入千万 t 级露天矿行业,五期扩建工程完成后煤产量将达 1490 万 t/a。云南滇东能源公司经营领域涉及电力、煤炭开发、经营和管理。一期滇东电厂规模为 4×60万 kW 燃煤发电机组,现已全部投产运营,配套的年产 300 万 t 白龙山煤矿工程项目正在建设之中,二期工程雨汪电厂 2×60 万 kW 燃煤发电机组配套年产 300 万 t 雨汪煤矿工程项目已开工建设。云南煤化工集团下辖云南云维集团有限公司、云南东源煤电股份有限公司、云南解化清洁能源开发有限公司等 10 余家企事业单位,集团以洁净煤产业为主,实行多元发展,业务涵盖煤炭采选及综合利用、煤电铝、炼焦及焦油化工等,现已形成从资源控制到资源加工,从初级产品到终端高附加值产品的完整的煤化工产业链。

(3)整体技术水平低。煤炭生产技术水平低,工艺落后,机械化程度低,整体上处于全国 80 年代的平均水平。全省各类井工煤矿矿井中的采煤工作面尚未装备综采设备,高档普采工作面也仅在东源集团煤矿中有 4 个。应用壁式采煤方法的工作面不多,大部分矿井仍然采用落后的穿巷式放炮落煤采煤方法,装备水平偏低,大量工作都靠人工完成,机械化程度仅达到 20%。

(4)存在的主要问题。云南煤炭长期处于经营分散、各自为阵的"小、散、弱、乱"局面,煤炭企业普遍规模较小,形不成规模;生产结构不合理,已建成的大中型煤矿只有 10 处;产品结构单一,大量原煤未经加工增值就直接销售,产品附加值低;安全欠账大,装备差,开采工艺技术落后,安全生产形势严峻;专业技术和管理人才不足,劳动者素质难以适应生产要求。

2.1.7 贵州

1. 煤炭资源

贵州我国南方资源最丰富的省,截至 2014 年年底,贵州查明保有煤炭资源储量573.5 亿 t,占全国的 3.7%,排第 5 位,是我国南方煤炭资源最多的省(市)。贵州煤炭资源分布较广,86 个县市区中 76 个产煤,含煤面积 7 万 km²,占省土地面积的 40%,六盘水、织纳、黔北三大煤田探明储量占全省的 2/3 以上,相对集中分布于西部的盘县、水城、六枝和织金、纳雍、大方等县,其次在黔北的桐梓、仁怀、习水、遵义与中部的贵阳—安顺一带和黔西南地区。

主要含煤地层组 4 组。下石炭统大塘组,可采煤层 1~2 层,厚度 1.2~1.5m,煤种为瘦煤－无烟煤；下二叠统梁山组，一般可采 1 层，厚度 0.6～1m，煤种为气煤－无烟煤；上二叠统龙潭组，可采煤层 1～41 层，厚度 0.5～34.1m，煤种为气煤－无烟煤；上三叠统二桥组，可采煤层 0～4 层，厚度 0～5m。总体上看，贵州煤炭以无烟煤为主，其次为贫煤、瘦煤，再次为炼焦煤，大部分资源具有中灰、中～高硫、高发热量特征，特别是六枝地区，煤中含硫达到 2%～3%，局部 5%。

贵州煤层自然赋存条件极其复杂，褶曲、断层较为发育，煤层厚度不稳定。西部富煤区内的煤层多数为薄－中厚煤层，单一的厚煤层仅见于少数煤田的局部地段；东部贫煤区的煤层多数为单一的薄煤层，地质条件均较为复杂。贵州水、火、瓦斯、煤尘、顶板等五大自然灾害齐全，主要产煤区均为高瓦斯矿井或煤与瓦斯突出矿井，部分矿井已进入深部开采，煤与瓦斯突出危险性增加。地质构造、高瓦斯是制约贵州煤炭工业发展的主要因素。

2. 煤炭产业发展现状

（1）煤炭产量总体平稳增长。截至 2014 年年底，全省现有各类煤矿 1305 处，能力 3 亿 t/a，其中，正常生产、联合试运转及建设煤矿 799 处，生产能力 2.1 亿 t/a，2014 年煤炭产量 1.85 亿 t，比 2013 年减少 600 万 t，比 2010 年增加 0.26 亿 t，年均增长 3.9%，低于全国平均水平 0.7 个百分点。建成选煤厂 200 座，入选能力 1.2 亿 t/a，2014 年入选量 8376 万 t，入选率 45.3%。2014 年调出煤炭 4200 万 t，主要调往两广、两湖和川渝地区。

（2）大型煤炭企业逐步壮大。煤炭企业发展较快，形成了以省内外国有大中型骨干企业和具有实力的其他所有制企业联合开发格局。盘江集团重组了林东矿业，逐步形成煤炭、电力、煤化工、建材现代物流多产业态势，2014 年煤炭产量 1304 万 t。水城矿业股份有限公司引入 10 家优质战略投资者，现已形成煤炭生产及加工为主导，集煤化工、机械制造、发电、物流为一体的综合性大型企业集团，买入转型升级阶段，2014 年产量 1016 万 t。永贵能源、兖矿贵州能化等外来大型煤炭企业利用贵州煤炭资源整合和兼并重组的时机及宽松投资环境，也得以逐步发展壮大。

（3）煤矿技术水平逐步提高。已实现采掘机械化的矿井占全省正常生产建设矿井的 28%，盘江集团、水矿集团、兖矿贵州能化、能发集团等优强主体企业采煤机械化程度达到 100%，民营煤炭企业的采掘机械化水平正在逐步提高。科技创新平台建设加快，贵州省煤层气页岩气工程技术研究中心、贵州省煤矿瓦斯防治工程技术研究中心相继建成，盘江集团煤炭安全高效开采院士工作站获批建设。"十二五"期间，累计关闭落后矿井 769 处。高瓦斯和煤与瓦斯突出矿井 100% 安装了瓦斯抽放系统，2014 年煤矿百万吨死亡率由 2010 年的 2.43 下降到 0.32，煤矿安全形势持续好转。

（4）存在的主要问题。煤炭生产结构不合理，截至 2014 年年底，全省大型生产矿井只有 19 处，能力 3577 万 t/a，分别占全省的 2.4% 和 17%；整体技术水平低，数量众多的小煤矿多数采用炮采和炮掘工艺；安全生产形势依然严峻，2014 年百万吨死亡率是全国平均水平的 1.3 倍，煤与瓦斯突出矿井多且以小煤矿为主的生产格局带来巨大安全生产压力；淘汰落后产能难度大。

2.2　煤炭产业对区域经济社会的贡献

西部 7 省（区）长期作为国家煤炭生产基地、调出基地、转化基地，煤炭产业的快速发展，对推动当地经济社会发展和保障全国能源安全稳定供应做出了巨大贡献，煤炭产业在西部 7 省（区）国民经济建设与社会发展中具有十分突出的地位，其对区域经济的贡献主要表现在以下方面。

2.2.1　拉动固定资产投资

近年来，西部 7 省（区）煤炭采选业固定资产投资总体上呈现逐年增加趋势，由 2005 年的 278 亿元增加到最高 2013 年的 2442 亿元，年均增长 25.7%，尽管 2014 年有所回落，但由于投资惯性仍达到 2194 亿元（表 5.2.1），西部 7 省（区）煤炭投资占全国的比重也逐年上升，2005 年为 23.9%，2013 年和 2014 年均为 46.8%，即近一半的全国煤炭投资投向了西部 7 省（区），见图 5.2.1。

表 5.2.1　西部 7 省（区）煤炭采选业及能源行业固定投资（单位：亿元）

指标	2005 年	2006 年	2007 年	2008 年	2009 年	2010 年	2011 年	2012 年	2013 年	2014 年
7 省（区）煤炭采选业固定资产投资	278	431	618	867	1168	1414	1929	2127	2442	2194
7 省（区）能源行业固定资产投资	2352	2891	3718	4536	5615	6441	7018	7533	9521	10567
全国煤炭采选业固定资产投资	1163	1459	1805	2399	3057	3785	4907	5370	5213	4684
全国能源行业固定资产投资	10206	11826	13699	16346	19478	21627	23046	25500	29009	31515

注：数据来源于国家统计局。

从各省（区）来看，内蒙古、宁夏、贵州、陕西四省煤炭固定资产投资占全社会投资的比重较高，且呈现明显的先升后降的趋势；特别是自 2012 年以来煤炭市场形势欠佳，西部 7 省（区）煤炭投资占全社会比重均进入下降通道，但仍是全社会总投资重要组成部分；2014 年内蒙古、宁夏比重分别为 7.2% 和 4.9%，新疆、陕西分别为 2.6% 和 2.5%，贵州 1.9%，甘肃、云南均为 1.5%，见图 5.2.2。另外，西部 7 省（区）煤炭投资占能源投资的比重较高，内蒙古、陕西、宁夏、贵州都在 30% 左右，反映出能源对煤炭的高度依赖性；云南 15.6%，处于中等水平；甘肃、新疆比重只有 10%，与当地油气等资源开发投资大有关，见图 5.2.3。

图 5.2.1　西部 7 省（区）煤炭、能源固定资产投资占全国比重

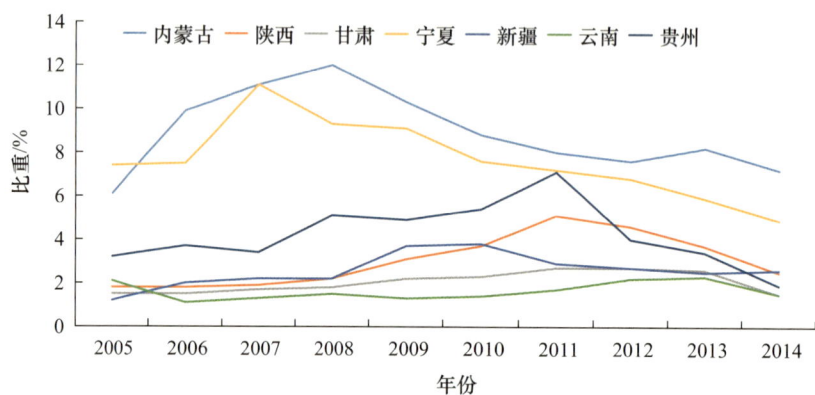

图 5.2.2　西部 7 省（区）煤炭产业投资占全社会投资比重

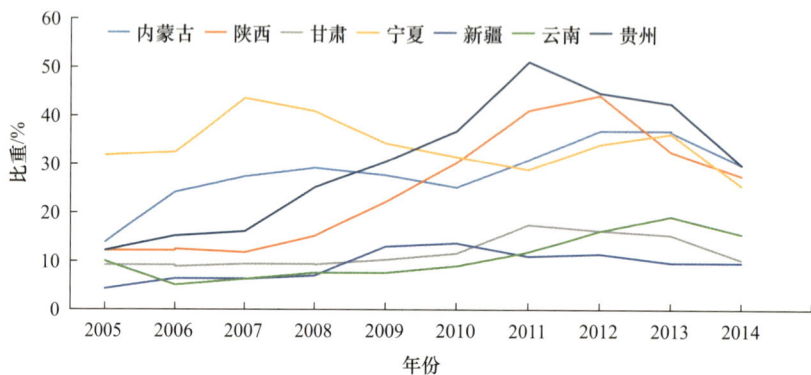

图 5.2.3　西部 7 省（区）煤炭产业投资占能源投资比重

2.2.2　提供就业增加居民收入

煤炭产业是提供社会劳动就业的重要行业，包括前期地质勘查、煤机装备、煤矿建

设、煤矿开采、煤炭洗选、运输、生态环境恢复治理等一系列环节，都能够提供工作机会。西部7省（区）的传统产业以农业为主，煤炭开发促进了工业发展，产生大量就业机会，同时也是增加当地居民收入的重要源泉。2010年以来，西部7省（区）规模以上煤炭采选企业从业人员总量都在100万人以上，其中贵州、内蒙古、陕西、云南四省煤炭从业人员数量较多，相对全国看，全国规模以上煤炭采选业从业人员从2010年的527.2万人，下降到2014年的388.4万人，西部7省（区）占全国的比重已超过20%，且稳中有升；从煤炭从业人员占第二产业比重看，贵州、内蒙古、宁夏3省（区）占比均较高，在10%左右，其余4省（区）相对较低，在3.5%左右，见图5.2.4。

与我国东部沿海地区相比，除了鄂尔多斯和榆林外，西部7省（区）城镇人均收入较低，特别是甘肃陇东的庆阳市，2014年城镇人均可支配收入只有2万元左右，比全国平均水平2.9万元低31%，更落后于沿海发达省份山东和广东省。鄂尔多斯和榆林的快速发展经验表明，发展煤炭采选业可明显提高城镇居民可支配收入水平，根据煤炭从业人员年收入调查结果，鄂尔多斯和榆林从事煤炭采选业和煤炭深加工产业职工的平均收入达到8万~10万元/年，明显高于当地平均水平，见表5.2.2。

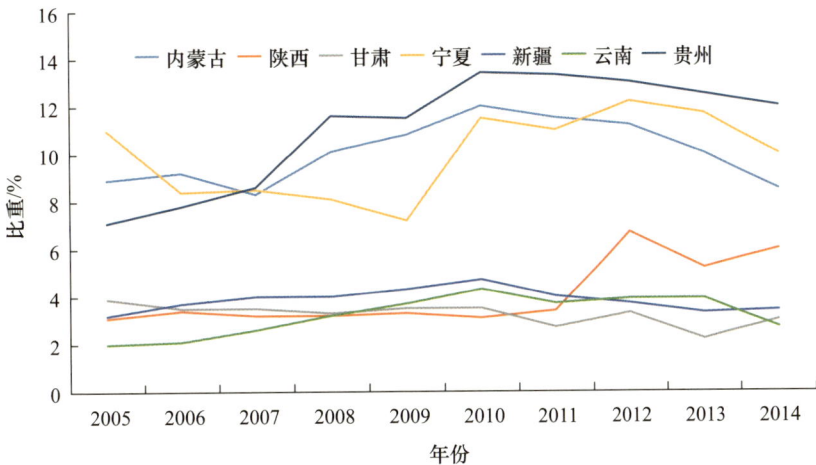

图5.2.4　西部7省（区）规模以上煤炭企业从业人员占第二产业从业人员比重

表5.2.2　2014年西部7省（区）部分地区人均可支配收入与沿海发达省份比较

指标	省（区）							
	鄂尔多斯	榆林	宁东	平凉	庆阳	广东	山东	全国
常住人口/万人	203.5	338.4	212.9	208.4	222.4	10724	9789	136782
城镇常住居民人均可支配收入/元	34983	29665	26118	19086	20637	32148	29222	28844

2.2.3　带动煤炭下游及相关产业发展

西部 7 省（区）煤炭采选的快速发展，也强力带动了下游及相关产业发展。我国五大综合能源基地中有四个位于西部 7 省（区），燃煤发电作为二次能源的重心，"西电东送"工程建设提速，特别是内蒙古、新疆大量投资建设燃煤电厂，截至 2014 年两省煤电装机规模已达到 9900 万 kW，占全国煤电装机的 12%。

同时，近年来为有效促进煤炭由单一燃料向原料和燃料并重的转变，进一步保障国家能源安全，在国家及当地政府的政策支持下，现代煤化工产业在西部得到快速发展，一批煤制油、煤制烯烃、煤制天然气、煤制乙二醇示范项目已建成投运，据不完全统计，"十二五"期间煤化工总投资接近 7000 亿元；根据国家能源总体布局，能源"金三角"宁夏宁东、内蒙古鄂尔多斯、陕西榆林是发展现代煤化工的发展重点区域，新疆、蒙东、云贵等省份则可以适度发展煤化工，现代煤化工产业发展必将进一步促进西部 7 省（区）经济发展。

另外，依托煤炭和煤炭深加工重点企业，在矿区周边发展了高端装备制造、节能环保、新能源、新材料等战略性新兴产业和现代物流、服务业，实现传统能源产业与现代新兴产业相互促进、共同繁荣。

2.2.4　推动基础设施建设

近年来我国能源需求的持续快速增加，西部特别是内蒙古、陕西等省（区）作为重要的煤炭调出基地，每年往东部调运的煤炭在 10 亿 t 以上，为满足运输需求，相关的机场、铁路、公路等建设随之加快，改变了西部偏远、落后的面貌。以"三西"为例，建设了向南通往华中大通道和北部下海大通道，2016 年初建成蒙冀新通道，正在建设蒙西至华中煤运通道，实施了朔黄铁路扩能改造工程，建设了准格尔联接大秦铁路通道，形成四条主要煤炭外送通道，另外优化区内铁路通道，构建区内"七横七纵"铁路运输网络。

西部 7 省（区）电力设施建设也得到快速发展。以蒙西电网为例，"十二五"期间，蒙西电网全力加强主网、配网建设，累计完成固定资产投资 549.6 亿元，统调装机 5934.7 万 kW，网变电容量突破 1 亿千伏安，形成"三横四纵"500 千伏主干网架，向北开辟了蒙古国、向南开辟了陕西榆林地区的送电通道，有力支撑了蒙西的电力产业发展；另外，宁东—山东青岛、哈密—郑州特高压输电线路已建成，宁东—绍兴、准东—皖南特高压项目正在建设，这些都对于促进西部能源基地开发、保障我国东部地区电力可靠供应具有十分重要的意义。

2.2.5　促进当地经济和社会快速发展

煤炭采选业是增加地方财政收入的重要途径。从煤炭采选业工业产值对第二产业的贡献看,内蒙古、贵州、宁夏、陕西四省比重较高,自 2010 年以来平均值均超过 10%,分别为 19.7%、17.7%、13.5% 和 10.1%;云南、甘肃、新疆三省居后,平均在 3.8%,见表 5.2.3。财政收入主要通过征收增值税、资源税和所得税等获得,企业增值税率和所得税率分别为 17% 和 25%,考虑的煤炭采选业增值税抵扣,煤炭采选业增值税及其附加的实际综合税率约 12%。煤炭采选业是西部 7 省(区)的利税大户,特别是内蒙古、宁夏两省,其规模以上煤炭采选企业纳税占全部财政收入的比重自 2005 年以来保持在 13.5% 左右;其次是陕西和贵州,其比重平均分别为 8% 和 5.6%;新疆、甘肃和云南三省则保持在 2.5%,见图 5.2.5。

表 5.2.3 西部 7 省(区)煤炭采选业工业总产值及比重

省(区)	指标	年份				
		2010	2011	2012	2013	2014
贵州	规模以上煤炭采选业企业工业总产值 / 亿元	655.72	1062.53	1244.16	1445.11	1607.47
	规模以上工业企业工业总产值 / 亿元	4206.37	5520.68	6544.02	8074.6	9507.33
	煤炭总产值占工业总产值比重 /%	15.6	19.2	19.0	17.9	16.9
云南	规模以上煤炭采选业企业工业总产值 / 亿元	248	353.58	502.41	577.17	314.2
	规模以上工业企业工业总产值 / 亿元	6464.63	7780.83	9224.81	10289.07	10521.79
	煤炭总产值占工业总产值比重 /%	3.8	4.5	5.4	5.6	3.0
新疆	规模以上煤炭采选业企业工业总产值 / 亿元	150.46	189.12	234.74	236.24	269.88
	规模以上工业企业工业总产值 / 亿元	5341.9	6720.85	7532.67	8679.6	9431.76
	煤炭总产值占工业总产值比重 /%	2.8	2.8	3.1	2.7	2.9
内蒙古	规模以上煤炭采选业企业工业总产值 / 亿元	2543.74	3718.54	3881.44	3901.85	3487.13
	规模以上工业企业工业总产值 / 亿元	13406.11	17317.6	18192.03	20098.35	19969.38
	煤炭总产值占工业总产值比重 /%	19.0	21.5	21.3	19.4	17.5
陕西	规模以上煤炭采选业企业工业总产值 / 亿元	863.9	1312.87	1631.81	2276.94	2315.22
	规模以上工业企业工业总产值 / 亿元	11199.84	13786.45	16926.49	18982.47	20015.88
	煤炭总产值占工业总产值比重 /%	7.7	9.5	9.6	12.0	11.6
宁夏	规模以上煤炭采选业企业工业总产值 / 亿元	226.24	376.43	431.28	457.96	493.46
	规模以上工业企业工业总产值 / 亿元	1924.39	2491.44	3024	3502.31	3748.02
	煤炭总产值占工业总产值比重 /%	11.8	15.1	14.3	13.1	13.2
甘肃	规模以上煤炭采选业企业工业总产值 / 亿元	176.99	240.73	305.76	347.94	329.7
	规模以上工业企业工业总产值 / 亿元	4902.03	6175.24	7038.88	7996.52	8395.87
	煤炭总产值占工业总产值比重 /%	3.6	3.9	4.3	4.4	3.9

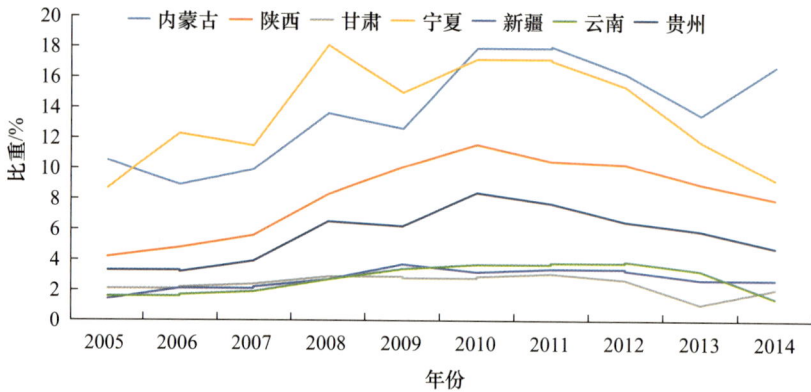

图 5.2.5　西部 7 省（区）规模以上煤炭采选企业纳税总额占财政收入比重

综上，西部 7 省（区）特别是陕蒙宁甘新等省（区）煤炭工业快速发展的十余年里，发挥了龙头带动作用，推动了电力、煤化工、装备制造等相关产业发展以及交通等基础设施建设，有力地提升了西部地区城市化水平，推动了经济社会的全面发展，缩小了与东部发达省份的差距。

第 3 章 海外区域煤炭资源与产业发展现状

3.1 印度

3.1.1 煤炭资源现状

印度煤炭资源探明储量为 606 亿 t, 其中, 无烟煤和烟煤 561 亿 t, 次烟煤和褐煤 45 亿 t, 占世界煤炭资源总量的 6.80%, 储采比 94。印度超过 80% 的煤炭都含有 30%~50% 的灰分, 水分含量在 4%~7%, 硫含量很低, 为 0.2%~0.7%, 热值为 3000~5000kcal/kg, 挥发质含量为 15%~25%。印度煤炭具有良好反应性, 尽管灰分和水分含量较高, 仍然具有不错燃烧表现, 低硫特点在煤炭混合使用中也起到重要作用。

印度煤炭资源的分布具有以下基本特点: ①晚石炭世—二叠纪的冈瓦那煤的资源量占统治地位, 它们主要分布在印度半岛东部和中南部的时代较老的冈瓦纳地层组内的 27 个主要的煤田内; ②印度东北部是第三纪煤的产区; ③在印度南部的泰米尔纳德邦等地, 年轻的第三纪地层含有褐煤。

3.1.2 煤炭产业发展现状

1. 煤炭产量和消费

2014 年, 印度煤炭产量为 6.44 亿 t, 占世界总产量的 6.2%; 消费煤炭 9.24 亿 t, 到全球总消费量的 9.3%, 成为继中国 (50.6%)、美国 (11.7%) 之后的世界第三大煤炭消费国。煤炭在印度一次能源消费结构中占 56.5%, 远高于原油的 28.3% 和天然气的 7.1% (图 5.3.1)。近 20 年来, 印度煤炭消费一直持续增长, 从终端消费部门来看, 印度历年主要的煤炭消费部门为电力行业, 69% 用于发电, 其次为钢铁工业和其他消费部门。

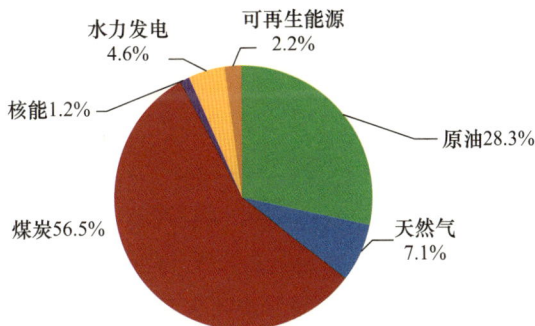

图 5.3.1　印度一次能源消费结构

2. 煤炭进出口

印度煤炭质量一般，灰分高而热值低，需要从澳大利亚进口焦煤以满足钢铁厂的需要，从南非和印度尼西亚进口动力煤供应电力和水泥生产的需要。2014 年，印度进口煤炭达到 2.12 亿 t，进口量创历史最高。其中，进口炼焦煤 4371.5 万 t，非炼焦煤 1.68 亿 t。印度与中国（2.04 亿 t，2015 年）、日本（1.9 亿 t，2015 年）、韩国（1.4 亿 t，2015 年）同为煤炭进口大国。

3. 煤炭生产和运输

煤炭生产长期处于成本高、生产率低下的状况。为了提高劳动生产率，印度着力开发大型露天煤矿，合并关闭了一些产量少、生产率低、资源匮乏和生产条件恶劣的煤矿，使煤矿数目大大减少。目前，印度约 90% 的煤炭产自露天煤矿。同时，国有化和新技术、新设备的应用使印度在短期内提高了煤炭产量。

主要煤炭消费区域与产煤区域之间距离远，长距离的运输过程增加了运输成本，在 750km 的运输距离内，铁路运输成本占了动力煤价格的一半。为了提高运输效率，印度政府已于 2014 年 1 月 16 日发出通知投标建设基于 GPS 的车辆跟踪系统和 RFID 系统的煤炭运输体系。同时，有三条重要的铁路正在建设中，预计于 2016 年年底前全部投入使用。

4. 企业情况

印度煤炭公司（CIL）是世界上最大的煤炭公司，运作 81 个矿区，产量约占印度年产量的 80%，为全国提供所需一次能源的 40%，控制着 74% 印度煤炭市场。印度 86 个燃煤电厂中有 82 个由 CIL 提供煤炭，为印度全国 76% 以上的燃煤电厂提供生产用煤。

Singareni 煤矿公司（Singareni Colieries Company Limited，SCCL）是印度历史最悠久的国有煤炭企业，安得拉邦和印度政府股份占比为 51∶49，近年来煤炭产量维持在 5000 万 t 左右，占据了印度产量的 10% 左右。与 CIL 公司不同，SCCL 公司 40% 的煤矿在地下，生产成本相对较高。

3.2 巴基斯坦

3.2.1 煤炭资源现状

巴基斯坦煤炭资源探明储量约为 20.7 亿 t。煤炭资源主要分布在资源在信德省，占全国煤炭总储量的 99.5%，主要是褐煤。最大的煤田是信德省的塔尔（Thar）煤田，其次是宋达－萨塔（Sonda-Thatta）煤田，再次是拉克拉（Lakhra）煤田和 Jhimpir 煤田。

煤炭品质从褐煤到次烟煤都有，没有中度挥发性烟煤，当地煤炭不适于生产焦炭。

塔尔煤田煤炭硫含量在 1%～2%，灰分 6%～7%，固定碳含量 16%～17%，平均热值 5774Btu/lb（3210kcal/kg）。其他地区的煤含硫和灰的成分高，多用于砖窑和通过"液化燃烧技术"发电。

3.2.2　煤炭产业发展现状

1. 煤炭产量和消费

2014 年，巴基斯坦煤炭产量 322 万 t，其中动力煤产量 211 万 t，褐煤产量 121 万 t；消费量 811 万 t，主要用在水泥业、砖窑制砖、制糖业、生产无烟煤饼和发电。2014 年煤电仅占全部电力供应的 0.04%，燃油和燃气发电在电力结构中占据约 65% 的份额。

过去 50 年中，煤炭在巴基斯坦一次能源消费结构中所占比例大幅下降，从 1948 年的 68% 到 1958 年的 35%，2014 年时只有 6.6%（图 5.3.2）。巴基斯坦资源赋存贫油少气，却大比例依靠油气来发电，电力结构严重不合理，电力供应严重短缺。巴基斯坦政府一直在推进塔尔煤田的开发，目前已从中国金融机构成功融资，项目建设正在进行中。

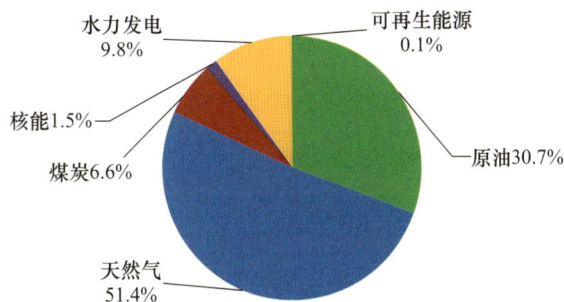

图 5.3.2　巴基斯坦一次能源消费结构

2. 煤炭生产

自从 1991 年发现塔尔煤田后，巴基斯坦一直在推进该煤田的开发。2003 年，德国雷恩布朗工程咨询公司中标该煤田的可开采性进行研究，包括开采成本和煤炭售价。2009 年，信德省（Sindh）与 Engro Powergen Limited（EPL）成里合资公司 Sindh Engro Coal Mining Company Limited（SECMC），计划对塔尔煤田第二区块（Block II）进行开发。2013 年启动了塔尔煤田第二区块的开采，计划建设 380 万 t/a 露天开采煤矿和建设一座 660MW 的燃煤发电厂。但是融资需求遭到亚洲开发银行的拒绝，2015 年两个项目已经从中国国家开发银行获得融资支持。

3. 中国企业煤炭及相关产业海外开发现状

2015 年 4 月，在习近平主席访问巴基斯坦期间，两国签署了 51 项合作协议和谅解备忘录，达成总值 460 亿美元的能源、基础设施投资计划。包括：①中国国家开发银行和巴基斯坦信德省支持 SECMC 公司关于 BlockII 3.8 万 t/a 的采矿项目的条款和条件；②中国工商银行签署了塔尔煤田融资投资意向书协议；③新欧信德资源公司与上海电气集团关 1 座塔尔煤田煤电一体化项目的合作协议；④中国进出口银行和卡西姆港电力公司（私人）有限公司关于 2 台 660MW 卡西姆港燃煤电站融资协议。

3.3 孟加拉国

3.3.1 煤炭资源现状

孟加拉国煤炭资源探明储量 23.92 亿 t，约占全球煤炭总探明储量的 0.4%，基本为中低灰、特低硫、中高挥发分、高发热量的烟煤。在西北部地区和北部地区已累计发现煤田 13 处。正在勘探中的 5 个主要煤田巴拉普库利亚（Barapukuria）、贾玛吉甘杰（Jamalganj）、卡拉斯皮尔（Khalashpir）、蒂吉帕拉（Dighipara）、福尔巴里（Phulbari）分布在博格拉（Bogra）、蒂娜吉普（Dinajpur）、朗布尔（Rangpur）等北部省（表 5.3.1）。含煤地层为石炭二叠系。5 个煤田的煤层赋存深度由浅到深，即孟巴矿北部和福尔巴里煤田赋存深度较浅，具备采用露天煤矿开发的可能性。其他 3 个煤田均为赋存深度中等到赋存深度较大。

表 5.3.1 煤田资源特征情况

煤田名称 / 位置	面积 /km²	煤层 / 个	总厚度 /m	深度 /m	探明储量 / 百万 t	远景储量 / 百万 t
Jamalganj/Bogra	11.66	7	64	640～1158	1053	1053
Barapukuria/Dinajpur	6.68	7	51	118～509	390	390
Khalaspir/Rangpur	12.56	8	50	257～488	277	685
Dighipara/Dinajpur	5.0	7	61	328～407	100	600
Phulbari/Dinajpur	60.9	—	—	150～240	572	572

注：资料来源于庞卫东《孟加拉国煤炭资源状况及开发途径》2011 年。

3.3.2 煤炭产业发展现状

1. 煤炭产量和消费

2014 年，孟加拉国煤炭产量 85.5 万 t，消费量 184.3 万 t，全部为动力煤。孟加拉国的一次能源消费以天然气为主，辅之以石油，2014 年两者分别占孟加拉国一次能源消费的 75.2% 和 20.2%，煤炭占 3.5%，水电等其他可再生能源的消费比重各占 0.4%，如图 5.3.3 所示，孟加拉国主要依靠火力发电，占全部发电比重的 97.35%，发电过分依靠天然气，占全部发电能源的 67.11%。

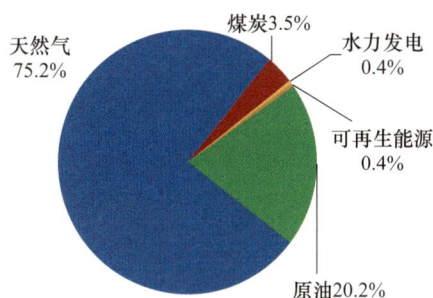

图 5.3.3 孟加拉国一次能源消费结构

巴拉普库利亚电站为当前孟加拉国唯一的燃煤电站，已有两台机组运行，总装机容量为 250MW。2018 年将新增一台 275MW 机组并网发电。目前电力供应处于严重短缺状态。2014 年 2 月，孟加拉国政府制定了总金额达 16 亿美元的"提升电力供应和传输效率计划"，旨在改善电力供应现状。

2. 煤炭进出口

国内煤炭自用尚且不够，不出口煤炭。从澳大利亚、印度尼西亚等国家进口煤炭。

3. 煤炭生产

孟加拉国政府确定煤、矿产的勘探、开采和供应为投资限制领域。孟加拉国石油天然气及矿产总公司（Petrobangla）主管该国石油、天然气、煤炭及其他矿产资源的开发、利用、经营。目前，有 5 个煤矿，只有巴拉普库利亚煤矿在生产。该公司长期聘请英国国际采矿工程咨询公司为咨询顾问，参与煤矿建设和生产管理。巴拉普库利亚煤矿是该国第一个煤矿，产能 100 万 t/a，2005—2011 年，共生产煤炭 460 万 t，2011—2017 年合同产量 550 万 t。福尔巴里煤田（Phulbari）于 1997 年由必和必拓公司发现，1998 年由亚洲能源公司收购，规划露天煤矿总能力达到 1500 万 t/a，2001 年进入项目建设前期，2004 年在英国上市，但由于开发商与当地利益的处置问题引发矛盾，导致项目进展缓慢。卡拉斯皮尔煤田（Khalashpir）由孟加拉国 Hosaf Group 公司获权与外商合资勘探开发，已完成煤田地质勘探和可行性研究报告，并上报待批。蒂吉帕拉煤田（Dighipara）采矿权已授予孟加拉国石油天然气及矿产总公司（Petrobangla）尚未启动开发工作。

巴拉普库利亚煤矿井下生产环境非常恶劣，倾角大、涌水多、温度高，工作面溜尾温度达 40℃，湿度达 100%。中国承包商（徐矿集团）采用长壁综采工艺。2010 年，孟政府曾经计划在 Jamalganj 煤田进行小规模实验，以验证采用煤炭气化手段进行煤炭开采的可能性。

4. 中国企业煤炭及相关产业海外开发现状

（1）中国机械进出口（集团）有限公司（以下简称"中机公司"）、徐州矿务集团有限公司（以下简称"徐矿集团"）和中煤第五建设有限公司（以下简称"中煤五建"）。

20 世纪 90 年代，中机公司、徐矿集团和中煤五建采用 EPC（engineering procurement construction）模式总承包建设巴拉普库利亚煤矿。于 2005 年 9 月份移交投产。同年，徐矿集团中标了该矿的生产、维护、技术服务，期限为 2005—2011 年和 2011—2017 年两期共 12 年。按照合同，煤矿开采的煤归孟政府所有，徐矿集团获取每 t 15 美元左右的收入。

（2）中机公司、哈尔滨电气集团公司（以下简称"哈电集团"）。

中机公司在巴拉普库利亚煤矿附近总承包建设了 2×12.5 万 kW 巴拉普库利亚燃煤坑口电站。该电站隶属于孟加拉国电力发展局，于 2002 年开工建设，第二台机组于 2006 年 6 月份移交运行。2015 年，哈电集团和中缆通达电气成套有限公司承建了巴拉普库利亚电厂新增一台 27.5 万 kW 机组工程，预计 2018 年并网发电，整个电厂的发电能力将提升至 52.5 万 kW。

3.4 印度尼西亚

3.4.1 煤炭资源现状

印度尼西亚煤炭资源较丰富。截至 2014 年年底，煤炭资源探明储量约为 280 亿 t，占世界总探明储量的 3.1%，储采比为 61。煤炭的变质级别为中低级别，煤种齐全。煤种主要是褐煤／低阶煤（58.63%）、次烟煤（26.63%）、烟煤（14.38%）和无烟煤（0.36%）。煤质具有高水分、低灰分（通常小于 10%）、低硫分（通常小于 1%）、高挥发的特性。印度尼西亚开采的动力煤发热量 GAR（收到基高位发热量）基本位于 3000～6000kcal/kg。

印度尼西亚含煤盆地分布较为集中，主要分布在苏门答腊岛的中部和南部，以及加里曼丹岛的东部和南部。其他岛屿也有许多小型煤炭盆地分布，但这些岛屿煤炭盆地规模较小，且结构较为复杂，预计短期内不会进行勘探开发。按行政区划，含煤省主要有 6 个：南苏门答腊省、东加里曼丹省、南加里曼丹省、占碑省、廖内省、中加里曼丹省，六省的资源量和储量分别占全国的 97.7% 和 99.8%。全国产量的 91% 产自东加里曼丹和南加里曼丹，9% 来自南苏门答腊岛南部。煤炭运输主以海运和内河的驳船运输为主，煤炭产地距离港口较近，运输成本低廉。加里曼丹的煤炭外运费用较苏门答腊优势更大。公路交通条件较差，煤炭运输较少。

煤层结构总体较为简单，埋藏浅，倾角较缓，夹矸不多，涌水量不大，瓦斯相对涌出量较低；煤层较硬，顶底板相对较软；煤层从薄到厚均有，厚的煤层主要分布在南苏门答腊；褐煤煤层厚度 0.3～70m，通常为 5～15m。由于煤层一般埋藏较浅，99% 采用露天开采方式。

3.4.2 煤炭产业发展现状

1. 煤炭产量和消费

2014 年，印度尼西亚煤炭产量 4.71 亿 t，其中动力煤 4.68 亿 t，冶金煤 272 万 t

（主要是硬焦煤）；国内煤炭消费量 6170 万 t，主要包括发电厂、水泥厂、冶金企业和其他工业用户，电力部门消耗国内煤炭消费量的几乎一半。印度尼西亚国内能源需求不断增加，政府计划增加煤炭消费比重，并重点发展燃煤发电。

如图 5.3.4 所示，印度尼西亚一次能源消费以石油、煤炭和天然气为主。2014 年，煤炭、石油、天然气、水能、可再生能源分别在一次能源消费中占比 34.8%、42.3%、19.7%、1.9%、1.3%。

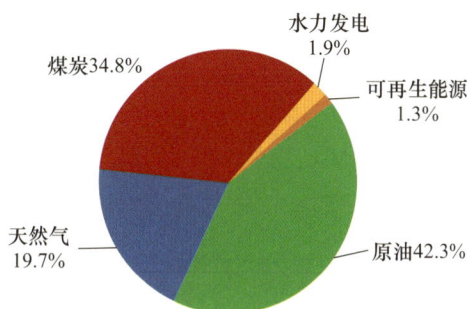

图 5.3.4　印度尼西亚一次能源消费结构

2. 煤炭进出口

印度尼西亚是全球最大的动力煤出口国，2014 年出口量 4.08 亿 t。占全球煤炭贸易量的比重超过 1/3，出口主要面向亚洲国家，中、印、韩、日占其出口总量的 70% 以上。主要的煤炭出口品种是烟煤和次烟煤，只进口少量高热值的冶金煤用于国内钢铁行业。

印度尼西亚煤在亚洲的煤炭市场上具有最佳的经济性。尽管印度尼西亚煤炭的发热量较低，但印度尼西亚的地理位置决定了其煤炭在运费上的竞争力。相对于澳大利亚，印度尼西亚每吨煤炭运输成本比其低 3～6 美元，运输的天数可节省 4～5 天（表5.3.2）。通过部分中国电厂掺烧印度尼西亚煤的试验可知，印度尼西亚煤具有带负荷能力强、粒度均匀等优势，因此在中国东南沿海城市有较强的竞争优势。

表 5.3.2　印度尼西亚与澳大利亚出口至中国及日本的时间、运费比较

出口国	中国 / 天	每吨煤运费 / 美元	日本 / 天	每吨煤运费 / 美元
印度尼西亚	8～10	7～9	7～9	6～9
澳大利亚	12～15	10～15	10～13	10～14

3. 煤炭生产情况

印度尼西亚以生产动力煤为主，产量逐年呈增长趋势。煤层普遍埋深较浅。目前，生产煤矿 148 座，煤矿平均年产量 360 万 t，千万 t 级煤矿 7 座，年产 500 万 t 以上 1000 万 t 以下煤矿 12 座，年产 360 万 t 以上 500 万 t 以下的 7 座，其余 122 座均为年产 360 万 t 以下。印度尼西亚年产量 500 万 t 以下的小型煤炭生产企业产量合计约占印度尼西亚商品煤总量的 37%。

因为地理条件和交通因素限制，煤矿规模普遍不大，而且当地人力成本较低，又以私人矿为主，大多使用外包形式，追求经济效益在首位，所以在技术和设备上的投入不多。印度尼西亚煤矿技术和装备处于一般水平。印度尼西亚煤炭行业工伤事故死亡率为0.03。

据伍德麦肯兹对印度尼西亚煤矿付现成本的统计，目前，印度尼西亚煤炭总付现成本在19~100美元/t，平均为46美元/t。其中，烟煤55美元/t，次烟煤46美元/t，低阶煤31美元/t。煤炭总付现成本构成中，开采费用占比最大，运输费用次之，之后是煤炭资源税。

4. 煤矿建设计划

印度尼西亚计划建设32座，正在规划6座，预计到2020年，产能达到6亿t，如图5.3.5所示。

图5.3.5　印度尼西亚煤炭产能预测

5. 企业情况

印度尼西亚煤炭共有121家企业以不同方式涉足煤炭行业。但是，产业集中度高（图5.3.6），前10位煤炭生产企业产量总计占印度尼西亚商品煤总量的60%以上（CR10＞60%）。其中，阿达罗能源公司（Adaro Energy TBK）和布米资源公司（Bumi Resources）主导印度尼西亚煤炭行业，两者产量约占印度尼西亚全国产量的四分之一。

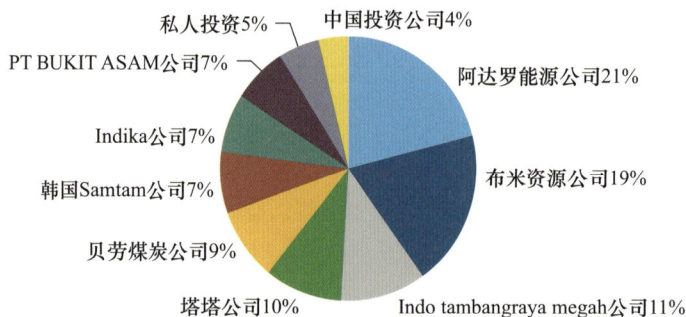

图5.3.6　2015年印度尼西亚煤炭生产企业产量占比

印度尼西亚的煤炭资源主要掌握在其本土企业手中，外资企业以澳大利亚、日本、韩国居多，主要有：必和必拓公司、澳大利亚新希望公司（New Hope）和海峡资源公司（Straits Resources）、泰国班普集团（Banpu）、韩国 Samtam 公司等。

6. 中国企业煤炭及相关产业海外开发现状

（1）神华集团。

神华国华（印度尼西亚）南苏发电有限公司（简称"神华国华"）于 2008 年成立，由中国神华集团与印度尼西亚 PT.Energi Musi Makmur 公司以 70%∶30% 的股比出资组建。南苏 1 号项目一期采取煤矿坑口建设形式，煤电联营，2 台 15 万 kW 汽轮发电机组，配套露天煤矿年产 210 万 t，两台机组于 2011 年建成投产。2015 年 11 月，中国神华中标南苏 1 号二期 2×35 万 kW 独立发电厂项目。二期扩建项目为 IPP（独立发电商）项目，由中国神华集团、印度尼西亚国家电力公司子公司和印度尼西亚 EMM 公司共同组建合资公司开发本项目，三方分别占股 60%、20% 和 20%。在一期项目北端预留场地上扩建2 台 35 万 kW 超临界燃煤机组；燃用南苏地区低热值、高水分褐煤，年耗原煤量约 523万 t。计划 2016 年开工，2019 年投产。2015 年 12 月，神华国华电力中标爪哇 7（2×100万 kW）独立发电项目。

（2）中国华电集团公司。

2008 年，印度尼西亚巴厘通用能源公司（GEB）与印度尼西亚国家电力公司启动巴厘岛 3×14.2 万 kW 一期燃煤电厂项目，2012 年进行投资和总承包建设。2015 年8 月，巴厘岛燃煤电厂项目三台机组全部投产，华电控股运营 30 年，这是中国华电集团公司迄今最大的海外电厂投资项目。此外，自 2004 年起，中国华电工程（集团）有限公司在印度尼西亚先后完成印度拉玛 2×3 万 kW 燃煤电、拉法基 2×1.65 万 kW燃煤电厂、阿萨汉 1 级 2×9 万 kW 水电站、巴淡 2×6.5 万 kW 燃煤电厂等多个电厂项目的投资或总承包建设。

（3）中投—印度尼西亚布米资源公司。

2009 年，中国投资有限责任公司（以下简称"中投公司"）投资 19 亿美元，购买布米资源公司发行的债券型工具。但是，由于煤炭市场低迷，布米资源公司无力偿债。2014 年 1 月，布米资源公司对所欠中投公司债务进行债转股，置换为旗下卡迪姆煤炭公司（KPC）19% 的股权（价值约 9.5 亿美元）和雅加达上市公司布米资源矿业（BRMS）42% 的股份（价值约 2.574 亿美元）。

3.5　越南

3.5.1　煤炭资源现状

越南煤炭资源探明储量约 65 亿 t，主要包括硬煤、褐煤和泥煤等 3 类。在硬煤资源中，无烟煤最为丰富，烟煤次之。烟煤又包括贫煤和肥煤两种，主要蕴藏于越南北部的广宁煤田和藩湄煤田，成煤时代属中生代三叠纪。以鸿基煤和广宁煤为代表的优质无烟煤举世闻名。

越南煤炭开采条件相对简单。广宁煤田东西向延伸约100km，包括几个煤产地，煤田西部沿剖面均匀分布约10层2～8m厚的煤层；煤田东部含煤性更好，煤层总厚度达120m，个别煤层厚30～40m。煤质全为优质无烟煤或半无烟煤，是越南无烟煤主要生产基地。广宁地区煤炭赋存条件复杂，煤层松软、破碎，目前已经逐渐从露天开采转向井工开采，而井工开采的深度也在不断增加，地压越来越大，矿压显现强烈，煤层地质条件也愈加复杂多变。藩湄煤田煤种较复杂，除无烟煤外还有贫煤和肥煤。有5层煤适于炼焦，其中1层厚达15m，是越南炼焦煤供应基地。越南的褐煤和泥煤资源主要分布在红河三角洲等地，目前尚未全面开发，储量巨大。

越南开采的出口动力煤具有低水分和挥发物含量低的特点，发热量GAR（收到基高位发热量）位于4223～5858kcal/kg，平均5117kcal/kg。喷吹粉煤（PCI）发热量GAR位于7200～7800kcal/kg，平均7375kcal/kg。内河运输煤炭是越南普遍使用的运输方式。

3.5.2 煤炭产业发展现状

1. 煤炭产量和消费

2014年，越南煤炭产量3577万t，基本为动力煤，煤炭消费量3068万t。煤炭消费部门主要为电力、水泥、化肥、纸制品和其他，分别占比34%、13%、2.4%、1.1%和49%。其中，23%的电力由燃煤提供。

越南一次能源消费以煤炭、石油为主，因为水资源丰富，水力发电较多。如图5.3.7所示，2014年，煤炭、石油、天然气在一次能源消费中占比最多，分别为32.2%、31.5%、15.5%。

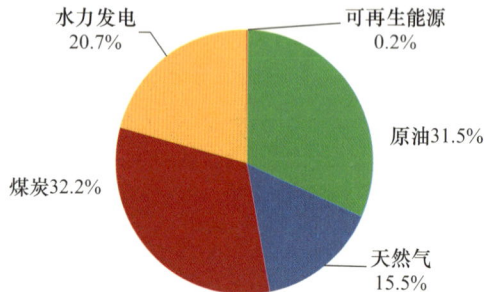

图5.3.7　越南一次能源消费结构

2. 煤炭进出口

越南2014年出口煤炭728万t，如图5.3.8所示，用户主要包括中国、韩国、日本、泰国等亚洲国家和一些欧洲国家。

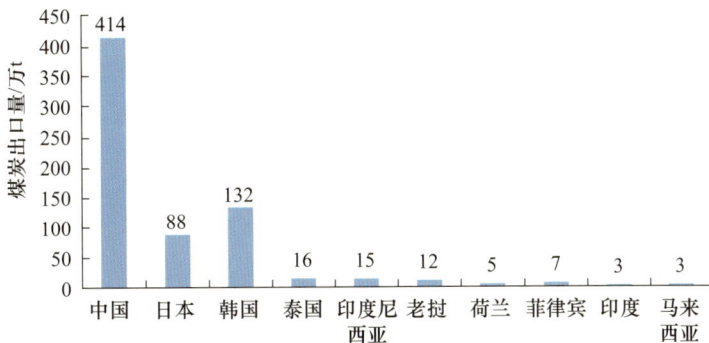

图 5.3.8　2014 年越南煤炭主要出口国家及数量

3. 煤炭生产

越南以生产动力煤为主。目前，生产煤矿 32 座，煤矿平均年产量 116 万 t，没有 500 万 t/a 以上的煤矿，300 万 t/a 以上的 3 座，180 万 t/a 以上 300 万 t/a 以下的 2 座，90 万 t/a 以上 180 万 t/a 以下的 12 座，其余均为 90 万 t/a 以下。年产量 116 万 t 以下的小型煤炭生产企业产量合计约占越南商品煤总量的 29.7%。计划建设 1 座，规划煤炭 13 座，预计 2022 年煤炭产量达到近 5 亿 t，如图 5.3.9 所示。

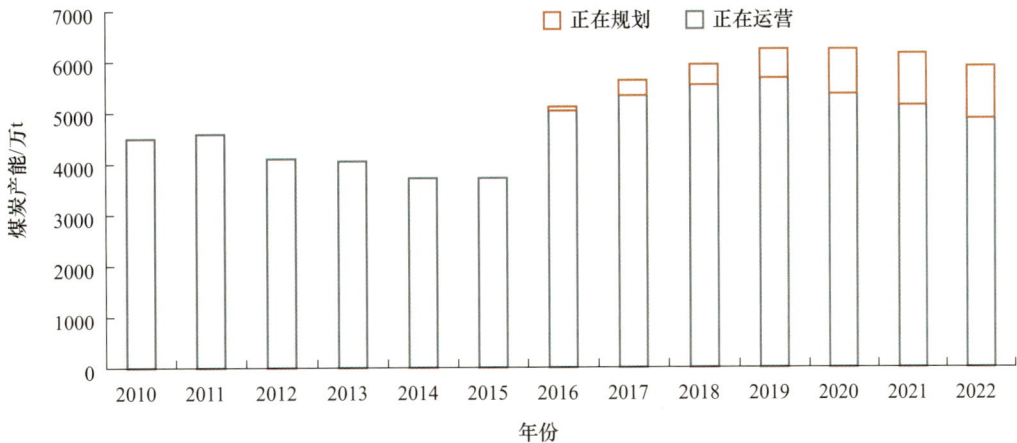

图 5.3.9　越南煤炭产能预测

越南煤矿露天开采与井工开采之比约为 1∶2。20 世纪末至 21 世纪初，越南开始引进国外先进技术与装备，主要以中国为主，但采掘技术发展仍然很慢。目前，整体采掘技术比较落后，多数煤矿相当于中国 20 世纪 80 年代初的技术及装备水平。采煤工艺综采应用普及率不及 10%，多数煤矿仍然为炮采和普采，工作面生产能力一般为 20 万～30 万 t/a。此外，生产成本的 1%～1.5% 用于环保投入。

4. 企业情况

越南共有 20 家企业涉足煤炭行业，分三种类型。第一类是越南国家煤炭矿业集团（Vinacomin），于 2005 年在越南煤炭集团和越南矿业总公司的基础上成立，是越南唯一的国有煤炭生产、加工和销售公司，授予控制煤炭进口等特权。第二类是合资企业，共有 18 家，但 51% 股权为 Vinacomin 拥有。第三类是独资企业，只有 1 家（Vietmindo Energitama），产能 100 万 t。越南煤炭产业集中度非常高，前十位煤炭生产企业产量总计占越南商品煤总量约为 100%（CR10≈100%），前四家企业产量占总量约 54%（CR4=54%）。Vinacomin 经营煤炭、电力、建筑材料、金属矿产等。拥有 29 个露天矿和 14 个井工矿，员工约 12.8 万人，基本控制了越南整个煤炭业。

5. 中国企业煤炭及相关产业海外开发现状

（1）哈电集团。

2006 年，哈电集团赢得越南国家煤炭矿产工业集团锦普项目一期 1×30 万 kW、二期 1×30 万 kW 燃煤电厂工程合同。由哈尔滨国际电力工程公司承建，两期工程业主为越南国家煤炭矿业集团，总投资额 10.635 万亿越南盾（约合 5.3 亿美元），已于 2011 年竣工。2014 年，哈电集团再次中标永新三期 3×66 万 kW 燃煤火电厂总承包项目。

（2）中国南方电网和中电国际。

2015 年 7 月，越南永新燃煤电厂一期开工。该工程是中国企业在越南的首个 BOT 电力项目，由中国南方电网、中电国际和越南国家煤炭矿业集团分别持股 55%、40%、5%。总装机容量为 2×60 万 kW，建设期 48 个月，特许运营期 25 年。项目预计总投资 17.55 亿美元。设计、装备、施工均由中国企业承担，锅炉、发电机、汽轮机等所有设备均为中国制造。

3.6 蒙古

3.6.1 煤炭资源现状

蒙古煤炭资源探明储量为 223 亿 t，其中包含 20 亿 t 焦煤。煤炭质量好，多数煤炭为低灰、低硫、低磷；煤层厚，一般露天煤矿的煤层厚度可达 30～50m，有的可达 160m；普遍埋藏浅，具有良好的开采条件，是世界上最适合露天开采的资源地之一，目前在产矿井 99% 是露天开采。

蒙古煤炭资源在全国各地均有分布，而焦煤主要集中在南蒙古和西蒙古，褐煤集中在中蒙古，次烟煤集中在东蒙古。蒙古国现在已经发现的煤矿数量大约有 300 个，分布在 15 个煤盆地。其中，靠近中国的南戈壁地区是蒙古国重点打造的世界级煤矿区，即将开采的世界最大的焦煤矿塔旺陶勒盖煤矿就位于南戈壁省。

3.6.2　煤炭产业发展现状

1. 煤炭产量和消费

蒙古的煤炭产量自 20 世纪 90 年代以来一直在上升，2012 年产量达到 3360 万 t。蒙古国能源生产以煤为主，品种较为单一，如图 5.3.10 所示，2012 年一次能源生产总量约为 2618 万 t 标准煤，以煤炭和石油为主，分别占比 66.0% 与 29.5%。

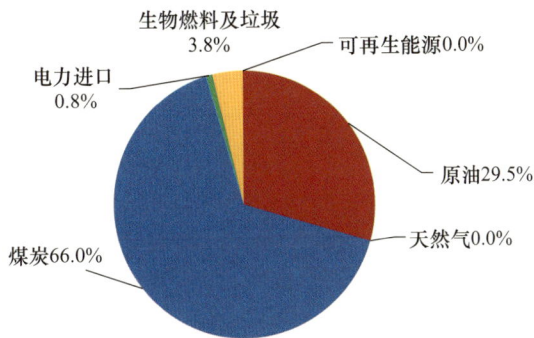

图 5.3.10　蒙古国一次能源消费结构

2. 煤炭进出口

蒙古原煤产量的 94% 左右用于出口，2012 年出口原煤 3159 万 t。中国是蒙古煤炭最大的进口国，蒙古煤田距离中蒙边境最近只有 150km，与其他国家相比更具地理优势。蒙古国出口中国的绝大部分煤炭为冶金煤资源，主要通过甘其毛道和策克口岸完成。2012 年中国进口蒙古煤炭 2297.8 万 t，策克口岸和甘其毛道口岸进口量约各占 50%，其他口岸很少。

3. 煤炭生产

蒙古国煤炭赋存条件好，在产矿井 99% 是露天开采。根据煤炭资源的聚集以及开采情况，蒙古国在产矿山范围大致可分为东部区、西部区、北部区、中部区和南部区。其中南部区和北部区的产量最大，累计超过全国产量的 99%，其中南戈壁省占全国产量的 82%。目前 Ovoottolgoi、Nariin Sukhait、Tavan Tolgoi、Ukhaa Khudag 是蒙古最大的 4 座在产煤矿，均位于接壤中国内蒙古自治区的南戈壁盟，2010 年该四大煤矿产量占全国产量的 68.4%。

4. 技术装备和基础设施

蒙古国煤炭资源储量虽然相当丰富，但由于受技术设备落后、资金支持不够等因素的影响，每年的开采量只有 3000 万 t 左右，仍有大量资源未被开采。蒙古煤炭资源处于地面表层，可实现低成本开采。蒙古矿业公司（MMC）原煤的现金成本 25.3 美元 /t，炼焦洗精煤现金成本 36 美元 /t。蒙古煤炭生产商平均现金成本为 30 美元 /t，仅相当于中国煤炭生产商的一半。

蒙古国铁路、公路、电力和通信在内的基础设施都严重不足，目前每百平方公里铁路和公路密度分别只有 0.12km 和 3.13km，分别只相当于世界平均水平的不到六分之一，这严重制约着煤炭资源开发与合作。蒙古向中国出口煤炭主要采用汽车运输。最近几年，蒙古大量投资改善现有的基础设施和铁路。蒙古政府与蒙古矿业公司合作新建连接塔旺陶勒盖和中国的公路。随着公路项目完工，公路运输能力将显著提升，运输成本下降 8 美元 /t 至 9 美元 /t。

5. 企业情况

截至 2012 年，蒙古国煤炭开发企业有 26 家。蒙古国优质煤炭（冶金煤）资源分布集中，控制在少数的煤炭寡头手中。南戈壁煤盆地的那林苏海特和塔温陶勒盖煤田属于优质煤炭资源富集区，是投资蒙古国煤炭资源的重点关注区域。那林苏海特煤田矿权主要受控于庆华 – 马克公司和南戈壁公司，而塔温陶勒盖煤田矿权主要受控于 MMC 和 TT 公司。

6. 神华集团蒙古额尔德斯 – 塔温陶勒盖公司项目

塔温陶勒盖煤矿（TT 矿）位于蒙古国南部南戈壁省，距中蒙甘其毛都—噶顺苏海图口岸约 270km。预计储量约 60 亿 t，其中焦煤约 14 亿 t，动力煤约 46 亿 t。2011 年，神华集团曾在 TT 矿投标中中标，但蒙总统额勒贝格道尔吉后宣布该次投标结果作废。2014 年 12 月初，神华集团和日本住友商事株式会社、蒙古能源资源（Energy Resources LLC）公司组成的联合体参加了 TT 矿开发案投标。截至 2015 年 8 月，神华集团应蒙古政府要求，作为 TT 项目中标联合体成员与新任命的政府工作小组进行了新一轮会谈。

3.7　哈萨克斯坦

3.7.1　煤炭资源现状

哈萨克斯坦煤炭资源探明储量为 336 亿 t，占世界总资源量的 3.8%，排在美国、俄罗斯、中国、澳大利亚、印度、德国和乌克兰之后，位列全球第八，储产比为 309，其中烟煤和无烟煤探明可采储量为 215 亿 t。

哈萨克斯坦烟煤的主要产区是卡拉干达盆地、埃基巴斯图兹盆地等；褐煤的主要产区是图尔盖盆地和迈库边盆地。焦煤产地在卡拉干达，产量比重占该地区煤产量的 55%。煤层赋存条件很好，2/3 的煤炭储量埋藏深度在 600m 以内，可露天开采。大型采煤企业主要集中在巴甫洛达尔州和卡拉干达州，年生产能力可达 1.46 亿 t。

3.7.2 煤炭产业发展现状

1. 煤炭产量和消费

2015 年，哈萨克斯坦煤炭产量 1.07 亿 t，同比下滑 6.4%；消费量 8700 万 t。煤炭工业在国家经济发展中占有关键位置，煤炭在一次能源中占比超过 60%（图 5.3.11）。全国 78% 的电力和 100% 的焦化工生产依靠煤炭，市政供暖和居民生活仍离不开煤炭。

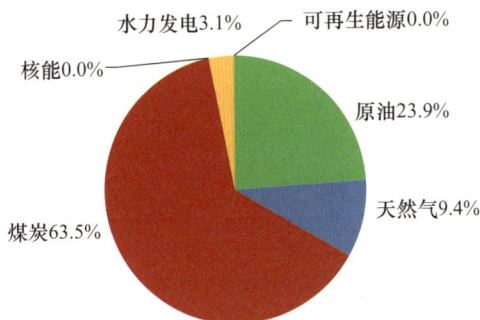

水力发电3.1% 可再生能源0.0%

核能0.0%

原油23.9%

天然气9.4%

煤炭63.5%

图 5.3.11 哈萨克斯坦一次能源消费结构

2. 煤炭进出口

2014 年，哈萨克斯坦煤炭出口为 2920 万 t，同比减少 4%；进口量较小而且变化不大，2014 年进口量为 311.6 万 t。

3. 企业情况

目前，在哈萨克斯坦有 33 家公司在进行煤炭开采业务（5 家外国公司，28 家本国公司）。大型煤炭企业包括：①"Bogatyr Acceses Komir"（占全国采煤量 44%），简称 "BAK" 公司，是美国 Access Industrits Inc. 的子公司，主营埃斯基巴斯图兹煤田的 "Bagatyr" 和 "Severny" 露天煤矿，每年产量的一半出口俄罗斯。②欧亚能源股份有限责任公司（占全国采煤量 19%），拥有 "Vostochny" 露天煤矿。此外，该公司还拥有舒巴尔科里 Komir JSC 公司 25% 股份。③"Mittal Still Temirtal"（占全国采煤量 12%），该公司是哈萨克斯坦全国唯一的钢铁联合企业的一个分属部门，拥有位于卡拉干达煤田的 8 个煤矿。④哈萨克斯坦铜业集团的 "Borly" 煤炭局（占全国采煤量 8.7%）。⑤"迈库边 -vest"（占全国采煤量 4%）。这 5 家公司合计煤产量占全国总产量的 87.7%。

4. 煤炭开发计划

为了保证对硬质燃料的迫切需求，政府编制了 2020 煤炭发展方案，到 2020 年煤炭产量 14560 万 t，其中焦煤 2430 万 t，动力煤 12130 万 t。这样可以完全保障国内外市场对焦煤和动力煤的需求。

5. 中国企业煤炭及相关产业海外开发现状

2014 年 9 月，中国庆华能源集团与哈萨克斯坦石油天然气加工和销售股份公司签署了煤加工合作备忘录。根据该备忘录规定，庆华集团将在哈对煤炭进行深加工，获取合成燃料。

3.8 乌兹别克斯坦

3.8.1 煤炭资源现状

乌兹别克斯坦煤炭资源探明储量约为 19 亿 t，占世界总探明储量的 0.2%，其中，次烟煤和褐煤 18.53 亿 t，无烟煤和烟煤 0.47 亿 t，储采比为 432。整体而言，煤炭资源具有高水分、中高灰分、低发热量的特点。

煤炭资源分布较为集中。主要分布在三个地区，分别为东部的安格林州安格林矿区、费尔干纳州费尔干纳矿区，南部的苏汉达利亚州和喀什卡达利亚州。其中安格林州煤炭储量最大，其次是费尔干纳州的安格林矿区内储量丰富、开采条件较好，含煤沉积层面积约 70km^2，全部达到勘探程度，是所有开发矿区中强度最大的，储量约 16 亿 t。费尔干纳矿区资源较少，煤质较差。面积 7.8km^2，煤炭资源储量较少，约为 2 亿 t。储量最小的为南部的苏汉达利亚州和喀什卡达利亚州，资源勘探程度低，主要为中等变质程度烟煤。

3.8.2 煤炭产业发展现状

1. 煤炭产量和消费

2014 年煤炭产量 440 万 t。乌兹别克斯坦一次能源供应结构中，天然气占比最大达 85.6%，石油和煤炭其次，各占 6.0% 和 3.9%，水电占比 4.7%，如图 5.3.12 所示。

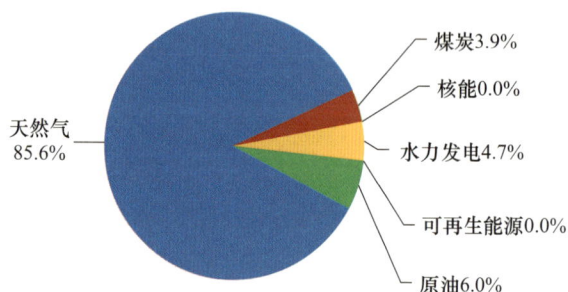

图 5.3.12 乌兹别克斯坦一次能源消费结构

能源行业、居民和建筑行业是三大主要煤炭消费部门，分别占比 80%、10% 和 6%。煤炭几乎全部用于发电。国家电网共连接 42 座大电站，其中 11 座为火电站，总装机容量约为 987 万 kW；31 座为水电站，总装机容量约为 170 万 kW。2013 年，乌兹别克能源公司（Uzbekugol）电力装机中天然气电站占 90.8%，以重油和煤为燃料的电站大约各占 2% 和 7%，地下气占 0.2%。乌政府已经制定规划，将提高煤炭使用量，以降低天然气在发电结构中的比例，解决因天然气出口增加而带来的国内天然气短缺问题。

2. 煤炭进出口

乌兹别克斯坦限制煤炭出口，优先在国内市场消耗。

3. 煤炭生产

煤炭生产以生产褐煤为主，占煤炭总产量的 98%，并且褐煤产量将继续增长，预计至 2020 年将增长至 90 万 t。目前开采的煤矿有三座：安格林露天煤矿（褐煤，产能 310 万 t/a）、沙尔辊煤矿及柏松煤矿（不粘煤）。

乌兹别克斯坦煤炭工业技术装备落后、效率低、生产成本高、效益差、勘查程度低、勘查力量薄弱，技术人才短缺。

4. 企业情况

乌兹别克斯坦有四家公司从事煤炭开采，分别是乌兹别克斯坦煤炭公司（Uzbekugol）、阿巴尔塔克公司（Apartak）、沙尔贡煤炭公司（Shargunkoumir）和 Erostigaz 公司。乌兹别克斯坦煤炭公司是国家垂直一体化垄断煤炭公司，旗下有 9 家子公司负责勘探、采矿、使用、维修和保养业务设备和机械，能源基础设施的操作和维修等，其煤炭开采量占全国开采量 98%。

5. 中国企业煤炭及相关产业海外开发现状

（1）中国煤炭科工集团有限公司（以下简称"中煤科工"）。

2010 年 3 月，中煤科工与乌兹别克斯坦煤炭公司（Uzbekugol）签署了安格连露天煤矿技术改造项目第一阶段的设备供货合同。这是中国企业在乌兹别克斯坦承揽的第一个大型煤矿技术改造项目。2011 年底，中煤科工团编制了《乌兹别克斯坦 2012 年—2030 年煤炭产业发展规划》。

（2）哈尔滨电气国际工程有限公司（以下简称"哈电国际"）。

2013 年 2 月，汽轮机公司与哈电国际正式签订乌兹别克斯坦安格林（Angren）1×15 万 kW 燃煤电厂项目合同。

3.9　俄罗斯

3.9.1　煤炭资源现状

俄罗斯煤储量为 1570.1 亿 t，其中包括无烟煤和烟煤 490.9 亿 t，亚烟煤和褐煤 1079.2 亿 t。近 94% 的煤炭资源集中在西伯利亚和远东地区，近 80% 的煤炭储量位于西伯利亚地区，其中超过 70% 在库兹涅茨克矿区、坎斯克－阿钦斯克矿区和通古斯克矿区，欧洲部分及乌拉尔地区煤炭不足 2%。

已探明储量的一半以上是优质煤，灰分含量（低于 15%）和硫含量（不超过 1%）较低。焦煤储量超过俄罗斯煤炭总储量的 20%，其中 200 亿 t 是优质品；将近 60% 的焦煤集中在库兹巴斯（克麦罗沃地区），约 20% 在萨哈共和国（雅库特）南雅库特矿区，11% 在科米共和国的伯朝拉矿区，还有 9.5% 位于图瓦共和国。许多矿区都位于开发程度低的高寒地区，生产及运输成本高。

3.9.2 煤炭产业发展现状

1. 煤炭产量和消费

2014 年煤炭产量 3.7 亿 t，仅次于中国、美国、印度和澳大利亚，位世界第五位。大部分（约 80%）煤炭开采主要分布在 5 个煤炭产区：库兹涅茨克矿区（约 57%）、坎斯克－阿钦斯克矿区（约 12%）、米努辛斯克矿区、伯朝拉矿区和伊尔库斯克矿区。2014 年，煤炭消费量为 2.1 亿 t，在乌拉尔和欧洲部分地区的电站供应能源中所占比例居第二位。一次能源结构以天然气为主，煤炭占比 12.5%（图 5.3.13）。

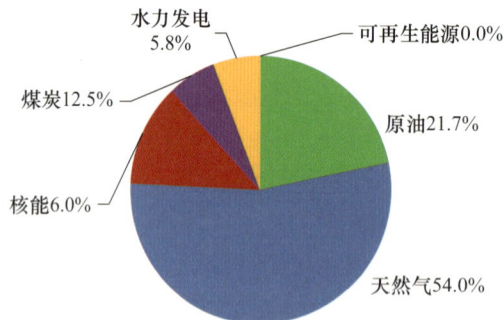

图 5.3.13　俄罗斯一次能源消费结构

2. 煤炭进出口

俄罗斯是最大烟煤、焦煤和动力煤出口国之一，2015 年出口煤炭 15068.3 万 t，同比减少 119.3 万 t，下降 0.79%。出口的优质煤炭中 60% 以上由库兹涅茨克矿区公司提供。传统销售地为欧洲国家，优质进口动力煤能够保障欧洲热电站的需求。西欧、东欧和南欧国家共需要近 6500 万 t 俄罗斯煤炭。但未来，对其煤炭需求增长最大的是亚太地区国家，2015 年对华煤炭的出口量为 1640 万 t，同比增长 39%。

3. 煤炭生产规划

现在已经规划的新矿和旧矿改建扩建计划合计 59 个。其中老矿改建扩建计划涉及 26 座矿山，计划新开发 33 座矿山，总设计产能 40790 万 t/a。老矿改建扩建计划实现产能 19230 万 t/a，新建矿山产能 26680 万 t/a。从煤炭种类计划来看，焦煤矿山 13 座，产能 6230 万 t/a；动力煤矿山 22 座，产能 7890 万 t/a；褐煤矿山 24 座，产能 26680 万 t/a。远东地区的现有煤矿的改建增产、扩建计划及新建煤矿计划合计 32 个，设计年生产能力达 12180 万 t；东西伯利亚地区的现有煤矿的增产、扩建计划及新建煤矿计划合计 27 个，设计年生产能力达 28620 万 t。

4. 技术装备和基础设施

俄罗斯煤炭生产的综合机械化率达 97%（2014 年），百万吨死亡率 0.19。但经营管理水平落后，井工矿和露天矿固定资产损耗过度，研发投入不足，需要引进现代化的技术设备以及高效的煤炭开采工艺。

俄罗斯公路、铁路、港口、电力等基础设施老旧、维护状态较差。煤炭资源富集的西伯利亚通往俄罗斯东部口岸的铁路运力已经饱和，远东地区铁路密度低于俄罗斯平均水平的 3.6 倍，是影响俄罗斯煤炭工业发展的重要原因之一。由于铁路运力的制约，俄罗斯东部港口运力不饱和。其收费明显高于其他国际市场如澳大利亚港口价格，也是影响俄罗斯煤炭出口竞争力因素之一。俄罗斯西伯利亚和远东地区的电网需要升级改造，尤其是煤炭资源富集区多远离电网。与煤炭开发相配套的电力也是制约俄罗斯煤炭开发的不利因素之一。

5. 企业情况

经过全行业私有化改革，俄罗斯的采煤企业基本都已转为私有企业。俄罗斯最大的 11 家公司控制了全俄煤炭开采量的 70%。分别是：西伯利亚煤炭电力公司、库兹巴斯露天煤田公司、南库兹巴斯煤炭公司、南库兹巴斯公司、俄罗斯煤炭公司、沃尔库塔煤炭公司、雅库特煤炭公司、扎斯帕茨克煤炭公司、卢泰克煤炭公司、梅日杜列奇耶煤炭公司、普罗科皮耶夫斯克煤炭公司。西伯利亚煤炭电力公司是最大的煤炭开采商，几乎占煤炭开采业 1/3 的份额。该公司已跻身世界煤炭企业前 10 名。米切尔集团公司于 2007 年收购了雅库特的埃利金斯克煤炭公司和雅库特煤炭公司，成为俄罗斯最大的焦煤生产和出口商。

6. 中国企业煤炭及相关产业海外开发现状

神华集团海外公司与俄罗斯 EN+ 集团下属东西伯利亚煤炭公司成立的股比为 50%：50% 的合资公司——露天煤矿有限责任公司。2014 年 12 月，该公司在俄罗斯斯西伯利亚外贝加尔边疆区扎舒兰矿区矿权拍卖中成功胜出，取得开发权。

3.10　乌克兰

3.10.1　煤炭资源现状

乌克兰煤炭资源探明储量约 339 亿 t，占世界总探明储量的 3.8%，其中无烟煤和烟煤 154 亿 t、次烟煤和褐煤 185 亿 t。煤炭资源主要分布在东部的顿涅茨克州、卢甘斯克州、中部的第聂伯彼得罗夫斯克州及西部的利沃夫、沃伦州。

最大煤田是顿涅茨克煤田储量占全国储量的 87%。煤层厚度 0.6～1.5m，埋深 1000～1300m，属于高瓦斯类型。

3.10.2 煤炭产业发展现状

1. 煤炭产量和消费

2014 年原煤产量 6497.6 万 t，较 2013 年下降 22.4%。从煤炭的消费结构上看，其产量的 47% 炼焦，33.0% 发电，8% 出口，4% 为煤炭企业使用，1% 用于公共事业，7% 其他（图 5.3.14）。

煤炭是乌克兰仍然是最重要和可靠的一次能源来源，占 33.0%。燃煤发电和核能发电是电力主要来源。

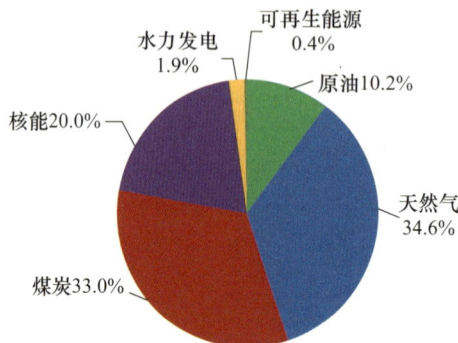

图 5.3.14 乌克兰一次能源消费结构

2. 煤炭进出口

乌克兰煤炭主要用在乌克兰国内消费，部分出口欧洲市场，但数量不多。2012 年出口欧洲市场 590 万 t，同比下降 21%。2012 年，乌克兰炼焦煤消费量的 37% 是从俄罗斯、美国、哈萨克斯坦等国家进口的。发生武装冲突以来，在反对派占领区域坐落着乌克兰 60% 的煤矿，所以乌克兰更加大了美国、南非、俄罗斯、哈萨克斯坦等地区的进口量。2014 年 12 月，乌总统波罗申科表示对俄罗斯煤炭进口解禁。俄乌冲突以来，乌克兰公司与俄有煤炭公司签订的采购合同，经常遇到俄不发货的情况。

3. 煤炭生产

总体而言，乌克兰煤炭行业开采水平较低，煤炭机械装备生产水平属于先进行列。煤炭资源赋存条件不好，埋藏太深（多数 800m 以下）和煤层太薄（0.6～1.5m），开采成本偏高。煤炭行业技术陈旧、设备普遍老化，生产效率低下，据世界银行公布的资料显示，乌克兰一名矿工开采 100t 煤的时间里，俄罗斯可采 200t，波兰可采 400t，而英国可采 2000t。但是，私人公司的情况好于国有公司。

乌克兰超过 70% 的国有煤矿已经生产超过了 30 年,资金投入缺乏,技术水平落后。2009—2012 年间,很多国有煤矿转为了私人资产。武装冲突重创了煤炭生产,乌克兰首次长时间经历动力煤供应严重不足,反对派武装占领区域坐落着乌克兰 60% 的煤矿(共 88 座煤矿),很多停止开采,有的已经完全被毁。

由于国有企业煤炭开采成本比世界平均水平高出一倍,需要国家拨款用于支持煤炭领域,乌克兰政府新的能源独立政策计划在 2015—2019 年间关停 32 座亏损的国有煤矿。2020 年前计划完全停止煤炭开采的预算补贴,提高现有企业的效率和资产私有化程度。

4. 企业情况

乌克兰共有煤炭企业 167 家,全行业从业人数在 45 万人左右。DTEK 公司是最大煤炭私人公司,主要用于管理阿赫梅托夫的 SKM 集团公司旗下能源资产,业务涵盖煤炭、电力等。2013 年,DTEK 公司煤炭产量达到 4140.8 万 t,在全国煤炭产量的占比超过 70%。

5. 中国企业煤炭及相关产业海外开发现状

(1)国家开发银行。

2012 年,乌克兰国有煤炭采掘企业"利希强斯克"计划在国家担保条件下向中国国家开发银行引资 6.8 亿格里夫纳(约合 8500 万美元)实施煤矿现代化技术改造。由中方融资进行的梅利尼科娃煤矿改造项目已于 2013 年 9 月完成验收。2012 年,乌克兰国家石油天然气公司与中国国家开发银行签署总额 36.56 亿美元的贷款协议实施用乌克兰国产煤炭替代天然气的规划。规划项下计划实施一系列使用中国技术对乌部分电站进行水煤浆改造及建设煤制气工厂的项目。2014 年 3 月,由于投标方不足两家,该公司撤销了煤制气工厂的设计招标。同年 8 月,乌克兰能源和煤炭工业部责成乌克兰石油天然气公司落实气改煤规划的协议,尽快与中方启动热电厂改造、建设使用乌煤炭生产可供化工工业及居民使用的煤制气工厂等领域合作。

(2)太原重型机械集团有限公司(以下简称"太重集团")。

2014 年 5 月,乌克兰 Corum Group 集团与中国太重集团煤机煤矿装备成套有限公司达成协议在中国境内建立合资企业生产采矿设备。乌克兰 Corum Group 公司拥有 125 年历史,是乌克兰首富阿赫梅托夫旗下系统资本管理集团下属企业。在乌克兰、俄罗斯、白俄罗斯、哈萨克斯坦、波兰、越南、印度成功运营多年,正在开拓中国及南非市场。此外,该公司还向罗马尼亚、格鲁吉亚、爱沙尼亚、黑山及其他国家供应设备。

3.11 澳大利亚

3.11.1 煤炭资源现状

澳大利亚煤炭资源丰富,已探明黑煤(无烟煤和烟煤)储量为 760 亿 t,占世界探明储量的 8.6%，位于美国、俄罗斯、中国之后，位居第 4。另有褐煤探明储量为 490 亿 t，约占全球的 19%，位于德国之后。按照目前的产量，澳大利亚黑煤可供开采 100 多年，褐煤可供开采 562 多年。

澳大利亚拥有 21 个主要的黑煤盆地和 5 个褐煤盆地，遍布澳大利亚各州，黑煤集中分布在昆士兰州（60%）和新南威尔士州（37%），褐煤集中分布在维多利亚州和南澳大利亚州。

澳大利亚动力煤品质高，发热量高，水分适中，含硫较少。炼焦煤煤种包括硬焦煤、软焦煤、半软焦煤和喷吹煤，含硫量为 0.3%~0.8%。有 36% 的烟煤具有焦炭的质量，属于优质炼焦煤。

目前主要开采的博文煤田、悉尼煤田煤系地层赋存浅、以近水平煤层为主。露天矿开采深度一般为 60~80m。井工矿开采深度平均为 250m，倾角一般不超过 10°，中厚煤层居多，瓦斯含量不高，适合房柱和长壁开采。煤炭产地主要分布在东太平洋沿岸 200km 范围内，到港口运距短。

3.11.2 煤炭产业发展现状

1. 煤炭产量和消费

2014 年，商品煤产量 44420 万 t（不含约 6600 万 t 褐煤），是继中国、美国和印度之后世界第四大产煤国；煤炭消费量 12130 万 t（含约 6600 万 t 褐煤），主要消费部门为发电行业，85% 左右用于发电，其次为钢铁工业和其他消费部门；褐煤全部用于发电。澳大利亚一次能源消费中，煤炭占比 35.6%，仅次于原油的 37.0%，高于天然气的 21.4%，是重要的基础性能源（图 5.3.15）。

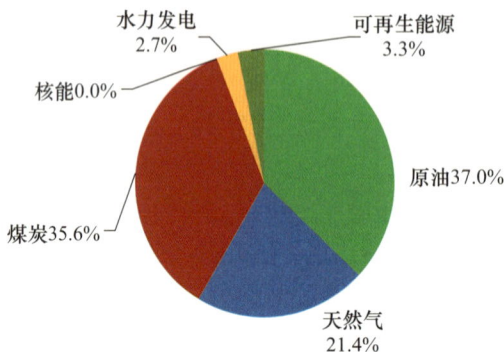

图 5.3.15　澳大利亚一次能源消费结构

2. 煤炭进出口

澳大利亚一直是世界重要的煤炭出口国，炼焦煤是其主要的出口产品，占全世界炼焦煤出口总量的一半以上；动力煤的出口所占比例也接近 20%。2014 年，澳大利亚煤炭出口 38890 万 t，占其商品煤产量的 87.6%，其中，动力煤 25580 万 t，占 57.6%，炼焦煤 18840 万 t，占 42.4%。

3. 煤炭生产情况

2014 年，澳大利亚原煤总产量 57560 万 t，100 个生产煤矿原煤产量约 55484 万 t，单个煤矿平均产量 500 万 t 以上。其中，产量在 1000 万 t 及以上煤矿 16 个，原煤产量 22494 万 t，占比 41%；500 万～1000 万 t 煤矿 27 个，产量 18260 万 t，占比 33%；500 万 t 以下煤矿 54 个，产量 14730 万 t，占比 26%；在 100 个生产煤矿中，露天煤矿 65 个，井工煤矿 35 个。在商品煤中，露天矿产量占 76%，井工煤矿产量占 24%（表 5.3.3）。

表 5.3.3 2014 年澳大利亚生产煤矿规模结构

单个煤矿原煤产量 / 万 t	个数	占比 /%	原煤产量 / 万 t	占比 /%
>1000	16	16	22494	41
500～1000	27	27	18260	33
300～500	23	23	9110	16
120～300	23	23	5040	9
<120	8	8	580	1
总计	100	100	55484	100

4. 技术装备、效率和成本情况

澳大利亚煤矿技术装备水平世界领先。煤矿开采条件好，机械化、自动化、信息化水平高，综合机械化采煤和掘进几乎达到 100%，一些煤矿采煤实现自动化。澳大利亚一直是世界上煤炭安全生产最好的国家之一，多年来实现零死亡或近零死亡。

澳大利亚劳动生产率也处于世界主要产煤国的前列，煤矿生产效率平均 50t/ 工左右。煤矿人少、效率高的主要原因除了机械化程度高以外，还有生产组织简单，管理人员少，地面设施简单实用，煤矿辅助性工作一般由社会化服务提供。

煤矿高生产效率带来的是低生产成本。2014 年煤矿商品煤平均付现成本为 77.25 澳元 /t。其中，开采成本 47.47 澳元 /t，洗选成本 5.06 澳元 /t，运输成本 9.14 澳元 /t，港口成本 4.53 澳元 /t，日常开支 2.9 澳元 /t，资源特许使用费 7.44 澳元 /t。

5. 企业情况

澳大利亚煤炭工业呈多头垄断格局。特别是近年来，各公司的煤炭所有权不断合并，少数生产商控制了行业的多数产量。嘉能可 – 斯特拉塔、英美资源、必和必拓公司、力拓矿业有限公司和 MIM 这 5 家公司生产原煤总量占澳原煤总产量的 70% 以上。在新州，上述 5 家公司控制了 74.1% 的煤炭工业，在昆州则为 75.7%。在行业整合的基础上，澳煤矿之间形成了大规模的联合协同运作，灵活运营，并通过集中管理降低了成本，提高资本使用率。

6. 煤炭开发潜力预测

据澳大利亚产业部资源与能源经济局发布的"资源与能源大型项目"（2015年4月）数据显示，澳大利亚从2014年5月到2015年4月，共投产煤矿项目3个，合计产能1310万t/年。截至2015年4月末，澳大利亚各州另外还有在建的煤矿项目7个，产能合计2880万t/a。另外，还有可行性研究阶段的项目35个，公示阶段项目9个。

据绿色和平公开的资料，澳大利亚目前新建、扩建煤炭项目合计91个，全部位于昆士兰和新南威尔士州，绝大多数项目将于2020年前投产，涉及新增产能合计约2亿t/a。

据伍德麦肯兹2014年掌握的情况，澳大利亚有79个煤矿项目，总产能超过5.18亿t/a，未来可能开发建设。

7. 中国企业煤炭及相关产业海外开发现状

（1）神华集团。

2008年8月，神华集团参加澳大利亚新南威尔士州政府组织的探矿权全球公开竞标，中标获得沃特马克煤矿项目探矿权。该项目位于新南威尔士州西北部冈尼达地区，距纽卡斯尔港282公里，探矿权区域面积195km^2，一期规划可露采地质储量2.98亿t，是神华集团在海外投资的第一个大型绿地项目。2015年7月，澳大利亚联邦政府已正式批准该项目环评报告。

（2）兖州煤业–兖矿澳大利亚有限公司。

兖州煤业在澳大利亚的上市资产以及剥离后资产均通过兖矿澳大利亚有限公司管理或代理来经营。目前，资产位于澳大利亚的昆士兰州、新南威尔士州和西澳大利亚洲，包括9个煤矿或矿区，澳思达煤矿、雅若碧煤矿、艾诗顿煤矿、莫拉本煤矿、格罗斯特矿区、唐纳森矿区、中山煤矿、坎贝唐斯煤矿和普力马煤矿；另外还有后期勘探阶段项目如莫纳斯项目、亚森纳项目、哈瑞布朗特项目和维尔皮纳项目。

第4章 "一带一路"煤炭资源强国分析

4.1 环境分析

4.1.1 国内环境分析

1. 煤炭产业政策总体围绕控制煤炭生产及消费总量、促进产业健康可持续发展、安全绿色开发以及清洁高效利用等方面

我国煤炭生产和消费总量大，在能源消费结构中占比高，带来的生态环境、气候变化等问题日益突出。严格控制煤炭总量，逐步降低在能源结构中的占比是当前和今后一个时期中国煤炭产业政策重要内容之一。根据《能源发展战略行动计划（2014—2020年）》的要求，到2020年煤炭消费比重计划控制在62%以内，煤炭消费总量目标将控制在42亿t左右。但中国的能源资源禀赋和国情决定了在未来相当长的时期，煤炭在一次能源消费中仍将占主导地位。

为保证煤炭产业健康可持续发展，在当前低迷市场形势下，中国政府通过多项政策措施来调整煤炭产业结构、帮助产业抵抗进口煤冲击并减轻企业负担等。2015年7月，国家税务总局公布《煤炭资源税征收管理办法（试行）》（表5.4.1），明确了煤炭计税价格的确定方法、运费扣减范围、洗选煤折算率、混合销售与混合洗选的计税方法等。

表 5.4.1 2015 年煤炭相关主要产业政策

法规	发布部门	主要内容
《关于促进煤炭安全绿色开发和清洁高效利用的意见》	能源局、环保部、工信部	到2020年，大型煤炭基地煤炭生产能力占全国总生产能力的95%左右；煤炭占一次能源消费比重控制在62%以内。到2020年，厚及特厚煤层、中厚煤层、薄煤层采区回采率分别达到70%、85%和90%以上
《工业领域煤炭清洁高效利用行动计划》	工信部、财政部	到2020年力争节约煤炭消耗1.6亿t以上
《煤炭增值税税率》	财政部	研究计划将煤炭增值税税率由目前的17%调减至13%
《关于实施煤炭资源税改革的通知》	国税总局、能源局	对可享受税收优惠的衰竭期煤矿和充填开采置换煤炭的定义、减税方式、备案资料等进行明确
《煤炭清洁高效利用行动计划（2015—2020年）》	能源局	全国新建燃煤发电机组平均供电煤耗低于300克标准煤/kWh；到2020年，原煤入选率达到80%以上；现役燃煤发电机组改造后平均供电煤耗低于310克标准煤/kWh，电煤占煤炭消费比重提高到60%以上

续表

法规	发布部门	主要内容
《煤炭资源税征收管理办法（试行）》	税务总局	明确了煤炭计税价格的确定方法、运费扣减范围、洗选煤折算率、混合销售与混合洗选的计税方法等
《关于严格治理违法违规建设煤矿有关问题的通知》	国家发改委	旨在严控煤炭产能，为引导煤炭供需逐步恢复平衡，助力煤炭行业脱困，促进煤炭工业健康发展
《关于煤炭采掘企业增值税进项税额抵扣有关事项的通知》	财政部、国税总局	明确煤炭采掘企业增值税进项税额抵扣有关事项。煤炭采掘企业增值税进项税额抵扣自2015年11月1日起执行
《关于实行燃煤电厂超低排放电价支持政策有关问题的通知》	国家发改委等7部委	鼓励生产、运输、采购和使用优质商品煤，限制劣质商品煤，促进煤炭生产利用方式转变

2015年1月中旬，国家能源局、环境保护部以及工业和信息化部联合下发了《关于促进煤炭安全绿色开发和清洁高效利用的意见》，提出推进煤炭安全绿色开发和清洁高效利用，是煤炭工业可持续发展的必由之路，是改善民生和建设生态文明的必然要求，并提出了九大任务，设置了相应的保障措施，为煤炭行业转型指明了方向。

2. 煤炭需求低迷、产能严重过剩，未来一个时期形势依然严峻

受经济增速放缓、经济和能源结构调整的影响，近年来煤炭需求增速放缓，甚至2014年和2015年煤炭消费连续两年负增长，前些年的高速投资导致煤炭产能集中释放，2012年下半年以来煤炭供大于求的矛盾越来越突出，库存居高不下，煤价一路下跌，导致绝大多煤炭企业陷入亏损。我国目前生产煤矿实际产能在45亿t/a左右，约10亿t/a在建煤矿产能，2015年生产煤炭37.5亿t，进口煤炭2亿t，煤炭消费约39亿t，产能严重过剩。

中国经济进入新常态，能源需求增速放缓，加上大力发展非化石能源和天然气，控制煤炭消费总量和增速，煤炭需求已经或即将达峰。然而国内去产能难度大、需要较长的时间。主要受国内煤炭需求下降和煤价持续下跌的影响，煤炭进口连续两年下降，但主要煤炭进口国澳大利亚、印度尼西亚等煤炭生产成本低，出口竞争力较强，预测未来一个时期煤炭进口量仍然较大，对国内本已过剩的煤炭市场继续形成压力。因此，未来一段时期供大于求的形势依然严峻。

3. 生态环境和气候变化压力增大，受到社会广泛关注

当前中国矿区生态环境保护和治理水平与发达国家相比差距较大，在煤矿沉陷区治理、土地复垦、水资源保护、"三废"排放等方面历史欠账多，治理标准不高，治理水平低，加上我国煤炭开发规模大，而生态环境承载力低，环保问题日益严峻。随着经济发展进入新常态，我国将执行国家严格的生态环境保护和治理标准。2014年出台的

《环境保护法》，以及 2015 年中共中央、国务院《关于加快推进生态文明建设的意见》，将在法律、政策等层面推进矿区环境保护和治理。未来煤炭企业环境成本逐步内部化，环境投入增大，对本已陷入困境的行业和企业，挑战加剧。

目前我国是全球碳排放量最大国家，占全世界总排放量的 24%，其中 80% 以上的碳排放量是由燃煤贡献的。此外，全国持续的雾霾天气和高数值的 $PM_{2.5}$ 也引起了广泛的社会关注。2015 年初国家能源局、环保局和工信部联合下发了《关于促进煤炭安全绿色开发和清洁高效利用的意见》，旨在推动煤炭安全绿色开发和清洁高效利用。在此影响下，未来煤炭产业转型升级步伐持续加快，特别是发展煤炭洗选加工转化和综合利用、提升煤炭清洁高效集约化利用水平等方面将得到进一步发展，发展清洁能源作为煤炭转型的关键环节和重点方向。

4. 去产能、转型升级是煤炭企业生存和发展的需要

去产能是全行业今后一个时期改革发展，摆脱困境的重要任务。2016 年 2 月，国务院下发了"关于煤炭行业化解过剩产能实现脱困发展的意见"（国发〔2016〕7 号）指出，用 3~5 年时间，退出产能 5 亿 t 左右、减量重组 5 亿 t 左右。去产能将关掉一批技术装备落后且很难改造、煤质差、安全保障程度低、污染环境、严重亏损的煤矿，重组一批煤矿将改造提升其生产力水平，解决供大于求的矛盾，促进煤炭工业整体水平上一个台阶；同时，去产能将使煤矿生产要素富裕，生产要素在国内转移，或加快我国煤炭企业走出去步伐。

针对目前煤炭企业的困境，煤炭企业转型升级显得尤为重要和迫切。煤炭升级的目的是提高煤炭生产效率，降低生产成本，提高安全生产和环保水平的主要措施。其主要内容是简化煤矿生产系统，提高煤矿各环节技术装备水平。未来一个时期，大型煤矿向生产系统集约化、装备大功率、重型化、智能化，管理信息化、数字化发展，中小煤矿通过技术改造和设备更新，全面推行机械化开采。煤炭转型的目的是延伸价值链，抵御市场经营风险。近年来，煤炭企业向产业链下游延伸方面从技术层面和产业组织方面取得了很大进展，如在煤炭液化、气化等方面一些技术取得突破，一些示范工程取得成功，一些煤炭企业与煤电等下游产业融合规模化发展进展比较快，这些为今后煤炭企业转型提供的借鉴。

4.1.2　海外环境分析

1. 政治环境总体稳定，部分国家能源法律体系不健全、政府低效等问题产生制约

研究目标国多数保持相对稳定的政治环境，从而为外资进入及双边、多边贸易提供了良好的外部条件。其中经济高度发达的资本主义国家对外来投资者一直保持较高吸引力；处于政治深化转型时期的国家，在政治基本面保持稳定的同时，政权更迭频繁、各

种政治势力角逐不断，外来投资者易卷入不必要的政治纠纷中；也有少数国家如乌克兰，政党政治发展水平低下，社会动荡，东部持续武装冲突，停火进程曲折，国际势力多有涉入，无法保证政治稳定，投资及贸易合作均存在较高风险。因此，应慎重对待政治风险较高国家、严密观察存在潜在政治风险的国家。

政府低效问题对国际经济的影响，并不亚于政治环境风险。联合国、世界银行及区域性发展银行等组织都认同，低效问题是最应优先关注的紧迫问题。"一带一路"沿线大多数国家均不同程度的存在该类问题。如表 5.4.2 所示，世界银行所做的 2015 年政府机构效率性指数排名中，研究目标国除了澳大利亚排名 17 位之外，其余大部分皆在百名开外。研究目标国几乎都以矿业为支柱性产业，但大部分国家矿业行政管理混乱，政策法规多变，审批程序复杂，税费复杂繁多，给外资企业投资造成困扰。由于在政府部门办事花费时间较长，办成成本较高等因素，导致企业实际成本提高。特别是乌克兰国内政局不稳、乌兹别克斯坦计划经济色彩浓重，与国际接轨程度低，情况格外严重。因此，在对风险进行充分认知的基础上，一方面需将低效成本纳入企业计划成本当中，另一方面则需依靠投资担保机构合理规避风险。

表 5.4.2　目标国在世界银行《2015 政府机构效率性指数排名》中的排名情况

国家	政府机构效率性排名	国家	政府机构效率性排名
澳大利亚	17	哈萨克斯坦	103
蒙古	125	俄罗斯	109
印度	92	孟加拉	164
印度尼西亚	113	乌克兰	137
巴基斯坦	152	乌兹别克斯坦	155
越南	94		

2. 全球煤炭需求增长缓慢，未来一个时期煤炭供应充足，供大于求的状况将延续

（1）煤炭需求。在国际能源署（IEA）新政策情境下[①]，考虑到能效、低碳能源的使用，以及可能的碳排放费用等影响，IEA 预测 2013—2040 年（表 5.4.3），全球煤炭需求量年均增速为 0.4%，主要考虑到经济合作与发展组织（OECD）国家到 2040 年减少40% 左右煤炭使用，中国需求相对平稳，印度和东南亚较强的增长。预测到 2040 年，煤炭在全球能源结构中占比从当前 29% 下降到 25%。

（2）煤炭供应。中国是最大的煤炭生产和消费国，未来 5 年甚至更长时间，国内煤炭产能充足，后备资源和项目储备多。主观上希望减少进口、扩大出口。澳大利亚和印

---

① IEA 煤炭需求预测共分为 3 种情境，新政策情境使用更为广泛。该情境中已考虑未来各国政策可能的变化，如能源效率、温室气体减排、能源结构转型等因素。

尼是主要煤炭出口国，资源丰富，煤炭资源和储备的项目很多（包括勘查项目、可研阶段项目、在建新项目和改扩建项目等）。如澳大利亚此类项目约有80个，总产能超过5亿 t/a，印度尼西亚这类项目也有几十个。美国煤炭需求呈下降趋势，国内的过剩产能将向海外市场出口煤炭，蒙古、俄罗斯也有能力增加煤炭生产，有一定竞争优势扩大出口。尽管印度是煤炭需求增长的主要国家，但未来几年其增长量有限，加上本国煤炭增长的动力大，进口需求小于海外煤炭供给。本报告研究的其他几个国家，煤炭生产和消费不大，国际贸易量也不大，对煤炭市场影响不大。

根据表5.4.3，全球煤炭需求增长缓慢，未来一个煤炭供应充足，供大于求的状况将延续。

（3）煤炭贸易。IEA预测，到2040年，中国煤炭进口减少50%。预计印度将代替日本、中国成为全球最大的煤炭进口国，到2040年，超过400亿t标准煤进口，其中炼焦煤主要来自澳大利亚和莫桑比克，动力煤主要来自印度尼西亚、澳大利亚和南非。未来几年，国际煤炭市场的贸易格局不会有大的变化。

表 5.4.3　世界煤炭需求预测（单位：百万 t）

国家类型	国家或地区	2000年	2013年	2020年	2025年	2030年	2035年	2040年	2013—2040年	
									增量	年均增速/%
OECD国家	美国	762	617	526	484	436	402	398	-220	-1.6
	欧洲	481	449	398	337	275	223	192	-257	-3.1
	日本	139	173	159	147	141	130	118	-55	-1.4
	小计	1573	1470	1307	1182	1049	939	878	-592	-1.9
非OECD国家	俄罗斯	171	155	153	164	163	166	162	7	0.2
	亚洲	1320	3643	3944	4160	4422	4634	4778	1135	1.0
	中国	992	2932	2943	2957	2968	2932	2826	-106	-0.1
	印度	209	488	681	812	986	1163	1334	846	3.8
	东南亚	45	130	215	271	328	383	446	315	4.7
	非洲	129	148	161	175	191	220	259	111	2.1
	小计	1774	4143	4454	4692	4978	5253	5428	1285	1.0
全球总计		3347	5613	5762	5874	6027	6175	6306	692	0.4

注：OECD（Organization for Economic Co-operation and Development），经济合作与发展组织。

3. 产业配套能力、基础设施水平、金融环境制约部分国家煤炭行业发展

对于发展中国家，基础设施严重滞后、物流成本高企是制约其发展的最大瓶颈之一。研究目标国中，印度尼西亚、越南、印度、蒙古、乌兹别克斯坦、巴基斯坦、孟加拉该问题都较为严重。与之相比，乌克兰与俄罗斯的产业配套与基础设施情况略好。乌克兰继承了苏联发达的交通运输网路，铁路密度在欧洲也位居前列，不过该国公路存在资金不足、无法及时养护等问题。俄罗斯铁路、航空、水运有一定基础,产业技术水平较高,但地理环境复杂多变,公路交通落后,且基础设施多为元苏联时期建造,较为陈旧也缺乏有效养护。澳大利亚作为发达国家,是研究目标国中基础设施及产业配套条件最好的国家。值得一提的是,该国允许外国投资者在澳投资基础设施建设,政策也较为宽松。

有限的金融环境,是制约煤炭产业协同发展的另一重要问题。货币兑换障碍、汇率不稳、融资困难等不利条件,都将成为阻碍煤炭产业国际合作的重要经济障碍。

4. 多数国家煤炭产业都有通过技术进步推动产业升级的内生需求

虽然研究目标国都有着较为丰富的煤炭资源,但其中大多数国家采矿业的技术方法、手段落后,综采综掘技术普及率低,矿井综合程度较低,采矿技术亟待提升。很多国家因火力发电带来的空气污染问题,也十分关注煤炭转化利用发电方面的先进技术。其中,以印度、印度尼西亚与越南在此方面机会较多。越南目前所有煤矿规模小,开采技术落后,机械化采煤是未来发展趋势。中国大型煤炭企业可以发挥现代化矿井建设施工和先进采煤机械化装备优势,拓展在越南的现代化矿井建设和煤炭开采合作项目。中煤能源集团承担越南广宁省 300 万 t/a 煤矿井筒建设项目工程,井筒施工能力和施工质量在越南广受赞誉,许多政府机构和公司到该施工现场参观学习。该矿还计划引进中国综采成套设备。

5. 各国加大环境管理力度、注重环境法律法规建设,煤炭产业相关环保政策日趋严格

近年来,各国政府和普通民众都日益重视环境保护、绿色发展问题,随之而产生的环境保护法律法规较多且力度加大,各国均有专门监督执行环境保护政策的国家级环境主管部门和有针对性的环境保护政策,并有大量针对煤炭产业的限制性政策(表5.4.4)。

表 5.4.4　三国煤炭行业最关心的技术问题及技术输入所面临的困难

国家	目标国最关心的技术问题	技术输出所面临的主要困难
印度	1. 技术最大难题为对高分灰分煤的选采与品质改善; 2. 由于进口煤量大幅增加,本国煤与进口煤的混合使用技术; 3. 开展褐煤利用技术。	1. 印度国内对采用新技术态度保守,审查严格,批复周期长; 2. 与环境相关的技术目前并不普及,今后随着环保政策的严格,引入煤炭采掘等技术可能会有障碍; 3. 融资成为引入新技术的主要障碍。
印度尼西亚	1. 低品位煤炭开发利用技术; 2. 火力发电厂污染物排放技术; 3. 超(超)临界(USC)技术。	1. 如果引入低品位煤炭开发利用技术,要格外注意成本计算和效益回收; 2. 取得建设用地非常困难,可能会造成技术实施的障碍; 3. 脆弱的输配电系统和融资难是技术输出的最大困难。
越南	1. 无烟煤专用亚临界技术; 2. 超(超)临界技术; 3. 脱硫、脱硝、脱尘技术; 4. 越南自产煤与进口煤的混合使用技术。	1. 超(超)临界技术导入过程中,要格外注意成本计算和效益回收; 2. 需要研究越南自产煤与进口煤混合使用技术能否为技术输出方带来效益。

然而各国经济发展水平不同，环境制度设计也有所差异，利益也诉求呈现多元化态势。如澳大利亚这样的发达国家，是世界上最早出台环保法律的国家之一，政府对环保非常重视、民众具有强烈自觉地环保意识。而印度、印度尼西亚、蒙古、越南等发展中国家，对环境法律建设则日趋重视。近年来蒙古依靠矿业发展经济，环境遭到一定程度破坏，为此蒙古议会和政府通过了一系列法律法规，对矿产资源开发行业矿区环境保护和恢复，对矿区附近水源和森林地保护行为进行了严格规范，先后出台了《蒙古矿产法新版》《环境保护法》《环境影响评估法》等相关法律。印度尼西亚在 1997 年的制定了《环境保护法》，并与 2009 年进行了修订，加强了主管部门的权限，指定了环境影响评估标准 "AMDAL"，进行煤矿开发必须要得到 "AMDAL" 的评价许可与承认。印度尼西亚煤炭政府还对煤炭开采运输中存在大气污染、道路河流污染以及采矿时的酸性矿井水做出规定，如禁止运煤车辆使用高速公路，运煤船只只允许在一日的规定时间内通过主要河流干道，开矿前必须确立酸性矿井水处理方式并上报给环境主管部门等。印度环境森林部将印度 43 个地区规定为高污染地区在该区域内冻结一切新建项目计划，也包括煤炭项目。所有新项目必须要到当地的公害管理部门重新提出申请并提交环保报告，否则不予开工允许。在印开矿或相关工厂必须完成环境评审流程。越南国内工程开工前，必须经过严格的环保审查（环境标准体系主要包括周边环境质量和废弃物排放环保标准），并定期对环保情况进行检查，不达标则停工整顿并接受处罚。该国还对企业征收环境保护税。哈萨克斯坦、乌兹别克斯坦、乌克兰、俄罗斯作为前独联体国家，碰到了环境问题类似，采取的措施也有相同之处，矿产勘探开采也需要环境评估，矿区的大气、水体受到法律保护。这些，都是所在国煤炭产业发展中必须面对的挑战。

4.2　思路及发展目标

4.2.1　思路

以 "一带一路" 倡议为契机，坚持优化布局、集约开发、绿色开采、安全生产、清洁利用的方针，发展大型煤炭企业集团，建设大型煤炭基地；以 "两种资源、两个市场" 为主线，以国际自由贸易规则为基础，以资源开发和资本运营为核心，鼓励国内煤炭企业及相关市场主体，围绕煤炭产业链的各个环节，从勘探设计、基本建设、生产开发、转化利用、市场开拓、物流运输、装备制造、基础设施等领域，积极参与 "一带一路" 沿线国家煤炭产业合作，实现 "一带一路" 区域国内国外煤炭产业的协同开发，为 "一带一路" 倡议的实施提供能源与化工原料保障，提升我国在国际煤炭产业体系中的话语权和影响力。将遵循以下开发原则：

（1）互利共赢（优势互补，互惠互利）；

（2）因地制宜（资源和产业发展特点）；

（3）产业升级（产业梯度、产业转移）；

（4）协同开发（协同效应，耦合相应）；

（5）多元发展（区域多元化、开发主体多元化、业务多元化）。

4.2.2 发展目标

通过"一带一路"区域国内国外煤炭产业上下游的协同开发，充分发挥煤炭产业链国际化发展的耦合效应，在"一带一路"沿线国家建设若干煤炭生产、转化、利用和销售基地，初步构建煤炭产业区域化的资本运营平台，开拓周边国家的新型煤炭市场，形成煤炭勘探、开发、转化、利用、物流、贸易、金融一体化的产业网络；增强我国海外稀缺煤炭资源的优化配置能力，增加我国在海外煤炭市场中的份额，提升国际煤炭产业资本的运营能力；培育若干具有国际竞争力的跨国煤炭企业集团，培养一批熟悉国际化经营的产业人才，提高中国煤炭产业的国际竞争力，推动区域内煤炭产业的转型和升级。

西部 7 省（区）2025 年煤炭产量 22.7 亿 t，消费 11.9 亿 t，外运 10.8 亿 t，煤炭及下游产值超过 1.5 万亿元、比 2014 年增长 23%、新增就业机会 14 万人；2035 年煤炭产量 23.5 亿 t，消费 12.3 亿 t，外运 11.2 亿 t，煤炭及下游产值达到 1.6 万亿元，比 2025 年新增就业机会 1 万人。

2025 年前后，在澳大利亚、印度尼西亚、越南、巴基斯坦、孟加拉国等 5 国实现资源开发布局，向乌兹别克斯坦、哈萨克斯坦、越南、印度尼西亚、印度等 5 国规模化输出工程技术与装备制造，参与到印度、巴基斯坦、孟加拉国、蒙古、越南、澳大利亚、印度尼西亚等 7 国贸易与物流，向澳大利亚、印度、蒙古、印度尼西亚、越南、俄罗斯等 6 国围绕煤炭及加工转化产业实现资本输出。

4.3 国内布局分析

我国煤炭消费已达或接近峰值，未来煤炭需求保持稳定或增长缓慢，煤炭产能严重过剩，未来一个时期，煤炭产业战略布局应以去产能、调结构、促升级为重点，西部 7 省（区）也是如此，只是侧重点不同。

4.3.1 内蒙古

1. 加强能源基地地位

内蒙古煤炭资源以绿色资源居多，以建设国家清洁能源输出基地为目标，优化内蒙古煤炭开发布局，加强内蒙古作为国家能源基地的地位，加大环保煤炭比重。提升鄂尔多斯作为国家商品煤基地、煤电和煤化基地的地位，加强动力煤洗选设施建设，提高原煤入选比重，提高输出商品煤质量，根据市场需求、水资源情况、环境承载力稳妥高起点建设煤电和煤化项目；蒙东地区暂缓开发新矿区，已开发开区应与煤电项目做好衔接，支持煤电一体化或联营。

2. 稳定煤炭生产规模

未来一个时期，全区煤炭生产规模应控制在11亿t/a左右，根据市场需求灵活安排生产，原则上不再建设新矿井。区内新建的煤电、煤化工等项目，原则上利用已有煤矿和在建煤矿产能满足，或通过产能置换建设新矿。内蒙古计划通过采取有序退出、减量置换、资源整合、兼并重组、优化升级等途径，用3~5年时间淘汰60万t/a以下煤矿，削减产能1.2亿t，有效化解过剩产能。关闭一批煤矿，主要是阿拉善盟、乌海、包头等地区资源枯竭、扭亏无望的煤矿，东胜煤田浅部资源枯竭、成本高、煤质差的煤矿；蒙东一些开发历史长、扭亏无望的煤矿；一批违规在建煤矿应停建和缓建，坚决遏制煤矿超能力生产，全区应协商控制煤炭产量，保持合理煤价，促进全区煤炭行业健康发展。

3. 优化煤炭生产结构

推进煤炭高效开采，依靠科技进步和技术创新，进一步改善和提升煤矿生产面貌和技术装备水平；加强煤矿技术改造，简化生产系统，采用先进适用技术装备，减少井下人员；加强管理，推行社会化服务，精简地面人员，提高煤矿劳动生产率，降低生产成本；建设一批数字化矿山，一批自动化工作面，采煤机械化程度达到100%，生产效率继续提高，百万吨死亡率继续下降。加强煤矿绿色开采，保护生态环境；提高矿井沉陷土地治理率、露天煤矿复垦率，严格煤矿"三废"达标排放，提高矿井水、可利用洗矸利用率，加强煤矿其他共伴生资源利用水平。积极推进煤矿企业兼并重组，淘汰落后产能企业。推动煤炭企业与电力、化工企业并购重组，组建2~3家区属亿吨级能源企业集团，力争区内煤炭生产企业数量减少到60家以内。

4. 稳妥推进煤炭转化和利用

科学有序推进现代煤化工产业化升级发展，积极稳妥实施煤制油、煤制天然气、煤制烯烃等现代煤化工在建项目。根据市场需求，稳步建设蒙西—天津南、上海庙—山东、锡盟—山东、锡盟—江苏等特高压线路和配套电源项目。

4.3.2 陕西

1. 优化能源基地布局

坚持"有进有退、分类实施"思路，继续推进煤炭开发战略北移，大力发展陕北基地，重点建设榆神、榆横矿区千万吨级高产高效现代化矿井集群，优化煤炭产业布局，打造陕北国家级能源化工基地。适度建设关中彬长、永陇矿区，合理安排煤电、煤炭深加工项目，建成关中重要的能源接续区。加快实施渭北老矿区关停、资源整合和企业兼并重组工作，有序地推进资源枯竭型地区转型发展。

2. 稳定煤炭生产规模

未来一个时期，全省煤炭生产规模应保持现有的水平 6 亿 t/a 左右，原则上不再建设新矿井。煤炭生产总量根据市场需求确定。区内新建的煤电、煤化工等项目，原则上利用已有和在建煤矿产能满足。陕南地区逐步退出煤炭生产，加大渭北老矿区落后产能淘汰进度。竞争力弱的在建煤矿宜缓建，违规在建煤矿应停建，严厉禁止违规生产和超能力生产。

3. 调整煤炭生产结构

通过优化煤炭开发布局，调整生产结构，未来几年，全省煤矿力争全部实现采煤机械化。重点推进无人综采工作面建设，打造智慧型矿山，实现陕北地区煤、油、气等资源协调开采和保水采煤技术突破。积极推动煤炭资源"三个转化"，提高综合利用水平，实现煤炭工业安全绿色集约高效发展。培育壮大陕煤化集团、陕西能源集团、陕西榆林能源集团、延长集团等省属企业，形成神华集团、陕煤集团 2 个亿 t 级煤炭企业，陕能、榆能 2 个 5000 万 t 级煤炭企业，延长集团、彬煤 2 个 2000 万 t 级煤炭企业。

4. 稳妥推进煤炭转化和利用

重点发展规模效益好、技术领先的现代煤化工产业，重点建设神华榆林 60 万 t 烯烃、神华榆林循环经济煤炭综合利用项目、华电榆横 60 万 t 煤基芳烃等项目。稳妥推进陕西榆横—山东潍坊、神木—河北输电通道和电源项目建设。

4.3.3 甘肃

1. 优化煤炭布局

稳妥建设陇东煤炭基地，实施大煤矿、大企业、大通道和大转化战略，坚持统一规划、有序实施、输出与就地消纳并举，合理安排煤炭开发与转化布局，根据水资源、生态环境承载能力，稳步推进矿区坑口煤电集群建设，与煤炭、煤电外输通道衔接，建设陇东清洁煤炭转化基地。在河西和中部小煤矿集聚地区，继续加大对小煤矿的清理整顿力度，加快淘汰落后生产能力，进一步减少小型煤矿数量。鼓励企业应用轻型综合机械化采煤工艺和技术，对中小型煤矿进行工艺技术改造，逐步提高机械化水平。做好窑街、靖远煤业等老企业转型。

2. 调整煤炭生产结构

未来几年，全省煤炭生产能力应稳定在 6000 万 t/a 的水平，原则上不再开工新矿井。加强生产煤矿技术改造，实现煤炭工业向高端、智能化、安全、高效、绿色转型。甘肃计划用 3~5 年退出煤炭产能 1000 万 t。对具备改造条件的，采用轻型综合机械化采煤工艺和技术,对中西部小型煤矿进行工艺技术改造,逐步提高机械化水平。密切关注煤炭市场需求,妥善处理在建煤矿施工进度,对缺乏竞争力的煤矿应采取停建、缓建措施。

3. 稳步推进煤炭转化利用

稳步推进陇东煤电化基地建设,走"煤、电、化"一体化的循环利用道路,打造煤电冶、煤化工循环产业。在陇东和河西地区以园区化、循环化方式发展煤化工产业,以已建成的华煤 60 万 t 甲醇项目为依托,继续向下游聚丙烯、烯烃产品延伸,推进晨旭 40 亿煤制气、华煤 20 万 t 聚丙烯、平凉华泓汇金 70 万 t 烯烃等项目建设。争取把陇东列入国家大型煤电外送基地,研究论证陇东—江苏徐州特高压输电线路可行性。

4.3.4　宁夏

1. 优化煤炭布局

宁夏可供开发的资源比较有限,坚持"节约开发、就地转化"原则,利用建设宁东能源化工基地产业集群优势,适度开发宁东煤田,结合煤电、煤化工项目布局,建设鸳鸯湖、马家滩矿区,依法合规组织生产;适时推进积家井、红墩子、韦州矿区建设。控制贺兰山煤田生产规模,高回收率开采宝贵的无烟煤、主焦煤资源,提高安全生产水平。控制开发宁南煤田、香山煤田,满足当地用煤需求,提高技术水平和安全保障能力。提升马家滩、盟城等矿区地质工作程度,在中卫、盐池等地完成地质调查工作,争取发现一批新的资源。

2. 调整煤炭生产结构

未来几年原则上不开工新井,煤炭生产维持在 1 亿 t 左右。根据市场需求稳步推进麦垛山、双马一矿、永安矿、韦一矿、红一矿、红二矿等建设;做好马儿庄、韦三、窑山、月儿湾、红三等 9 个大中型煤矿前期准备。实施煤矿安全绿色开采、煤炭资源保障、煤炭科技创新工程,推进宁夏煤炭工业从粗放式开采向精细化节约开采转变、从规模扩张向内涵增长转变、从规模示范利用向高端深加工转变,提升宁东国家级能源化工基地的发展水平。充分利用当前及今后一段时间煤炭市场疲软的有利时机,大力推动煤炭企业兼并重组和资源整合,不断提升产业集中度,力争神华宁夏煤业集团煤炭产能突破 1 亿 t/a。

3. 加快实施煤炭转化利用

精心组织宁煤 400 万 t/a 煤炭间接液化项目生产,积累经验;继续加快宁煤 100 万 t/a 煤泥综合利用项目,适时开工建设宁煤煤制油二期 400 万 t、宁煤沙比克 100 万 t 精细化工等项目;加快推进宁东—浙江特高压通道和配套电源项目建设。

4.3.5 新疆

1. 控制煤矿建设节奏

"十二五"初期新疆煤矿开发过热，生产和在建煤矿规模超过 3 亿 t/a，远远大于市场需求，未来一个时期原则上不需要开工新井。坚持"以需定产、有序实施"原则，按输出与就地消纳并举，有序建设准东、吐哈基地；以满足当地需求和转化为目标，合理建设伊犁、和丰—克拉玛依、库拜基地。准东基地以发展大型煤电、示范性现代煤化工为主，重点开发五彩湾、大井、西黑山矿区。吐哈基地以"疆煤外运"为主，适度发展煤电，重点开发三塘湖、淖毛湖、大南湖西区矿区。伊犁基地以发展煤化工示范项目为主，实施煤炭就地转化，重点开发伊宁矿区。

2. 调整煤炭生产结构

小煤矿多是新疆煤矿的显著特点之一，占生产煤矿产能的 30%，应加大淘汰力度。在准噶尔、吐哈、伊犁等资源条件好的煤田按照一个矿井一个工作面或不超过两个工作面的模式，重点建设技术工艺先进、装备水平一流、安全保障可靠、资源利用率高、矿区环境优良的千万 t 级特大型现代化骨干煤矿，在阜康、阿艾、拜城、和什托洛盖等矿区重点建设大型安全高效现代化矿井。提高集约化生产水平，争取建成 1 家亿 t 级企业，产业集中度显著提高，形成以大型煤炭企业为主体的办矿格局。新疆煤炭市场不确定性较大，煤化工、外送电用煤是重头戏，受国际原油价格、中东部用电需求影响大，煤炭需求量在 2 亿～2.5 亿 t。

3. 稳步推进煤炭转化利用

新疆是国家煤制气的主战场，综合考虑市场需求和新疆煤化工项目建设情况，慎重推进准东、伊犁等地 12 个煤制气项目，有序推进甘泉堡、伊犁等地煤制油和准东 2 个煤制烯烃项目。电力外送方面重点推进已开工的准东—皖南特高压通道建设，研究准东—成都、准东—江西等通道的可行性与经济性，择机推动建成。

4.3.6 云南

1. 优化煤炭布局

坚持"整合提升、加快淘汰"原则，以重点项目为支撑，根据市场需求和落后产能退出情况，实施建设富源老厂、昭通褐煤矿区、开远小龙潭褐煤矿区、镇雄—威信无烟煤矿区的大中型煤矿；加强现有骨干矿井改造力度，提高大中型煤炭企业的市场占有率和安全保障的有效供给能力。其他区域以整合改造小煤矿为重点，坚决依法关闭不具备安全生产条件、非法开采、破坏环境和浪费资源的煤矿，大力推进煤炭资源整合，控制矿井数量。

2. 调整煤炭生产结构

云南省煤炭产能应稳定在 1 亿 t/a 左右，主要保障本省市场需求。根据当地市场和转化项目需要，采用能力置换方式，在恩洪、老厂、镇雄等资源条件较好的矿区适时开工一批大中型煤矿，不断调整优化煤炭结构，提升产业集中度，提高煤矿生产效率、资源回收率和安全生产保障能力，推动云南煤炭工业转型升级。针对小煤矿集中、地质条件复杂、自然灾害严重等情况，应加大技术改造和整合关闭力度，首先是逐步淘汰 9 万 t 以下煤矿，最终实现小型煤矿全部采用正规的壁式开采。培育 2~3 个煤炭产量 1000 万 t 以上的煤炭企业，煤炭产量达到 3000 万 t 以上，占总产量比例 30% 以上，大中型煤炭企业和骨干煤矿的市场占有率力争达到 70%。

3. 稳步推进煤炭转化利用

根据市场需求继续推进褐煤综合利用，研究开展蒙自盆地褐煤地下气化。由于水电资源丰富，开发潜力大，云南"十三五"煤电增长空间十分有限。

4.3.7 贵州

1. 优化煤炭布局

坚持"适度建设、加快淘汰"原则，以市场为导向，引导优先开采优质煤炭资源，少采或禁采煤质差、地质条件差、开采成本过高的煤炭资源，并保护开采稀有煤种，重点建设盘江、普兴、水城、六枝、织纳、黔北等国家重点规划矿区，加快兼并重组，建成一批大型煤炭企业集团和安全高效现代化大中型煤矿；对资源条件差的铜仁市、黔东南州和其他市（州）的部分县区实施煤矿逐步淘汰退出，探索并建立煤炭企业退出机制，引导煤炭开发及利用相关联企业进行兼并重组，提高产业集中度。

2. 调整煤炭生产结构

贵州省小煤矿数量多，煤炭产能大，应按照市场需求，加大去产能力度，贵州计划用 3~5 年时间，关闭退出煤矿 510 处，压缩煤矿规模 7000 万 t。为保持供需基本平衡，产能应稳定在 2 亿 t/a 左右。未来几年，关闭一批落后产能、重组一批煤矿、改造一批煤矿是贵州煤炭工业的重点，大幅减少煤矿和煤炭企业数量，全面提升煤矿生产力水平和安全保障程度，形成 1000 万 t/a 以上规模煤矿主体企业 2 家，500 万 t/a 以上规模煤矿主体企业 10 家。

3. 稳步推进煤炭转化利用

根据市场需求，稳步推进渝富能源贵州 600 万 t 间接煤制油一期、中国石化贵州织金一期 60 万 t 聚烯烃项目、中国石化贵州织金二期 40 煤制气项目等项目建设进度。贵州是"西电东送"南通道的重要组成部分，加上"黔电入粤"，煤电有一定增长空间。

4.3.8　西部煤炭产业发展对区域贡献

1. 煤炭占一次能源比重将长期在 50% 以上，中国发展仍离不开煤炭

我国化石能源中煤炭探明储量占 94%，富煤、贫油、少气的能源资源国情决定煤炭作为我国主体能源的地位，在较长一段时间内短期不可动摇，到 2030 年，煤炭占一次能源的比重仍然在 50% 以上。为紧跟世界低碳能源发展趋势和应对我国气候和生态环境压力，国家提出了宏伟的可再生能源发展规划，但已经遇到了输送、补贴等很多问题。2015 年前，可再生能源补贴资金累计缺口在 400 亿元左右，2020 年当年可再生能源电价补贴需求约 1800 亿元，届时应收尽收当年可再生能源资金规模约 1050 亿元，存在较大差距。若可再生能源发展达不到预期，还得靠煤炭补缺。

2. 西部 7 省（区）煤炭产量比重将达到 70%，西移是中国煤炭工业发展方向

东部经过多年高强度开采资源趋于枯竭，中部开发规模偏大面临严峻的生态环境问题，西部还有丰富的资源，"十三五"国家煤炭工业发展总体思路是东部缩减、中部稳定、西部酌情增加，煤炭开发布局西移是大势所趋。相对于东中部，总体上西部不仅资源丰富，还有开采条件好、生产成本低等先天优势，适合建设大型、特大型安全高效数字化煤矿，是提升我国煤炭工业生产力水平的重要渠道。根据全国产销平衡，预计到 2025 年西部 7 省（区）煤炭产量 22.7 亿 t、调出 10.8 亿 t，2035 年产量 23.5 亿 t、调出 11.2 亿 t，产量比重、消费量比重和调出量持续增加，西部 7 省（区）煤炭产业在全国地位更加突出，见表 5.4.5 和图 5.4.1。西部的鄂尔多斯、榆林、宁东、准东等大型煤田以低灰低硫煤为主，为改善东中部大气环境质量，需要这些区域提供更多的煤炭。

表 5.4.5　西部 7 省（区）煤炭生产消费调运预测（单位：万 t）

省（区）	2014 年			2025 年			2035 年		
	产量	消费量	净调量	产量	消费量	净调量	产量	消费量	净调量
全国	387400	411800	-24400	390000	410000	-20000	350000	370000	-20000
陕西	52200	18387	33813	60000	23000	37000	62000	24000	38000
内蒙古	99221	30466	68755	105000	36000	69000	110000	36000	74000
宁夏	8563	6857	1706	10000	10000	0	10000	10000	0
甘肃	4753	6716	-1963	6000	7000	-1000	8000	8000	0
新疆	14520	12631	1889	20000	18000	2000	25000	20000	5000
云南	4741	8675	-3934	9000	10000	-1000	7000	10000	-3000
贵州	18508	13280	5228	17000	15000	2000	13000	15000	-2000
小计	202506	97012	105494	227000	119000	108000	235000	123000	112000
占全国比重 /%	52.27	23.56		58.21	29.02		67.14	33.24	

注：净调量为正数，代表该值为净调出量；净调量为负数，代表该值为净调入量。

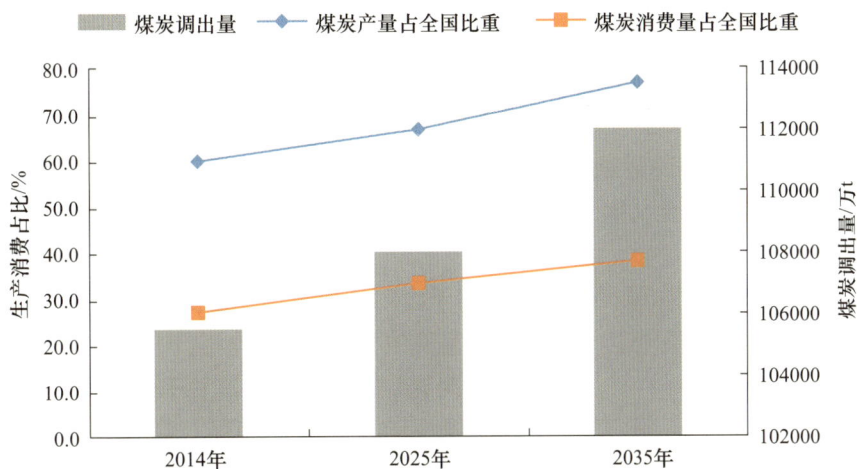

图 5.4.1　西部 7 省（区）煤炭生产消费占比及调出情况

3. 西部 7 省（区）煤炭及下游产值将超过 1.5 万亿，仍是拉动经济的重要支柱

当前煤炭及相关产业对西部 7 省（区）经济发展的贡献相当大，2014 年煤炭、煤电、现代煤化工总产值 1.22 万亿，占 7 省（区）GDP 的 16%，其中宁夏、内蒙古、贵州比重均超过了 20%，特别是宁夏和内蒙古两区，其 1/3 和 1/4 的 GDP 靠煤炭及下游产业拉动，可以说这两个自治区离开煤炭，其经济发展是难以想象的。在未考虑物价上涨等因素情况下，预计到 2025 年，西部 7 省（区）煤炭及下游产值将超过 1.5 万亿元，至 2035 年将进一步达到 1.6 万亿元，虽然占 GDP 的比重分别下降到 8% 和 5.5%，但考虑拉动乘数效应，煤炭及下游产业仍是西部经济发展的重要支柱，见表 5.4.6。

表 5.4.6　西部 7 省（区）煤炭及下游产值预测

省（区）	2014 年				2025 年				2035 年			
	煤炭产量/万 t	煤炭及下游产值/万 t	GDP/亿元	比重/%	煤炭产量/万 t	煤炭及下游产值/万 t	GDP/亿元	比重/%	煤炭产量/万 t	煤炭及下游产值/万 t	GDP/亿元	比重/%
新疆	14520	659	9273	7.1	20000	1361	22400	6.1	25000	1512	33157	4.6
甘肃	4753	570	6837	8.3	6000	731	16300	4.5	8000	835	24128	3.5
内蒙古	99221	4740	17770	26.7	105000	5577	43300	12.9	110000	5577	64095	8.7
宁夏	8563	887	2752	32.2	10000	1424	7000	20.3	10000	1424	10362	13.7
陕西	52200	2906	17690	16.4	60000	3715	43600	8.5	62000	3877	64539	6.0
贵州	18508	2023	9266	21.8	17000	1998	27400	7.3	13000	1998	40559	4.9
云南	4741	458	12815	3.6	9000	723	34300	2.1	7000	723	50772	1.4
合计	202506	12242	76403	16.0	227000	15528	194300	8.0	235000	15946	287611	5.5

注：煤炭及下游产值指煤炭、煤电、新型煤化工总产值。

4. 2035 年前可至少新增 14 万人就业, 进一步促进西部劳动就业改善

未来随着西部 7 省 (区) 区域内煤炭生产和消费量的进一步增加, 就业人数随之增长。若近期西部煤炭产量增加新增就业人数与淘汰落后产能减人相抵, 煤炭转化利用可至少创造 14 万个就业机会, 其中 2025 年前煤炭发电可带来 9.36 万人的新增就业岗位, 煤化工产业预计将增加就业岗位 3.81 万个; 2035 年前综合考虑煤炭减人、煤电和煤化工项目的进一步增加, 预计可进一步新增就业 1 万人左右。此外, 与煤炭相关的其他配套产业, 如装备制造、资源综合利用、土地复垦、生态修复、物资物流等发展方兴未艾, 也将创造出大量就业机会。更重要的是未来西部 7 省 (区) 煤炭及相关产业主要体现在升级发展, 将逐步成为安全高效的科技密集型产业, 在用工方面, 通过机械化换、自动化、智能化减人, 工效得到不断提高, 从业人员的劳动技能及产业素质必将得到大幅提升, 这将有效带动西部 7 省 (区) 产业工人队伍的结构优化及整体素质提升。

5. 带动科技和环境软实力提升, 转型升级后西部煤炭工业贡献更大

能源革命不是革煤炭的命, 是煤炭工业要革命, 西部是进行煤炭革命的主战场, 有转型升级发展的诉求和机遇, 主要体现在以下几个方面: 一是推动技术水平升级, 在煤炭产业通过供给侧改革淘汰落后产能的同时, 对具备条件的煤矿加强机械化、信息化改造升级, 生产效率和安全生产能力得到进一步提高, 成本更低, 竞争力更强; 二是加强矿区生态环境治理, 以神东矿区为例, 通过生态环境补偿与修复, 推动区域生态环境改善, 扭转环境恶化趋势, 特别是西北五省生态环境与资源开发的现实矛盾有望得到极大缓解; 三是促进产业协同发展, 通过加大煤炭、煤电、煤化工上下游之间产业融合, 建立起互补、长效的利益共享、风险共担机制, 从产业链深度挖掘提升效益, 实现煤炭产业由数量速度型向质量效益型转变, 能够提升整体经济效益。西部 7 省 (区) 煤炭产业转型升级不仅带动区域劳动就业和经济增长, 还通过科技进步与示范带动全国其他地区煤炭发展, 对全国煤炭工业发展和经济增长都将发挥更大作用。

4.4 海外布局分析

4.4.1 海外区域煤炭及相关产业需求分析

基于现状和环境分析, 对前述 11 个国家未来的煤炭及相关产业需求做出如下分析, 如表 5.4.7 所示。

1. 印度

为支撑其经济及重化工业的高速发展, 对煤炭的需求急剧增长, 急切需要推动煤炭产业的快速发展。由于印度拥有大量的煤炭资源储备, 这些储备将在未来的时间内承担传统能源的主要供给地位。未来发展方向将是加大市场布局, 积极进行资本布局。印度

国内的人均能源消费量为 0.5toe，相较于世界平均的 1.9toe 的水平仍存在较大的差距，这也表明印度在未来在能源消费上仍然存在较大的潜力。世界人均成品钢材消费量为 215kg，中国达到了 460kg，而印度的人均成品钢消费量仅为 55kg。为了实现工业化，印度钢铁业仍有很大发展潜力，将带动国内煤炭特别是焦炭行业的发展。印度作为世界第二大水泥生产国，在生产水泥的过程中需要大量的能量，而煤炭则保证了其生产的能量供给。此外印度煤电造成的严重大气环境污染，使其十分关注煤炭转化利用和清洁发电方面的先进技术，这给我国超低排放火电技术的推广带来巨大发展空间。

表 5.4.7 "一带一路"区域国家煤炭及相关产业需求分析

	资源	市场	贸易	装备制造	火电	资本
印度		■			■	■
巴基斯坦		■				
孟加拉国		■		■		
印度尼西亚			■	■		
越南				■	■	
蒙古	■					
哈萨克斯坦						■
乌兹别克斯坦						■
俄罗斯						■
乌克兰						
澳大利亚	■		■			

注：灰色块表示该国有此需求。

2. 巴基斯坦、孟加拉国

两国大比例的依靠油气发电，致使电力结构严重不合理，而随着经济和社会发展带来的需求增长，电力供应严重短缺。两国都有迫切改善电力供应现状的要求。未来发展方向一是将其作为国际煤炭贸易的重要目标市场，二是作为输出技术和装备，参与当地的煤矿建设和煤电一体化经营的重要目标国。

3. 印度尼西亚、越南

两国煤炭资源较丰富，煤种齐全，开采条件相对简单，煤炭开采技术和装备处于一般水平，煤矿规模普遍不大，煤炭出口主要面向东亚经济体。国内能源需求增长强劲，政府有计划增加煤炭消费比重，并重点发展燃煤发电。为满足国内日益增长的电力需求，印度尼西亚政府启动新一期电力发展规划，计划在未来 5 年内建设 3500 万 kW 的电站项目，并发展 4 万 km 的电网。这些，都为未来输出技术装备和服务，参与当地的煤矿建设和煤电一体化经营。

4. 蒙古、哈萨克斯坦、乌兹别克斯坦

蒙古、哈萨克斯坦煤炭资源储量相对丰富，煤炭在两国能源消费结构中占支配地位，乌兹别克斯坦政府也有计划提高煤炭使用量以降低天然气在发电结构中的比例，解决天然气短缺问题。三国煤炭产业技术装备均欠发达，资金支持面临严重短缺，煤炭产业现有投融资渠道有限。另外，哈萨克斯坦资源勘探能力有限，制约了该国煤炭产业发展。应通过输出我国成熟的开采装备，积极介入三国煤矿和基础设施建设和资源勘探服务，同时通过资本布局，以独立发电者（IPP）投资、取得当地企业（矿山）部分（全部）股权、与当地企业成立合资公司等多种形式布局当地煤炭企业，降低潜在投资风险。

5. 俄罗斯

资源储量巨大，但国内对煤炭的需求相对不大，煤炭主要用于出口，开采权较集中。基于许多矿区都位于开发程度低的高寒地区，生产及运输成本高，加之我国能源企业过往对俄罗斯的投资经验和投资该国面临的实际政策风险，应谨慎布局，通过与西方能源企业合组开发体的形式进入当地市场。

6. 乌克兰

乌克兰的煤炭资源及煤炭产业重点在第聂伯河以东。由于该国目前局势动荡，东部更为严峻，正处于美俄欧等全球角力的地缘政治焦点，且法律政策以及投资准则与国际规则、通行标准、国际惯例有较大差异，暂时不宜作为开发目标区域。

7. 澳大利亚

煤炭资源丰富且国家政局稳定，一直是世界重要的煤炭出口国，煤炭产业呈多头垄断格局，行业内并购交易活跃，技术装备水平处于国际一流水平。我国能源企业积极在该国布局稀缺煤种资源，做大煤炭贸易，通过澳大利亚发达、成熟的资本市场，积极开展资本运作，以多种形式布局该国煤炭产业。

4.4.2 我国煤炭产业实施"一带一路"倡议的优势

1. 技术与装备优势

中国煤炭勘探、开发、利用及深加工等方面的技术和装备制造技术成熟，主要大型煤炭企业已经建立了以企业为主体、产学研结合的煤炭科技创新机制，装备制造水平，工程服务质量部分已达世界领先水平。我国在煤炭开采的工程技术与装备方面积累了丰富的经验，形成了完善的技术和装备体系。我国煤炭企业拥有大型露天矿、超千米深部井工矿的煤矿开发建设能力和技术装备实力，能够运用世界领先的高度自动化、智能化采掘通运技术装备进行生产。西部5省（区）建成了一大批千万t级安全高效煤矿，机械化程度、信息化水平、煤炭开采工艺、原煤生产效率、安全生产水平等指标与世界先进煤矿处于同一层次。我国拥有高中低端煤机制造能力，特别是大型露天矿、千万吨井工矿的生产装备和安全监控装备、调度通信装备等目前已几乎全部实现国产化。我国煤炭企业已经实现煤炭洗选装备完全国产化，有能力组织大型洗选厂的建设与生产。在煤电污染物超低排放领域，我国拥有自主知识产权的 60 万、100 万 kW 级机组的相关技术处于世界领先地位。我国煤直接液化、煤制烯烃等煤炭转化技术也居于世界前列，掌握了低成本煤制油、煤制烯烃催化剂核心技术。

2. 人力资源优势

截至 2015 年末，我国煤炭产业从业人员人数达 465 万人，煤炭从业人员整体素质不断提高，煤炭行业从业人员中拥有高级技术职称的人数快速增加。从 2003 年到 2008 年，东部地区煤炭行业从业人员中高中及以上学历人员占比由 34.4% 提高到 44%，中部地区的由 35.3% 增加到 41.1%，西部地区的由 31.2% 增加到了 33.3%。而且，通过多年的煤炭产业"走出去"，初步培养了一批国际化的煤矿、技术管理人才和建设队伍，有利于在"一带一路"沿线国家进行煤炭企业的经营和管理。

3. 产业资本优势

我国煤炭行业产业资本资金实力雄厚。自 2006 年以来，我国煤炭行业投资累计 3.6 万亿元。其中，黄金 10 年煤炭行业固定资产投资以年均 36% 的速度递增，累计投资 2.5 万亿元，年均投资近 5000 亿元。对外投资方面，2005 年 1 月—2013 年 6 月我国共对外投资 52 个项目，投资金额总计 427.8 亿美元；投资金额最大的三家投资目标国分别是澳大利亚（97.54 亿美元），越南（87.6 亿美元）和印度尼西亚（67.9 亿美元），均为"一带一路"沿线重点国家。在行业景气下行的背景下，2012—2015 年间，煤炭行业固定资产投资累计增速快速回落至 -14.4%。2016 年 1~2 月煤炭开采和洗选业固定资产投资仅为 102 亿元，同比大降 30.2%。在国内煤炭行业缺乏足够投资机会的形势下，关注"一带一路"沿线国家煤炭产业的投资机会，是产业资本按照资本属性实现金融利润的优选方案。

4. 市场优势

2015 年我国原煤产量和消费量分别为 37.5 亿 t 和 39.65 亿 t，进口量达 2.04 亿 t，是世界第一大的煤炭生产、消费国和第二大煤炭进口国。巨大的市场体量是我国对"一带一路"沿线国家煤炭行业进行投资和开发的重要基础。尽管经济增速放缓，但持续中高速增长将保证对海外煤炭资源，特别是重点关注的稀缺煤种资源的长期稳定需求。国内市场不但可以作为海外煤炭开发的重要战略缓冲，每年 2 亿 t 左右的煤炭进口量对于布局海外煤炭贸易市场也是巨大的交易机会。

4.4.3 布局设想

根据"一带一路"区域煤炭的储量、产量、消费量和进口量，以及加拿大佛雷泽研究所和世界经济论坛等相关国际组织和研究机构的研究成果，综合考虑研究目标国的煤炭资源禀赋情况和政治、经济、法律、环保、人文地理、基础设施、金融投融资环境等投资影响因素，提出以下4个布局。

1. 资源开发布局

第一，通过购买煤炭资源、煤炭勘探权或开采权等方式，加强澳大利亚等成熟国家煤炭开发力度，以国际煤炭巨头在经营困局中进行资产重新配置为契机，积极获取之前煤炭价格高企时难以获得的稀缺煤种资源。以澳大利亚的优质炼焦煤为例，澳大利亚在全球炼焦煤市场位居一家独大的地位，占全球炼焦煤供应来源的约60%，占我国炼焦煤进口的55%，品种包括硬焦煤、半软焦煤等。目前，炼焦煤价格处于历史相对低位，是获取该类资源的较好时机。

第二，重点关注印度尼西亚、越南、巴基斯坦、孟加拉国等国家。这些国家煤炭资源勘探开发程度低、煤炭开发需求大、煤炭产业装备与技术水平较低、相关基础设施比较落后、本国资金短缺且易于接受外来投资，可以煤电等下游产业为切入，通过在当地发展煤-电-建材、煤-焦炭-钢铁、煤-合成氨（甲醇）等煤炭加工利用产业，以下游产业带动上游煤炭产业的开发，通过风险勘探、投资建矿、技改扩能等方式控制并开发其煤炭资源。例如在巴基斯坦由中国电建承建的卡拉奇卡西姆港1320MW燃煤发电项目，上海电气承建的塔尔煤田1块区煤电综合项目，中电国际与巴基斯坦Hubco能源公司合作的1320MW燃煤发电项目，以及中国机械设备进出口总公司承担的岩盐燃煤电站项目，都可以通过此种布局模式，加以统筹协调。

2. 工程服务与装备技术布局

在"一带一路"框架下，结合我国煤炭装备制造优势和煤电技术优势，输出成熟、先进的工程服务、采掘装备机械和煤电技术，有助于带动我国煤炭上下游产业向外向型经济转型，实现从产品的输出到人力、装备和技术的输出，提升中国煤炭装备在全球市场上的占有率，逐步形成工程服务与装备技术的品牌优势。这一方面，宜瞄准乌兹别克斯坦、哈萨克斯坦、越南、印度尼西亚、印度等煤炭开发需求大、煤炭产业正在转型升级、煤电等下游产业快速发展的国家。第一，通过EPC、IPP等模式，输出大型数字化千万吨级露天矿、深部井工矿（立井、斜井、平硐）的煤矿开发建设和技术装备，例如，北方重工的大型露天矿开采成套装备（连续、半连续开采工艺）、神华集团的大型露天煤矿抛掷爆破及拉斗铲倒堆剥离关键技术等，为上述国家的煤炭、煤电产业发展提供工程服务。第二，基于EPC等工程服务形成的产业管控优势，推动我国煤炭产业生产装备和安全监控装备、调度通信装备、办公自动化装备等设施的输出。第三，按照高标准、高起点的要求，发挥煤炭相关产业核心关键技术的优势，推动 60 万、100 万 kW 级火电机组等超低排放燃煤发电先进技术，这对于印度等对电力有大量需求的新兴经济体有极强吸引力。

3. 贸易与物流布局

由于目前国内供给基本饱和，海外获得的资源宜通过全球化布局，参与全球煤炭市场贸易的分工体系，逐步扩大世界煤炭市场份额，力争在亚太煤炭市场中逐步建立主导权，并在亚太煤炭价格体系中不断增强话语权。第一，瞄准我国东南沿海的煤炭进口市场。这部分市场我们有天然的开发优势，印度尼西亚、澳大利亚开发的部分优质煤炭资源可以首选瞄准这一目标市场。第二，大部分海外开发的煤炭资源需要通过煤炭贸易，逐步拓展新兴的国际煤炭市场。从世界煤炭贸易格局来看，需要重点关注以印度、巴基斯坦、孟加拉国为代表的潜在煤炭需求增长国，将其作为未来国际煤炭贸易的主要目标市场。第三，兼顾以日本和韩国等煤炭传统进口国家和地区。这些国家曾经是我国煤炭产业的主要出口目标市场，有一定的开发基础，可以逐步恢复这部分市场。

另外，通过积极参与国际煤炭运输，布局煤炭贸易市场，借鉴国际煤炭贸易巨头如嘉能可的先进经验，参与国际煤炭贸易体系的分工与竞争。国际煤炭运输的方式主要有海运、铁路两种方式。从全球煤炭跨国运输来看，海运约占 90%，铁路约占 10%。中国煤炭贸易有三条主要路线：①南非路线，印度洋—马六甲海峡—南海—中国；②澳大利亚和印度尼西亚路线，龙目海峡—南海—中国；③美国、加拿大、哥伦比亚路线，太平洋—中国。在国际铁路方面，目前中国与接壤的蒙古、越南都有跨国铁路，可以为国际煤炭贸易提供运输通道。随着欧亚、东亚跨国铁路建设的进一步开发，中国有望与更多国家实行跨国铁路联运。围绕这些海运和铁路通道，通过参与煤炭贸易物流，逐步主导构建亚太煤炭贸易走廊。

4. 资本运营布局

资本运营布局是实现世界煤炭资源优化配置的高级形式，主要适用于市场化程度较高的国家，能较快进入目标市场，获得煤炭资源和生产能力、技术及管理经验、煤炭销售渠道等。资本布局不以获取海外煤炭资源为直接目的，通过股权融合及业务合作等各种形式，在追求投资收益最大化的同时，通过控股间接影响公司的生产和经营决策，从而达到间接获取海外煤炭资源的目的。例如，日本和韩国等主要电厂和钢铁用户，利用资本运营积极入股主要煤炭企业及煤炭生产基地，确保了自身经营的持续增长和竞争优势，在境外收购、兼并和相互参股使得世界煤炭行业的并购浪潮迭起。国际煤炭跨国公司通过大规模的收购和兼并，实现了跳跃式扩张，大大增强了对世界煤炭资源生产的控制能力，在煤炭市场竞争中占据主动地位。依托亚投行、丝路基金、金砖银行等专业金融机构，选择煤炭资源丰富、政治经济形势稳定、政策法律环境良好、有稳定下游市场的国家开展契约式合营或股份制合营，或形成战略联盟。也可采用资产转让、兼并、重组、大额贷款等形式，逐步介入银行、保险、信托业务、证券、基金、期货等金融市场，通过投融资和股权买卖进行资本运营。有条件的大型煤炭企业集团，可以通过吸收投资、发行股票、债券等措施进行国际融资。

在"一带一路"区域国家中，澳大利亚是最具资本布局优势的国家（表5.4.8）。澳大利亚政局稳定、法律健全、资源丰富且赋存条件较好，大多数世界煤炭巨头在澳都拥有煤炭资源，该国煤炭资源的购并相对比较活跃，容易在探矿权、采矿权二级市场或企业并购中获得煤炭资源。基于在澳大利亚形成的资本布局能力，以印度、蒙古、印度尼西亚、越南和俄罗斯等国家为投资目标国，在经过充分调查和风险评估的基础上，考虑"印度因素"和"东南亚因素"的影响，特别是亚太煤炭贸易圈，结合未来煤炭供需发展形势变化情况，提前预判与统筹思考布局，进行投融资和股权交易等资本运作，通过参与当地煤炭企业经营来间接获取资源和市场。

表5.4.8 "一带一路"海外区域国家煤炭开发布局设想

布局模式	主要目标国家
资源开发布局	澳大利亚、印度尼西亚、越南、巴基斯坦、孟加拉国
工程技术与装备制造布局	乌兹别克斯坦、哈萨克斯坦、越南、印度尼西亚、印度
贸易与物流布局	印度、巴基斯坦、孟加拉国、蒙古、越南、澳大利亚、印度尼西亚
资本运营布局	澳大利亚、印度、蒙古、印度尼西亚、越南、俄罗斯

4.5 "一带一路"煤炭资源强国实施路径

4.5.1 "一带一路"国内强基固本

煤炭资源强国的核心和基础是"一带一路"链条上的国内西部省（区），煤炭强国首要任务是要强西部，打好底子，通过西部升级发展保障国家能源安全。西部面临良好发展机遇，一是由于东部资源枯竭中部生态环境压力加大，煤炭生产开发布局加速西移；二是西部绿色煤炭资源聚集，开采成本低，先天优势突出；三是西部开采条件好，是建设大型现代化煤矿的理想之地，支撑中国煤炭工业的未来发展。

1. 淘汰和改造相结合，提高现有煤矿生产力水平

国家提出"十三五"退出落后产能5亿t、减量重组5亿t，力度空前。西部的云南、贵州、甘肃和新疆有大量小煤矿及落后产能，需要与全国一盘棋，将落后产能淘汰工作落到实处。对西部具备技术改造条件的煤矿，坚持国家政策引导、财政支持、企业为主的原则，以提高机械化程度、提高安全保障水平、提高原煤生产效率为目标进行技术改造，进一步提高现有煤矿生产力水平，降本增效，提升煤炭在我国能源结构中的竞争力。

2. 优先开发绿色煤炭资源，高标准建设安全高效绿色煤矿

绿色煤炭资源主要分布在西部，在全国环境容量接近极限、6亿多人深受雾霾危害的条件下，加大绿色资源开发利用显得十分迫切，应通过产业政策、煤炭发展规划等途径，推动优先开发绿色煤炭资源，逐步减少到最后停止非绿色煤炭资源开发，助力国家大气污染防治，改善人民生活环境。西部煤炭开采条件好，具备建设大型安全高效绿色煤矿的先天优势，新建煤矿必须采取高标准要求，达到世界一流水平。

3. 加快企业兼并重组，做强做优一批煤炭企业

当前煤炭形势疲软，90%以上企业亏损，部分企业资不抵债，正是实施行业洗牌的有利时机。应坚持市场化推进为主的原则，加快企业兼并重组，做强做优一批煤炭企业，向美国、澳大利亚、俄罗斯、印度等前4家集中度40%以上水平靠近。

4. 提高煤炭就地转化比重，增加煤炭附加值

煤炭向下游转化，用于发电、煤化工创造的产值是采煤、卖煤的3倍以上，为推动西部经济和社会发展，应加大西部煤炭就地转化比重，向东部输出清洁二次能源的同时，把更多价值留给西部，西部地域广阔，环境容量和消纳能力大，对减轻东部环境压力也是有重大意义的。

5. 提高资源综合利用水平，保护矿区生态环境

加强对煤炭共伴生物的利用，形成以煤矸石发电为龙头、综合利用矿井水、瓦斯的循环经济体系，降低煤炭开发对矿区生态环境的影响。研究推广保水开采、充填开采等先进技术，提高塌陷土地复垦利用率，实现既要金山银山，也要绿水青山。

6. 降低行业税费，增强发展后劲

2012年以来的长期困难致使煤炭企业十分羸弱，2015年山西七大煤企资产负债率82.2%，远高于70%的警戒线，亟须降税减负，休养生息。由于煤炭生产过程中大量投入不能取得扣税发票，使煤炭增值税抵扣非常少，行业平均增值税税负12.73%，远高于全国平均水平是3.59%，建议将煤炭生产增值税由17%恢复为13%。建议国家支持企业剥离低效、无效资产，将企业办社会分离到位。西部大部分地区还比较落后，特别是一些少数民族聚居地区还没有脱贫，国家应采取差异性财税政策支持西部煤炭产业发展。

4.5.2 "一带一路"国外多管齐下

经过几十年高速发展，我国已成为世界第一大煤炭生产和消费国，在资源勘查、煤矿设计、煤矿建设、技术装备、生产运营和煤炭转化等全流程各个环节培育了一大批优势企业、汇聚了一大批经验丰富的人才、积累了宝贵的经验。"一带一路"是世界格局

重构条件下国家力推的新战略，我国煤炭行业迎来新的发展机遇，应加快实施走出去步伐，帮助"一带一路"国家发展的同时提高我国煤炭企业经略全球资源的能力，实现中国与世界的双赢。

1. 积极争取国外优质资源

我国也是钢铁生产和消费大国，炼焦煤作为必需产品已成为重要的战略资源，我国缺乏优质炼焦煤，每年从澳大利亚、蒙古、加拿大等国进口炼焦煤5000万t。需放眼世界，立足两种资源、两个市场，积极争取国外优质资源，分两个方面：一是到澳大利亚、蒙古等国争取优质炼焦煤资源，提高炼焦煤资源保障能力；二是到澳大利亚、印尼等国争取优质动力煤资源，通过自建煤矿代替部分进口。

2. 加大技术装备走出去

我国综采放顶煤技术达到世界领先水平，兖矿综采放顶煤支架专利已转让德国DBT公司；成套综采设备已出口到俄罗斯，向美国、印度、土耳其、印度尼西亚、越南等国已出口多款单机产品。应充分利用我国煤炭装备低成本优势和煤矿设计生产管理技术优势，向乌兹别克斯坦、哈萨克斯坦、越南、印度尼西亚、印度等国输出成熟采掘装备机械和先进的工程服务，有助于带动我国煤炭上下游产业向外向型经济转型，实现从产品的输出到人力、装备和技术的输出，提升中国煤炭装备在全球市场上的占有率，逐步形成工程服务与装备技术的品牌优势。

3. 加速资本走出去

中国在2010年第二季度超越日本，成为仅次于美国的世界第二大经济体，第一外汇储备大国、第一货物贸易大国和第一制造业大国，为推动中国成为资本输出大国提供了有利条件。除澳大利亚、俄罗斯外，其他"一带一路"国家大都处于发展阶段，基础设施比较落后，资金短缺，中国可以以资本输出带动产业输出，在帮助他们煤炭勘查、开发和转化方面有所作为，促进我国大量的人力、煤矿装备走出去。

4.6 措施与建议

结合国内外经验、启示，根据我国煤炭行业特点，为了保障"一带一路"倡议下国外煤炭资源开发目标的实现，我们提出以下措施与政策建议。

1. 创造良好的外部环境

充分利用现有国际合作机制，积极推动能源供应国、消费国、过境国之间的对话，共同讨论能源政策、市场建设、定价机制、运输通道安全等重大问题，参与全球能源治理，参与国际能源规则的制定。

2. 加强宏观指导

从国家能源整体发展战略的高度，实施国外煤炭资源开发战略。制定国外煤炭资源开发的国家整体发展规划，加强宏观指导，指导企业国外投资行为。

3. 健全法律法规

尽快制定一部保护、鼓励和管理海外投资的综合性基本法《对外投资法》，将现有的对外投资政策和条例纳入法制化的轨道，增加透明度，规范和管理我国的对外投资。

4. 完善管理体制

加快改革行政审批制度，简化和规范审批程序，参照国际标准和对象国标准确定对外投资具体的量化审批标准，特别是环保标准和安全标准。成立专门的国外资源开发协调机构，在国家层面协调国与国之间的外交、商业与行业的关系。建立国外煤炭资源开发的信息平台，使投资主体能及时获得国外投资方面的各种信息。

5. 建立风险预警机制

由政府部门组织开展风险预测和甄别，排查风险源，定期或不定期发布国外煤炭资源开发风险指数，发布国外投资预警。

6. 加强政策支持

完善金融支持体系，积极拓宽融资渠道，完善财税支持政策，加大保险支持力度，合理使用关税等措施进行调控，出台有利于培养、引进国际化人才的政策，完善中介服务体系。

专题篇六

煤炭管理体制机制
强国战略

摘　要

能源产业是一个国家的基础性产业，对国民经济和社会发展具有重要的影响，无论是能源生产供应国，还是能源消费国，都高度重视能源产业的宏观管理和调控。我国是能源生产消费大国，更是煤炭生产消费大国，煤炭产业的发展对我国工业化、城镇化建设将起到关键性作用。

自 1993 年国家决定放开煤炭价格以来，煤炭工业改革发展步伐加快，煤炭法制建设日渐完善，形成了与社会主义市场经济相适应的以《煤炭法》《矿产资源法》为主的煤炭法律法规体系，以国务院《关于促进煤炭工业健康发展的若干意见》和国家发改委《煤炭产业政策》为主的煤炭政策调控体系。同时，煤炭市场化改革逐步取得突破，多元化投融资机制逐步形成。煤炭上下游产业间的行业壁垒逐渐被打破，与煤炭相关企业的多元化发展格局逐步形成。

尽管我国煤炭管理体制机制改革取得了一定成绩，但依然存在一些不利于行业持续健康发展的体制机制障碍。作为我国能源基础和能源工业主体的煤炭产业，其基础和主体地位不突出，发展战略缺乏整体考虑与设计，煤炭管理机构职能分散且缺乏有效的协调机制，行业管理弱化问题突出。与煤炭产业密切相关的铁路、电力等行业市场化改革滞后，运用行政手段和垄断行为参与市场竞争，煤炭行业难以按正常的市场机制运行，制约着煤炭产业的健康发展。

中国已经是煤炭资源大国，但还称不上是煤炭资源强国。煤炭行业管理体制机制改革，应以将我国建设成煤炭资源强国为目标，在我国能源管理体制改革的总体框架下，在借鉴国外煤炭行业管理体制机制经验的基础上，根据煤炭行业在我国能源格局中的主体地位及煤炭行业的具体特点，建立符合市场经济基本要求、政府与市场界限清晰、宏观调控与微观监管有效结合、中央与地方协调统一、市场主体富有活力、公平竞争的现代煤炭行业管理体制，形成政府宏观调控有力，行业监管完善，企业活力增强的煤炭管理体系，为实现我国从煤炭资源大国向煤炭资源强国转变提供政策支撑。

第 1 章 | 我国煤炭开发历史沿革

自中华人民共和国成立以来，伴随着我国宏观经济形势的一系列变化，以及国家煤炭产业政策数度调整，煤炭工业也在变化和调整中一路前行，历经艰辛，逐步壮大，形成坚实的产业基础。煤炭产量由 1949 年的 3000 万 t 左右扩大到 2013 年的 39.7 亿 t，增长百余倍，年均增加产量 6062 万 t，年均增速 7.8%，为我国经济发展和繁荣做出了巨大贡献。2013 年煤炭产量达到峰值 39.7 亿 t 后，近两年呈现逐步下降的趋势，2015 年底煤炭产量 37.5 亿 t，如图 6.1.1 所示。

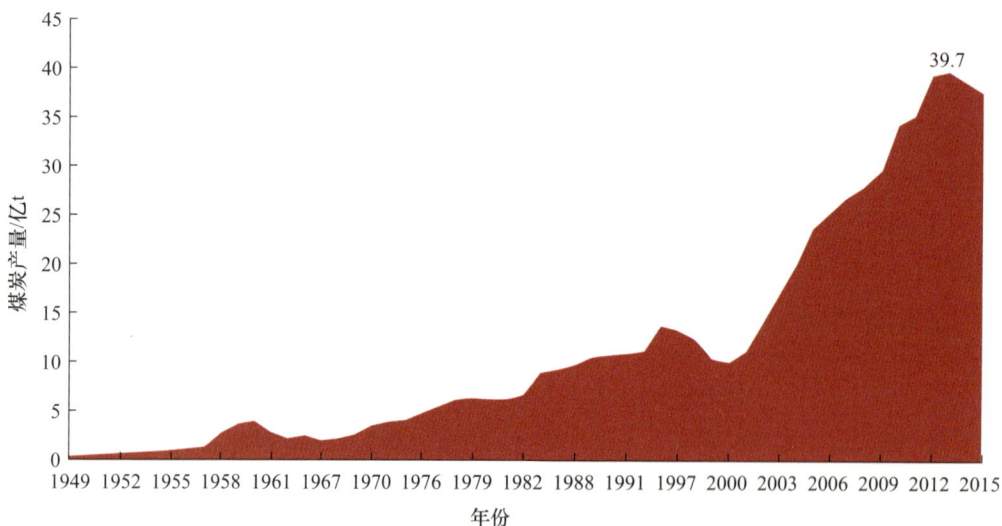

图 6.1.1　1949—2015 年全国煤炭产量变化示意

纵观煤炭生产 60 多年的发展，不管如何变化，其变化轨迹均与 GDP 发展基本一致。全国煤炭开发总体不断增长，期间出现过多次大调整，分别是 1961—1964 年、1967—1968 年、1972—1974 年、1980—1981 年、1989—1991 年、1997—2000 年、2001—2012 年和 2012 年至今，其中的 3 次煤炭生产大幅下降阶段分别是 1961—1964 年、1967—1968 年和 1997—2000 年。分析不同时期我国煤炭生产开发过程中所展现出的特点，大致可分为 3 个阶段。

1.1　改革开放前的煤炭工业发展（1949—1978 年）

1949 年，全国仅有 200 处矿井和几个露天煤矿，由于战争破坏，多数煤矿不能正常生产，煤炭产量只有 3243 万 t。中华人民共和国成立后，煤炭工业在恢复和改造遗留煤矿的基础上逐步发展壮大。

三年恢复时期，一些资源丰富、开采条件较好的煤矿得到了技术改造，扩大了生产能力，煤炭生产稳步提升。到 1952 年，煤炭产量基本恢复，达到了 6649 万 t。

"一五"时期，煤炭工业在集中力量进行大规模基本建设的同时，对生产矿井进行全面改革，逐步建立起煤炭工业计划经济管理体制。1956 年，全国煤炭产量突破 1 亿 t，1957 年达到 1.3 亿 t。

"大跃进"时期，受国家经济建设"大干快上"号召的影响，全社会投资与物质需求急剧膨胀，煤炭需求剧增，煤炭产量在高速增长的同时也造成煤矿采掘失调，巷道和设备失修，基础建设不扎实，从而导致煤炭供应后劲不足。

"经济困难"时期，我国遭遇"三年困难期"的经济下滑，煤炭供应能力减弱。煤炭产量持续大幅度下跌，1965 年减少到 23180 万 t，严重影响国民经济的发展。

"文革"及其后期，煤炭部属矿务局下放到省、区、地方政府，煤炭工业处于松散和半瓦解状态，煤矿采掘严重失调，煤炭产量不足，煤炭供需矛盾严重，严重影响国民经济和人民生活。煤炭工业正常发展遭到严重破坏，正常生产难以保证，产量增加主要依靠增加人和工作面。1976 年全国煤炭产量 4.8 亿 t。1978 年 12 月十一届三中全会召开以后，国家对煤炭工业管理体制进行了有计划的改革，重点解决了煤炭供需矛盾、基本建设规模、速度与煤炭产量增长不协调的问题。

1.2　改革开放后的煤炭工业发展（1979—1999 年）

改革开放初期，煤炭工业集中实施调整，主要解决基建规模和产量增长失调的矛盾，之后煤炭生产发展比较平稳。之后，国家政策放开，实行"国家、集体、个人一齐上，大中小煤矿并举"的方针，取消煤炭销售的地区限制，全国各地掀起了群众办矿高潮，煤炭生产建设速度加快，特别是乡镇煤矿迅猛发展，缓解了煤炭供应紧张的局面。1989 年全国煤炭产量首次突破 10 亿 t，但该期间乡镇煤矿的高速发展，也为后期煤炭行业出现严重的供过于求埋下隐患，同时也给煤炭工业的安全生产带来严峻挑战。

经济转型时期，国家于 1994 年取消全国指令性煤炭生产计划，煤炭产业开始向市场经济过渡。除电力用煤实行限价外，其他煤炭价格全部放开，调动了煤炭企业积极性，煤炭生产增长加快，1996 年煤炭产量达到 13.9 亿 t。1997 年开始煤炭市场全面过剩，国家实行煤炭产量和库存量"双控"措施。1999 年全国煤炭产量 12.2 亿 t，比 1996 年减少 1.7 亿 t。

1.3　21 世纪以来的煤炭工业发展（2000—2015 年）

进入 2000 年后，我国工业化和城镇化建设步伐加快发展，煤炭需求大幅增长，全国煤炭生产开发逐步恢复。2000—2002 年间煤炭开发开始好转，1997 年后出现的下滑势头得以扭转，煤炭产量稳步上涨，从 2000 年的 13.0 亿 t 上涨到 2002 年的 14.6 亿 t，超过此前最高的煤炭产量水平；2002 年，在煤炭需求快速增长的拉动下，生产规模持续迅猛增加，到 2005 年，煤炭产量达到 22.1 亿 t，年均增长 2.5 亿 t。

自 2005 年起，《关于促进煤炭工业健康发展的若干意见》《加快煤炭行业结构调整、应对产能过剩的指导意见》《关于同意深化煤炭资源有偿使用制度改革试点实施方案的批复》《煤炭工业发展"十一五"规划》和《煤炭产业政策》等多项文件的出台，推动我国煤炭工业的产业结构调整。结构调整初期的 2005—2007 年期间，煤炭产量增速下降，年均产量增加约 1.6 亿 t；2009—2012 年煤炭需求旺盛，产量增长总体较快，平均每年增加约 2.7 亿 t；2012 年以后，受宏观经济下行、煤炭产能过剩等多重因素的影响，煤炭产量由 2013 年的 39.7 亿 t 逐步下降至 2015 年的 37.5 亿 t。

我国的煤炭工业经过 60 多年的建设和发展，全国已累计生产了 700 多亿 t 煤。作为我国重要的能源基础产业，煤炭工业保障了国家能源安全稳定供应，有力地支撑了国民经济长期快速发展。但也应该看到煤炭行业在一些方面还存在着不足，如煤炭工业发展的历史中几次煤炭产量的大幅波动，都与我国煤炭管理体制机制有着密不可分的关系。未来煤炭行业面领着发展阶段变化、模式变化、动力转换、目标调整和环境约束强化的新形势、新变化，需要深入分析当前煤炭管理的体制机制存在的不足，建立完善的管理体制机制，为煤炭行业平稳发展提供政策保障。

第 2 章　煤炭管理体制机制分析

2.1　我国煤炭管理体制延革

2.1.1　中央管理

1949 年 10 月，政务院成立燃料工业部，下设煤炭总局管理煤炭工业。1954 年 8 月，决定撤销燃料工业部，单独成立煤炭工业部。1970 年，撤销煤炭工业部，将煤炭工业部、石油工业部、化学工业部合并为燃料化学工业部。1975 年，重新恢复煤炭工业部。1978 年十一届三中全会以后，经国务院批准，10 个重点产煤省（区）的统配煤矿上划煤炭工业部直接管理，实行了统配煤矿投入产出总承包和一系列配套改革，完善了各项管理政策，扩大了企业自主权。1988 年，再次撤销煤炭工业部，成立能源部，组建了管理关内统配煤矿的中国统配煤矿总公司，关外统配煤矿由东煤公司管理，乡镇煤矿由地方煤矿公司管理。1993 年，撤销能源部和中国统配煤矿总公司，重新组建煤炭工业部。1998 年，煤炭工业部改组为国家煤炭工业局，由国家经济贸易委员会管理，不再直接管理企业，其职能为制定行业规划、行业法规，实施行业管理。2000 年，国务院决定，组建国家煤矿安全监察局，与国家煤炭工业局"一个机构、两块牌子"。2001 年，在新一轮政府机构改革中，国务院决定，撤销国家煤炭工业局等九个工业局，其职能交由中国煤炭工业协会等行业协会行使；在新成立的国家发展与改革委员会中设立能源局煤炭处行使煤炭工业的宏观调控工作。2001 年，为适应我国安全生产监督管理工作的需要，国务院组建国家安全委员会和国家安全生产监督管理局。国家安全生产监督管理局与国家煤矿安全监察局"一个机构、两块牌子"。2005 年，国务院决定把国家安全生产监督管理局升格为国家安全生产监督管理总局，同时专设由总局管理的国家煤矿安全监察局，强化煤矿安全监察执法。2006 年，《国务院办公厅关于加强煤炭行业管理有关问题的意见》下发，将原属国家发改委履行的五项行业管理职能，划至国家安监总局及其辖属的煤矿安监局行使，以期解决煤炭行业管理弱化问题，增强安监部门管理效能。2008 年，成立国家发改委管理的国家能源局，负责煤炭行业的管理，制订煤炭行业标准，衔接煤炭生产建设与供需平衡，与国家发改委的投资司、价格司、运行局等共同负责煤炭行业的管理。2010 年，为加强能源战略决策和统筹协调，国务院成立国家能源委员会，成为国家最高规格的能源机构。2013 年，根据第十二届全国人民代表大会第一次会议批准的《国务院机构改革和职能转变方案》和《国务院关于部委管理的国家局设置的通知》，设立国家能源局，为国家发展和改革委员会管理的国家局，下设煤炭司。新中国成立以来，随着国家体制和政策的改革，煤炭行业管理体制经历了几次较大的调整，见表 6.2.1。

表 6.2.1　我国煤炭行业管理体制变动主要节点

时间	煤炭行业管理体制变动
1949 年	成立燃料工业部，下设煤炭管理总局
1955 年	撤销燃料工业部，成立煤炭工业部
1970 年	撤销煤炭工业部、石油工业部、化学工业部，成立燃料化学工业部
1975 年	撤销燃料化学工业部，恢复煤炭工业部
1982 年	成立了安徽煤炭工业公司、大屯煤电公司、重庆煤炭工业公司等，作为煤炭行业管理体制改革的试点。在此期间国家实行了煤炭工业部和地方政府双重领导
1988 年	撤销煤炭工业部、石油工业部、水利电力部、核工业部，组建了管理电力、煤炭、石油、核工业的能源部，组建了除内蒙古及东北三省外全国统配煤矿的中国统配煤矿总公司
1993 年	撤销能源部和中国统配煤矿总公司，恢复煤炭工业部
1998 年	撤销煤炭工业部，成立国家煤炭工业局，归口国家经贸委管理。中国煤炭工业企业管理协会在这一年更名为中国煤炭工业协会
2000 年	改革煤矿安全监察体制，实行垂直领导，设立国家煤矿安全监察局，与国家煤炭工业局一个机构，两块牌子，将各省原来的煤炭工业局改组为煤矿安全监察局，均为国家煤矿安全监察局的直属机构，实行财政统一拨款的垂直管理体制；实行国家煤矿安全监察局与所在省（自治区、直辖市）政府双重领导
2001 年	撤销国家煤炭工业局，成立国家安全生产监督管理局，与国家煤矿安全监察局合署办公，属国家经贸委管理。煤炭行业有关管理职能并入国家经贸委相关部门
2003 年	国家经贸委撤销，成立国家发改委，内设能源局煤炭处。将国家经贸委管理的国家安全生产监督管理局改为国务院直属机构
2005 年	国务院成立了国家能源领导小组及其办事机构——国家能源领导小组办公室。把国家安全生产监督管理局升格为国家安全生产监督管理总局，同时专设由总局管理的国家煤矿安全监察局
2008 年	国家能源局成立，下设煤炭司，归口国家发改委管理
2010 年	成立中国最高级别的能源机构——国家能源委员会，负责研究拟定国家能源发展战略，审议能源安全和能源发展中的重大问题，统筹协调国内能源开发和能源国际合作的重大事项
2013 年	国家能源局、国家电力监管委员会的职责整合，重新组建国家能源局，下设煤炭司

2.1.2　地方管理

目前我国各省的煤炭行业管理体制，是 1998 年国务院机构改革之后各产煤省自我探索的结果。由于各省煤炭行业千差万别，如：煤炭产量占全国总产量份额从不到 1% 到 25% 左右；煤炭工业总产值占区域经济比重从不到 1% 到 37% 左右；煤炭企业数量从 2 个到 1712 个，其相应的管理机构与权限配置必然有强有弱。依据政府对煤炭行业干预度的不同，各具特色的煤炭行业管理体制归纳起来可分为 3 大类（表 6.2.2）：第一类是集人财物、产供销各方面管理权限于一身的高度集中的管理体制；第二类是把各种管理权分散在相关的管理部门之中的管理体制；第三类则是成立企业集团，建立现代企业制度，全省煤炭行业实行企业化管理。

表 6.2.2　我国省级煤炭管理机构

地区	地区煤炭行业管理机构
京	北京市发展和改革委员会煤炭管理处
冀	河北省发展和改革委员会能源处（煤炭办）
晋	山西省煤炭工业厅
蒙	内蒙古自治区能源局煤炭处
辽	辽宁省煤炭工业管理局
吉	吉林省能源局煤炭处
黑	黑龙江省经济委员会煤炭行业管理处
苏	江苏省经济贸易委员会煤炭处
皖	安徽省经济贸易委员会煤炭办公室
闽	福建省经济贸易委员会
赣	江西省煤炭行业管理办公室
鲁	山东省煤炭工业局
豫	河南省能源规划建设局煤炭处
鄂	湖北省经济委员会煤炭管理处
湘	湖南省煤炭工业局
桂	广西壮族自治区经济委员会能源工业处
渝	重庆市经济委员会煤炭行业管理处
川	四川省能源局煤炭处
贵	贵州省能源局煤炭处
云	云南省能源局煤炭处
陕	陕西省能源局煤炭处
甘	甘肃省能源局煤炭处
青	青海省发展和改革委员会能源处
宁	宁夏回族自治区煤炭工业局
新	新疆维吾尔自治区煤炭工业管理局

注：表 6.2.2 的内容是根据各省政府门户网站的政府机构设置归纳整理而成，受网站内容更新速度的影响，部分内容可能有所滞后。

2.2　我国煤炭体制机制改革取得的进展

（1）计划经济体制逐步打破，煤炭市场化改革取得突破。自 1993 年国家决定放开煤炭价格以来，煤炭工业改革发展步伐加快，运行了 40 多年的计划经济管理体制逐步被打破。到 2002 年，除国家控制的计划内供发用电煤仍然执行国家指导价格外，其他行业用煤实现了市场定价。2007 年，取消了延续 50 多年由政府主导的煤炭订货制度；将每年的"全国煤炭订货交易会"改为"全国重点煤炭产运需衔接会"，突出了企业的市场主体地位。2012 年 12 月，国务院办公厅发布了《关于深化电煤市场化改革的指导意见》，取消了重点合同，实现了电煤价格并轨。2013 年 5 月和 9 月，炼焦煤和动力煤期货合约分别在大连商品交易所和郑州商品交易所成功上市交易，市场配置资源的基础性作用进一步发挥。2014 年国家发改委印发《关于深入推进煤炭交易市场体系建设的指导意见》，进一步推进煤炭市场化改革。

（2）投融资体制改革取得进展，以市场为导向的多元投融资体制已经形成。近年来，以市场为导向的煤炭资源勘探、煤矿建设与煤层气开发，以及与煤矿区基础设施建设项目多元化投融资机制逐步形成。非煤产业企业、民营企业，以及个体投资者、境外投资者在煤炭领域的规模逐渐扩大；电力行业、金融企业大量投资煤矿项目，境外投资者进入煤炭机械制造、煤矿生产、煤层气开发等领域逐年增加；煤炭企业投资铁路、港口、电力、建材、化工等产业势头明显。

（3）煤炭企业改革稳步推进，主辅分离和分离办社会职能取得进展。在各级地方政府的支持下，大型煤炭企业分离企业办社会职能和主辅分离改制取得进展。一些煤矿企业所属的学校、公安等逐渐向地方移交，有的矿区社会公益性职能也开始向地方移交。一些经济发达和较发达地区的煤炭企业分离企业办社会职能、主辅分离改制步伐加快，企业社会负担有所减轻。

（4）行业壁垒逐步打破，煤炭上、下游产业一体化发展步伐加快。随着我国社会主义市场经济体制的逐步建立和完善，煤炭、电力、建材、化工与冶金等产业之间的行业壁垒逐渐被打破，行业间企业联合、重组步伐加快，煤炭与下游相关产业相互竞争、相互融合、共同发展机制开始建立，与煤炭相关企业的多元化发展格局逐步形成。

（5）煤炭法制建设步伐加快，行业宏观调控体系不断完善。坚持以市场引导、政府调控、依法管理为导向，形成了与社会主义市场经济相适应的以《煤炭法》、《矿产资源法》为主的煤炭法律法规体系，形成了以《关于促进煤炭工业健康发展的若干意见》和《煤炭产业政策》为主的煤炭政策调控体系。

（6）结构调整步伐加快，煤炭安全供应能力提高。煤炭产业结构调整步伐加快，一大批不符合产业政策的小煤矿退出市场，煤炭产业集中度逐步提高，煤炭安全供应增强。大型煤炭企业快速成长，规模以上煤炭企业数量近 7000 家，其中 9 家原煤产量超过亿 t，53 家超过 1000 万 t，千万 t 企业总产量占全国的 70%，发挥了我国煤炭供应主力军的作用。

2.3 煤炭工业发展存在的体制机制障碍

尽管我国煤炭管理体制机制改革取得了一定成绩，但依然存在一些不利于行业持续健康发展的体制机制障碍。

2.3.1 煤炭管理体制方面

1. 煤炭产业地位

我国缺油少气多煤，煤炭在我国一次能源生产和消费结构中一直占 70% 左右，煤炭工业是我国能源的支柱产业。我国煤炭资源丰富，占全国已经探明的化石能源 95% 左右。

长期以来，作为我国能源基础和能源工业主体的煤炭产业，其基础和主体地位不突出，发展战略缺乏整体考虑与设计。例如，受经济发展阶段的制约，我国曾实行过国家修路、群众办矿的政策，造成小煤矿发展一度失控，市场供求关系失衡，煤矿安全生产问题突出，煤炭经济大起大落。再如，受计划经济体制影响，部门利益分割，行业壁垒高筑，资源型产业收益转移，行业发展受到制约，部门利益不断被强化，行业规划不衔接、不匹配、不协调，产业布局和区域布局不合理问题突出。还有，对煤炭工业的基础地位认识不足，妖魔化煤炭产业对环境影响，而对煤炭的清洁生产和使用缺乏系统研究和政策引导，造成经济和社会资源浪费严重。

制度设计没有反映煤炭产业特殊的发展规律。长期以来，煤炭产业一直被列入第二产业，实行的是与加工产业相同的产业政策和制度。出台的政策和措施，特别是一些重大财税政策的制定，没有考虑煤炭资源产业的实际情况，给煤炭行业发展带来了许多新的矛盾和困难。如煤炭增值税政策，由于煤炭生产主要消耗的是自然资源，自然资源转变为商品时，没有增值过程，可抵扣范围小，导致煤炭企业综合税率高于全国工业平均水平一倍多。另外，近年来部分政策出台缺乏科学论证，调整频繁，缺乏稳定性和系统性。

2. 法律法规体系

（1）资源保护方面。由于煤炭资源开采监管体系、资源有偿使用制度不完善、矿业权设置与矿区规划脱节、煤炭储量不清及资源回采率界定缺乏科学性等体制上的原因，导致我国资源回采率低下。

现有的《矿产资源法》《环境保护法》《土地管理法》和《土地复垦规定》中，对矿产资源开发利用中的环境保护和治理问题均提出了要求。但其中有关矿产资源保护的法律规定内容原则性强，缺乏操作性，属于"软法性"规范；各种环保要求多为号召性规定，对不履行义务者并无有效的制裁手段，往往是违法成本低，执法成本高，难以有效制止对环境的破坏。现行的《环境保护法》以污染控制为重点，依然是末端控制为主，不注重源头控制，对我国自然资源保护极为不利。

（2）矿业权方面。矿业权取得和流转的局限。尽管在修改之后，《矿产资源法》允许矿业权流转，但矿业权的取得与流转存在的种种限制依然导致矿业权流转市场的交易萎缩，不能适应现代经济生活。首先在矿业权上，我国人为地将矿业权分割为探矿权和采矿权，并且规定勘探企业在取得探矿权后，找到可供开采的矿产，并不能当然地取得采矿权，仅仅是给予探矿权人以优先采矿权。其次，《矿产资源法》明确禁止以盈利为目的的矿业权转让，这一带有计划经济色彩的规定在实践中无益于矿产资源的有效配置，使得整个矿业权市场一直处于"有场无市"的境地。

（3）安全监管方面。我国高度重视煤矿安全，已出台了《中华人民共和国安全生产法》《中华人民共和国矿山安全法》《国务院关于特大安全事故行政责任追究的规定》《中华人民共和国职业病防治法》《煤矿安全监察条例》《劳动密集型加工企业安全生产八条规定》等多项相关法律法规，初步构建了我国煤矿安全监管相关的法律法规体系。同时，我国煤矿安全监管已经从"重视煤矿安全"向"安全与职业健康并重"的方向不断迈进，对煤矿职工安全、健康的保护更为全面。但现存安全监管方面仍存在事故责任范围小，安全监管力度小，监管方式落后，监管体制不健全等诸多问题。

3. 资源配置方式

（1）不合理的市场干预仍然较多。我国社会主义经济体制已初步建立，相应地要求政府对企业、市场、资源配置的管理也应逐渐由原来行政计划模式向市场宏观调控模式过渡。我国政府对煤炭行业的管理过于繁杂，行政手段过于直接，政府计划特色过于浓厚，严重与市场经济要求相脱节，制约了煤炭行业的发展。比较突出的现象有：地方政府为了增加税收强制性地设定煤炭输出与就地转化相挂钩的市场准入门槛；地方政府为了减小煤矿安全事故，推卸安全监管责任，违背市场规律地推行"国退民进"式的资源收购整合；资源配置中人为干涉探矿权、采矿权市场交易等。

（2）市场监管缺位。主要是市场准入监管缺乏，煤炭产业集中化程度低，规模效益不明显。虽然近年来我国煤炭行业规模化生产取得显著成效，但与世界上其他产煤大国相比仍显不足。以煤炭行业集中度为例，2008年我国前四家煤炭企业占总产量的比重为20%，而美国、南非分别达到了45%以上和60%以上，澳大利亚前5位煤企占总产量的70%以上，印度前2位煤炭企业的产量占到总产量的近90%。与此同时，大量小煤矿无证经营或越界经营，严重扰乱了煤炭开发秩序，资源配置的市场化运作受许多因素影响。

4. 招商引资方式

近年来，以市场为导向的煤炭资源勘探、煤矿建设与煤层气开发，以及与煤矿区基础设施建设项目多元化投融资机制逐步形成。非煤产业企业、民营企业，以及个体投资者、境外投资者在煤炭领域的规模逐渐扩大；电力行业、金融企业大量投资煤矿项目，境外投资者进入煤炭机械制造、煤矿生产、煤层气开发等领域逐年增加；煤炭企业投资铁路、港口、电力、建材、化工等产业势头明显。

然而，随着煤炭价格进入下滑渠道，企业亏损面不断扩大，煤炭企业资金问题日渐突出。"黄金十年"煤炭行业产能过度扩张，部分企业自身资金使用规划宽松，对国家金融货币政策导向判断不足，造成了煤炭行业企业融资难的现状。

（1）行业整体负债水平高。由于行业经营特点，煤炭企业要实现生产和经营的良性运转，必须有大量的资金投入。

（2）融资方式上对传统信贷过度依赖。当前，煤炭企业融资的主要渠道不是银行贷款，煤炭行业受经济周期影响加大，当经济环境好时，信贷资金大量进入，贷款融资额度大；当经营困难时，银行压缩贷款额度，提高贷款门槛。

（3）融资渠道受到限制。目前煤炭市场仍然低迷，无论银行还是资本市场，各类投资人对煤炭行业融资都相对谨慎，这在一定程度上限制了融资渠道。

5. 行业管理方式

煤炭产业是拥有 600 多万从业人员，6000 多家规模以上企业的庞大产业体系。长期以来，煤炭管理机构变动频繁，全国煤炭产业管理职能分散到 8、9 个部门，人称"九龙治煤"，缺乏一个统揽全局且具有权威的部门或机构，政出多门，管理效率低。各部门都从落实职责上考虑，层层设置门槛，出台部门政策，煤炭企业由原来面对一个综合部门，变成了要面对所有管理部门，管理职能分散，降低了效率，增加了成本，许多事情无所适从，缺乏有效的协调机制。由于多个部门管理，责任难以落实，一些有利于部门利益的工作职能，如行政审批等职能被过分地强化，而涉及宏观管理、政策研究等职能被弱化，甚至是缺失。行业管理分散，管理不到位，管理弱化，以及重审批、重事后处理，轻宏观和战略管理等问题突出。近年来，在地方政府机构调整过程中，多数省（区）煤炭行业管理结构被撤销、降格或调整职能，煤炭管理职能更加分散，行业管理弱化的问题更加突出。

2.3.2　煤炭管理机制方面

1. 煤炭市场情况

煤炭行业的整体生产经营情况仍不乐观，煤炭价格继续下滑，企业亏损面继续扩大，库存持续居高不下，企业生产经营越来越困难，市场供需严重失衡。

（1）煤炭需求减少。受经济增速放缓、经济结构优化、能源结构变化、生态环境约束等因素影响，2012 年以来煤炭需求增速放缓，2014 年煤炭需求减少 2.9%，2015 年下降了 4%。

（2）产能过剩。"十一五"以来，煤炭投资 3.6 万亿元，新增产能超过 30 亿 t，目前全国煤炭产能超过 40 亿 t，在建规模近 11 亿 t。

（3）煤炭进口规模依然较大。在规范进口方面，国务院相关部委做了大量工作，见到了明显效果。但受世界煤炭产能过剩、国际能源价格大幅下跌的影响，我国煤炭进口继续保持较大规模。特别是褐煤和劣质煤进口仍保持了一定份额。

2. 交易体系尚有缺陷

目前，我国煤炭市场交易体系仍跟不上实际发展的需要，全国煤炭市场交易体系尚未有效形成。除 2011 年开始运行的焦炭期货和 2013 年刚刚运行的动力煤期货外，其他期货市场尚未建立，导致无法快速高效通过其价格发现功能形成一个有效反映供求关系的市场价格，也无法利用其套期保值功能转移价格风险。另外，全国性煤炭交易中心运作尚未到位。作为唯一的国家级煤炭交易中心，中国太原煤炭交易中心成交量仍然不大，对全国煤炭市场的影响极其微弱。同时，区域性市场发育不平衡，交易较为分散，中间环节过多，交易成本居高不下，难以形成合理的交易价格。

3. 市场无序竞争严重

煤炭产业高度分散的产业结构导致了煤炭企业的过度竞争和煤炭产业与相关产业的不公平竞争，严重影响了我国煤炭市场的正常秩序。当前煤炭产业集中度依然较低。分散的煤炭企业进入市场后，为争夺市场份额低价倾销、竞相赊销，为抢夺资源乱采滥挖，导致煤炭市场的恶性竞争。与煤炭产业紧密关联的铁路、电力部门是垄断性行业，凭借其垄断优势获取垄断利益。其中，电力部门是煤炭最大的消费部门，全国每年所产煤炭的 50% 左右用于发电，目前国内大规模的发电企业不足 10 家，而数以万计的煤炭生产者面对屈指可数的电力企业显然在交易中处于劣势地位，造成了不公平竞争；铁路运输部门在现实中是煤炭交易的实际控制人，煤炭生产、销售企业并没有充分的运营自主权，市场竞争也因此无法充分地展开。

4. 上下游产业协同不同步

随着我国社会主义市场经济体制的逐步建立和完善，煤炭、电力、建材、化工与冶金等产业之间的行业壁垒逐渐被打破，行业间企业联合、重组步伐加快，煤炭与下游相关产业相互竞争、相互融合、共同发展机制开始建立，与煤炭相关企业的多元化发展格局逐步形成。

但部分行业改革仍滞后，工业各系统市场化进程不同步。由于与煤炭产业密切相关的铁路、电力等行业市场化改革滞后，运用行政手段和垄断行为参与市场竞争，煤炭行业难以按正常的市场机制运行，制约着煤炭产业的健康发展。煤炭企业在电煤价格双轨制时期低价向电力企业供应大量煤炭，而在当前煤炭企业经营困难、缺乏话语权的情况下，煤电企业的中长期合同得不到兑现。煤炭企业一方面每年要缴纳数百亿铁路建设基金，得不到任何产权收益；另一方面还要按市场价承担运输费用，既增加了煤炭企业负担，也有悖于市场经济原则。尤其是中国铁路总公司成立后，再尤其继续征收铁路建设基金已经失去合理性。

5. 煤矿退出机制不健全

（1）淘汰落后产能补偿机制不完善。目前全国 30 万 t/a 以下小煤矿仍有 7000 多处，其中 9 万 t/a 及以下的 5000 多处。"十三五"期间需要淘汰 4000 多处，涉及产能 4 亿 t。

（2）国有煤矿退出援助政策缺失。目前全国共有因资源枯竭、灾害严重、高硫高灰、扭亏无望而亟待退出的国有煤矿约 300 处，产能 3 亿 t，涉及职工 100 万人左右，这些煤矿用人多、包袱重、职工安置难、矿区稳定压力大。

（3）上一轮政策性破产过程中，为有效利用剩余资源和资产，改制重组了 100 处左右煤矿，产能约 1 亿 t，这批煤矿资源条件差、竞争能力弱、稳定压力大，在当前形势下急需退出。

（4）近年来部分大型国有煤炭企业按照地方政府要求，投入巨额资金，整合大量地方煤矿，随着煤炭经济加速下行，这些煤矿或者无法正常技改和投入生产，或者长期亏损并扭亏无望，成为企业发展的沉重负担。预计全国共有此类煤矿 500 处左右，产能 2 亿 t 左右。

综上所述，全国共有 4900 处煤矿、10 亿 t 产能面临退出，需要政府给予支持。

第3章 国外煤炭行业管理的经验借鉴

3.1 主要产煤国煤炭管理体制

3.1.1 市场化程度高的国家

加拿大和美国均为世界能源生产消费大国,美国的资源开发生产以满足国内需求和保证适度的战略储备为主,加拿大除满足国内需求外,部分石油和天然气还出口美国。加拿大、美国在能源资源勘探、开发、生产管理方面的管理政策是,政府通过适当规制,确保国家和地方资源的有序、合理、高效开发利用和企业环境、健康、安全条件符合国家标准。与此同时,为了防止垄断,政府长期维持多家生产企业为上游市场供应的竞争格局,积极鼓励符合资质要求的企业参与能源上游领域的各项业务,以便为下游用户提供多种选择,满足国内能源需求,实现国家经济租金收益最大化。对于输油输气管道、电网等垄断性较强的领域,加拿大、美国实行了较为严格的审批和监管,并形成了一套科学合理的运输和配送费率形成机制。

与上述政策相配套的是,加拿大、美国分别形成了一整套完整、科学的管理体制框架。在他们的管理机构中采取了分设能源主管部门和能源监管机构的方式,其中加拿大能源主管部门为自然资源部,其主要职能是负责能源发展与环境、社会目标的协调,促进可持续和可替代能源的发展,构建全面的能源监管体制框架,制定能源发展政策,协调联邦政府与各省政府的能源政策,加强国际交流与合作,管理省际及国际贸易,管理联邦政府所有的资源,保障国家能源安全等。自然资源部所属的能源监管机构,主要承担三方面的职能:一是市场准入许可和收费,如资源开发、管理建设等;二是市场分析和咨询,为被监管对象和政府提供信息;三是制定能源监管的政策目标和具体的监管政策,包括安全、环保、被监管者权益目标等。

与加拿大能源监管略有不同的是,美国能源主管部门除能源部外,联邦内政部下属的矿产资源局及联邦环保署、劳工部、运输部等其他政府部门也负有能源管理的职责。美国能源部主要负责收集、分析、研究能源信息,提出能源政策方案和制定能源发展、安全战略,研究开发安全,环保和有竞争力的能源新产品,管理核武器、核设施及消除核污染,石油战略储备,石油天然气进出口,油气资源开发、储运、油品加工、环境治理等方面的监管分析,经济分析和市场分析。能源部所属的联邦能源监管委员会是一个独立的能源监管机构,主要对190个电力公司和50多个天然气管理公司实施监管责任,监管管道输油公司的运营和费率,审批跨州天然气管道输送项目,天然气管输价格、管道服务和开放，液化天然气接收站的建设和运行等。

在法律保证方面，加拿大和美国都对能源管理机构的设置、管理人员的责权、实施监管的原则和程序、监管机构权利和行为的约束、企业经营的条件和要求、争议的调解和处理、不服监管的投诉、企业违规的惩处等方面作出了明确的规定和限制，形成了完善的监管法律体系。

3.1.2 能源生产供应大国

1. 俄罗斯

20世纪90年代，俄罗斯推行了能源企业的私有化，试图通过市场作用来促进能源工业的发展，燃料动力部对能源管理一度出现失控状态。全球能源价格的不断攀升和能源政治的不断升温，为俄罗斯利用能源复兴大国地位提供了难得的机遇。俄罗斯联邦于1991年2月18日成立能源部，1993年，能源部改组为燃料动力部，其主要负责协调石油行业的管理工作。近几年来，俄罗斯致力于加强燃料动力部的政府职能，通过政府收购等方式积极推进重点能源企业的国有化。2000年，燃料和动力部又被改组成动力部，负责俄罗斯联邦石油和天然气的管理重任。从总体上讲，2004年以前俄政府将自由化视为能源政策的主要内容，但是2004年普京连任俄总统以后，俄能源政策发生了很大变化，国家对能源工业、特别是石油资产的控制不断加强。为了最大限度地有效利用资源和能源潜力，2003年俄罗斯政府制定了《俄罗斯联邦2020年前能源发展战略》。俄罗斯能源政策的发展目标是最大限度地有效利用资源和能源潜力，促进经济增长和提高国民的生活水平。国家能源长期优先发展战略方向是能源和生态安全问题以及能源和预算的有效性。

2. 澳大利亚

澳大利亚是由6个州组成的联邦制国家，联邦政府为了加强对煤炭及其他能源、矿产业的调控管理，设立了初级产业能源部，该部共分管两大块：一是农业，二是能源。部内管理系统分4级，即部—司—处—科，人员比较少，一般每个司下设3～4个处（局），每个处（局）现有7～8人，一个司约20～25人。初级产业能源部共划分为7个司，即农业司、企业政策司、科技司、经济分析司、地质服务司、煤炭与矿业司、海洋司。煤炭与矿业司设煤炭资源处、煤炭生产政策处、煤炭开发处等处室。澳大利亚初级产业能源部的职权主要是代表政府在宪法及法律规定的范围内行使管理职权，侧重于宏观调控，不涉及企业生产经营活动。重点是运用税率和银行存贷利率等经济手段来调控经济，进而影响企业，同时协助企业对国外联络出口及监督企业环保等。具体职权包括4个方面：一是煤炭出口管制；二是税收政策（仅限属于联邦政府职权范围的那一部分）；三是环境保护；四是管理支付给州政府的专项基础设施建设资金。

3.1.3　能源消费大国

1. 韩国、日本

韩国、日本能源消费水平居亚洲前列，但其自身的能源生产能力很弱，尽管如此，韩国设有专门的能源部，统一负责能源战略、能源政策研究、协调石油、天然气、煤炭、电力生产与供应，促进新能源的发展等。与韩国不同的是，日本并没有设立能源部，但其实行能源的集中式管理，日本在经济产业省内设立了副部级的能源与核资源厅，负责能源战略、能源政策研究和制订，负责统一管理石油、天然气、煤炭和其他矿物的生产及供应，负责新能源的开发利用和节能工作。

2. 印度

印度自身能源十分匮乏，尽管如此，印度还设立了专门的中央煤炭矿山联合部，下属煤炭部和矿山部。其主要职能是制定法规政策，全面系统地监督管理矿产资源的勘查、开发；监督和规范矿产资源企业的行为，建立和维护矿产资源市场的正常秩序；根据国民经济发展的需要，会同政府其他有关部门制定、修改和实施矿产资源政策和经济调控措施。煤炭部负责批准全国煤炭开采规划、开采许可证发放和相关政策的制定，并全权负责管理全国炼焦煤、非炼焦煤和褐煤资源的勘探开发，矿山部主要负责各种矿产（石油天然气除外）资源的勘探和开采以及各种有色金属的冶炼。印度煤炭资源所有权归国家，煤炭主要由国营煤矿进行开采和利用，由国家主管部门或委托国营公司进行经营和管理。由印度煤炭公司和奈维利褐煤煤炭两大国营煤炭公司从事煤炭的生产和经营，两者产量占全国总产量的 90% 左右。此外还有印度政府煤炭部和南部安得拉邦政府煤炭部合作建立的辛格雷尼煤矿公司，其产量占全国总产量的 7%，其余 3% 产量是由两家私营钢铁公司和一家国营电厂开办的煤矿采出的自用煤，不对外销售。

3.2　主要产煤国煤炭转型升级政策

3.2.1　严格立法保障煤炭清洁高效可持续开发利用

美国严格立法促进煤矿安全生产。《联邦矿山安全与健康法》和《联邦法典矿产资源卷》构成了美国矿山安全立法的基础，严格、详尽地提出了安全技术标准。通过立法，美国重大煤矿安全事故基本消除，2009 年煤炭生产含百万吨死亡率仅为 0.019，较 1980 年降低了 90%。

美国通过立法减少污染物排放，美国曾是世界上最大的二氧化硫排放国，20 世纪 60 年代末达到峰值。1970 年美国颁布了《洁净空气法》，1990 年又颁布了《洁净空气法修正案》，对电厂排放的二氧化硫、氮氧化物、汞等污染物的排放进行了严格的限制。法案提出了排放权交易灵活机制，明确了以燃煤电站和工业燃煤设备有关的各种有害污染物排放标准，制定了改善空气质量的目标和时间表。2010 年二氧化硫排放较 1970 年削减了近 65%。

美国通过立法推动煤炭开发布局西移。1974 年《能源供应和协调法》和 1978 年《发电厂和工业燃油利用法》鼓励煤代油或天然气，禁止在新建电厂使用天然气，鼓励使用煤、核能和其他可替代性燃料，促进了美国煤炭需求增长和生产提升。受《空气洁净法》对燃煤电厂污染排放的严格限制，东部地区高硫煤产区由于高硫煤市场份额减少而萎缩，煤炭开发的重心由东部转向中西部，实现了美国煤炭能源的有序接替。近年来，由于天然气（含页岩气等非常规天然气）的大量利用和价格优势，很多燃煤电厂又改用天然气。

3.2.2　积极开发先进的洁净煤技术推动煤炭清洁高效利用

（1）美国通过实施国家计划推动煤炭高效洁净利用技术开发。美国在 20 世纪 80 年代率先提出"洁净煤计划"，核心目标是开发低成本、超洁净、高效率的零排放电厂。1985 年国会通过的美国"洁净煤技术示范计划"，以提高燃烧效率、减少酸雨源（减少 SO_2、NO_x 排放）、开发先进发电系统（IGCC）、煤制洁净燃料和温室气体捕集为主要示范目标，投资约 53 亿美元。1998 年又提出"Vision21"计划，希望近期实现多联产系统，而未来发展到以煤气化与净化、制氢、燃料电池发电、液体燃料和化工产品合成为主要内容的多联产系统。美国通过政府支持国内科研院所研发、国际项目示范合作等方式，在先进发电系统、现代煤化工以及温室气体捕集等方面开发和储备了大量国际领先的技术。

（2）日本制订"21 世纪煤炭技术战略"积极发展煤炭清洁高效利用技术。按照"21 世纪煤炭技术战略"，2030 年之前煤炭利用技术分三个发展阶段：① 2000—2010 年期间主要有煤炭燃烧和气化技术的复合循环发电技术、普及高转换率制焦技术等；② 2010—2020 年期间主要研究煤炭气化的燃料电池发电技术的实用化、开发利用煤层甲烷和煤炭气化的发电技术、煤制二甲醚和甲烷等运输用燃料技术，以及煤炭生产化工原料的技术；③ 2020—2030 年期间将以煤气化、利用煤层甲烷制氢技术等主要手段，寻求把发电同化工、钢铁及其他产业合在一起的以煤炭为核心的新产业形态。

（3）德国在煤炭开发利用技术和设备方面世界领先。德国是欧盟最大的煤炭生产国和进口国，先进技术输出和开发利用设备出口是德国煤炭产业发展的特色。德国通过科研机构、高等院校以及煤炭公司和煤炭机械制造公司，加强先进实用型煤炭技术研究开发，在煤炭清洁高效利用方面取得了较大成绩，特别是在煤炭气化、煤液化及燃煤电厂污染物控制为主的先进洁净煤利用技术研发一直走在世界的前列。德国工程机械世界领先，在煤矿开采设备方面，德国公司在世界上也占据优势地位。

3.2.3　政府大力扶持实现煤炭开发利用结构优化

（1）欧盟的煤矿关闭政策及应对策略。欧洲因煤炭开采条件恶化和劳工成本上升，煤炭开采成本逐年升高，在国际廉价进口煤的竞争中失去了经济可持续发展能力。欧盟近期通过一系列法案明确于"2014年关闭所有不盈利的煤矿""2018年起欧盟各成员国废除对煤炭部门进行补贴并关闭部分矿区"，德国明确提出将于2018年前关闭全部煤矿。为解决关闭煤矿地区的社会经济发展、大量失业矿工再就业和煤矿关闭环境责任等问题，欧洲国家采取制定新产业接替规划、鼓励成立新公司、加强政府协调处理采空区塌陷和复垦、瓦斯富集增压危险和矿井水回收等一系列措施。

（2）南非政府支持发展煤制油产业。南非在国际石油禁运的背景下，为保证国内石油供应，政府积极扶持充分利用国内的煤炭资源发展煤制油产业。1950年，南非成立了专业从事煤炭液化研究和生产企业——萨索尔公司，政府在资金和政策上给予大力支持：一是启动资金全部由国家投入；二是1950—1979年间，在高额征收石油进口关税同时，免除国内煤制油产品消费税；三是1989—1999年间实施价格保护机制。经过60多年的发展，南非成为世界上第一个可利用煤炭液化技术大规模生产石油制品的国家。

3.2.4 低碳技术储备成为国外煤炭利用的战略方向

（1）澳大利亚积极推动二氧化碳捕集和封存系统。2008年澳大利亚"国家洁净煤计划"开始实施，目的是促进煤炭利用温室气体减排技术的研发和应用，重点开展煤炭利用低排放技术及碳捕捉与封存技术的研究、示范和应用。澳大利亚政府拨付财政支持地方政府和企业开展碳捕集与封存（CCS）示范项目，鼓励现有的燃煤电站安装大型燃烧后二氧化碳捕集设备，积极开展煤气化联合循环发电和CCS联合系统工程。澳大利亚政府在积极发展CCS技术同时，拨付专款用于国家碳测绘、基础设施建设以及相关测试、评估和制度框架建设，目的是尽快确定大规模封存二氧化碳的地点，为洁净煤技术的研发示范创造条件。

（2）英国推动"碳减排技术计划"。英国于20世纪90年代启动"洁净煤技术计划"，2005年英国启动"碳减排技术计划"替代"洁净煤技术计划"，目标是使英国在碳减排技术的研发和商业化方面处于世界领先地位，利用碳减排技术以较低成本大大减少化石燃料利用中的二氧化碳排放量。2009年，英国政府宣布，除非应用CCS捕集25%以上，且到2025年达到100%，否则不允许新建燃煤电厂。在领先的碳减排技术优势下，英国第一个针对二氧化碳减排制定了具有法律约束力的长期国家目标，即于2008年颁布《气候变化法案》，提出到2020年和2050年温室气体排放在1990年基础上减排20%和80%。

3.3 国外煤炭行业体制对我国的启示

3.3.1 国外煤炭行业体制的主要特点

世界各国煤炭行业管理体制不同，与国家的政治体制、经济体制、公众素养及文化传统等因素密切相关。一般说来，市场经济国家大多采用市场机制为主，并辅以政府干预。从各主要产煤国煤炭行业管理体制来看，都很重视对煤炭资源的统一管理，均设立政府机构来管理煤炭行业。

1. 各主要产煤国均设立政府机构来管理煤炭行业，但机构设置和职能不尽相同

（1）设立相对专业化的政府机构管理。

美国的煤炭工业主要由能源部代表联邦政府管理，其主要职能为：制定有关能源的政策、法规和规划；监督财政援助项目；研究与开发计划的制订与实施；统计和信息服务；对外事务；紧急权利。

澳大利亚对煤炭行业的管理是实行联邦政府和州政府两级政府调控，煤炭企业自主经营的体制模式。澳大利亚为了加强对煤炭及其他能源、矿产业的调控管理，设立了初级产业能源部，初级产业能源部下设煤炭与矿业司来加强对煤炭产业的管理。初级产业能源部的职权主要是代表政府在宪法及法律规定的范围内行使管理职权，侧重于宏观调控，不涉及企业生产经营活动。重点是运用税率和银行存贷利率等经济手段来调控经济，同时协助企业对国外联络出口及监督企业环保等。

英国设立煤炭管理局，仅代表政府对全国所有煤炭企业行使宏观管理职能，不直接管理煤矿，负责煤炭资源的合理开发、租赁和使用，向煤炭生产者核发开采许可证，采空区地表复垦，向生产者提供开采、地质数据，保证生产者之间的公平竞争和煤炭工业的健康发展。各公司向煤炭管理局申请租赁煤矿，所有煤矿参与市场竞争。

乌克兰能源开采结构中，煤炭依然占据重要地位，所占比重达95%。近年来，乌克兰政府重新将煤炭行业从能源部中分离出来，成立职能单一的煤炭部，加强煤炭企业的管理。管理结构为：煤炭部—煤炭公司—煤矿。

（2）由综合性较强的政府机构管理。例如德国联邦经济部、波兰经济部、俄罗斯联邦工业和能源部、澳大利亚工业旅游和矿产资源部。

波兰经济部内设动力燃料司，负责煤炭工业的行业调节和监督管理，制定国家行业政策、法规和规划。国库部作为国有资产的代表，负责煤炭企业资产管理。

德国政府主要通过政策和法律来管理煤炭工业。煤炭工业主要管理部门为联邦经济部、州经济部和矿山局。联邦经济部第三司主管全国能源经济及矿产资源。就煤炭行业而言，联邦经济部负责制定能源发展战略和煤炭政策，管理煤炭补贴基金。

（3）由负责矿山安全监督、监察的政府机构管理。

波兰国家最高矿山监察局，其权限不仅仅限于监察作用，更重要的是它拥有煤矿生产计划的审批、各级联合体以及各矿领导人选的考核与审批的实权，并且组织鉴定及批准新技术、新材料和新工艺的矿山应用。

捷克国家设立的矿山安全监督、监察机构，由国家矿务局（CMA）和直属的9个地方矿务局（DMA）构成，管理模式为国家垂直管理。国家矿务局不仅有对所有采矿

行为和方式行使最高监督权的职能，还是唯一代表政府对煤矿进行管理的部门。国家矿务局代表政府同企业或个人签订煤炭资源的出租等协议，并制定相关的生产法律和法规。国家矿务局和各地方矿务局负责对煤矿进行监察，如果发现违法、违规作业和生产，要进行处罚，重者取消出租合同，收回资源开采权。

2. 各主要产煤国均重视煤炭行业管理，依所有制的不同，其管理方式有很大区别

（1）对煤炭企业主要以股份公司和私有形式存在时，政府对企业干预较少，更重视宏观管理。如美国、英国、南非、澳大利亚等，其政府部门的管理职能通常包括煤炭资源的开发和管理、许可证审核发放、税收政策、环境保护和提供信息服务，以保证生产者之间的公平竞争和煤炭工业的健康发展。

（2）对煤炭企业主要以国有大型煤炭公司、国家煤炭控股公司形式存在时，政府对企业干预较多，通常直接管理企业，如印度、波兰、捷克、乌克兰等国。

3.3.2　国外煤炭体制的主要特征

（1）重视矿业的基础性地位，满足国家能源需求。一些国家把煤炭列入战略性资源，国家制订煤炭政策、法规和规划，并监督其实施，实现对煤炭行业的资源、安全、环境管理，确保煤炭工业健康发展。

（2）重视法制体系建设。政策、法制与体制建设相配套，规范煤炭的生产和建设，政府对煤矿建设项目、勘探许可证、营业许可证实行审批制，审批相当严格，加强对市场准入的管理。对煤炭企业实行竞争、反对垄断。

（3）重视利用税收政策手段对煤炭工业进行宏观调控。主要通过税收优惠给生产者补贴，降低生产成本；通过调整税率实现煤炭供需总量平衡；通过政府养老金、失业保险、医疗保健、穷人补贴等转移支付手段，重新分配收入，缩小收入差距；通过税收解决矿区的环境保护，即建立复垦基金，使矿区环境得到优化。

（4）重视煤矿安全和职业健康。在这方面政策涵盖的内容非常丰富，包括安全立法、监察体制，工伤保险，管理与技术、矿山救护、安全认证与风险评估等。

（5）重视环保。美国、欧洲等国家实施的恢复生态、改善环境的政策取得了良好的效果，主要是坚持"谁破坏，谁治理；谁环保，谁受益"的原则，控制手段严格掌握在国家手中。

3.3.3　国外经验的借鉴作用及启示

从国外主要产煤国的煤炭行业管理情况来看，按照国家宏观管理机构级别的高低来划分，国外主要产煤国对煤炭的管理体制大体分为两类：一是高级别的统一管理体制。采用这种管理模式的国家主要以美国、澳大利亚、乌克兰、英国等为典型代表，这些国家都设立了全国统一的煤炭行业管理机构来加强对国内煤炭的行业管理。二是低级别的

统一管理体制。采用这种管理模式的国家主要以波兰、德国等为代表。从这些国家对煤炭行业统一管理的主要特征来看，主要产煤国家应该加强对煤炭的统一管理。虽然国外主要产煤国的国情与我国不完全一样，但是作为市场经济的基本特征是一样的，煤炭商品的一般性特征是一样的，由于煤炭行业的特殊性和各种社会性问题而要求政府加强对煤炭产业进行统一管理的客观性是一样的。

（1）应把我国煤炭资源政策确定为，在保证煤炭主体地位的前提下把节约和保护作为核心内容。制定煤炭资源有偿使用政策，加大调节资源级差收益的力度，促进煤炭资源回收率的提高。

（2）坚持煤炭行业国有独资或国有控股企业的主体地位。在我国具体条件下，为了确保能源供求关系的稳定和能源安全，国家仍需对煤炭建设项目进行重点投资，使国家具有一定的控制作用和引导作用。这种投资包括财政预算内投资及国有独资企业或控股企业的再投资。

（3）继续进行总量宏观调控。不盲目扩大新井投资规模，关闭资源枯竭扭亏无望的矿井，取缔非法小煤窑，加大资源整合力度。

（4）加强环境保护立法，制定出明确的目标并严格要求，制定煤炭企业缴纳环保复垦保证金制度，用于塌陷地平整、恢复植被，水质和空气质量达标等。

第4章 煤炭体制机制改革方向

4.1 煤炭管理体制方面

4.1.1 转变政府职能，提升管理效果

（1）实现管理体制转型。

基于煤炭行业发展的特殊性及在国民经济中的基础性地位，改变由市场主导为主的运行体制，实行市场导向、政府宏观调控相结合的管理体系，开展行业的统一管理和专业化管理。紧密结合煤炭行业的特点，改变由多部门共同管理的格局，建立相对集中的专业化的煤炭行业管理主体，提高煤炭行业管理的集中度，强化煤炭在能源供应体系中的主体地位，促进煤炭行业的可持续发展。加强针对性管理，着力解决"无腰""无头""无脚""歪头"等体制缺陷，有效提高煤炭行业管理的整体效应。

（2）实现管理职能的转变，推进全过程管理。

将管理的重点从供应侧转向供应、需求侧兼顾，即改变以往偏重于煤炭开采、煤炭洗选加工等供应侧管理的局面，逐步转向煤炭资源开发宏观规划控制、煤炭开发利用效率、煤炭开采和利用技术等供应侧、需求侧兼顾的管理。在前置审批环节，管理重点是着眼于外部性的准入管理和生态环保等准入标准，强调政策的导向性、公开性和透明性。在事中管理环节，管理重点是监督、监管和检查，健全煤炭开发效能审计机制，完善机构设置和人员保障。在事后管理环节，管理重点是查处违规者，补偿损失。

（3）实现监管转型，构建纵向调控与横向监管并行的管理格局。

由以往的经济性监管为主、社会性监管为辅，重纵向调控、轻横向监管的管理模式，转向纵向调控、横向监管并重的管理格局，由以往注重管理单个经营主体，转向面向全行业服务。新监管模式包括：完善市场准入监管，公开准入制度，取消所有制歧视，保证政策的透明化，建立合理的申诉制度；完善价格监管，改革价格形成机制，对自然垄断环节实行有效监管，做到保护性监管与激励性监管的有效结合，完善财务制度、成本与信息披露制度和价格听政制度。加强社会性监管，监管重心是强化安全生产监管，提高资源利用效率，确保煤炭供应安全，保护生态环境等。加强市场秩序的监管，监管重心是反垄断，促进有效竞争，对可能影响市场结构的重大购并案件进行审查等。

（4）与国家机构改革有机衔接。

大部制改革是我国行政管理体制改革的重要举措，通过大部制改革要着重解决我国

政府行政管理中存在的一些问题，如政府自身改革滞后，职能转变滞后，行政审批事项太多，社会管理，公共服务职能薄弱；部门之间职责不清，协调不力，管理方式落后，办事效率不高；关系老百姓切身利益的问题得不到根本解决；政府工作人员依法行政的观念比较淡薄，执法违法的问题时有出现；形式主义、官僚主义、弄虚作假、奢侈浪费问题比较突出；腐败问题在一些地方严重等，最终打造服务型政府。

大部制改革绝不等于简单地部门合并、裁减等简单的"加减法"。虽然大部制改革的背后是要实现政府权力的重组，但从管理体系上改革上必须按照决策、执行、监督这三者相互协调、互相制约重构政府的权力。能源工业管理体系目前还处于整合调整时期，电力、石油等垄断性较强，在能源部门实施大部制目前还有较大的阻力，但这不影响能源管理体系的完善。决不能因为国家行政管理体制的大部制改革方向，就置煤炭行业管理职能缺失不理，不成立相应的统一的煤炭管理机构，那样将严重影响国家能源可持续发展。

在现行政策环境下，煤炭行业管理创新所需要做的是按照大部制的架构统筹设计煤炭行业的管理体系，既做到完善煤炭行业的管理，又能够实现与将来统一的能源管理机构设置的有机衔接。具体说就是要针对目前政府管理中存在的问题，作出科学的制度设计，不走传统的管理模式，重点在简化煤炭开发的行政审批、强化煤炭行业的社会管理、完善煤炭工业发展的公共服务、协调煤炭产业相关部门之间职责、提高办事效率、解决关系煤炭职工切身利益的问题等方面形成科学的制度安排。

4.1.2 加强行业监管，解决市场失灵问题

（1）推进煤炭市场的科学发展，加强开发秩序监管。

煤炭产品不同于一般工业品，品种多、性能差异大，高性能产品可替代低性能产品；初级产品（原煤）可直接消费，深加工后（洁净煤）可提高附加值。如果采取政策性措施，保护稀缺资源，禁止低能替代和原煤直接消费，可以相对提高资源利用率，减少能源浪费。同时，煤炭产业无论初级产品还是加工产品，市场进入相对容易，不加以有效引导，容易造成低水平发展，重复建设，恶性竞争，削弱行业整体竞争力。因此，要着力完善煤炭勘探、开发的市场准入制度，加强煤矿开发建设管理，规范煤炭生产行为，切实制止、纠正大型煤炭基地开发的乱相。

（2）加强煤炭安全生产管理。

对于煤炭生产这个高危行业来说，强化煤矿安全生产保障体系具有特别重要的意义。没有政府的强制性约束，仅靠市场作用，很难实现煤炭生产的有效安全投入。因此，必须着力加强煤炭安全生产管理，进一步加大煤矿安全生产性投入，加强煤矿安全生产监督，形成强有力的煤矿安全生产保障体系。

（3）着力解决煤炭开发的负外部性问题。

煤炭属于埋藏在地表之下、蕴涵于环境之中的自然资源，并且与自然界中的土地、地下水、生物、共伴生矿物等资源紧密相关，共同存在。煤炭资源的赋存条件和煤炭的

开采方式，使得煤炭生产不可避免地扰动环境和其他资源，如资源过度消耗、生态破坏、环境污染和社会问题产生等。我国煤矸石堆存已达 30 多亿 t，占地 $100km^2$，每年直排煤层气近百亿立方米，抽出地下水 22 亿 m^3，严重污染了我国的环境。有必要加强矿区的环境管理，建立矿区生态环境补偿机制，使煤炭产业外部经济问题得到解决，并避免进一步恶化，这些市场的作用微乎其微。

综合分析煤炭商品生产过程的特殊性，以及由此产生的特殊要求的共性特点，主要是行业发展需求而非企业经营目标，是宏观经济要求而非微观经济要求，大多是煤炭企业外部性问题，属于市场失灵范畴，无法通过市场机制得到根本性解决。必须实施必要的行政性、法制性的干预，即政府规制，满足社会再生产过程的要求。

4.2 煤炭管理机制方面

4.2.1 加强行业规划调控，促进行业健康发展

（1）着力强化煤炭产业的基础性地位，协调产业关系，搞好产能规划。

在未来相当长的时期内，煤炭将是我国的主要能源，以煤炭为主的能源发展战略格局在相当长的时间内难以改变。党的十八大提出，要加快城镇化建设步伐，到 2020 年全面建成小康社会，到 2050 年达到中等发达国家水平，围绕这一宏伟目标，我国能源生产和消费在相当长的时间内，还将呈现增长态势，煤炭产业对国民经济和社会发展的贡献率还将保持在较高水平。因此，必须加强煤炭行业管理，从长规划，超前发展，合理控制规模，科学引导煤炭生产与消费。

煤炭行业对其他相关产业产生很强的依存关系，铁路运输业对煤炭产业制约较大，电力、冶金、建材等行业的发展影响煤炭生产的源动力，而石油、天然气等与煤炭互为替代品，很大程度上也影响煤炭产业的发展方向。因此，有必要从国民经济的系统性和全局性出发，通过加强管理和协调，理顺煤炭产业与相关产业之间的关系。

作为宏观调控部门，要切实把控煤炭产业发展规律，加强煤炭市场的调控。通过对煤炭产业周期的研究，可以发现其具有后发性、来势猛、复苏慢的特点。由于价值规律的作用，当煤炭市场出现较大的需求缺口时，煤炭价格快速上涨，资金开始进入煤炭行业，大量的矿井同时新建，随之煤炭产能不断增加。一般情况下，当煤炭产能达到最大化时，煤炭需求量已开始减少。在这种情况下，煤炭市场价格出现快速跌落，其后果不仅给煤炭行业带来灾难，而且殃及整个国民经济，因此，必须加强煤炭产业周期性的研究，建立行之有效的预警机制。

（2）着力提供煤炭行业发展的公共品。

我国目前煤炭开发更多地注重煤炭初级产品的开发，与煤炭开发相配套的基础设施、技术、资金、市场、人才管理服务，以及煤炭产品的下游产业的协调等存在很大的不同步性，影响了煤炭开发的整体效益。公共品的建设对于煤炭开发具有极其重要的作

用，但依靠市场作用，难以收到预期效果。

4.2.2　战略规划发展方向，助推产业转型升级

国际金融危机爆发以来，世界产业和经济格局在调整大变革中出现了一些新的变化趋势，绿色增长、低碳增长、可持续增长成为全球产业发展的总趋势。对于煤炭产业来说，应从总体上进行战略规划和调整，加大对新型技术的研发投入，进行新型产品研发，选取最具有竞争力优势的清洁产品作为煤炭资源型城市和企业的核心主导产品，维护其产业安全度，以此来实现煤炭产业的成功转型。

（1）向煤炭资源综合利用转型。

煤炭资源要尽量减少废弃物排放，煤炭开采和加工工程中要实现优化配制，大力提高煤炭资源开采中的共伴生资源和废弃资源综合利用、废物的综合利用，从而实现"资源－产品－副产品－废弃物零排放"的高效利用模式。山西晋城无烟煤矿业集团有限责任公司确立了"固煤、稳肥、增气、扩化、强机、兴电、育新"的发展途径，突出建设"煤－气－化""煤焦化""煤－气－电"3条高效利用产业链，走出了一条独具特色的煤炭企业转型发展之路。

（2）向产品结构优化升级转型。

通过对产业链的拓展和延伸，逐步摆脱企业对煤炭的过度依赖。通过引进高科技设备、现代化流程对初级产品进行再加工、深加工，物理加工到化学加工，改善产品结构，实现由低档产品向中高产品、单一产品向配套产品、低附加值产品向高附加值产品、初级产品向向精加工制品的转换，重点发展精、特、优类产品，促进产品结构优化升级，提高产业经济效益。河北冀中能源集团有限责任公司突出"质量、效益"这个主题，推进了产品结构的优化升级、以提升集团盈利能力为主要目标的"精煤战略"得以实施。2011 年，该集团精煤产量 3000 万 t，同比增加 600 万 t；2012 年 1 至 4 月，精煤产量已完成 1100 万 t，利润贡献率达到 80% 以上。

（3）向产品安全清洁转型。

煤炭产品都是初级产品，产品附加值偏低，清洁度较差，产能过剩过大，导致煤炭产业的产品控制力和竞争力较弱，产品供应安全度较低。因此，煤炭产业转型不仅要加大对资源循环技术的研发和投入，同时需要国家协调科学安排各煤炭企业的生产总量，避免造成煤炭产能过大过剩，转换产能过多，维持合理的煤价水平，防止市场无序竞争，增强煤炭产业的控制力。"十一五"以来，内蒙古依托丰富的煤炭资源，大力发展清洁安全的煤制油产业，目前已投产和在建的年产油能力总计 200 万 t，相当于我国新增了一座千万吨级储量油田的年产能，其中神华集团 100 万 t 煤直接制油，伊泰集团 16 万 t 煤间接制油等，共有 142 万 t 已建成投产，综合效益较好。

（4）向煤炭科技创新转型。

煤炭产业转型的关键因素是科技支撑体系的建立。要紧紧围绕煤炭产业转型升级，加大对煤炭绿色开采、深度加工转化和循环利用技术的创新投入，推广一批先进技术，

转化一批科技成果，培养壮大一批科技含量高、附加值高、市场竞争力强的优势产业，从资源导向型向科技导向型转变，实现煤炭产业可持续科学发展。

（5）向生态文明转型。

文明实力和竞争力是国家富强、民族振兴的重要标志，也是煤炭企业做大做强的标志，是坚持面向矿区、服务矿工，加强文明产品生产的引导。加大对重大企业文明工程和文明项目建设，完善行业文明服务体系，提高服务效能，发展新型文明生态，提高文明产业规模化、集约化、专业化水平，从而满足矿区职工精神文明需求。江苏徐州矿务集团与德国某公司2012年签订协议，利用原权台煤矿建设"东方鲁尔生态文明产业园"。

4.2.3 发展现代煤炭产业体系，加快转变发展方式

大力发展现代煤炭产业体系，提高产业技术竞争力，是加快转变发展方式的重要途径和主要内容，是适应国际需求结构调整和国内消耗升级的新变化，提高经济增长的质量、效益和国际竞争力的战略，在适度调整东中西部煤炭产业布局的同时，主要途径有：加快发展现代煤炭生产业，改造提升煤炭装备制造业，培育发展战略性新型产业，积极发展综合服务业等。

近年来，国内外环境的大变，使得我国煤炭产业转型升级和结构调整面临与日俱增的外部压力与内生动力，被迫转型和自觉转型两种力量正在汇集，形成强大而持久的倒逼机制和正逼机制，我们采取的重要措施包括以下方面。

（1）建设循环经济园区。

当前，许多煤炭矿区和煤炭城市以循环经济为基本经济形态和产业发展模式，大力发展循环型工业、循环型服务业、循环型农业。未来要通过政府引导和市场运作并举，典型示范和全面布置并进，着力规划实施一批循环经济项目，全面推进产业内循环，产业间循环，矿井间循环活动；着力构建产业、社会、矿城循环经济体系，让传统发展模式向循环经济主导模式转变，实现资源转换最大化、产品形成新型化、经济效益最优化。榆林市是国家循环经济试点城市，以集约化、集聚化和专业化新型工业园区为平台，以资源的高效循环利用为核心，启动两区六园循环经济建设格局，已形成原煤－发电－建材，原煤－兰炭－焦油－化工－煤气和焦粉利用，原煤－甲醇－建材－食用级二氧化碳，盐－烧碱－聚氯乙烯等多个循环经济链条，并将开工建设现代煤化工循环经济园区。

（2）大力发展低碳经济。

低碳经济是以低能耗、低污染、低排放为基础的经济发展模式，它是人类由工业文明走向生态文明的一次巨大进步。低碳运行生态煤矿的建立就是人文环境、生态环境、资源环境和技术经济的环境相互联系起来，对采煤活动提升改造、构建低碳、环保和煤矿产业系统，以最小的生态扰动获取最大资源的经济效益，并在采煤活动结束后把煤矿产业发展与生态环境融为一体，形成了以产品清洁生产、资源高效回收和废物循环利用

为特征的低碳运行的发展方式。河南省中平能化集团首山焦化有限公司是年产 300 万 t 焦炭的完整煤－焦－化产业园区企业，总投资 47 亿元，占地 1500 亩。园区共有 10 余个分厂，分原料煤洗选、炼焦、中煤＋煤泥＋弛放气＋干熄焦、发电、煤气生产甲醚、焦油加工、针状焦，矸石灰渣制砖、污水处理和净化复用，做到了"零排放"。必将给我国煤矿产业转型带来根本性的变革。

（3）推进和谐矿区建设。

和谐矿区建设是个内涵丰富、综合、全面、科学的概念，是一种全新的产业发展理念，核心是遵循资源开采型产业发展规律，保护生命、保护资源、保护环境，实现煤炭安全高效开采和清洁高效利用，人与自然融洽相处，区域经济社会协调发展，努力构建产业转型、生活富裕、生态良好、社会稳定的新型矿区（城）。大力推进和谐矿区建设，实质是矿区发展目标，发展方式问题，重点是构建以煤炭为基础的新型产业结构。即以煤炭开采为依托，以洗选加工和就地转化为手段，以煤基产业适度延伸为方向，调整优化产业结构，促进煤电、煤化、煤建材和煤炭物流产业，文化、旅游产业发展，推进煤炭与相关产业协调发展，加大矿区生态环境治理，推进矿区棚户区改造，提高职工收入水平，从而，实现产业转型升级和发展方式转变，促进和谐矿区建设。

（4）推行绿色开采模式。

推行绿色开采是煤炭开采技术（方式）上的一次大变革，是要营造一个绿色开采和生态环境协调发展的开发环境，实现"资源开发最优化、废弃物利用最大化、生态环境影响最小化"的远大目标，是促进煤炭产业转型升级、获得最大资源回收和综合效益的造福工程，全国各地已涌现了一批充填开采、保水开采、生态文明建设的示范矿区。如河北冀中能源集团建成了充填开采、地热利用等先进技术的生态矿山建设模式；神东、陕北矿区建成了保水开采示范区，这些都是推进产业转型发展的重大成果。

第5章 政策建议

（1）坚持依法治国，完善政策体系。

一是完善法律体系，推动行业标准制定。健全完善以《煤炭法》为基础的煤炭法律体系，要注意填补立法空白和内容缺漏，消除不同立法规定之间的矛盾和冲突，增强规定条款的可操作性；进一步科学界定中央和地方政府以及煤炭企业在管理体制中的责权利益关系，理顺政府、市场、企业与公众四者之间的关系，将有关主体的关系格局法律化、制度化、使煤炭管理体制和工作机制运转高效、协调。二是保持政策的连续性和有效性。制定国家中长期能源和煤炭发展规划，强化考核机制，引入第三方机构对各地区任务完成情况进行评估，对未完成任务的地方和企业要予以问责，保障政策执行的连续性和有效性。三是强化监督检查，确保政策执行到位。严格遵循"公开、公平、公正"的原则，采取全面检查与重点检查相结合，建立健全目标责任制，对各项目标的落实情况加强监督检查。

（2）建立集中统一的煤炭行业管理体制。

总体而言，根据煤炭行业在我国能源格局中的主体地位及煤炭行业的具体特点，要建立符合市场经济基本要求、政府与市场界限清晰、宏观调控与微观监管有效结合、中央与地方协调统一、市场主体富有活力、公平竞争的现代煤炭行业管理体制，中央有相对集中统一、专业化的煤炭宏观管理调控机构，地方形成科学合理的煤炭勘探、开发、调运、转化、利用管理机制。最终形成政府宏观调控有力，行业监管完善，企业活力增强的管理体系。

具体而言，建议在中央层面将行业特点较强的政府管理职能合并到一个部门，建立集中统一的煤炭管理机构（煤炭工业管理局或煤炭监管委员会），在全行业形成较高的权威性，加强政策法规和制度建设，抓好行业发展规划和标准建设，规范煤炭市场秩序，实施煤炭行业监管，有效协调煤炭与其他各部门的关系。在省级政府管理机构中，建立或恢复统一的煤炭管理机构，原煤产量亿吨以上省（区、市）设立煤炭工业管理局，作为省政府直属机构；其他产煤省（区、市）在政府的综合管理部门设立精干的煤炭行业管理机构。

（3）完善煤炭市场准入和退出机制。

重点把好煤炭市场"准入""退出"两个关口，改变进入易、退出难的现状，控制煤炭产能，推动结构调整。一是建立公开、透明的市场准入条件，对煤矿开发主体的资质提出要求；研究制定煤炭市场准入负面清单，严格限制新建灾害严重、地质条件复杂、煤质差的煤矿。二是加强煤矿关闭退出机制研究，借鉴主要产煤国成功经验，研究通过资源税收入、国有资本收益、增值税返还等渠道设立煤矿关闭退出专项资金，重点支持资源枯竭、高硫高灰、灾害严重、扭亏无望的老国有煤矿加速退出。

（4）进一步完善煤炭科技体制和机制。

建立健全有关法律法规，完善煤炭科技开发计划，促进煤炭科技创新要素和其他社会生产要素有机结合，形成不断增加科技投入的良好机制。完善科技资源配置方式，优化科技资源配置，促进科技资源开放和共享，形成广泛的多层次的创新合作机制，建立健全绩效优先、鼓励创新、竞争向上、协同发展的科技资源分配机制和评价机制。支持和鼓励国内有条件的各类机构平等参与承担国家重大煤炭科技计划和项目。加强煤炭科技基础条件平台建设。培育一大批具有自主创新能力、拥有自主知识产权的企业。研究制定切实有效的改革举措、激励政策和法律法规，完善鼓励自主创新的金融财税政策，为企业技术创新服务。

（5）加强战略引导推动煤炭企业"走出去"。

通过整合有效政策资源、行政权力资源、外交关系资源等核心资源，形成独特的大国综合优势，充分激发企业"走出去"的内在潜能；统筹规划煤炭企业"一带一路"倡议，按照整体布局、趋利避害、先易后难的原则有序"走出去"；鼓励和引导煤炭与下游产业联"走出去"，扩大自身优势。同时，加大金融支持力度，拓宽企业的融资渠道，放宽融资担保的限制。引导银企合作，积极发挥商业银行在煤炭企业"走出去"中的金融支持作用。其次，加大信贷融资支持力度，提高贴息或无息贷款的融资形式，为海外投资项目创造利润空间。除政策支持外，利用我国充足的外汇储备设立海外投资发展、海外投资并购、海外投资风险等各类专项基金，以基金的形式支持企业海外投资项目，与煤炭企业风险共担、利益共享。

参 考 文 献

艾德春 . 2008. 我国煤炭供需平衡的预测预警研究 [D]. 徐州 : 中国矿业大学 .

安许良 . 2014. L 型钻孔地面预注浆技术在煤矿井下巷道加固工程中的应用 [J]. 煤矿开采 , 19(1): 56-59.

白向飞 . 2010. 中国褐煤及低阶烟煤利用及提质技术开发 [J]. 煤质技术 , 1(6): 9-11.

本刊评论员 . 2016. "五大理念" 与煤炭前景 [J]. 中国煤炭工业 , (1): 16-19.

陈辉 , 王佟 . 2015. 煤质分析和评价 [J]. 徐州 : 中国矿业大学出版社 : 36-37.

陈其慎 . 2013. 中国矿业发展趋势及竞争力评价 [D]. 北京 : 中国地质大学 .

陈清如 , 刘炯天 . 2009. 中国洁净煤 [M]. 徐州 : 中国矿业大学出版社 .

陈湘生 . 1998. 深冻结壁时空设计理论 [J]. 岩土工程学报 , 20(5): 13-16.

程爱国 , 宁树正 , 袁同兴 . 2011. 中国煤炭资源综合区划研究 [J]. 中国煤炭地质 , 23(8): 5-8.

程建远 , 聂爱兰 , 张鹏 . 2016. 煤炭物探技术的主要进展及发展趋势 [J]. 煤田地质与勘探 , 44(6):136-141.

戴良发 , 谭杰 . 2013. 我国煤矿立井特殊凿井技术的应用与发展 [J]. 煤炭工程 , (S2): 9-12.

董维武 . 2010. 美国典型煤矿介绍 [J]. 中国煤炭 , 36(3): 123-125.

段建华 , 许超 . 2015. 地面物探技术在煤矿隐蔽致灾地质因素探测中的应用 [J]. 中国煤炭地质 , 27(10): 53-57.

范中启 . 2006. 中国煤炭产业竞争力评价模型及提升路径研究 [D]. 成都 : 西南交通大学 .

冯继伟 , 屠世浩 . 2008. 中国煤炭政策变迁及影响因素分析 [J]. 中国煤炭 , (11): 16-20.

冯旭海 , 高岗荣 , 徐润 . 2005. 综合注浆技术在刘庄进风井 "三同时" 建井中的应用 [C]// 全国矿山建设学术会议文集 . 徐州 : 中国矿业大学出版社 .

顾月琴 , 孔晓明 . 2015. CBE 职教模式的特征分析及其借鉴作用 [J]. 教育与职业 , (15): 69-71.

郭淑芬 , 赵国浩 , 段金鑫 . 2010. 基于选煤技术的国内外煤炭洗选业发展对比研究 [J]. 煤炭经济研究 , (1): 11-13.

国家安全生产监督管理总局 , 国家煤矿安全监察局 . 关于支持钢铁煤炭行业化解产能实现脱困发展的意见 [EB/OL]. http://www.chinasafety.gov.cn/newpage/Contents/Channel_6289/2016/0418/268570/content_268570.htm.

国家煤炭工业网 . 2016. 2015 年中国煤炭工业改革发展情况通报 [EB/OL]. http://www.coalchina.org.cn/detail/16/01/26/00000032/content.html.

国家能源局 . 2014. 煤电节能减排升级与改造行动计划 (2014—2020 年) [EB/OL]. http://bgt.ndrc.gov.cn/zcfb/201409/t20140919_626242.html.

国家能源局 . 2016. 煤炭工业发展 "十三五" 规划 [EB/OL]. http://www.ndrc.gov.cn/zcfb/zcfbtz/201612/t20161230_833687.html.

国家质量监督检验检疫总局 . 2016. 关于化解钢铁行业过剩产能实现脱困发展的意见 [EB/OL]. http://www.gov.cn/zhengce/content/2016-02/04/content_5039353.htm.

国务院 . 2016. 关于积极稳妥降低企业杠杆率的意见 [EB/OL]. http://www.gov.cn/gongbao/content/2016/

content_5124355.htm.

国务院 . 2016. 关于煤炭行业化解过剩产能实现脱困发展的意见 [EB/OL]. http://www.gov.cn/zhengce/
content/2016-02/05/content_5039686.htm.

韩德品 , 赵镨 , 李丹 . 2009. 矿井物探技术应用现状与发展展望 [J]. 地球物理学进展 , 24(5): 1839-1849.

韩德馨 , 杨起 . 1984. 中国煤田地质学 (下册) [M]. 北京 : 煤炭工业出版社 : 395-396.

韩智勇 , 魏一鸣 , 焦建玲 , 等 . 2004. 中国能源消费与经济增长的协整性与因果关系分析 [J]. 系统工程 ,
22(12): 17-21.

贺永德 . 2004. 现代煤化工技术手册 [M]. 北京 : 化学工业出版社 .

洪伯潜 . 2008. 我国煤矿凿井技术现状及展望 [J]. 煤炭学报 , 33(2): 121-125.

胡鞍钢 , 魏星 , 高宇宁 . 2013. 中国国有企业竞争力评价 (2003-2011): 世界 500 强的视角 [J]. 清华大学学
报 (哲学社会科学版), 28(1): 72-83.

胡望水 , 吕炳全 , 张文军 , 等 . 2005. 松辽盆地构造演化及成盆动力学探讨 [J]. 地质科学 , 40(1): 16-31.

黄寒静 . 2017. 煤矿井下岩层定向钻孔施工工艺与应用研究 [J]. 能源与环保 , 39(5):189-193.

黄群慧 . 2012. 中国的工业大国国情与工业强国战略 [J]. 中国工业经济 , (3): 5-16.

贾承造 , 李本亮 , 张兴阳 , 等 . 2007. 中国海相盆地的形成与演化 . 科学通报 , 52(A01): 1-8.

贾建称 , 张妙逢 , 龙亚平 . 2009. 中国含煤区地质背景与构造变形特征 [J]. 安徽理工大学学报 , 29(4):
1-8.

蒋翠蓉 , 刘瑞芹 . 2009. 浅谈煤矸石的综合利用 [J]. 煤质技术 , (B06): 54-58..

金碚 . 2003. 竞争力经济学 [M]. 广州 : 广东经济出版社 .

李泉新 . 2014. 煤层底板超前注浆加固定向钻孔钻进技术 [J]. 煤炭科学技术 , 42(1): 138-142.

李世臻 , 乔德武 , 冯志刚 , 等 . 2010. 世界页岩气勘探开发现状及对中国的启示 [J]. 地质通报 . 29(6):
918-923.

李卫东 . 2007. 企业竞争力评价理论与方法研究 [D]. 北京 : 北京交通大学 .

李迅 , 曹广忠 , 徐文珍 , 等 . 2010. 中国低碳生态城市发展战略 [J]. 城市发展研究 , 17(1): 32-40.

刘广亮 . 2016. 瑞利波技术在煤矿地质构造超前探测中的应用 [J]. 工程地球物理学报 , 13(3): 361-366.

刘寅 , 陈清华 , 胡凯 , 等 . 2014. 渤海湾盆地苏北 - 南黄海盆地构造特征和成因对比 [J]. 大地构造与成矿
学 , 38(1): 38-51.

刘志强 . 2013. 大直径反井钻机快速建设采区风井技术 [J]. 采矿与安全工程学报 , 30(S1): 35-40.

刘志强 . 2013. 机械井筒钻进技术发展及展望 [J]. 煤炭学报 , 38(7): 1116-1122.

刘志强 . 2014. 快速建井技术装备现状及发展方向 [J]. 建井技术 , 35(S1): 4-11.

迈克尔·波特 . 1997. 竞争优势 [M]. 陈小悦译 . 北京 : 华夏出版社 .

迈克尔·波特 . 1997. 竞争战略 [M]. 陈小悦译 . 北京 : 华夏出版社 .

煤炭科学研究总院 . 2005. 洁净煤技术的评价方法及技术研究 [R]. 北京 : 煤炭科学研究总院 .

煤炭科学研究总院 . 2009. 中国洁净煤战略研究 [R]. 北京 : 煤炭科学研究总院 .

煤炭科学研究总院 . 2011. 我国与世界主要国家煤炭清洁化利用比较研究 [R]. 北京 : 煤炭科学研究总院 .

煤炭科学研究总院 . 2012. 清洁煤先进技术应用研究 [R]. 北京 : 煤炭科学研究总院 .

煤炭科学研究总院 . 2013. "十三五" 煤炭清洁高效发展若干重大问题研究 [R]. 北京 : 煤炭科学研究总院 .

煤炭网 . 2013. 2013 年 4 月美国煤炭出口量同比下滑 22%[EB/OL]. http://www.coal.com.cn/CoalNews/ArticleDisplay_347877.html.

牟林 , 李功宇 , 姬亚东 . 2012. 晋城守河矿下组煤底板带压开采条件的探讨 [J]. 煤炭学报 , 34(5): 755-761.

牛克洪 , 李宏军 . 2010. 中国煤炭工业低碳经济发展之路 [M]. 北京 : 煤炭工业出版社 .

牛克洪 , 周剑波 , 孔光宇 , 等 . 2014. 中国煤炭企业 "走出去" 的问题与挑战 [J]. 山东工商学院学报 , 28(2): 35-40.

庞卫东 , 夏明惠 , 王靖焘 . 2011. 孟加拉国煤炭资源状况及开发途径 [J]. 中国煤炭 , 37 (4) : 126-129.

彭苏萍 . 2009. 中国煤炭资源开发与环境保护 [J]. 科技导报 , 2009, 27(17): 3-3.

彭苏萍 , 张博 , 王佟 , 等 . 2014. 煤炭资源与水资源 [M]. 北京 : 科学出版社 :9-10.

彭苏萍 , 张博 , 王佟 , 等 . 2015. 煤炭可持续发展战略研究 [M]. 北京 : 煤炭工业出版社 : 1-5.

祁海莹 . 2015. 产煤发达国家生产现状及安全形势分析 [J]. 中国煤炭 ,41(8) : 140-143.

任怀伟 , 王国法 , 李首滨 , 等 . 2015. 7m 大采高综采智能化工作面成套装备研制 [J]. 煤炭科学技术 , 43(11): 116-121.

商务部国际贸易经济合作研究院 . 2014. 对外投资合作国别 (地区) 指南——越南 (2014 年版)[R]. 北京 : 商务部国际贸易经济合作研究院 .

沈镭 , 刘立涛 , 王礼茂 , 等 . 2015. 2050 年中国能源消费的情景预测 [J]. 自然资源学报 , 30(3): 361-373.

世界银行 . 2017. Worldwide Governance Indicators [EB/OL]. https://data.worldbank.org.cn/data-catalog/worldwide-governance-indicators.

舒歌平 , 史士东 , 李克健 . 2003. 煤炭液化技术 [M]. 北京 : 煤炭工业出版社 .

唐旭天 , 侯艳良 . 2015. 神华集团 "一带一路" 投资合作战略构想 [J]. 中国煤炭工业 , (11): 74-76.

田山岗 , 尚冠雄 , 唐辛 . 2006. 中国煤炭资源的 "井" 字型分布格局——地域分异性与资源经济地理区划 [J]. 中国煤田地质 , 18(3): 1-5.

涂华 , 罗陨飞 , 张宇宏 , 等 . 2010. 煤炭质量分级第 2 部分 : 硫分 [S]. 北京 : 中国标准出版社 .

王芳 . 2016. 中国海洋强国的理论和实践 [J]. 中国工程科学 , 18(2): 55-60.

王国法 . 2010. 液压支架技术体系研究与实践 [J]. 煤炭学报 , 35(11):1903-1908.

王国法 . 2013. 煤炭综合机械化开采技术与装备发展 [J]. 煤炭科学技术 , 41(9): 44-48.

王国法 . 2014. 综采自动化智能化无人化成套技术与装备发展方向 [J]. 煤炭科学技术 , 42(9): 30-34.

王国法 , 庞义辉 , 刘俊峰 . 2012. 特厚煤层大采高综放开采机采高度的确定与影响 [J]. 煤炭学报 , 37(11): 1777-1782.

王鉴雪 , 宁云才 . 2011. 能源消费、煤炭消费与经济增长关系研究 [J]. 技术经济与管理研究 , (12): 9-12.

王双明 . 2011. 鄂尔多斯盆地构造演化和构造控煤作用 [J]. 地质通报 , 30(4): 544-552.

王佟 , 冯帆 , 江涛 , 等 . 2016. 新疆准噶尔含煤盆地基本构造格架与认识 [J]. 地质学报 , 90(4): 628-638.

王佟 , 夏玉成 , 曹代勇 . 2011. 西北赋煤区控煤构造样式分析 [C]// 煤矿安全高效开采地质保障技术国际研讨会论文集 . 北京 : 科学出版社 : 22-27.

王佟 . 2012. 中国西北赋煤区构造发育规律及构造控煤研究 [D]. 北京 : 中国矿业大学 (北京).

王佟 . 2013. 中国煤炭地质综合勘查理论与技术新体系 [M]. 北京 : 科学出版社 : 269-270.

王文良 . 2013. 煤炭企业生态竞争力评价及实证研究 [D]. 武汉 : 中国地质大学 .

王显政 . 2011. 当代世界煤炭工业 [M]. 北京 : 煤炭工业出版社 : 1-2.

王显政 . 2012. 推进和谐矿区建设 , 提升煤炭工业发展的科学化水平 [J]. 中国煤炭工业 . 304(06): 4-7.

王显政 . 2015. 能源革命和经济发展新常态下中国煤炭工业发展的战略思考 [J]. 中国煤炭 , (4):5-8.

王星明 , 沈福斌 , 王一凡 , 等 . 2014. 综合物探技术在煤矿灾害隐患探测中的应用 [C]// 煤矿隐蔽致灾因素及探查技术研究 - 陕西省煤炭学会学术年会论文集 . 北京 : 煤炭工业出版社 .

邬大光 , 赵婷婷 , 李枭鹰 , 等 . 2010. 高等教育强国的内涵、本质与基本特征 [J]. 中国高教研究 , (1):4-10.

谢克昌 . 2014. 中国煤炭清洁高效可持续开发利用战略研究 [M]. 北京 : 科学出版社 : 1-2.

徐水师 , 王佟 , 谭克龙 . 2011. 现代煤炭地质勘查技术 [M]. 北京 : 地质出版社 : 1-2.

杨虎伟 , 许超 , 董萌萌 , 等 . 2014. 中硬煤层瓦斯抽采定向长钻孔高效钻进工艺 [J]. 探矿工程 , 41(11): 20-23.

杨涛 , 张鹏 , 郭建利 . 2016. 我国煤炭行业化解产能过剩过程中职工安置研究 [J]. 煤炭经济研究 , 36(12): 6-11.

于汶加 , 王安建 , 王高尚 . 2010. 中国能源消费 "零增长" 何时到来 [J]. 地球学报 , 31(5): 635-644.

俞珠峰 , 王金华 . 2004. 洁净煤技术的评价方法及技术研究报告 [R]. 北京 : 煤炭科学研究总院 .

袁家海 , 徐燕 , 雷祺 . 2015. 电力行业煤炭消费总量控制方案和政策研究 [J]. 中国能源 , 37(3): 11-17.

袁伟 . 密度测井高分辨率的源距优化和数据处理方法 [D]. 北京 : 中国石油大学 , 2010.

张世诚 . 2009. 加快推进煤矸石资源化综合利用的步伐 [J]. 煤炭技术 , 28(1): 191-192.

张文 . 2012. 我国冻结法凿井技术的现状与成就 [J]. 建井技术 , 33(3): 4-13.

张永成 , 史继盛 , 王占军 . 2010. 钻井施工手册 [M]. 北京 : 煤炭工业出版社 .

赵斌 . 2010. 海拉尔盆地形成机制与演化特征探讨 [D]. 大庆 : 大庆石油学院 .

赵闯 . 2011. 民航强国的经济内涵及其对我国经济的影响 [J]. 经济研究导刊 , (2):53-55.

中国电力年鉴编委会 . 中国电力年鉴 201—2016[M]. 北京 : 中国电力出版社 .

中国煤炭工业协会 . 2017. 关于发布 2017 中国煤炭企业 50 强和煤炭产量 50 强的通知 [EB/OL]. http://www.coalchina.org.cn/detail/17/08/30/00000030/content.html?path=17/08/30/00000030.

中国能建周刊 . 2014. 赵洁 : 推进我国清洁燃煤技术全面发展——专访中国能建党委常委、副总经理、电力规划总院院长赵洁 [EB/OL]. http://www.cec.org.cn/zdlhuiyuandongtai/qita/2014-09-30/128293.html.

中国银监会 . 2016. 关于 2016 年进一步提升银行业服务实体经济质效工作的意见 [EB/OL]. http://www.gov.cn/zhengce/2016-02/18/content_5042943.htm.

中华人民共和国财政部 . 2016. 工业企业结构调整专项奖补资金管理办法 [EB/OL]. http://jjs.mof.gov.cn/zhengwuxinxi/zhengcefagui/201605/t20160519_1998021.html.

中华人民共和国财政部 . 2016. 关于取消、停征和整合部分政府性基金项目等有关问题的通知 [EB/OL]. http://szs.mof.gov.cn/bgtZaiXianFuWu_1_1_11/mlqd/201601/t20160129_1661787.html.

中华人民共和国财政部 . 2016. 关于全面推进资源税改革的通知 [EB/OL]. http://szs.mof.gov.cn/zhengwuxinxi/zhengcefabu/201605/t20160510_1984605.html.

中华人民共和国国家发展和改革委员会 , 国家能源局 . 2016. 关于印发《能源技术革命创新行动计划 (2016—2030 年)》的通知 [EB/OL]. http://www.ndrc.gov.cn/zcfb/zcfbtz/201606/t20160601_806201.html.

中华人民共和国国家发展和改革委员会 . 2016. 关于进一步贯彻落实煤矿节日停产放假和落实减量化生产的通知 [EB/OL]. http://www.ndrc.gov.cn/fzgggz/jjyx/zhdt/201608/t20160818_815192.html.

中华人民共和国国家发展和改革委员会 . 2016. 关于进一步规范和改善煤炭生产经营秩序的通知 [EB/OL]. http://www.ndrc.gov.cn/zcfb/zcfbtz/201605/t20160518_801997.html.

中华人民共和国国家发展和改革委员会 . 2016. 关于实施减量置换严控煤炭新增产能有关事项的通知 [EB/OL]. http://www.coalchina.org.cn/mjh/info_tx.jsp?id=171720.

中华人民共和国国土资源部 . 2016. 关于支持钢铁煤炭行业化解过剩产能实现脱困发展的意见 [EB/OL]. http://www.mlr.gov.cn/zwgk/zytz/201604/t20160414_1402210.htm.

中华人民共和国国土资源部 . 2016. 中国矿产资源报告 2016[M]. 北京 : 地质出版社 .

中华人民共和国人力资源和社会保障部 , 中华人民共和国国家发展和改革委员会 . 2016. 关于在化解钢铁煤炭行业过剩产能实现脱困发展过程中做好职工安置工作的意见 [EB/OL]. http://www.mohrss.gov.cn/gkml/xxgk/201604/t20160413_238000.html.

周兴旺 . 2007. 我国特殊凿井技术的发展与展望 [J]. 煤炭科学技术 , 35(10): 10-16.

周兴旺 , 高岗荣 , 簿志丰 , 等 . 2014. 注浆施工手册 [M]. 北京 : 煤炭工业出版社 .

朱方来 . 2009. 德国应用科技大学学士学位课程与教学体系的启示——以德国埃斯林根应用科技大学汽车工程系为例 [J]. 深圳职业技术学院学报 , (4): 54.

BP. 2014. 2035 世界能源展望 [EB/OL]. https://www.bp.com/content/dam/bp-country/zh_cn/Download_PDF/Report_BP2030EnergyOutlook/EO2035_Chinese_Version.pdf.

BP. 2015. 世界能源统计年鉴 [R]. 伦敦 : BP 世界能源 , 2015.

Australian Bureau of Statistics. 2013. Australian Social Trends[EB/OL]. http://www.abs.gov.au/AUSSTATS/abs@.nsf/Lookup/4102.0Main+Features10April+2013

Barney J. 1991. Firm resources and sustained competitive advantage[J]. Journal of Manage, 17(1): 99-120.

Bureau of Employment Statistics. 2016. Occupational Employment Statistics[EB/OL]. http://www.bls.gov/oes/current/oes_nat.htm#00-0000.

Field G. 2013. Automation in the Australian mining industry[J]. Industrial Minerals, (550): 4.

Grant RM. 1991. The resource-based theory of competitive advantage: Implications for stratege formulation[J]. California Manage Review, 33(3): 114-135.

IEA. 2014. Coal information 2014[J]. International Energy Agency .

IEA. 2015. World Energy Outlook[J]. International Energy Agency.

IEA Report. 2013. Tracking clean energy progress 2013[J]. Management of Environmental Quality, 24(5): http://www.iea.org/etp/tracking2013/.

Karaft J, Karaft A. 1978. On the relationship between energy and GNP[J]. Energy Development, (3):401-403.

Kochnakyan A, Khosla S K, Buranov I, et al. 2013. bekistan : Energy/Power Sector Issues Note[J]. World Bank Other Operational Studies.

Kumar R, Singh A K, Mishra A K, et al. 2015. Underground mining of thick coal seams[J]. International Journal of Mining Science and Technology, 25(6): 885-896.

Li Q, Omeragic D, Chou L, et al.2005. New directional electromagnetic tool for proactive geosteering and accurate formation evaluation while drilling[C]//SPWLA 46th Annual Logging Symposium. New Orleans, USA: Society of Petrophysicists and Well-Log Analysts.

Lu S, Cheng Y, Ma J, et al. 2014. Application of in-seam directional drilling technology for gas drainage with benefits to gas outburst control and greenhouse gas reductions in Daning coal mine, China[J]. Natural Hazards , 73(3):1419-1437.

Onathon R, David R, Chad H, et al. 2014. Sensing for advancing mining automation capability: A review of underground automation technology development[J]. International Journal of Mining Science and Technology, 24(3):305-310.

Prahalad C K, Hamel G. 1990. The core competence of the corporation[J]. Boston (Ma), 1990: 235-256.

Runia J, Boyes J, Elkington P. 2004. Through Bit Logging: A New Method to Acquire Log Data, and a First Step on the Road to Through Bore Drilling[C]//SPWLA 45th Annual Logging Symposium. Noordwijk, Netherlands : Society of Petrophysicists and Well-Log Analysts.

Sawaryn S J, Pickering J G, Whiteley N. 2008.New drilling and completions applications for a new era[C]// Intelligent Energy Conference and Exhibition. Amsterdam, the Netherlands: Society of Petroleum Engineers.

Singh R, Kumar A, Kumar R, et al. 2017. Underground mining of deep seated thick coal seams: An analysis from rock mechanics prospective[J]. NexGen Technologies for Mining and Fuel Industries (Volume I and II), 2017: 433-440.

Stern D I. 1993. Energy use and economic growth in the USA: A multivariate approach[J]. Energy Economics. 15(3):137-150.

Whanger K, Lowe E. 2010. Liner drilling beats lost circulation at 25,000 ft. Offshore[J]. 70(6):58-59.